Ausführliches Verzeichniß der

Guttentag'schen Sammlung

**Deutscher Reichs- und Preußischer Gesetze**

Text-Ausgaben mit Anmerkungen — Taschenformat

welches alle wichtigeren Gesetze in absolut zuverlässigen Gesetzestexten und in mustergiltiger Weise erläutert enthält, befindet sich hinter dem Sachregister.

Guttentag'sche Sammlung
Nr. 3. Deutscher Reichsgesetze. Nr. 3.
Text-Ausgaben mit Anmerkungen.

# Militärstrafgerichtsordnung

nebst

## Einführungsgesetz

und

Gesetz, betreffend die

**Dienstvergehen der richterlichen Militärjustizbeamten und die unfreiwillige Versetzung derselben in eine andere Stelle oder in den Ruhestand.**

Text-Ausgabe mit Anmerkungen und Sachregister

von

**Dr. Paul Herz,**
Geheimer Admiralitätsrath und vortragender Rath
im Reichs-Marine-Amt.

**Zweite, vermehrte und verbesserte Auflage.**

Berlin 1900.
**J. Guttentag, Verlagsbuchhandlung.**
G. m. b. H.

# Vorwort zur ersten Ausgabe.

Mit der Verkündigung der Militärstrafgerichtsordnung für das Deutsche Reich vom 1. Dezember 1898 ist die Militärrechtspflege des Heeres und der Marine in eine neue Phase getreten.

Ein einheitliches Verfahren ist — den Bestimmungen des Art. 4 Nr. 14 und des Art. 61 der Reichsverfassung entsprechend — für die gesammte deutsche Streitmacht zur Einführung gelangt und durch die Bildung des bayerischen Senats bei dem Reichsmilitärgericht — Reichsgesetz vom 9. März 1899, R.G.Bl. S. 135 — sowie durch die Vorschriften der §§ 85, 86 M.Str.G.O. über Entscheidungen des Plenums ist zugleich die lang ersehnte Einheitlichkeit der Rechtsprechung gewährleistet.

Ueberall auf dem Boden der modernen Rechtsauffassung stehend, schließt sich die Militärstrafgerichtsordnung in ihren wesentlichen Prinzipien an die Vorschriften der bürgerlichen Strafprozeßordnung für das Deutsche Reich an und geht sogar in manchen Beziehungen — namentlich mit der Einführung der Berufung gegen kriegsgerichtliche Urtheile und mit der Aufnahme des Nacheides — noch über diejenigen Errungenschaften hinaus, welche die Entwicklung der bürgerlichen Strafrechtspflege bisher zu erreichen vermochte. Im übrigen weicht sie von der Letzteren nur insoweit ab, als dies die Aufrechterhaltung der militärischen Disziplin und die Eigenart des militärischen Dienstes gebieterisch erheischt.

Bei der engen Anlehnung an die bürgerliche Strafprozeßordnung, aus welcher eine große Reihe von Bestimmungen theils wörtlich, theils mit geringen Abweichungen übernommen ist, war es die Aufgabe des Verfassers, die Rechtsprechung des Reichsgerichts, soweit sie sich auf die gemeinsamen Rechtsnormen bezieht, eingehend zu berücksichtigen; zugleich mußte im Anschluß an die „Begründung" des Entwurfs sowie an die Ergebnisse der kommissarischen Berathungen im Reichstage eine Erörterung der militärischen Verhältnisse Aufnahme finden, welche zum Verständnisse der gesetzlichen Bestimmungen und der ihnen entsprechenden militärischen Einrichtungen erforderlich war.

Andererseits ergab sich aus dem Zwecke des Kommentars, eine bequeme, übersichtliche Ausgabe für den Praktiker darzubieten, die Nothwendigkeit einer strengen Beschränkung. Längere wissenschaftliche Darlegungen mußten vermieden und aus der Fülle des Materials durfte nur dasjenige ausgewählt und in kurzen Anmerkungen verwendet werden, was zur Klarstellung der einzelnen Gesetzesvorschriften erforderlich erschien. Die ursprünglich beabsichtigte Einarbeitung der Ausführungsbestimmungen mußte für die vorliegende Ausgabe unterbleiben, weil die Emanation derselben wider Erwarten bisher nicht stattgefunden hat.

# Vorwort zur zweiten Ausgabe.

Nachdem durch die Allerhöchsten Kabinetsordres vom $\frac{\text{28. Dezember 1899}}{\text{26. März 1900}}$ in Verbindung mit den Verfügungen des Kriegsministeriums vom 2. Januar 1900 und des Reichskanzlers (R.M.A.) vom 26. März 1900 die Ausführungsbestimmungen zur Militärstrafgerichtsordnung für das Preußische Heer und die Kaiserliche Marine erlassen sind, ist die durch das Vorwort der ersten Ausgabe in Aussicht gestellte Ergänzung des Kommentars möglich geworden. Die einzelnen Ausführungsbestimmungen für das Heer sind mit besonderem Druck den betreffenden Paragraphen angefügt. In gleicher Weise sind die Ausführungsbestimmungen für die Kaiserliche Marine, insoweit sie wesentliche Besonderheiten enthalten, in den Text eingearbeitet, außerdem aber als Ganzes im „Anhang" wiedergegeben.

Der Anhang enthält neben den erwähnten Ausführungsbest. für die Marine:

1. A.C.O. vom 28. Mai 1900 betr. Ausf.=B. zu §§. 37, 65, 422 M.Str.G.O.
2. Gesetz, betr. die militärische Rechtspflege im Kiautschou=Gebiet vom 25. Juni 1900.

# Wichtigste Abkürzungen.

A. = Anmerkung.

Ausf.Best. = Ausführungsbestimmungen.

A.K.O. = Allerhöchste Kabinets-Ordre.

A.V.Bl. = Armee-Verordnungsblatt.

Begr. = Begründung des Entwurfs einer Militärstrafgerichtsordnung: Reichstagsdrucksache Nr. 6 der 9. Legislatur-Periode V. Session 1897/98.

Bürg.G.B. = Bürgerliches Gesetzbuch vom 18. August 1896.

cf. = siehe.

E.G. = Einführungsgesetz zur Militärstrafgerichtsordnung vom 1. Dezember 1898.

Entsch. d. R.G. = Entscheidungen des Reichsgerichts in Strafsachen; herausgegeben von Mitgliedern des Gerichtshofes und der Reichsanwaltschaft.

Entw. = Entwurf einer Militärstrafgerichtsordnung und des Einführungsgesetzes hierzu. Reichstagsdrucksache Nr. 6 der 9. Legislatur-Periode. V. Session 1897/98.

F. = Formularbuch.

Fr.B.V. = Friedensbesoldungs-Vorschrift für die Marine.

G. = Gesetz betreffend die Dienstvergehen der richterlichen Militärjustizbeamten und die unfreiwillige Versetzung derselben in eine andere Stelle oder in den Ruhestand.

G.S. = Preußische Gesetzsammlung.

G.V.G. = Gerichtsverfassungsgesetz vom 27. Januar 1877.

H. = Heer.

J.M.Bl. = Preußisches Justiz-Ministerial-Blatt.

K.B. = Bericht der VIII. Kommission über die Entwürfe
1. einer Militärstrafgerichtsordnung;
2. eines Einführungsgesetzes zur Militärstrafgerichtsordnung;
3. eines Gesetzes, betreffend die Dienstvergehen der richterlichen Militärjustizbeamten 2c. Reichstagsdrucksache Nr. 150 der 9. Legislatur-Periode V. Session 1897/98.

Loewe = Die Strafprozeßordnung für das Deutsche Reich 2c. Mit Kommentar von Dr. E. Loewe. Neunte Auflage, bearbeitet von A. Hellweg.

M. = Marine.

M.O. = Marine-Ordnung.

M.Str.G.B. = Militärstrafgesetzbuch vom 20. Juni 1872.

M.Str.G.O. = Militärstrafgerichtsordnung vom 1. Dezember 1898.

M.Str.V.V. = Preußische Militärstrafvollstreckungsvorschrift.

M.V.Bl. Marine-Verordnungs-Blatt.

Olsh. = Kommentar zum Strafgesetzbuch für das Deutsche Reich von Dr. Olshausen.

R.B.G. = Reichs-Beamten-Gesetz vom 31. März 1873.

R.Centr.Bl. = Centralblatt für das Deutsche Reich.

R.C.P.O. = Deutsche Civilprozeßordnung.

R.G. = Reichsgericht.

R.G.Bl. = Reichsgesetzblatt.

R.M.A. = Reichs-Marine-Amt.

R.M.G. = Reichsmilitärgesetz vom 2. Mai 1874.

R.Str.G.B. = Strafgesetzbuch für das Deutsche Reich vom 15. Mai 1871.

R.Str.P.O. = Strafprozeßordnung für das Deutsche Reich.

Rspr. = Rechtsprechung des deutschen Reichsgerichts in Strafsachen; herausgegeben von den Mitgliedern der Reichsanwaltschaft.

W. = Weissenbach, Systematische Darstellung der M.Str.G.O. von W. Geh. K. R. Weissenbach. Mittler u. S. 1900.

Weigel = Handausgabe der M.Str.G.O. mit Einleitung und Erläuterungen; herausgegeben von Stabsauditeur Dr. Weigel.

# Inhaltsübersicht.

## Militärstrafgerichtsordnung.

Seite

# Verzeichniß

derjenigen Vorschriften des bürgerlichen Rechts, welche theils wörtlich, theils mit mehr oder minder erheblichen Abweichungen in die M.Str.G.O. und das Einführungsgesetz übernommen sind.

A.

| Gerichtsverfassungsgesetz | Militärstrafgerichtsordnung |
|---|---|
| §§. 75. 27 Nr. 2 | §. 63 |
| §. 127 | §. 80 |
| §. 137 | §. 85 |
| §. 141 | §. 92 |
| §. 157 | §. 11 E.G. |
| §§. 158—160 | §. 12 E.G. |
| §. 170 | §. 282 |
| §. 173 | §. 283 |
| §. 174 | §. 284 |
| §. 175 | §§. 285. 286 |
| §. 176 | §. 288 |
| §. 177 | §. 289 |
| §§. 178—181 | §. 290 |
| §. 185 | §. 291 |
| §. 186 | §. 115 |
| §. 187 | §. 116 |
| §. 188 | §. 117 |
| §. 190 | §. 118 |
| §. 191 | §. 119 |
| §. 192 | §. 120 |
| §. 193 | §. 121 |
| §. 195 | §. 325 |
| §. 196 | §. 320 |
| §. 197 | §. 321 |
| §. 198 | §. 322 |

## B.

| Reichsstrafprozeßordnung | Militärstrafgerichtsordnung |
|---|---|
| §. 2 | §. 32 |
| §. 22 | §. 122 |
| §. 23 | §. 123 |
| §. 24 | §. 124 |
| §. 25 | §. 125 |
| §§. 26 Abs. 3. 27 | §§. 126. 128 |
| §. 28 Abs. 2. | §. 129 |
| §. 29 | §. 133 |
| §. 30 | §. 131 |
| §. 31 | §. 132 |
| §. 34 | §. 136 |
| §. 35 | §§. 137. 140 |
| §. 37 | §§. 139. 143 |
| §. 40 | §. 145 |
| §§. 42. 43 | §. 146 |
| §. 44 | §. 147 |
| §. 45 | §. 148 |
| §. 46 | §. 149 |
| §. 47 | §. 150 |
| §. 49 | §. 207 |
| §. 50 | §. 186 |
| §. 51 | §. 187 |
| §. 52 | §. 188 |
| §. 53 | §. 189 |
| §. 54 | §. 190 |
| §. 55 | §. 191 |
| §. 56 | §. 199 |
| §. 57 | §. 200 |
| §. 58 | §. 192 |
| §§. 61—63 | §. 197 |
| §. 64 | §. 198 |
| §. 65 | §. 195 |
| §. 66 | §. 201 |
| §. 67 | §. 193 |

| Reichsstrafprozeßordnung | Militärstrafgerichtsordnung |
|---|---|
| §. 68 | §. 194 |
| §. 69 | §. 203 |
| §. 70 | §. 205 |
| §§. 72. 84 | §. 208 |
| §. 73 | §. 209 |
| §. 75 | §. 211 |
| §. 76 | §. 212 |
| §. 77 | §. 213 |
| §. 78 | §. 214 |
| §. 79 | §. 215 |
| §. 80 | §. 216 |
| §. 81 | §. 217 |
| §. 83 | §. 218 |
| §. 85 | §. 221 |
| §. 86 | §. 222 |
| §. 87 | §§. 224. 225 |
| §§. 88—90 | §§. 226. 227 |
| §. 91 | §. 228 |
| §. 92 | §. 219 |
| §. 93 | §. 220 |
| §. 94 | §. 229 |
| §. 95 | §. 230 |
| §. 96 | §. 231 |
| §. 97 | §. 232 |
| §. 99 | §. 232 |
| §§. 102—103 | §. 235 |
| §. 104 | §. 236 |
| §. 105—107. 110 | §. 237 |
| §. 108 | §. 240 |
| §. 109 | §. 241 |
| §. 111 | §. 242 |
| §. 112 | §. 176 |
| §§. 114. 115 | §. 177 |
| §. 116 | §. 178 |
| §. 123 | §. 179 |

| Reichsstrafprozeßordnung | Militärstrafgerichtsordnung |
| --- | --- |
| §. 127 | §. 130 |
| §. 128 | §. 131 |
| §. 130 | §. 132 |
| §. 131 | §. 133 |
| §. 132 | §. 134 |
| §§. 133. 134 | §. 172 |
| §. 136 | §. 173 |
| §. 137 | §. 337 |
| §. 140 | §. 338 |
| §. 141 | §. 339 |
| §. 143 | §. 343 |
| §. 145 | §. 346 |
| §. 146 | §. 340 |
| §. 147 | §. 344 |
| §. 148 | §. 345 |
| §. 156 | §. 151 |
| §. 157 | §. 154 |
| §. 158 Abs. 1 | §. 156 |
| §§. 158 Abs. 2. 188 Abs. 2 | §. 159 |
| §. 159 | §. 161 |
| §. 168 Abs. 2 | §. 246 |
| §§. 169. 170 | §. 247 |
| §§. 171—174 | §. 248 |
| §. 172 | §. 249 |
| §. 186 | §. 164 |
| §. 188 | §. 163 |
| §. 191 | §. 165 |
| §. 192 | §. 166 |
| §. 208 | §. 253 |
| §§. 215. 216 | §. 267 |
| §. 217 | §. 268 |
| §§. 218. 219 | §. 269 |
| §. 222 | §. 270 |
| §§. 223. 224 | §. 271 |
| §. 225 | §. 273 |

| Reichsstrafprozeßordnung | Militärstrafgerichtsordnung |
|---|---|
| §. 226 | §. 274 |
| §. 227 | §. 275 |
| §. 228 | §. 276 |
| §. 229 | §. 278 |
| §. 230 | §. 279 |
| §. 232 | §. 280 |
| §. 233 | §. 281 |
| §. 237 | §. 292 |
| §§. 238—241 | §. 293 |
| §. 242 | §§. 294. 297 |
| §. 243 | §. 298 |
| §. 244 | §. 299 |
| §. 245 | §. 300 |
| §. 246 | §. 301 |
| §. 247 | §. 302 |
| §. 248 | §. 303 |
| §. 249 | §. 304 |
| §. 250 | §, 305 |
| §. 251 | §. 306 |
| §. 252 | §. 307 |
| §. 253 | §. 308 |
| §. 254 | §. 309 |
| §. 255 | §. 310 |
| §. 257 | §. 312 |
| §. 258 | §. 313 |
| §. 259 | §. 314 |
| §. 260 | §. 315 |
| §. 261 | §. 316 |
| §. 262 | §. 323 |
| §. 263 | §. 317 |
| §. 264 | §. 318 |
| §. 265 | §. 319 |
| §. 266 | §. 326 |
| §. 267 | §. 327 |
| §. 269 | §. 329 |

| Reichsstrafprozeßordnung | Militärstrafgerichtsordnung |
|---|---|
| §. 270 | §. 330 |
| §. 271 | §. 331 |
| §. 272 | §. 332 |
| §. 273 | §. 333 |
| §. 274 | §. 335 |
| §. 275 | §. 336 |
| §. 316 | §. 356 |
| §§. 327. 328 | §. 357 |
| §. 329 | §. 358 |
| §. 330 | §. 359 |
| §§. 332. 333 | §. 360 |
| §. 334 | §. 361 |
| §. 335 | §. 362 |
| §. 338 Abs. 1 | §. 365 |
| §§. 338 Abs. 2. 348 | §. 367 |
| §§. 339. 341 | §. 369 |
| §. 342 | §. 370 |
| §. 344 | §. 371 |
| §. 345 | §. 372 |
| §. 346 | §. 364 |
| §. 348 Abs. 2 | §. 374 |
| §. 349 | §. 375 |
| §. 350 | §. 376 |
| §. 351 | §. 377 |
| §. 355 | §. 379 |
| §. 357 | §§. 381. 383 |
| §. 359 | §. 382 |
| §. 363 | §. 385 |
| §. 364 | §. 388 |
| §. 365 | §. 391 |
| §. 366 | §. 392 |
| §. 367 | §. 393 |
| §. 368 | §. 394 |
| §. 369 | §. 395 |
| §. 370 | §. 389 |

| Reichsstrafprozeßordnung | Militärstrafgerichtsordnung |
|---|---|
| §. 372 | §. 396 |
| §. 374 | §. 397 |
| §. 375 | §. 402 |
| §. 376 | §. 399 |
| §. 377 | §. 400 |
| §. 378 | §. 401 |
| §. 381 | §. 398 |
| §. 383 | §. 405 |
| §. 384 | §. 403 |
| §. 387 | §. 407 |
| §. 390 | §. 408 |
| §. 391 | §. 409 |
| §. 392 | §. 410 |
| §. 393 | §. 411 |
| §. 394 | §. 412 |
| §. 397 | §. 414 |
| §. 398 | §. 415 |
| §. 399 | §. 436 |
| §§. 400. 407 | §. 443 |
| §. 401 | §. 437 |
| §. 402 | §. 438 |
| §. 403 | §. 439 |
| §. 404 | §. 440 |
| §. 406 | §. 442 |
| §. 408 | §. 444 |
| §. 409 | §. 445 |
| §. 410 | §. 446 |
| §. 411 | §. 447 |
| §. 413 | §. 448 |
| §. 447 | §. 349 |
| §. 449 | §§. 351. 352 |
| §. 450 | §. 353 |
| §. 451 | §. 354 |
| §. 482 | §. 453 |
| §. 485 Abs. 2 | §. 452 |

| Reichsstrafprozeßordnung | Militärstrafgerichtsordnung |
| --- | --- |
| §. 486 | §. 454 |
| §. 487 | §. 455 |
| §. 488 | §. 456 |
| §. 490 | §. 464 |
| §. 491 | §. 463 |
| §. 492 | §. 461 |
| §. 493 | §. 460 |
| §. 495 | §. 462 |
| §. 501 | §. 470 |
| §. 502 | §. 471 |

Erster Theil.

# Gerichtsverfassung.

## Erster Titel.

## Umfang der Militärstrafgerichtsbarkeit.

§ 1. Der Militärstrafgerichtsbarkeit sind, soweit nicht die folgenden Paragraphen ein Anderes bestimmen, wegen aller strafbaren Handlungen unterstellt:

1. die Militärpersonen des aktiven Heeres und der aktiven Marine;[1]
2. die zur Disposition gestellten Offiziere, Sanitätsoffiziere und Ingenieure des Soldatenstandes;[2]
3. die Studirenden[3] der Kaiser Wilhelms-Akademie für das militärärztliche Bildungswesen;
4. die Schiffsjungen, solange sie eingeschifft sind;[4]
5. die in militärischen Anstalten versorgten invaliden Offiziere und Mannschaften;[5]
6. die nicht zum Soldatenstande gehörigen Offiziere à la suite und Sanitätsoffiziere à la suite, wenn und solange sie zu vorübergehender Dienstleistung zugelassen sind;[6]

7. die verabschiedeten Offiziere, Sanitätsoffiziere und Ingenieure des Soldatenstandes, wenn und solange sie als solche oder als Militärbeamte im aktiven Heere oder in der aktiven Marine vorübergehend wieder Verwendung finden;[7]
8. die in den §§. 155, 157, 158, 166 des Militärstrafgesetzbuchs bezeichneten Personen, solange sie den Militärstrafgesetzen unterworfen sind.

[1] Begr. S. 62—72. K.B. S. 3—32.

[1] Unter Militärpersonen des aktiven Heeres und der aktiven Marine sind die Personen des Soldatenstandes und die Militärbeamten zu verstehen, welche zum Heere oder zur Marine gehören §. 4 M.Str.G.B.

Anl. 1 zum M.Str.G.B.

§. 38 R.M.G.

§§. 26, 80 Ges., betr. Aenderungen der Wehrpflicht vom 1. Februar 1888 R.G.Bl. S. 11 und Art. I, Art. II ibid. Verordnung betreffend die Klasseneintheilung der Militärbeamten des Reichsheeres und der Marine vom 29. Juni 1880. R.G.Bl. S. 169 ff.

[2] Marine-Ingenieure und Torpedo-Ingenieure.

[3] Die Lehrer sind regelmäßig aktive Offiziere oder Offiziere z. D. Ihre Unterstellung unter die M.Str.G.O. ergiebt sich somit aus Nr. 1 und 2.

[4] cf. §. 32 M.O. und Bestimmungen für die Ausbildung der Schiffsjungen vom 1. Dezember 1896.

[5] Zu den „Mannschaften" gehören auch die Unteroffiziere inkl. der Deckoffiziere.

[6] cf. §. 2 Abs. 3 des Einführungsgesetzes zum M.Str.G.B. Unter Offizieren und Sanitätsoffizieren à la suite sind diejenigen Offiziere à la suite der Armee oder eines Kontingents, sowie diejenigen Sanitätsoffiziere

à la suite des Sanitätskorps zu verstehen, welche nicht zum Soldatenstande gehören. Sie unterscheiden sich dadurch von den Offizieren à la suite von Truppentheilen, gleichviel, ob sie in einer etatsmäßigen Stelle stehen oder ohne Kompetenzen auf längere Zeit beurlaubt sind. cf. Begr. S. 64. 65.

7 Bei Besetzung der Kriegsgerichte und Oberkriegsgerichte, bei der Verfügung der Anklageerhebung und der Einstellung des Verfahrens ist der frühere Dienstrang und der ihnen zustehende Diensttitel maßgebend. cf. Begr. S. 65. Gerichtsherrliche Zuständigkeit cf. §. 30. Bez. ihrer ehrengerichtlichen Stellung cf. A.C.O. vom 27. Juni 1890. Armee-Ver.-Bl. S. 157.

2.[1] Den bürgerlichen Behörden bleibt die Untersuchung und Entscheidung wegen Zuwiderhandlungen[2] gegen Finanz- und Polizeigesetze,[3] Jagd- und Fischereigesetze, sowie gegen Verordnungen dieses Inhalts überlassen, wenn die Handlung nur mit Geldstrafe[4] und Einziehung oder mit einer dieser Strafen bedroht ist. Der Vollzug der an die Stelle der Geldstrafe tretenden Freiheitsstrafe ist mittelst Ersuchens der Militärbehörde[5] zu bewirken. War die Geldstrafe wegen Zuwiderhandlung gegen die Vorschriften über die Erhebung öffentlicher Abgaben und Gefälle durch Strafbescheid der Verwaltungsbehörde festgesetzt, so erfolgt die Umwandlung in eine Freiheitsstrafe durch den zuständigen Gerichtsherrn nach Maßgabe des §. 463.

1 Seitens des Reichstages eingefügte Ausnahme von der in §. 1 enthaltenen Regel. K.B. S. 7.

[2] Alle Zuwiderhandlungen, also auch solche, welche sich als Vergehen charakterisiren.

[3] Ist der Inhalt des Polizeigesetzes zugleich als militärischer Befehl in Dienstsachen erlassen, so stellt sich die Uebertretung als Ungehorsam im Sinne der §§. 92 ff. M.Str.G.B. dar. Derselbe ist — soweit nicht nach §. 3 des Einf.=Ges. zum M.Str.G.B. disziplinare Ahndung eintritt — in den Formen der M.Str.G.O. zur Aburtheilung zu bringen. Als Ausnahme von der allgemeinen Regel ist übrigens die Bestimmung des §. 2, einschränkend auszulegen. So ist z. B. die auf Grund internationaler Vereinbarung erlassene Verordnung vom 9. Mai 1897 zur Verhütung des Zusammenstoßes von Schiffen auf See als Polizeigesetz im Sinne des §. 2 nicht anzusehen. Die Handhabung Seiner Majestät Schiffe trägt immer einen militärischen Charakter, welcher mit der Landespolizei nichts zu thun hat.

In gleichem Sinne ist in einem Spezialfalle von maßgebender Stelle der §. 3 der Preuß. M.Str.G.O. vom 3. April 1845, welchem §. 2 der neuen M.Str.G.O. entspricht, ausgelegt worden.

[4] Die Zuständigkeit der bürgerlichen Behörden wird dadurch nicht ausgeschlossen, daß für den Unvermögensfall eine Freiheitsstrafe angedroht ist. Die Aenderung der Strafandrohung zieht gegebenen Falls ohne Weiteres die militärgerichtliche Zuständigkeit nach sich. cf. W. S. 7.

[5] Es ist dies der zuständige Gerichtsherr.

**Ausf.-Best. H. u. M.** Für den Vollzug der an die Stelle der Geldstrafe tretenden Freiheitsstrafe ist, wenn es sich um eine Freiheitsstrafe bis zu sechs Wochen handelt (vergleiche §. 16 der Militärstrafgerichtsordnung), der Gerichtsherr der niederen, sonst der der höheren Gerichtsbarkeit zuständig.

3.[1] Der bürgerlichen Strafgerichtsbarkeit unterliegen die Militärpersonen des aktiven Heeres und der aktiven Marine, sofern sie nicht dem Offizierstand angehören, wegen Amtsverbrechen oder Amtsvergehen,[2] welche sie bei einstweiliger Verwendung im Civildienste des Reichs, eines Bundesstaats oder einer Kommune begangen haben.

In diesen Fällen greift die Militärstrafgerichtsbarkeit Platz, wenn mit der Handlung eine Zuwiderhandlung gegen die Militärstrafgesetze zusammentrifft.

[1] Vom Reichstage beschlossene Ausnahme von der Regel des §. 1. K.B. S. 9.

[2] cf. Th. II Abschn. 28 R.Str.G.B.

**Ausf.-Best. H. u. M.** In den Fällen des §. 3 Absatz 2 hat der Gerichtsherr, der die Vollstreckung der Freiheitsstrafe anordnet (§. 451), den Zeitpunkt des Strafantritts der zunächst vorgesetzten Civilbehörde des Bestraften ungesäumt mitzutheilen.

4.[1] Haben sich bei einer Zuwiderhandlung gegen die allgemeinen Strafgesetze mehrere Personen, von welchen die eine der militärischen, die andere der bürgerlichen Gerichtsbarkeit unterstellt ist, als Thäter,[2] Theilnehmer,[3] Begünstiger[4] oder Hehler[4] betheiligt, oder sind zwischen solchen einer verschiedenen Gerichtsbarkeit unterstellten Personen wechselseitige Beleidigungen[5] oder Körperverletzungen[6] vorgekommen, so kann die betheiligte Militärperson dem bürgerlichen Gerichte zur Untersuchung und Aburtheilung des Falles übergeben werden.

[1] Fakultative, vom Reichstage beschlossene Ausnahme von der Regel des §. 1. K.B. S. 12.

[2] Wenn §. 4 von „Thätern" spricht, so können nur solche Fälle gemeint sein, wo der Thatbestand einer strafbaren Handlung durch die Thätigkeit mehrerer Personen, die sämmtlich mit dem Thäterwillen, aber nicht in bewußt gewolltem Zusammenwirken handeln, verwirklicht wird. Der „Mitthäter" fällt unter den Begriff des Theilnehmers. cf. A. 3 zu diesem Paragraph und §. 56 R.Str.G.B.

Entsch. des R.G. vom 19. Dezember 1893. Bd. XXV. S. 17.

[3] cf. §§. 47 ff. R.Str.G.B.

[4] cf. §§. 257 ff. R.Str.G.B.

[5] cf. §§. 185 ff. R.Str.G.B.

[6] cf. §§. 223 ff. R.Str.G.B.

5. Der Militärstrafgerichtsbarkeit sind ferner unterstellt:

1. die Personen des Beurlaubtenstandes[1] und die denselben gesetzlich gleichstehenden Personen[2] wegen Zuwiderhandlungen gegen die auf sie Anwendung findenden Vorschriften[3] der Militärstrafgesetze;
2. die dem Beurlaubtenstand angehörenden Offiziere, Sanitätsoffiziere und Ingenieure des Soldatenstandes wegen Zweikampfs mit tödtlichen Waffen, wegen Herausforderung oder Annahme einer Herausforderung zu einem solchen Zweikampf und wegen Kartelltragens;[4]
3. die im §. 1 Nr. 6 bezeichneten Personen, auch wenn sie nicht zur Dienstleistung zugelassen sind, wegen der in der Militäruniform begangenen

Zuwiderhandlungen gegen die militärische Unterordnung;[5]

4. Ausländer und Deutsche wegen der in den §§. 160, 161 des Militärstrafgesetzbuchs bezeichneten strafbaren Handlungen.[6]

[1] §. 15 des Wehrgesetzes. §. 56 R.M.G. Art. II §. 11 des Ges. betr. Aenderungen der Wehrpflicht vom 11. Februar 1888 R.G.Bl. S. 11. §. 109 Nr. 4 der Wehrordnung.

[2] Art. II §§. 26, 30 des Ges. vom 11. Febr. 1882.

[3] cf. §§. 6, 10 Abs. 2, 42 Abs. 2, 64 ff., 81 ff., 101, 113, 126 M.Str.G.B., §. 60 Nr. 3 R.M.G.

[4] cf. §§. 201 ff. M.Str.G.B.

[5] Konsequenz von §. 2 Abs. 3 des Einf.-Ges. zum M.Str.G.B.

[6] cf. §. 30 A. 1.

6. Die Militärpersonen des aktiven Heeres und der aktiven Marine[1] sind, soweit nicht die folgenden Paragraphen ein Anderes bestimmen, auch wegen der vor dem Diensteintritte[2] begangenen strafbaren Handlungen der Militärstrafgerichtsbarkeit unterstellt.

[1] cf. §. 1 Nr. 1.

[2] D. h. vor dem Zeitpunkte der Zugehörigkeit zum aktiven Heer oder der aktiven Marine.

7.[1] Die zur Erfüllung ihrer gesetzlichen oder freiwillig übernommenen Dienstpflicht in das Heer oder in die Marine eingestellten Militärpersonen treten wegen einer vor dem Diensteintritte begangenen Zuwiderhandlung gegen die allgemeinen Strafgesetze nicht unter die Militärstrafgerichtsbarkeit:

1. wenn vor dem Diensteintritte wegen der Zuwiderhandlung ein verurtheilendes oder freisprechendes Urtheil ergangen oder ein Strafbefehl[2] zugestellt war,
2. wenn die Entlassung aus dem aktiven Dienste erfolgt; die Entlassung[3] findet statt, wenn eine Verurtheilung zu einer Freiheitsstrafe von mehr als sechs Wochen oder im Falle der Verurtheilung zu einer Geldstrafe die Vollstreckung einer an Stelle derselben tretenden Freiheitsstrafe von gleicher Dauer zu erwarten ist.[4]

War vor dem Diensteintritte die Eröffnung des Hauptverfahrens bereits beschlossen, so muß, sofern die Entlassung nicht erfolgt, in der Sache militärgerichtlich erkannt werden.

[1] §§. 7—9 enthalten Ausnahmen von der Regel des §. 6. — §. 7 bezieht sich nicht auf die im Heere und in der Marine angestellten Offiziere, Sanitätsoffiziere, Militärbeamten und Fähnriche. cf. W. S. 15.

[2] cf. §. 447 R.Str.P.O. Gerichtlicher Strafbefehl.

[3] cf. §. 18 R.M.G. Die Einstellung solcher Angeklagten in das Heer ist untersagt.

[4] Der mit der höheren Gerichtsbarkeit betraute Befehlshaber hat die Entlassung dann bei dem kommandirenden General zu beantragen, wenn nach seiner Ansicht in dem Einzelfalle eine höhere Strafe zu erwarten ist. Wird die Entlassung nicht verfügt, hält aber anderseits das Militärgericht eine, die hier angegebenen Strafgrenzen überschreitende Strafe für angemessen, so ist nach §. 330 Abs. 1 zu verfahren. In der Marine wird die Entlassung durch den zuständigen Stationschef verfügt.

A.C.O. Vom 19. März 1891. M.V.Bl. S. 42.

8.[1] Die Bestimmungen des §. 7 finden auf die bis zur Entscheidung über ihr ferneres Militärverhältniß zur Disposition der Ersatzbehörden entlassenen und später von Neuem für den aktiven Dienst ausgehobenen Mannschaften wegen der vor der Wiedereinziehung begangenen Zuwiderhandlungen gegen die allgemeinen Strafgesetze entsprechende Anwendung.

[1] cf. §. 55 R.M.G. §. 82 Nr. 5c der Wehrordnung.

9. Die zum Dienste einberufenen Personen des Beurlaubtenstandes und die denselben gesetzlich gleichstehenden Personen[1] treten wegen der Zuwiderhandlungen, die sie vor dem Tage, zu welchem sie einberufen sind, gegen die allgemeinen Strafgesetze begangen haben, nicht unter die Militärstrafgerichtsbarkeit. Während der Dauer der Dienstleistung darf jedoch ohne Zustimmung[2] der Militärbehörden die Untersuchungshaft nicht verfügt, auch eine Hauptverhandlung nur abgehalten werden, wenn der Angeklagte von der Verpflichtung, in derselben zu erscheinen, entbunden ist.[3]

Wegen einer während der Dienstleistung begangenen strafbaren Handlung können die im Absatz 1 bezeichneten Personen den bürgerlichen Gerichten übergeben werden, sofern lediglich eine Zuwiderhandlung gegen die allgemeinen Strafgesetze in Frage steht.

[1] cf. §. 5 A. 1. 2.

[2] Es ist selbstverständlich, daß mit der Ertheilung der Zustimmung zur Verhängung der Untersuchungshaft die Entlassung aus dem aktiven Dienste einzutreten hat. cf. Begr. S. 71 und Ausf.Best.

[3] Für die Dauer einer hiernach erforderlich werdenden Aussetzung des Verfahrens ruht die Verjährung der Strafverfolgung.

cf. Ges. vom 26. März 1893. R.G.Bl. S. 133.

**Ausf.-Best. H. u. M.** Die in den Fällen des §. 9 Abs. 1 erforderliche Zustimmung der Militärbehörde zur Verhängung der Untersuchungshaft bleibt dem zuständigen Gerichtsherrn der höheren Gerichtsbarkeit vorbehalten.

Im Falle der Zustimmung ist die Entlassung des zu Verhaftenden aus dem aktiven Dienste herbeizuführen.

**10.**[1] **Durch die Beendigung**[2] **des die Militärstrafgerichtsbarkeit begründeten Verhältnisses wird hinsichtlich der vorher begangenen strafbaren Handlungen die Zuständigkeit der Militärgerichte nicht aufgehoben.**

**Sie hört jedoch auf in Ansehung solcher gegen die allgemeinen Strafgesetze begangenen Zuwiderhandlungen, welche mit einem militärischen Verbrechen oder Vergehen nicht zusammentreffen, es sei denn, daß bereits die Anklage erhoben (vgl. §. 258) oder eine Strafverfügung des Gerichtsherrn (vgl. §. 349) zugestellt war.**

[1] Die Militärstrafgerichtsbarkeit ist nach Entlassung des Verdächtigen zuständig:

a) soweit militärische Verbrechen oder Vergehen zu ahnden sind;
b) soweit solche ideell oder real mit bürgerlichen Strafthaten konkurriren;

c) wenn Anklage erhoben oder eine Strafverfügung zugestellt ist.

[2] Während schwebender militärgerichtlicher Untersuchung darf der Beschuldigte selbst dann nicht entlassen werden, wenn seine aktive Dienstzeit beendet ist; nur dann, wenn in Gemäßheit des §. 10 Abs. 2 die Militärstrafgerichtsbarkeit aufhört, ist der Angeschuldigte — bei Abgabe der Untersuchung an die Civilbehörden — nach Beendigung der aktiven Dienstzeit zu entlassen.

Ist der Angeschuldigte verhaftet, so empfiehlt es sich, rechtzeitig vor Entlassung aus dem aktiven Dienst die zuständige Civilbehörde von dem Sachverhalt in Kenntniß zu setzen, damit letztere ihrerseits die erforderlichen Maßnahmen behufs Herbeiführung eines civilrichterlichen Haftbefehls zu treffen vermag.

Von Seiten der Preußischen Armee-Verwaltung ist in einem Spezialfalle dahin Stellung genommen, daß — im Gegensatz zu der vorstehenden Auffassung — dem Angeschuldigten, welcher seine Dienstzeit beendet hat, die geforderte Entlassung aus dem aktiven Dienst nicht versagt werden darf.

11. Macht sich eine der im §. 1 Nr. 1 bezeichneten Personen innerhalb eines Jahres nach Beendigung des die Militärstrafgerichtsbarkeit begründenden Verhältnisses wegen[1] der ihr während der Dienstzeit widerfahrenen Behandlung einer Beleidigung,[2] Körperverletzung[2] oder Herausforderung zum Zweikampfe[2] gegenüber einem früheren militärischen, noch im aktiven Dienste befindlichen Vorgesetzten schuldig, so ist wegen dieser strafbaren Handlungen und, wenn der Zweikampf stattgefunden hat, auch dieserhalb die Militärstrafgerichtsbarkeit begründet.

**Wegen Beleidigung ist die Militärstrafgerichtsbarkeit nur dann begründet, wenn sie im Verkehr[3] mit dem früheren Vorgesetzten[4] oder mit einer Militärbehörde begangen worden ist.**

[1] Es ist hiernach der Nachweis erforderlich, daß ein Kausalnexus zwischen der Strafthat und der während der Dienstzeit dem Beschuldigten widerfahrenen Behandlung vorliegt.

cf. §. 30 bezüglich der gerichtsherrlichen Zuständigkeit

[2] Materiell ist auf Grund des R.Str.G.B., nicht des M.Str.G.B. zu erkennen.

[3] Oeffentliche Kritik militärischer Vorkommnisse in der Presse, auch die beleidigende Kritik, fällt nicht unter §. 11. Soweit der Thatbestand einer strafbaren Handlung in einer Preßäußerung liegt, ist sie lediglich Gegenstand der Aburtheilung durch das Civilgericht, auch wenn der Verfasser eines solchen Artikels eine aus dem Dienst entlassene Militärperson ist.

cf. Stenographischer Sitz.Ber. S. 2116. Weigel §. 11 A. 4.

[4] Der „Vorgesetzte" muß zu dem Thäter in unmittelbaren dienstlichen Beziehungen gestanden haben. cf. W. S. 19.

## Zweiter Titel.

# Ausübung der Militärstrafgerichtsbarkeit.

## Erster Abschnitt.[1]

[1] Begr. S. 47—56, 73 ff. K.B. S. 22—29.

### Allgemeine Bestimmungen.

**12. Die Militärstrafgerichtsbarkeit wird durch die Gerichtsherren und durch die erkennenden Gerichte[2] ausgeübt.**

[1] Nach §§. 12 ff. steht die Ausübung der Gerichtsbarkeit den Gerichtsherren und den erkennenden Gerichten zu.

Die Stellung der Gerichtsherren entspricht im Wesentlichen den Vorschriften der Pr. M.Str.G.O. Nur das Bestätigungsrecht — §. 416 A. 2 — hat in dem neuen Verfahren seine frühere Bedeutung — Pr. M.Str.G.O. §§. 165 ff. — verloren.

Die Befugnisse der Gerichtsherren stehen in engem Zusammenhang mit seiner Kommandogewalt. Sie sind ein Ausfluß der Letzteren und finden in ihr die Begrenzung.

Die Thätigkeit der Gerichtsherren liegt auf dem Gebiete der Strafverfolgung, des Ermittelungsverfahrens und der Strafvollstreckung.

Die thatsächliche Führung der Untersuchung und die Vertretung der Anklage liegt in den Händen des Gerichtsoffiziers — für das standgerichtliche Verfahren — und in den Händen des richterlichen Militärjustizbeamten — für das kriegsgerichtliche Verfahren. Beide dienen als Organe des Gerichtsherrn und müssen seinen Anordnungen Folge leisten.

Sie übernehmen durch Mitzeichnung der Verfügungen die Mitverantwortlichkeit für die Gesetzlichkeit.

Differenzen entscheidet das Oberkriegsgericht.

[2] Die erkennenden Gerichte sind bei der niederen Gerichtsbarkeit in zwei, bei der höheren in drei Instanzen gegliedert.

Bei der niederen Gerichtsbarkeit:

Erste Instanz: Standgericht;
Berufungsinstanz: Kriegsgericht.

Bei der höheren Gerichtsbarkeit:

Erste Instanz: Kriegsgericht;
Berufungsinstanz: Oberkriegsgericht;
Revisionsinstanz: Reichsmilitärgericht.

Ausnahme: Feld- und Bordgerichte §§. 419—435.

13. Gerichtsherren im Sinne dieses Gesetzes sind die Befehlshaber, welchen die niedere oder die höhere Gerichtsbarkeit nach Maßgabe dieses Gesetzes zusteht.

Den Gerichtsherren der niederen Gerichtsbarkeit stehen Gerichtsoffiziere zur Seite.

Den Gerichtsherren der höheren Gerichtsbarkeit wird die erforderliche Zahl von richterlichen Militärjustizbeamten (Kriegsgerichtsräthe, Oberkriegsgerichtsräthe)[1] zugeordnet.

[1] cf. §§. 98—102.

14. Die niedere Gerichtsbarkeit erstreckt sich nur auf Personen, welche nicht Offizierrang haben.[1]

[1] cf. §§. 45 ff. und §. 16 A. 3.

15. Die niedere Gerichtsbarkeit umfaßt:

1. die nur mit Arrest bedrohten[1] militärischen Vergehen;
2. die Uebertretungen.[2,3]

Der höheren Gerichtsbarkeit bleiben jedoch diejenigen Fälle vorbehalten, in denen die Verhängung einer Ehrenstrafe zu erwarten steht.

Im Felde und an Bord[4] findet die Bestimmung des Absatzes 2 hinsichtlich der Versetzung in die zweite Klasse des Soldatenstandes keine Anwendung.

[1] cf. §§. 89 Abs. 1, 90, 92, 141 Abs. 1, 146 Satz 1, 152 Abs. 2, M.Str.G.B.

[2] §. 1 Abs. 3 R.Str.G.B.

Das Militär-Str.G.B. kennt keine Uebertretungen.

[3] Nur kriminell strafbare Handlungen können gerichtlich geahndet werden. Disziplinar- und Ordnungs-

strafen werden durch Verfügung des Gerichtsherrn festgesetzt. cf. §. 19 Einf.-Ges. zur M.Str.G.O.

[4] cf. §§. 5, 6 des Einf.-Ges. zur M.Str.G.O.

Die Bord- und Feldstandgerichte können nicht auf Degradation, die anderen Standgerichte auch nicht auf Versetzung in die zweite Klasse des Soldatenstandes erkennen.

16. Der niederen Gerichtsbarkeit bleiben außerdem überlassen, sofern nach dem Ermessen des Gerichtsherrn[1] neben einer etwaigen Einziehung keine höhere Strafe als Freiheitsstrafe bis zu sechs Wochen oder Geldstrafe bis zu einhundertfünfzig Mark, allein oder in Verbindung miteinander, zu erwarten steht:

1. die Vergehen gegen die §§. 64, 65, 89, 91 Absatz 1, §§. 93, 94, 102, 121 Absatz 1, §§. 137, 151 des Militärstrafgesetzbuchs,

   im Felde und an Bord[2] alle militärischen Vergehen, bei denen Arreststrafe auch ohne Feststellung eines minder schweren Falles zulässig ist;[3, 4]

2. die in dem Borgen von Geld oder in der Annahme von Geschenken ohne Vorwissen des gemeinschaftlichen Vorgesetzten bestehenden Vergehen gegen §. 114 des Militärstrafgesetzbuchs;

3. die Vergehen gegen die §§. 123, 185, 223, 230, 241, 291, 298, 303 des bürgerlichen Strafgesetzbuchs,

   im Felde und an Bord außerdem die Vergehen gegen die §§. 113, 242, 246, 292, 293, 296, 299, 304 desselben Strafgesetzbuchs;

4. die Zuwiderhandlungen gegen die §§. 81, 83, 84, 86 der Seemannsordnung vom 27. Dezember 1872;

5. die Zuwiderhandlungen gegen die Forst- und Feldpolizeigesetze, sowie gegen die Holz-(Forst-) Diebstahlsgesetze.

Die Bestimmungen des §. 15 Absatz 2 und 3 finden Anwendung.

[1] Der niederen Gerichtsbarkeit.

[2] cf. §§. 5, 6 Einf.Ges. zur M.Str.G.O.

[3] Im Felde und an Bord kommen hiernach außer den in Nr. 1 Satz 1 erwähnten Strafthaten noch Verstöße gegen die §§. 77 Satz 1, 79, 83, 87, 101, 104, 116, 117, 120, 128, 132 Satz 1, 138 Abs. 1, 141 Abs. 1 Satz 2. 142, 144, 146 Satz 2, 147, 148 Satz 1, 152 Abs. 1 M.Str.G.B. in Betracht.

[4] Wenn Kriegsgefangene mit Offizierrang beschuldigt sind, können auch Vergehen gegen §. 80 M.Str.G.B. standgerichtlich erledigt werden, da Kriegsgefangene in prozessualer Beziehung — soweit nicht der Kaiser eine abändernde Bestimmung erläßt — den „Civilpersonen" gleichstehen. cf. Begr. S. 75. §. 57 Abs. 3 dieses Ges. §. 3 des Einf.-Ges. zur M.Str.G.O.

§. 158 M.Str.G.B. enthält materielles Strafrecht.

**17.** Die höhere[1] Gerichtsbarkeit erstreckt sich auf alle unter Militärstrafgerichtsbarkeit stehende Personen und umfaßt alle[2] strafbaren Handlungen.

[1] cf. §§. 49—70, namentlich § 68.

[2] Durch die höhere Gerichtsbarkeit wird die niedere umfaßt.

**18.** Die erkennenden Gerichte sind unabhängig und nur dem Gesetz unterworfen.

Die erkennenden Gerichte sind die Standgerichte,[1] die Kriegsgerichte,[2] die Oberkriegsgerichte[3] und das Reichsmilitärgericht.[4]

Die Standgerichte, die Kriegsgerichte und die Oberkriegsgerichte treten nur auf Berufung des Gerichtsherrn und nur für den einzelnen Fall zusammen.[5]

Ist der Angeklagte ein General, so erfolgt die Berufung durch den zuständigen Kontingentsherrn, im Felde durch den Kaiser. Hinsichtlich der Admirale, sowie der Generale der Marine erfolgt die Berufung stets durch den Kaiser.

[1] §§. 38—48. [2] §§. 49—64.
[3] §§. 65—70. [4] §§. 71—92. [5] §. 261.

## Zweiter Abschnitt.[1]
## Gerichtsherr.[2]

[1] Begr. S. 76—88. K.B. S. 29—31.

[2] §§. 19—37 enthalten die Vorschriften über die Verleihung der Gerichtsbarkeit an die Befehlshaber. Die Aufzählung der Letzteren ist nicht erschöpfend. Eine gesetzliche Uebertragung der Gerichtsbarkeit konnte nur an diejenigen Kommandoinhaber erfolgen, welchen nach der gegenwärtigen Organisation militärische Verbände von größerer Bedeutung und entsprechender Stetigkeit unterstellt sind. Im Uebrigen mußte es dem Verordnungswege vorbehalten bleiben, die Gerichtsbarkeit dem jeweiligen Bedürfnisse entsprechend zu regeln. cf. §. 37.

19. Gerichtsherren der niederen Gerichtsbarkeit sind:

1. im Heere:

der Regimentskommandeur,

der Kommandeur eines selbständigen Bataillons,

der Kommandeur eines Landwehrbezirks,[1]
der Kommandant von Berlin,
der Kommandant einer kleinen Festung;[2]

2. in der Marine:

der Kommandeur einer Matrosen- oder Werft-Division,
der Kommandeur eines selbständigen Bataillons oder einer selbständigen Abtheilung.[3]

[1] Auch über die Mannschaften des Beurlaubtenstandes. cf. §. 5.

[2] Die Bestimmung darüber, welche Festung als eine „kleine" und welche als eine „große" — §. 20 Nr. 1 — zu erachten ist, steht der Militärverwaltung zu. cf. A.C.O. vom 31. Dezember 1888. A.V.Bl. 1889 S. 5.

[3] Die Seebataillone, Torpedo-Abtheilungen, Artillerie-Abtheilungen.

**Ausf.-Best. H.** Als eine „große Festung" ist diejenige anzusehen, deren Kommandant mindestens das Gehalt eines Brigadekommandeurs bezieht.

20. Gerichtsherren der höheren Gerichtsbarkeit sind:

1. im Heere:

der kommandirende General,
der Divisionskommandeur,
der Gouverneur von Berlin,
der Gouverneur oder Kommandant einer großen[1] Festung,[2] sowie
der Gouverneur, Kommandant oder sonstige Befehlshaber eines in Kriegszustand (Belagerungszustand) erklärten Ortes oder Distrikts;

2 in der Marine:
der kommandirende Admiral,
der Chef einer heimischen Marinestation.[3]

[1] cf. §. 19 A. 2.

[2] cf. Ausf.Best. zu §. 19.

[3] Marinestation der Nordsee — Wilhelmshaven, der Ostsee — Kiel.

An die Stelle des kommandirenden Admirals sind jetzt die Chefs der selbständigen Kommandobehörden getreten. cf. Ausf.Best. zu §. 6 des E.G.

21. Hinsichtlich der Generale, welche nicht unter dem Befehl eines Divisionskommandeurs oder eines anderen dem kommandirenden General unterstellten Gerichtsherrn stehen, bestimmt der zuständige Kontingentsherr,[1] im Felde der Kaiser, diejenigen Befehlshaber, welche die gerichtsherrlichen Befugnisse in erster oder höherer Instanz auszuüben haben. Hinsichtlich der Admirale, sowie der Generale der Marine erfolgt diese Bestimmung in den entsprechenden Fällen stets durch den Kaiser.

[1] cf. §. 4 des Einf.-Ges.

22. Hat eine Festung mehrere Kommandanten, so steht die höhere Gerichtsbarkeit dem ersten Kommandanten (Gouverneur), die niedere Gerichtsbarkeit[1] dem zweiten Kommandanten zu.

[1] Der erste Kommandant kommt für diese Fälle nur als Gerichtsherr der Berufungsinstanz in Betracht. cf. Begr. S. 78.

23. Im Verhinderungsfalle gehen die Befugnisse des Gerichtsherrn auf den Stellvertreter im

Kommando[1] über. Diese Bestimmung findet in den Fällen des §. 21 keine Anwendung.[2]

[1] Nur der unbeschränkte Stellvertreter im Kommando — also nicht der Chef des Stabes oder der Adjutant des Bezirkskommandos — ist für die Wahrnehmung der gerichtsherrlichen Befugnisse zuständig. cf. §. 135.

[2] In den Fällen des §. 21 beruht die Gerichtsherrlichkeit auf persönlicher Verleihung.

24. Der höhere Gerichtsherr ist befugt, den ihm untergebenen Gerichtsherrn anzuweisen, eine Untersuchung einzuleiten oder fortzusetzen,[1] sowie ein Rechtsmittel einzulegen oder zurückzunehmen. Im Uebrigen darf er in den Gang einer eingeleiteten Untersuchung nicht eingreifen.

[1] Der höhere Gerichtsherr ist zu der Anweisung, eine Untersuchung einzustellen, nicht befugt. cf. Begr. S. 78.

25. Der Gerichtsherr hat die Gerichtsbarkeit über die zu seinem Befehlsbereiche gehörenden Personen.

26. Der Gouverneur und der Kommandant von Berlin, sowie die Gouverneure und Kommandanten von Festungen haben innerhalb der im §. 19 Nr. 1, §. 20 Nr. 1, §. 22 bestimmten Grenzen die Gerichtsbarkeit über alle[1] unter Militärstrafgerichtsbarkeit stehende Personen, welche

1. eine strafbare Handlung gegen die allgemeine Sicherheit, Ruhe und Ordnung des Ortes,[2]
2. eine Zuwiderhandlung gegen eine besondere in Beziehung auf die Festungswerke und Vertheidigungsmittel bestehende Anordnung,

3. eine strafbare Handlung im Garnisondienste begehen.

[1] Die Gerichtsbarkeit der Festungskommandanten — Gouverneure — umfaßt nicht nur die ihnen persönlich unterstellten, sondern auch andere, der Militärstrafgerichtsbarkeit unterworfene Personen, sofern solche die im §. 26 erwähnten Strafhandlungen begehen. cf. auch §. 80.

Die Gerichtsbarkeit ist eine ausschließliche. Ausnahme: §§. 33 Abs. 1, 34, 35.

[2] Nicht jeder Straßenunfug, jede Wirthshausschlägerei, an welcher Militärpersonen theilgenommen haben, unterfällt der Gerichtsbarkeit des Kommandanten. Diese Gerichtsbarkeit tritt vielmehr nur bei denjenigen Ausschreitungen ein, welche sich als Störung des allgemeinen, örtlichen Rechtsfriedens darstellen und geeignet sind, bei den Ortsbewohnern überhaupt oder doch bei einem größeren Theile derselben das Gefühl der Rechtsunsicherheit hervorzurufen und die unter Umständen eine umfangreichere und gesteigerte Thätigkeit der zur Aufrechterhaltung der öffentlichen Ordnung berufenen Organe erfordern. cf. Begr. S. 80.

**27. Der Gouverneur, Kommandant oder sonstige Befehlshaber eines in Kriegszustand (Belagerungszustand)[1] erklärten Ortes oder Distrikts hat die Gerichtsbarkeit (§. 20) über alle zur Besatzung gehörende Militärpersonen.**

[1] cf. §. 7 der Pr. Ges. vom 4. Juni 1851 Ges. S. 451 ff. über den Belagerungszustand und Art. 68 der Reichsverfassung.

**28. Detachirte Theile eines militärischen Verbandes können für die Dauer der Detachirung der Gerichtsbarkeit eines anderen Gerichtsherrn unterstellt werden.[1]**

[1] Die Unterstellung erfolgt im Verordnungswege. cf. §. 87 dieses Gesetzes und §. 7 des Einf.-Ges.

Die sonstigen Befehlsbefugnisse bleiben unberührt.

**Ausf.-Best. H.** Erfolgt in Friedenszeiten innerhalb eines Armeekorpsbereichs eine Detachirung, welche eine Uebertragung der gerichtsherrlichen Befugnisse wünschenswerth macht, so hat der kommandirende General durch das Kriegsministerium Meine Entscheidung herbeizuführen.

**Ausf.-Best. M.** In der Marine hat der Chef der selbständigen Kommandobehörde (Ausf.-Best. zu §. 6 E.G.) durch den Reichskanzler (Reichs-Marine-Amt) die Entscheidung des Kaisers herbeizuführen.

**29. Einem militärischen[1] Verbande vorübergehend überwiesene Personen sind für die Dauer der Ueberweisung[2] hinsichtlich der Gerichtsbarkeit dem Gerichtsherrn dieses Verbandes unterstellt.**

[1] Z. B. Kriegs- und Marineakademie; Militär-Reit-Institut; Militär-Turn-Anstalt; Schießschulen.

[2] Wird der Beschuldigte vor Erhebung der Anklage oder der Zustellung der Strafverfügung seinem Truppentheile zurücküberwiesen, so regelt sich die Zuständigkeit nach §. 259.

**Ausf.-Best. H. u. M.** Gehören der Beschuldigte und der militärische Verband, dem er überwiesen ist, verschiedenen selbständigen Kontingenten an, so hat der Gerichtsherr vor Verfügung der Anklage oder vor Erlaß einer Strafverfügung bei der Stelle, welche die Ueberweisung verfügt hat, die Entscheidung über Fortdauer oder Zurücknahme der Ueberweisung (vergleiche §. 259) herbeizuführen.

Diese Bestimmung findet auf die Angehörigen der Marine sinngemäße Anwendung.

**30. Unter Militärstrafgerichtsbarkeit stehende Personen,[1] für welche ein Gerichtsherr nicht aus-**

drücklich bestimmt ist, sind der Gerichtsbarkeit des Divisionskommandeurs unterstellt, in dessen Bezirke sie sich befinden oder die That verübt haben. In Berlin, sowie in Festungen tritt die Zuständigkeit der Gouverneure oder Kommandanten, im Bereiche der heimischen Marinestationen die der Chefs dieser Stationen ein.

Unter mehreren zuständigen Gerichtsherren hat derjenige den Vorzug, welcher den Beschuldigten verhaftet oder zuerst das Ermittelungsverfahren angeordnet hat.[2]

[1] Diese Bestimmung kommt namentlich in den Fällen der §. 1 Nr. 7; §. 5 Nr. 4; §§. 10, 11 in Betracht. Die in Berlin garnisonirenden Marinepersonen gehören hiernach zu der Zuständigkeit des Gouverneurs von Berlin.

[2] Eine anderweitige Vereinbarung seitens der Gerichtsherren ist nicht ausgeschlossen. cf. Begr. S. 82.

**Ausf.-Best. H. u. M.** Der „Bezirk des Divisionskommandeurs" umfaßt die Aushebungsbezirke der ihm unterstellten Brigaden.

31.[1] Von dem kommandirenden General (Admiral) wird, abgesehen von dem Verfahren im Felde und an Bord (§§. 419 bis 435), sowie vorbehaltlich der Bestimmung des §. 21, die Gerichtsbarkeit nur in der Rechtsbeschwerde- oder Berufungsinstanz ausgeübt. Militärische Verbände und einzelne Militärpersonen, welche unmittelbar unter dem Befehle des kommandirenden Generals (Admirals) stehen, sind, soweit dies hiernach erforderlich, hinsichtlich der Strafverfolgung einem anderen Gerichtsherrn zu unterstellen.

Diese Bestimmungen finden auf die sonstigen Gerichtsherren der höheren Gerichtsbarkeit hinsichtlich der zur Zuständigkeit der Standgerichte gehörigen Sachen entsprechende Anwendung. Das Gleiche gilt in den Fällen des §. 30.

Die Unterstellung erfolgt in den Fällen des ersten Absatzes durch den kommandirenden General (Admiral), in den Fällen des zweiten Absatzes, wenn der höhere Gerichtsherr ein Divisionskommandeur oder ein Marinestationschef ist, durch diesen, im Uebrigen, soweit nicht dieses Gesetz Bestimmung getroffen hat (§. 22), durch die Militärjustizverwaltung.

[1] Etwaige Unzuträglichkeiten, welche dann entstehen können, wenn ein mit Gerichtsbarkeit erster Instanz versehener Befehlshaber unter Beibehaltung seines Kommandos den als Gerichtsherrn der höheren Instanz fungirenden Befehlshaber im Kommando zu vertreten hat. — cf. §. 28 — werden im Verordnungswege zu beseitigen sein. cf. §. 87.

32.[1] Stehen Strafsachen dadurch im Zusammenhange, daß eine Person mehrerer strafbarer Handlungen beschuldigt wird, von denen eine der höheren, eine andere der niederen Gerichtsbarkeit unterliegt, so kann[2] der höhere Gerichtsherr auch diese an sich ziehen.

Ist wegen einer der strafbaren Handlungen bereits die Anklage erhoben oder eine Strafverfügung zugestellt, so kann die Verbindung nur durch Beschluß des gemeinsamen oberen Gerichts[3] auf Antrag eines der zuständigen Gerichtsherren erfolgen.

In gleicher Weise kann die Verbindung wieder aufgehoben werden.

[1] cf. §§. 2ff. R.Str.P.O.

[2] Der Gerichtsherr wird seine Entscheidung von der prozessualen Zweckmäßigkeit abhängig machen. Hat der Beschuldigte neben dem schweren Vergehen mehrere, der niederen Gerichtsbarkeit unterfallende Strafhandlungen begangen, so kann der Gerichtsherr einzelne der letzteren an sich ziehen und die übrigen der standgerichtlichen Erledigung überlassen.

[3] Der Beschluß kann im Anschluß an eine Spruchsitzung erfolgen. cf. K.B. S. 30.

33. Wird eine Person mehrerer strafbarer Handlungen beschuldigt, welche theils zur Zuständigkeit eines mit der höheren Gerichtsbarkeit versehenen Gouverneurs oder Kommandanten, theils zur Zuständigkeit eines anderen Gerichtsherrn gehören, so steht die Strafverfolgung hinsichtlich sämmtlicher strafbarer Handlungen demjenigen Gerichtsherrn zu, welcher für die schwerere Strafthat zuständig ist.[1] Maßgebend in dieser Beziehung ist die angedrohte Strafart, bei Strafen gleicher Art das höchste zulässige Maß derselben. Bei sich gleichstehenden Strafandrohungen haben die dem Beschuldigten vorgesetzten Gerichtsherren den Vorzug.

Die Bestimmungen des §. 32 Absatz 2 und 3 finden Anwendung.

Gehören Strafsachen der niederen Gerichtsbarkeit

theils zur Zuständigkeit eines nur mit niederer Gerichtsbarkeit versehenen Kommandanten, theils zur Zuständigkeit eines anderen Gerichtsherrn, so steht dem Erstgenannten die Strafverfolgung hinsichtlich sämmtlicher strafbarer Handlungen zu.

[1] Anderweitige Vereinbarung ist auch hier, wie im Falle des §. 30 zulässig.

34. Sind bei einer strafbaren Handlung mehrere Personen als Thäter,[1] Theilnehmer, Begünstiger oder Hehler beschuldigt und stehen die Beschuldigten unter der Gerichtsbarkeit verschiedener Gerichtsherren, so kann der Gerichtsherr, welcher der gemeinschaftliche Vorgesetzte ist, die Verbindung der Strafsachen und ihre gemeinsame Verfolgung anordnen.

Ist ein gemeinschaftlicher höherer Gerichtsherr nicht vorhanden, so haben die betreffenden kommandirenden Generale, und wenn einer der Beschuldigten der Marine angehört, der kommandirende General und der kommandirende Admiral darüber sich zu verständigen, welcher Gerichtsherr die Strafverfolgung zu übernehmen hat. Findet hierüber eine Einigung nicht statt, so steht, sofern die betheiligten kommandirenden Generale derselben Militärverwaltung angehören, die Entscheidung dem zuständigen Kontingentsherrn, andernfalls dem Kaiser zu. Der Gouverneur von Berlin steht in dieser Beziehung einem kommandirenden General gleich.

Ist gegen einen Beschuldigten die Anklage bereits erhoben, oder ist ihm eine Strafverfügung bereits zugestellt, so kann die Verbindung nur durch Beschluß des gemeinsamen oberen Gerichts auf Antrag eines der zuständigen Gerichtsherren erfolgen.

In gleicher Weise kann die Verbindung wieder aufgehoben werden.

[1] cf. A. 2 zu §. 4.

35. Die Bestimmungen des §. 34 finden bei strafbaren Handlungen, welche nach ihrem gesetzlichen Thatbestande das Zusammenwirken Mehrerer voraussetzen, entsprechende Anwendung.[1]

[1] z. B. Zweikampf; Fahnenflucht im Komplott; Aufruhr.

36. Bestehen zwischen mehreren Gerichtsherren Zweifel darüber, welcher der zuständige ist, so entscheidet[1] der ihnen gemeinsam vorgesetzte Gerichtsherr und in Ermangelung eines solchen das gemeinsame obere Gericht.

[1] Falls eine Vereinbarung nicht möglich ist.

37. Im Verordnungswege[1] kann, soweit besondere Verhältnisse es erfordern, die Gerichtsbarkeit der in den §§. 19, 20, 22 bezeichneten Befehlshaber auf bestimmte Truppentheile oder Militärverbände eingeschränkt oder ausgedehnt, sowie auch anderen Befehlshabern Gerichtsbarkeit verliehen werden.

[2] cf. §. 7 des Einf.=Ges.

**Ausf.-Best. H.** 1. Den kommandirenden Generalen werden in gerichtsherrlicher Beziehung gleichgestellt:

der Gouverneur von Berlin,

der Chef der Landgendarmerie,

in Kriegszeiten die stellvertretenden kommandirenden Generale.

2. Den Divisionskommandeuren werden in gerichtsherrlicher Beziehung in Kriegszeiten gleichgestellt:

die stellvertretenden Infanterie=Brigadekommandeure,

der Inspekteur der immobilen Garde=Infanterie.

3. Sind militärische Verbände oder einzelne Militärpersonen seitens der kommandirenden Generale nach §. 31 Absatz 1 der Militärstrafgerichtsordnung hinsichtlich der Strafverfolgung einem anderen Gerichtsherrn zu unterstellen, so soll die Zuweisung, soweit nicht in den folgenden Nummern ein Anderes bestimmt ist, an die Divisionskommandeure erfolgen.

Das Fußartillerieregiment von Hindersin (Pommersches) Nr. 2 ist ungetheilt der 4. Division, das Badische Fußartillerie=Regiment Nr. 14 ungetheilt der 29. Division zuzuweisen.

Die Divisionskommandeure haben ferner die höhere Gerichtsbarkeit über die Angehörigen der Landgendarmerie.

4. Unbeschadet der Bestimmungen der §§. 25, 26 der Militärstrafgerichtsordnung haben:

a) die Gouverneure und ersten Kommandanten großer Festungen die höhere Gerichtsbarkeit über die ungetheilt in der Festung garnisonirenden Fußartillerie=Regimenter, die Pionier=Bataillone, die Telegraphen=Bataillone und die Train=Bataillone, sowie über die am Orte befindlichen Militärbehörden, militärischen Institute und Stäbe, soweit nicht die letzteren zu dem Befehlsbereich eines Divisionskommandeurs gehören;

b) die Kommandanten kleiner Festungen und die zweiten Kommandanten großer Festungen die niedere Gerichtsbarkeit über die am Orte befindlichen Stäbe, welche nicht anderen Gerichtsherren der niederen Gerichtsbarkeit unterstellt sind, sowie über die daselbst befindlichen Militärbehörden und militärischen Institute, deren Vorsteher nicht selbst die niedere Gerichtsbarkeit haben.

5. Die niedere Gerichtsbarkeit wird verliehen:
dem Kommandeur der Schloßgardekompagnie,
den Kommandeuren der Infanterie-, der Feldartillerie- und der Fußartillerie-Schießschule,
den Kommandeuren der Unteroffizierschulen,
dem Kommandeur des Militärknabenerziehungsinstituts in Annaburg,
dem Kommandeur der Offizierreitschule,
dem Kommandeur der Kavallerieunteroffizierschule,
dem Kommandeur der Oberfeuerwerkerschule,
dem Vorsteher der Versuchsabtheilung der Artillerieprüfungskommission,
dem Direktor der Militäreisenbahn,
dem Kommandeur der Luftschifferabtheilung,
den Gendarmerie-Brigadiers,
den Kommandeuren der Kriegsschulen,
dem Kommandeur der Hauptkadettenanstalt,
dem Inspekteur der Ersatzeskadrons.

6. Für die Garnison Berlin tritt folgende Regelung ein:

a) die Bestimmung in Nr. 4 findet auf das Gardekorps keine Anwendung. Für dieses gilt lediglich die Vorschrift in Nr. 3 Absatz 1;

b) die Stäbe und Behörden des III. Armeekorps, die Landwehr-Inspektion Berlin und die Bezirkskommandos Berlin I—IV unterstehen der Gerichtsbarkeit der 6 Division und des Generalkommandos III. Armeekorps;

c) im Uebrigen werden die in Berlin garnisonirenden militärischen Verbände, soweit sie nicht eigene Gerichtsbarkeit haben, sowie die in Berlin befindlichen Militärpersonen und Stäbe, soweit nicht eine andere Gerichtsbarkeit begründet ist, der Gerichtsbarkeit des Gouvernements unterstellt, und zwar soll die Gerichtsbarkeit in allen Sachen für die erste Instanz dem Kommandanten, für die Berufungsinstanz dem Gouverneur zustehen.

Für die Marine ist z. Z. eine entsprechende Ordre noch nicht ergangen.

## Dritter Abschnitt[1]

## Erkennende Gerichte.

[1] Begr. S. 83—96. K.B. 31—45.

### I. Standgerichte.

38. Die Standgerichte bestehen aus drei Richtern, und zwar aus

einem Stabsoffizier als Vorsitzenden,
einem Hauptmann (Rittmeister, Kapitänlieutenant) als erstem Beisitzer und
einem Premierlieutenant (Lieutenant zur See)[1] als zweitem Beisitzer.

[1] Den Premierlieutenants entsprechen jetzt die Oberleutnants zur See.

39. Sind Offiziere der vorgeschriebenen Dienstgrade nicht vorhanden oder sind die vorhandenen sämmtlich an der Ausübung des Richteramts ver-

hindert, so kann an die Stelle des fehlenden Offiziers ein Offizier des nächstniederen oder des nächsthöheren Dienstgrades treten.[1]

[1] Sind trotzdem die zur Besetzung des Gerichts erforderlichen Personen nicht verfügbar, so ist nach §. 262 zu verfahren.

**40.** Als Richter kann nur mitwirken, wer seit mindestens einem Jahre dem Heere oder der Marine angehört.[1]

[1] Ausnahme: §. 44.

**41.** Der Vorsitzende und die Beisitzer werden vom Gerichtsherrn alljährlich vor dem Beginne des Geschäftsjahrs[1] für die Dauer desselben als ständige Richter bestellt.[2] Für die gleiche Dauer sind ständige Stellvertreter zu bezeichnen.

[1] cf. §. 22 Einf.-Ges.

[2] Die Bestellung desselben Richters kann wiederholt werden.

Sie erlischt, wenn der betreffende Offizier im Laufe des Geschäftsjahres behufs anderweiter dienstlicher Verwendung von seinem Verbande abkommandirt wird oder aus demselben durch Versetzung 2c. ausscheidet. Gleiche Wirkung hat die dauernde Verhinderung an der Ausübung des Richteramts durch Krankheit, Verbüßung einer Freiheitsstrafe 2c. cf. Begr. S. 86.

„Ständig“ sind die Richter insofern, als sie von dem Gerichtsherrn zu jedem zusammentretenden Standgerichte berufen werden müssen. cf. §. 261.

F. (Niedere Gerichtsbarkeit) Nr. 1.

**42.** Die Richter und deren Stellvertreter werden

beim Antritte des Richteramts durch den Gerichtsherrn beeidigt.[1]

Die Eidesformel lautet:

„Ich schwöre bei Gott dem Allmächtigen und Allwissenden, die Pflichten eines Richters getreulich zu erfüllen. So wahr mir Gott helfe."

Dem Schwörenden ist gestattet, den Schlußworten der Eidesformel eine seinem Glaubensbekenntniß entsprechende Bekräftigungsformel hinzuzufügen.

Ueber die erfolgte Beeidigung ist ein Protokoll aufzunehmen.

[1] Die Beeidigung erfolgt für die Dauer des Richteramtes. In der Hauptverhandlung werden nur die nicht ständigen Richter vereidigt. cf. §. 296.
F. (Niedere Gerichtsbarkeit) Nr. 2.

43. Scheidet im Laufe des Geschäftsjahrs einer der Richter oder Stellvertreter aus, oder ist er an der Ausübung des Richteramts dauernd verhindert, so ist erforderlichen Falles für den Rest des Geschäftsjahrs[1] ein anderer Offizier als Richter zu bestellen.

Im Falle gleichzeitiger Verhinderung eines Richters und dessen Stellvertreters kann ein Offizier des entsprechenden Dienstgrades für den einzelnen Fall[2] als Richter berufen werden.

[1] cf. §. 22 Einf.-Ges.
[2] cf. A. 1 zu §. 42.

Die Vereidigung erfolgt in der Hauptverhandlung. cf. §. 296.

F. Nr. 3.

F. (Niedere Gerichtsbarkeit) Nr. 3.

44. Im Felde[1] und an Bord[2] erfolgt die Berufung sämmtlicher Richter für den einzelnen Fall. Die Bestimmung des §. 40 findet keine Anwendung.

An Bord kann im Bedürfnißfall als zweiter Beisitzer ein Mitglied des Sanitätsoffizierkorps oder Maschineningenieurkorps oder ein Deckoffizier berufen werden.

[1] cf. §§. 5, 6 Einf.-Ges.

[2] Sie werden in der Hauptverhandlung vereidigt. cf. §. 296.

45. Die Standgerichte sind zuständig für die Strafsachen der niederen Gerichtsbarkeit (§§. 15, 16).

46. Vor die Standgerichte gehören auch diejenigen Strafsachen, deren Verhandlung und Entscheidung ihnen in Folge der Bestimmungen des §. 63 zufällt.

47. Das Standgericht darf neben einer etwa auszusprechenden Einziehung auf keine andere[1] und keine höhere Strafe als auf Freiheitsstrafe nicht über sechs Wochen und auf Geldstrafe nicht über einhundertfünfzig Mark, im Felde und an Bord[2] neben Einziehung und Versetzung in die zweite Klasse des Soldatenstandes auf Freiheitsstrafe nicht über drei

Monate und Geldstrafe nicht über dreihundert Mark, allein oder in Verbindung mit einander, erkennen.

Auch im Falle des Zusammentreffens mehrerer strafbarer Handlungen (§§. 74, 77 des bürgerlichen Strafgesetzbuchs, §. 54 des Militärstrafgesetzbuchs) dürfen die verschiedenen Freiheitsstrafen zusammen die im Absatz 1 bestimmte Zeitdauer nicht überschreiten.[3,4]

[1] Namentlich auf keine Ehrenstrafe. Die Versetzung in die II. Klasse des Soldatenstandes und die Degradation ist der standgerichtlichen Kompetenz entzogen; cf. Bez. der Feldgerichte 2c. §. 15 A. 4.

[2] cf. §§. 5, 6 Einf.-Ges. [3] cf. §. 330.

[4] Wird der Angeklagte durch Beförderung der niederen Gerichtsbarkeit entzogen, so ist auch nach Erhebung der Anklage die Sache an den zuständigen höheren Gerichtsherrn abzugeben. cf. §. 259 Abs. 2.

48. Die Standgerichte, welche im Felde zusammentreten, heißen Feldstandgerichte.[1]

Die Standgerichte, welche an Bord zusammentreten, heißen Bordstandgerichte.[2]

[1] cf. §. 5 Einf.-Ges.

[2] cf. §. 6 Einf.-Ges. §§. 419 ff.

## II. Kriegsgerichte.

49. Die Kriegsgerichte bestehen aus fünf Richtern, und zwar aus

einem Kriegsgerichtsrathe[1] (§. 13 Absatz 3) und
vier Offizieren.

[1] cf. §§. 93—102. Vertretung: §. 98.

50.[1] Außer dem Kriegsgerichtsrathe sind als Richter zu berufen:

1. wenn der Angeklagte ein Gemeiner oder Unteroffizier ist:
   ein Major, ein Hauptmann (Rittmeister) und zwei Premierlieutenants;
2. wenn der Angeklagte ein Subalternoffizier oder ein Hauptmann (Rittmeister) ist:
   ein Oberstlieutenant, ein Major, ein Hauptmann (Rittmeister) und ein Premierlieutenant;
3. wenn der Angeklagte ein Major ist:
   ein Oberst, zwei Oberstlieutenants oder Majors und ein Hauptmann (Rittmeister);
4. wenn der Angeklagte ein Oberstlieutenant ist:
   ein Generalmajor, ein Oberst, ein Oberstlieutenant und ein Major;
5. wenn der Angeklagte ein Oberst ist:
   ein Generalmajor, zwei Obersten und ein Oberstlieutenant;
6. wenn der Angeklagte ein Generalmajor ist:
   ein Generallieutenant, zwei Generalmajors und ein Oberst;
7. wenn der Angeklagte ein Generallieutenant ist:
   ein General, zwei Generallieutenants und ein Generalmajor;
8. wenn der Angeklagte ein General oder ein im höheren Range stehender Offizier ist:
   zwei Generale und zwei Generallieutenants.

[1] (Es ist zulässig, daß Angehörige des Heeres über

solche der Marine als Richter berufen werden; ebenso umgekehrt. cf. §. 262. Wegen Ersatzes mangelnder Richter cf. §§. 60, 89.

**Ausf.-Best. H.** Kann aus der Zahl der dem Gerichtsherrn zugeordneten Kriegsgerichtsräthe ein Kriegsgericht nicht vorschriftsmäßig besetzt werden, so hat der Gerichtsherr einen anderen Gerichtsherrn derselben oder einer nahe gelegenen Garnison um Aushülfe zu ersuchen (vergleiche §. 262).

51. Die Kriegsgerichte werden zusammengesetzt aus:

zwei Kriegsgerichtsräthen und
drei Offizieren,

wenn der Gerichtsherr nach den Umständen des Falles annimmt, daß auf Todesstrafe oder auf Freiheitsstrafe von mehr als sechs Monaten zu erkennen sei.[1]

Als Richter sind außer den Kriegsgerichtsräthen zu berufen:[2]

1. wenn der Angeklagte ein Gemeiner oder Unteroffizier ist:
   ein Major, ein Hauptmann (Rittmeister) und ein Premierlieutenant;
2. wenn der Angeklagte ein Subalternoffizier oder ein Hauptmann (Rittmeister) ist:
   ein Oberstlieutenant, ein Major und ein Hauptmann (Rittmeister);
3. wenn der Angeklagte ein Major ist:
   ein Oberst, zwei Oberstlieutenants oder Majors;

4. wenn der Angeklagte ein Oberstlieutenant ist: ein Generalmajor, ein Oberst und ein Oberstlieutenant;
5. wenn der Angeklagte ein Oberst ist: ein Generalmajor und zwei Obersten;
6. wenn der Angeklagte ein Generalmajor ist: ein Generallieutenant und zwei Generalmajors;
7. wenn der Angeklagte ein Generallieutenant ist: ein General und zwei Generallieutenants;
8. wenn der Angeklagte ein General oder ein im höheren Range stehender Offizier ist: zwei Generale und ein Generallieutenant.[3]

[1] Liegen mehrere real konkurrierende Strafhandlungen vor, so hat der Gerichtsherr zu erwägen, wie hoch die Einsatzstrafe sein wird. Die voraussichtliche Höhe der Gesammtstrafe ist für die Zusammensetzung des Kriegsgerichts ohne Bedeutung.

[2] Wegen Zuweisung fehlender Richter cf. §. 262.

[3] cf. Ausf.-Best. zu §. 50.

52. Ist das Gericht gemäß §. 49 besetzt und erscheint nach dem Ergebnisse der Hauptverhandlung eine die Dauer von sechs Monaten übersteigende Strafe verwirkt, so kann das Gericht auf Freiheitsstrafe bis zu einem Jahre[1] erkennen.

Erachtet das Gericht eine höhere Strafe für verwirkt, so hat es die Hauptverhandlung abzubrechen und die Berufung eines der Vorschrift des §. 51 entsprechenden Gerichts herbeizuführen.

[1] Für den einzelnen Fall. Die Gesammtstrafe darf die Dauer eines Jahres überschreiten.
cf. A. 1 zu §. 51.

53. In den Fällen der Nr. 1 bis 5 der §§. 50, 51 erfolgt die Berufung[1] der Offiziere nach einer vom Gerichtsherrn alljährlich vor dem Beginne des Geschäftsjahrs für die Dauer desselben festzustellenden Reihenfolge,[2] von der nur aus dringenden Gründen abgewichen werden darf.

[1] cf. §. 261.
[2] Es ist hiernach eine Kommandirrolle anzulegen, von der nur aus dringenden Gründen abgewichen werden darf.

54. Hinsichtlich der Bildung der Kriegsgerichte stehen den in den §§. 50, 51 bezeichneten Dienstgraden die entsprechenden Dienstgrade der Marine gleich.[1] Ein Korvettenkapitän steht einem Major oder einem Oberstlieutenant gleich.[2]

[1] cf. §. 50 A. 1.
[2] Diese Bestimmung wird nicht dadurch berührt, daß neuerdings eine Zwischenstufe zwischen Korvetten-Kapitän und Kapitän z. S. — der Fregatten-Kapitän — eingefügt ist. Immerhin erscheint es aber angemessen, wenn angängig, Fregatten-Kapitäne an Stelle der Oberstleutnants zu kommandiren.

55. Ist der Angeklagte ein Sanitätsoffizier oder ein Ingenieur des Soldatenstandes[1] oder ein Militärbeamter, so erfolgt die Bildung des Kriegsgerichts

unter Berücksichtigung des Ranges[3] des Angeklagten nach Maßgabe des §. 50. Es sind jedoch dem Range des Angeklagten entsprechend, in den Fällen des §. 50 an Stelle der zwei Offiziere des niedrigsten Dienstgrades zwei Sanitätsoffiziere, zwei Ingenieure des Soldatenstandes oder zwei obere Militärbeamte und in den Fällen des §. 51 an Stelle des Offiziers des niedrigsten Dienstgrades ein Sanitätsoffizier, ein Ingenieur des Soldatenstandes oder ein oberer Militärbeamter als Richter zu berufen.

[1] cf. §. 1 A. 2.

[2] Der Assessor ꝛc. steht im Range dem Hauptmann, der Rath IV. Klasse dem Major, III. Klasse dem Oberstlieutenant, II. Klasse dem Obersten, I. Klasse dem General-Major gleich.

[3] Wenn angängig, werden Militärbeamte desjenigen Dienstzweiges, welchem der Angeklagte angehört, zu kommandiren sein.

[4] Im Felde und an Bord: cf. §. 59.

56. Sind Personen, welche verschiedenen der im §. 55 bezeichneten Dienststellungen angehören, oder ist eine dieser Personen mit einem der in den §§. 50, 51 bezeichneten Angeklagten gemeinschaftlich abzuurtheilen, so findet bei der Bildung des Kriegsgerichts eine Abweichung von den vorstehenden Bestimmungen nur insofern statt, als in den Fällen des §. 50 an Stelle des Offiziers des niedrigsten Dienstgrades ein zweiter Kriegsgerichtsrath zu berufen ist.

57. Ist der Angeklagte eine Civilperson,[1] so er-

folgt die Bildung des Kriegsgerichts nach Maßgabe der §§. 50 Nr. 1, 51 Nr. 1.

Wird eine Civilperson zugleich mit einer Militärperson angeklagt, so erfolgt die Bildung des Kriegsgerichts lediglich mit Rücksicht auf die letztere.

Bei kriegsgefangenen Offizieren soll das militärische Rangverhältniß thunlichst berücksichtigt werden.

[1] „Civilperson" ist jeder, welcher nicht im Sinne der Militärstrafgerichtsordnung zu den Militärpersonen gehört. Auch der Kriegsgefangene ist hiernach zu den „Civilpersonen" zu rechnen. cf. §. 16 A. 3. §. 8 des Einf.-Ges.

58. Richtet sich die Hauptverhandlung gegen mehrere Angeklagte verschiedenen Ranges, so ist, unbeschadet der Bestimmung des §. 56, für die Besetzung des Kriegsgerichts der Dienstgrad des höchsten unter den Mitangeklagten maßgebend.

59. Im Felde und an Bord können die Sanitätsoffiziere, die Ingenieure des Soldatenstandes[1] und die oberen Militärbeamten (§§. 55, 56), im Bedürfnißfalle durch Offiziere ersetzt werden.

[1] cf. §. 1 A. 2.

60. Auf die aus dem Offizierstande[1] zu berufenden Richter bei den Kriegsgerichten finden die Bestimmungen der §§. 39, 40 Anwendung.

[1] Diese Bestimmung bezieht sich nicht auf Beamte; und zwar auch dann nicht, wenn letztere den speziellen

Offizierrang haben, wie die Marine-Zahlmeister, sowie die Maschinenbau- und Schiffbaubeamten der Marine.

61. In der Hauptverhandlung hat der rangälteste Offizier den Vorsitz;[1] der dienstälteste Kriegsgerichtsrath[2] führt die Verhandlungen.

[1] Der Vorsitzende übt die Sitzungspolizei aus. cf. §. 289 und §§. 275, 279, 288, 294, 295, 297, 302, 325, 331, 336.

[2] cf. §. 292.

62. Die Kriegsgerichte[1] sind, abgesehen von den ihnen durch anderweite Bestimmungen dieses Gesetzes zugewiesenen Entscheidungen und Geschäften, zuständig:

1. für die Verhandlung und Entscheidung in erster Instanz in den nicht zur Zuständigkeit der Standgerichte gehörigen[2] Strafsachen;[3]
2. für die Verhandlung und Entscheidung über das Rechtsmittel der Berufung[4] gegen die Urtheile der Standgerichte.

[1] Die erforderlichen Zustellungen und die Vollstreckung der Entscheidung hat der Gerichtsherr zu veranlassen cf. §. 138.

[2] cf. §§. 15, 16, 45—47.

[3] Die Kompetenz der Kriegsgerichte ist nur durch die standgerichtliche Gerichtsbarkeit, also nach unten, begrenzt. Auch Hochverrath und Landesverrath gegen Kaiser und Reich wird — abweichend von dem in §. 136 des G.V.G. liegenden Prinzip — in erster Instanz von den Kriegsgerichten abgeurtheilt. cf. §§. 158, 252.

[4] cf. §§. 378—396.

63. Im Felde und an Bord[1] kann der Gerichtsherr

1. wegen der Vergehen gegen die §§. 113, 114, 117 Absatz 1, §§. 120, 123, 134, 135, 136, 138, 185, 189, 223, 223a, 230, 241, 242, 246, 257, 258 Nr. 1, §§. 259, 263, 291, 292, 293, 296, 298, 299, 303, 304, 327 Absatz 1, §. 328 Absatz 1 des bürgerlichen Strafgesetzbuchs,
2. wegen der Vergehen gegen §. 138 Absatz 1 des Militärstrafgesetzbuchs,
3. wegen der Vergehen gegen die §§. 81, 83, 84, 86 der Seemannsordnung vom 27. Dezember 1872

die Verfolgung dem Gerichtsherrn der niederen Gerichtsbarkeit überweisen, wenn er nach den Umständen des Falles annimmt, daß neben Einziehung oder Versetzung in die zweite Klasse des Soldatenstandes auf keine andere und keine höhere Strafe als Freiheitsstrafe von drei Monaten oder Geldstrafe von sechshundert[2] Mark, allein oder neben Haft oder in Verbindung miteinander, zu erkennen sein werde.[3,4]

[1] cf. §§. 5, 6 des Einf.-Ges.

[2] cf. §§. 75, 27 Nr. 2 G.V.G.

[3] Der Gerichtsherr hat bei der erforderlichen Prüfung auch etwaige mildernde Umstände und Strafmilderungsgründe zu berücksichtigen.

[4] Das Standgericht ist an diesem Ueberweisungsbeschluß nicht gebunden. Hält das Standgericht eine höhere Strafe für angezeigt oder sonst die Voraussetzungen des §. 63 nicht für gegeben, so hat es seine Unzuständig-

keit auszusprechen und die Sache an die zuständige Stelle zu verweisen. cf. §§. 47, 330.

64. Die Kriegsgerichte, welche im Felde zusammentreten, heißen Feldkriegsgerichte.

Die Kriegsgerichte, welche an Bord zusammentreten, heißen Bordkriegsgerichte.

## III. Oberkriegsgerichte.

65. Die Oberkriegsgerichte sind, abgesehen von den ihnen durch anderweite Bestimmungen dieses Gesetzes zugewiesenen Entscheidungen und Geschäften,[1] zuständig: für die Verhandlung und Entscheidung über das Rechtsmittel der Berufung[2] gegen die Urtheile der Kriegsgerichte in erster Instanz.

Die Oberkriegsgerichte werden bei den Generalkommandos und bei dem Oberkommando der Marine gebildet. Im Verordnungswege kann auch bei anderen Stellen die Bildung von Oberkriegsgerichten zugelassen werden.[3,4]

[1] cf. §§. 32 Abs. 2, 33 Abs. 2, 34 Abs. 3, 35, 36, 97 Abs. 3, 204, 205, 230 Abs. 2, 290 Abs. 5, 461 Abs. 4, 470 Abs. 2, 471 Abs. 3.

[2] cf. §§. 378—396. [3] cf. §. 7 des Einf.-Ges.

[4] cf. Ausf.-Best. zu §. 37.

66. Die Oberkriegsgerichte bestehen aus sieben Richtern, und zwar aus

zwei Oberkriegsgerichtsräthen[1,2] und
fünf Offizieren.

[1] cf. §§. 93—98.

[2] Als Mitglieder des Gerichts können die Oberkriegsgerichtsräthe nur durch ständig angestellte Richter, in ihren sonstigen Funktionen auch durch andere zum Richteramte befähigte Personen vertreten werden. cf. §§. 70, 98. Assessoren können hiernach zwar als Vertreter der Anklage, nicht aber als erkennende Richter fungiren. Wegen Ersatzes mangelnder Richter cf. §§. 68, 89.

67. Als Richter sind, außer den Oberkriegsgerichtsräthen, zu berufen:

1. wenn der Angeklagte ein Gemeiner oder ein Unteroffizier ist:
   ein Oberstlieutenant, zwei Majors, ein Hauptmann (Rittmeister) und ein Premierlieutenant;
2. wenn der Angeklagte ein Subalternoffizier oder ein Hauptmann (Rittmeister) ist:
   ein Oberst, ein Oberstlieutenant, ein Major und zwei Hauptleute (Rittmeister);
3. wenn der Angeklagte ein Major ist:
   ein Oberst, zwei Oberstlieutenants und zwei Majors;
4. wenn der Angeklagte ein Oberstlieutenant ist:
   ein Generalmajor zwei Obersten und zwei Oberstlieutenants;
5. wenn der Angeklagte ein Oberst ist:
   ein Generalmajor, drei Obersten und ein Oberstlieutenant;
6. wenn der Angeklagte ein Genrralmajor ist:
   ein Generallieutenant, drei Generalmajors und ein Oberst;

7. wenn der Angeklagte ein Generallieutenant ist: ein General, drei Generallieutenants und ein Generalmajor;
8. wenn der Angeklagte ein General oder ein im höheren Range stehender Offizier ist: drei Generale und zwei Generallieutenants.

68. Die zur Bildung des Oberkriegsgerichts erforderlichen Offiziere werden in den Fällen des §. 67 Nr. 1 bis 5 vom Gerichtsherrn alljährlich vor dem Beginne des Geschäftsjahrs für die Dauer desselben als ständige Richter bestellt. Für die gleiche Dauer sind ständige Stellvertreter zu bezeichnen.

Auf die aus dem Offizierstande zu berufenden Richter finden die Bestimmungen der §§. 39, 40, 42, 43 Anwendung.

**Ausf.-Best. H.** Die Oberkriegsgerichte treten der Regel nach am Sitze des Generalkommandos u. s. w. zusammen.

In einzelnen Fällen wird es aber aus praktischen Gründen geboten sein, sie an einem anderen Orte zur Hauptverhandlung zusammentreten zu lassen.

Für die Fälle der letzteren Art empfiehlt es sich, als ständige Stellvertreter der aus dem Offizierstande zu berufenden Richter auch Offiziere auswärtiger Garnisonen zu bezeichnen, deren Beeidigung im Auftrage des kommandirenden Generals durch einen anderen Gerichtsherrn der höheren Gerichtsbarkeit erfolgen kann. Das hierüber aufzunehmende Protokoll ist dem kommandirenden General einzureichen.

**Ausf.-Best. M.** In der Marine treten die Oberkriegsgerichte der Regel nach am Sitze der selbständigen

Kommandobehörde zusammen. Weitere Ausf.-Best. zu diesem §. 68 sind für die Marine nicht erlassen. F. Nr. 1, 2, 3.

69. Die Bestimmungen der §§. 54 bis 58, 61 finden auf die Oberkriegsgerichte entsprechende Anwendung.[1]

[1] Bezüglich der Rechte des Vorsitzenden cf. §. 61 A. 1.

70. In den Oberkriegsgerichten können die Oberkriegsgerichtsräthe nur durch ständig angestellte richterliche Beamte vertreten werden.[1]

[1] cf. §. 66 A. 2.

## IV. Reichsmilitärgericht.[1]

71. Das Reichsmilitärgericht ist, abgesehen von den ihm durch anderweite Bestimmungen dieses Gesetzes zugewiesenen Entscheidungen und Geschäften, zuständig:[2]

für die Verhandlung und Entscheidung über das Rechtsmittel der Revision.[3]

[1] cf. §. 38 Einf.-Ges.

[2] cf. §§. 36, 113, 149, 205, 247, 248, 328 Abs. 2, 385 Abs. 2, 443, 446, 447, 461 Abs. 4, 464 Abs. 4, §. 13 des Einf.-Ges.

[3] cf. §§. 397—415.

72. Der Sitz des Reichsmilitärgerichts ist Berlin. Für den Kriegsfall kann der Kaiser den Sitz des Reichsmilitärgerichts oder einzelner Senate desselben verlegen.

73. An der Spitze des Reichsmilitärgerichts steht als Präsident[1] ein General oder Admiral mit dem Range eines kommandirenden Generals. Demselben steht die Leitung der Geschäfte zu; an der Rechtsprechung nimmt er nicht Theil.

[1] Befugnisse: cf. §§. 88—92, 105.

74. Der Präsident wird vom Kaiser ernannt.

75. Der Präsident leistet beim Antritte seines Amtes vor versammeltem Plenum folgenden Eid:

„Ich schwöre bei Gott dem Allmächtigen und Allwissenden, die Pflichten des Präsidenten des Reichsmilitärgerichts getreulich zu erfüllen. So wahr mir Gott helfe."

Die Bestimmungen des §. 42 Absatz 3 und 4 finden Anwendung.

76. Für die Fälle der Verhinderung des Präsidenten bestimmt der Kaiser einen Stellvertreter.

Ein Mitglied des Reichsmilitärgerichts kann nicht Stellvertreter des Präsidenten sein.

77. Bei dem Reichsmilitärgerichte werden Senate[1] gebildet.

[1] cf. §§. 88 ff.

78. Jeder Senat besteht aus einem Senatspräsidenten und der erforderlichen Zahl von Räthen und Offizieren.

Die Zuziehung von Hülfsrichtern an Stelle der Senatspräsidenten und Räthe ist unzulässig.

**79.** Die militärischen Mitglieder des Reichsmilitärgerichts sollen mindestens im Range der Stabsoffiziere stehen.

Sie werden vom Kaiser auf Vorschlag der Kontingentsherren[1] auf die Dauer von mindestens zwei Jahren bestimmt.

[1] Die Stabsoffiziere 2c. der Marine bestimmt der Kaiser nach freiem Ermessen; die militärischen Mitglieder des bayrischen Senats der König von Bayern. cf. E.G. §. 33 A. 1.

**80.** Die Senatspräsidenten und die Räthe werden vom Kaiser auf Vorschlag des Bundesraths ernannt.[1] Sie müssen in Gemäßheit des Gerichtsverfassungsgesetzes vom 27. Januar 1877 zum Richteramte befähigt sein und das fünfunddreißigste Lebensjahr vollendet haben.[1]

[1] cf. §. 127 G.V.G. und bezüglich des bayrischen Senats E.G. §. 38 A. 1.

**81.** Die Senatspräsidenten und die Räthe sind Militärbeamte. Auf dieselben finden die Bestimmungen der §§. 6, 7, 8 Absatz 1 und 2, §§. 9, 130 Absatz 2[1] und 3 des Gerichtsverfassungsgesetzes vom 27. Januar 1877 entsprechende Anwendung.

[1] Das Ruhegehalt beginnt mit $^{20}/_{60}$ des Gehalts (d. h. des pensionsfähigen Diensteinkommens) und steigt — von der Vollendung des 10. Dienstjahres als Beamter gerechnet — jährlich um $^{1}/_{60}$ bis zur Vollendung des 50. Dienstjahres. Es kann hiernach das volle pensionsfähige Diensteinkommen als Pension verdient werden.

§. 42 Nr. 6 des R.B.G. findet hier keine Anwendung; wohl aber §. 8 des Ges. betr. Bewilligung von Wohnungsgeldzuschüssen vom 30. Juni 1873. (R.G.Bl. S. 166) und — bez. des Servises — §. 42 Nr. 4 des R.B.G. Es kommt deshalb bei der Pensionirung der Durchschnittssatz des Wohnungsgeldzuschusses und der mittlere Servis in Betracht. Wittwen- und Waisengelder regeln sich nach dem Gesetze vom 17. Mai 1897 (R.G.Bl. S. 455).

82. Die militärischen Mitglieder des Reichsmilitärgerichts werden beim Antritt ihres Richteramts durch den Präsidenten vor versammeltem Plenum beeidigt. Die Eidesformel lautet:

„Ich schwöre bei Gott dem Allmächtigen und Allwissenden, die Pflichten eines Richters beim Reichsmilitärgerichte getreulich zu erfüllen. So wahr mir Gott helfe."

Die Bestimmungen des §. 42 Absatz 3 und 4 finden Anwendung.

83. In den Senaten führt der rangälteste Offizier den Vorsitz; der Senatspräsident leitet die Verhandlungen.

Die außerhalb der Hauptverhandlung nothwendigen Verfügungen werden von dem Senatspräsidenten[1] erlassen.

[1] Die erforderlichen Zustellungen und Vollstreckungsmaßregeln werden durch den Präsidenten des Reichsmilitärgerichts veranlaßt. cf. §. 188.

84. Die Senate beschließen und entscheiden in

der Besetzung von vier militärischen und drei juristischen Mitgliedern mit Einschluß des Vorsitzenden.

Sie beschließen und entscheiden in der Besetzung von vier juristischen und drei militärischen Mitgliedern mit Einschluß des Vorsitzenden, wenn das Rechtsmittel der Revision lediglich auf die Verletzung prozessualer Vorschriften, einer Vorschrift oder eines Rechtsgrundsatzes der allgemeinen bürgerlichen Gesetze gestützt wird.

85.[1] Will ein Senat in einer Rechtsfrage von einer früheren Entscheidung eines anderen Senats oder des Plenums abweichen, so ist über die streitige Rechtsfrage eine Entscheidung des Plenums einzuholen.

Dasselbe gilt, wenn ein Senat in einer die Auslegung der bürgerlichen Strafgesetze betreffenden Rechtsfrage von einer früheren Entscheidung der vereinigten Strafsenate oder des Plenums des Reichsgerichts abweichen will.

Die Entscheidung der Rechtsfrage durch das Plenum ist in der zu entscheidenden Sache bindend. Sie erfolgt in allen Fällen ohne vorgängige mündliche Verhandlung.

Vor der Entscheidung ist die Militäranwaltschaft mit ihren schriftlichen Anträgen zu hören.

Soweit die Entscheidung der Sache eine vorgängige mündliche Verhandlung erfordert, erfolgt dieselbe durch den erkennenden Senat auf Grund einer erneuten mündlichen Verhandlung, zu welcher die Betheiligten unter Mittheilung der ergangenen Entscheidung der Rechtsfrage zu laden sind.

[1] cf. §. 137 G.V.G. in der Fassung des Ges. vom 17. März 1886.

86. Zur Fassung der im §. 85 vorgesehenen Plenarentscheidungen ist die Theilnahme von mindestens zwei Drittheilen aller Mitglieder, mit Einschluß des Vorsitzenden, erforderlich.

Je nach der Besetzung der Senate mit vier militärischen und drei juristischen Mitgliedern oder vier juristischen und drei militärischen Mitgliedern (§. 84) soll die Zahl der stimmberechtigten militärischen Mitglieder um eins größer sein als diejenige der juristischen Mitglieder, oder umgekehrt. Entspricht das Zahlenverhältniß der anwesenden juristischen und militärischen Mitglieder nicht dem vorstehend angegebenen Stimmenverhältnisse, so haben auf der über dieses hinaus vertretenen Seite die jüngsten Mitglieder kein Stimmrecht.

Unter den juristischen Mitgliedern gilt derjenige Rath, welcher zuletzt ernannt ist, und bei gleichem Dienstalter derjenige, welcher der Geburt nach der jüngere ist, als der jüngste; unter den militärischen Mitgliedern entscheidet der Dienstrang.

Den Vorsitz im Plenum führt der rangälteste Offizier; der dem Dienstalter, und bei gleichem Dienstalter der der Geburt nach älteste Senatspräsident leitet die Verhandlungen.

87. Die Abstimmungen bei dem Reichsmilitärgericht erfolgen, vorbehaltlich näherer Regelung durch die Geschäftsordnung, in nachstehender Weise.

Ist ein Berichterstatter ernannt, so giebt derselbe seine Stimme zuerst ab. Der Vorsitzende stimmt in allen Fällen zuletzt. In den Senaten stimmt der Senatspräsident unmittelbar vor dem Vorsitzenden. Im Uebrigen giebt abwechselnd ein juristisches und ein militärisches Mitglied seine Stimme ab. Der im Dienstalter oder im Dienstrange Jüngere stimmt vor dem Aelteren.

88. Vor Beginn des Geschäftsjahrs werden auf die Dauer desselben die Geschäfte unter die Senate vertheilt und die Präsidenten, sowie die ständigen Mitglieder der einzelnen Senate und für den Fall ihrer Verhinderung die regelmäßigen Vertreter bestimmt. Jedes militärische Mitglied des Reichsmilitärgerichts kann zum Mitgliede mehrerer Senate bestimmt werden.

Die getroffene Anordnung kann im Laufe des Geschäftsjahrs nur geändert werden, wenn dies wegen eingetretener Ueberlastung eines Senats oder in Folge Wechsels oder dauernder Verhinderung einzelner Mitglieder des Gerichts erforderlich wird.

89. Die im §. 88 bezeichneten Anordnungen erfolgen durch den Präsidenten[1] des Reichsmilitärgerichts nach Anhörung der Senatspräsidenten.

[1] Ein Präsidium — §§. 68, 133 G.V.G. — ist nicht vorgesehen.

90. Im Falle der Verhinderung wird in einer durch die Geschäftsordnung zu regelnden Weise der Senatspräsident durch einen anderen Senatspräsidenten, nöthigenfalls durch den ältesten Rath des Senats, vertreten.

91. Im Falle der Verhinderung des regelmäßigen Vertreters eines Mitglieds wird ein zeitweiliger Vertreter durch den Präsidenten des Reichsmilitärgerichts bestimmt.

92. Im Uebrigen wird der Geschäftsgang durch eine Geschäftsordnung[1] geregelt, welche das Plenum unter dem Vorsitze des Präsidenten des Reichsmilitärgerichts und unter Zuziehung der Militäranwaltschaft auszuarbeiten und der Präsident dem Kaiser zur Bestätigung vorzulegen hat.

[1] cf. §. 141 G.V.G. Bekanntmachungen des Reichskanzlers vom 8. April 1880 und 25. Juli 1886 (R Central-Bl. 1880 S. 190, 1886 S. 800.

## Vierter Abschnitt.[1]

[1] Begr. S. 96—99 K.B. S. 46—49.

## Oberkriegsgerichtsräthe, Kriegsgerichtsräthe und Gerichtsoffiziere.

93. Die Ernennung der Oberkriegsgerichtsräthe[1] und der Kriegsgerichtsräthe[1] erfolgt durch den zuständigen Kontingentsherrn, in der Marine durch den Kaiser.

[1] cf. §§. 20, 21, 27 ff. des Einf.-Ges. und Gesetz betreffend die Dienstvergehen der richterlichen Militär-

justizbeamten und die unfreiwillige Versetzung derselben in eine andere Stelle oder in den Ruhestand vom 1. Dezember 1898. Die richterlichen Militärjustizbeamten gehören zu den Reichsbeamten. cf. §. 1 des R.B.G. Sie sind den Gerichtsherrn zugeordnet. cf. 1. 18. Ihre Ernennung erfolgt auf Lebenszeit. Auch bezüglich der übrigen Verhältnisse — Gehaltsbezug, Unzulässigkeit einer nicht freiwilligen Versetzung, Amtsenthebung, Versetzung in den Ruhestand — stehen sie den Civilrichtern gleich. Ausnahme: §§. 95, 96 Abs. 2.

cf. §. 94 A. 1—3.

**94.** **Die Oberkriegsgerichtsräthe und die Kriegsgerichtsräthe müssen in Gemäßheit des Gerichtsverfassungsgesetzes vom 27. Januar 1877 zum Richteramte befähigt sein.**

**Auf dieselben finden die §§. 6,[1] 7,[2] 9[3] des bezeichneten Gesetzes entsprechende Anwendung.**

[1] Die Ernennung des Richters erfolgt auf Lebenszeit.

[2] Der Richter bezieht in seiner richterlichen Eigenschaft ein festes Gehalt mit Ausschluß von Gebühren.

[3] Wegen vermögensrechtlicher Ansprüche des Richters aus seinem Dienstverhältnisse, insbesondere auf Gehalt, Wartegeld oder Ruhegehalt, darf der Rechtsweg nicht ausgeschlossen werden.

**95.** **Sind einem Gerichtsherrn mehrere Kriegsgerichtsräthe zugeordnet, so kann durch die oberste Militärjustizverwaltungsbehörde einzelnen der Amtssitz außerhalb des Garnisonorts des Gerichtsherrn angewiesen werden.[1]**

[1] Die Zurückberufung des Kriegsgerichtsraths wird einer Versetzung gleich zu erachten und nur dann — ohne Zustimmung des Beamten — zulässig sein, wenn

die Einrichtung des auswärtigen Amtssitzes in Wegfall kommt. cf. Begr. S. 97.

96. Die Oberkriegsgerichtsräthe und die Kriegsgerichtsräthe können wider ihren Willen nur kraft richterlicher Entscheidung und aus den Gründen und unter den Formen, welche das Gesetz bestimmt, dauernd oder zeitweise ihres Amtes enthoben oder in eine andere Stelle oder in den Ruhestand versetzt werden. In den Fällen des §. 95 bedarf es der Zustimmung zur Versetzung nicht.

Die richterlichen Militärjustizbeamten der Marine können durch die oberste Marineverwaltungsbehörde (Reichs-Marine-Amt) den Befehlshaber einer Flotte oder eines Geschwaders zugeordnet werden. Ohne ihre Zustimmung darf in Friedenszeiten dieses Dienstverhältniß die Dauer von drei Jahren nicht überschreiten.

Bei einer Veränderung in der Organisation des Heeres oder der Marine können unfreiwillige Versetzungen in eine andere militärrichterliche Stelle oder Enthebungen vom Amte unter Belassung des vollen Gehalts durch die Militärjustizverwaltung verfügt werden.

Gleiche Befugniß in Beziehung auf unfreiwillige Versetzungen steht der Militärjustizverwaltung im Falle einer Mobilmachung mit der Maßgabe zu, daß die getroffenen Verfügungen nur für die Dauer der Mobilmachung gelten.

97. Die Oberkriegsgerichtsräthe und die Kriegs-

gerichtsräthe haben, soweit sie nicht als Richter bei den erkennenden Gerichten mitwirken, den Weisungen des Gerichtsherrn Folge zu leisten.

Die im Laufe des Verfahrens ergehenden Entscheidungen und Verfügungen des Gerichtsherrn sind, soweit das Gesetz nicht ein Anderes bestimmt,[1] außer von diesem auch von einem richterlichen Militärjustizbeamten zu unterzeichnen.[2] Letzterer übernimmt dadurch die Mitverantwortlichkeit für die Gesetzlichkeit.

Hält der Militärjustizbeamte eine Weisung, Verfügung oder Entscheidung mit den Gesetzen oder den sonst maßgebenden Vorschriften nicht vereinbar, so hat er dagegen Vorstellung zu erheben. Bleibt diese erfolglos, so hat er der Weisung des Gerichtsherrn, welcher alsdann allein die Verantwortung trägt, zu entsprechen, den Hergang jedoch aktenkundig zu machen. Die Akten sind unverzüglich von dem Gerichtsherrn dem Oberkriegsgerichte zur rechtlichen Beurtheilung der Sache vorzulegen. Diese Beurtheilung ist für die weitere Behandlung der Sache maßgebend.

[1] cf. §§. 174, 175.

[2] cf. §. 9 des Einf.-Ges. §§. 349, 360, 468.

[3] Die Gerichtsherren werden auch künftighin den Rechtskenntnissen ihrer juristischen Berather das gebührende Gewicht beilegen, wie umgekehrt die letzteren bei den das militärische Gebiet berührenden Fragen die sachverständigere Kenntniß und Erfahrung des Gerichtsherrn bereitwillig anerkennen werden.

Soweit die in Rede stehenden Beamten als Richter in den erkennenden Gerichten mitwirken, sind sie, wie diese Gerichte selbst, unabhängig und nur dem Gesetz unterworfen (§. 18 Abs. 1) und deshalb jeder Einwirkung des Gerichtsherrn entzogen. In ihren sonstigen Amtsgeschäften haben sie dagegen den Anordnungen des Gerichtsherrn Folge zu leisten. Indessen sollen sie auch hier keineswegs blinde Werkzeuge in der Hand des Gerichtsherrn sein, sie sollen vielmehr den Gerichtsherren als rechtskundige Beamte mit ihrer Gesetzeskenntniß und ihrem juristischen Urtheile zur Seite stehen und dafür Sorge tragen, daß nach Recht und Gesetz verfahren wird. Soweit daher der Gerichtsherr nicht in den vom Gesetze besonders bestimmten Fällen kraft seiner Kommandogewalt allein entscheidet oder verfügt, sind die im Laufe des Ermittelungsverfahrens ergehenden Entscheidungen und Verfügungen von dem Gerichtsherrn und einem richterlichen Militärjustizbeamten gemeinschaftlich zu unterzeichnen. Jeder der Beiden ist für die Gesetzlichkeit der Entscheidung oder Verfügung verantwortlich. Deshalb hat der rechtskundige Beamte das Recht und die Pflicht der Prüfung und erforderlichen Falles der Geltendmachung der gegen die Zulässigkeit der vom Gerichtsherrn beabsichtigten Anordnung oder Verfügung etwa bestehenden Bedenken. Nur dadurch vermag er sich seines Theils der Verantwortlichkeit für eine unzulässige Maßnahme zu entziehen. Bei fortbestehender Meinungsverschiedenheit ist zunächst die Auffassung des Gerichtsherrn maßgebend; derselbe übernimmt dann aber auch allein die volle Verantwortlichkeit. In solchen Fällen, die meist Meinungsververschiedenheiten von grundsätzlicher Bedeutung betreffen, liegt es im dienstlichen Interesse, daß das Oberkriegsgericht demnächst Kenntniß von den Akten erhält, um erforderlichen Falles das Geeignete veranlassen zu können. cf. Begr. S. 97 zu §. 91 des Entw.

98. Die Oberkriegsgerichtsräthe und die Kriegsgerichtsräthe können, unbeschadet der Bestimmung des §. 70, im Falle ihrer Verhinderung nur durch zum Richteramte befähigte[1] Personen ersetzt werden. Im Felde und an Bord können sie, soweit die Umstände dies erfordern, durch Offiziere ersetzt werden.[2]

[1] cf. §§. 2 ff. G.V.G. [2] Ausnahme: §. 425.

99. Die Gerichtsoffiziere werden von den Gerichtsherren aus der Zahl der Subalternoffiziere bestellt.

F. (Niedere Gerichtsbarkeit) Nr. 4 A. B.

100. Zum Gerichtsoffizier darf nur bestellt werden, wer seit mindestens einem Jahre dem Heere oder der Marine angehört. Diese Einschränkung findet im Felde und an Bord keine Anwendung.

101. Der Gerichtsoffizier ist beim Antritte seines Amtes durch den Gerichtsherrn zu beeidigen.

Die Eidesformel lautet:

„Ich schwöre bei Gott dem Allmächtigen und Allwissenden, die Pflichten eines Gerichtsoffiziers getreulich zu erfüllen. So wahr mir Gott helfe."

Die Bestimmungen des §. 42 Absatz 3 und 4 finden Anwendung.

F. cf. §. 99.

102. Die Bestimmungen des §. 97[1] finden auf die Gerichtsoffiziere entsprechende Anwendung.

[1] In den Fällen des §. 97 Abs. 2 gehen die Akten auch in standgerichtlichen Sachen an das Oberkriegs-

gericht, welches an die Stelle des von dem Entwurfe genannten Reichsmilitärgerichts getreten ist. cf. K.B. S. 49 zu §. 91 des Entw.

## Fünfter Abschnitt.[1]

[1] Begr. S. 99—100. K.B. S. 49.

### Militäranwaltschaft beim Reichsmilitärgerichte.

103. Beim Reichsmilitärgerichte wird eine aus einem Obermilitäranwalt und einem oder mehreren Militäranwälten bestehende Militäranwaltschaft[1] eingerichtet.

[1] Die Militäranwaltschaft wird durch den, im Untergebenenverhältniß zum Präsidenten des Reichsmilitärgerichts stehenden Obermilitäranwalt repräsentirt. Die Militäranwälte sind ihm untergeordnet und handeln lediglich als seine Vertreter. Der Obermilitäranwalt darf deshalb nicht nur allgemeine Anforderungen treffen, sondern auch in die einzelne Sache eingreifen. Die Pensionsverhältnisse regeln sich nach §§. 42 ff. des R.B.G.; Wittwen- und Waisengelder nach dem Gesetz vom 17. Mai 1897 (R.G.Bl. S. 455).

104. Die Militäranwälte stehen unter der Aufsicht und Leitung des Obermilitäranwalts und haben seinen Anordnungen Folge zu leisten.

105. Der Obermilitäranwalt ist dem Präsidenten des Reichsmilitärgerichts unterstellt.[1]

In Fragen, welche die Geltung oder die Auslegung einer militärischen Dienstvorschrift oder eines militärdienstlichen Grundsatzes betreffen oder allgemeine militärische Interessen berühren, ist der

**Obermilitäranwalt gehalten, die Ansicht des Präsidenten zu vertreten.**

[1] Diese Unterstellung geht bezüglich der sachlichen Behandlung der Amtsgeschäfte nicht über die im Abs. 2 gezogenen Grenzen hinaus; sie erstreckt sich insbesondere nicht auf Fragen betr. Geltung und Auslegung von Gesetzen. Begr. S. 99.

106.[1] **Der Obermilitäranwalt und die Militäranwälte sind nichtrichterliche Militärbeamte.**

**Zu diesen Aemtern können nur zum Richteramte befähigte Beamte ernannt werden (§§. 80, 94).**

[1] Bei den Kommissionsberathungen wurde festgestellt, daß weder dem Obermilitäranwalt, noch den Militäranwälten richterliche Funktionen übertragen werden dürfen. K.B. S. 49.

107. **Die Ernennung des Obermilitäranwalts und der Militäranwälte erfolgt durch den Kaiser auf Vorschlag des Bundesraths.**

**Dieselben können durch Kaiserliche Verfügung jederzeit mit Gewährung des gesetzlichen Wartegeldes einstweilig in den Ruhestand versetzt werden.**[1] [2]

[1] cf. §. 25 R.B.G.

[2] Der Militäranwalt des bayrischen Senats wird vom König von Bayern ernannt. cf. E. 33 A. 1.

## Sechster Abschnitt.[1]

[1] Begr. S. 100.

## Militärgerichtsschreiber.

108. **Bei dem Reichsmilitärgericht und bei dem**

Stabe eines jeden Gerichtsherrn der höheren Gerichtsbarkeit werden Gerichtsschreiber angestellt.[1]

Die Dienstverhältnisse der Militärgerichtsschreiber werden hinsichtlich des Reichsmilitärgerichts durch den Bundesrath, im Uebrigen durch die Militärjustizverwaltung bestimmt.[2]

[1] cf. §§. 163, 224, 273, 331, 332, 336 (Zuziehung des Gerichtsschreibers zu Verhandlungen).

[2] cf. §. 31 des Einf.-Ges. (Uebergangsbestimmungen).

**Ausf.-Best. H.** Die Bestimmungen über Anstellung der Militärgerichtsschreiber und Militärgerichtsboten erläßt das Kriegsministerium.

Die Militärgerichtsschreiber und die Militärgerichtsboten stehen in einem doppelten Unterordnungsverhältnisse. Der Gerichtsherr ist der Militärvorgesetzte; der Dienstälteste unter den diesem zugeordneten richterlichen Militärjustizbeamten ist der Verwaltungsvorgesetzte.

**Ausf.-Best. M.** Von Seiten des Reichskanzlers (Reichs-Marine-Amt) sind für den Bereich der Marine entsprechende Bestimmungen erlassen, welche bei der Hofbuchhandlung Mittler u. Sohn, Berlin, zu beziehen sind.

109. Die Wahrnehmung der Geschäfte des Gerichtsschreibers bei den Gerichtsherren der niederen Gerichtsbarkeit ist geeigneten Personen des Soldatenstandes zu übertragen.

An Bord können die Geschäfte[1] des Gerichtsschreibers einer geeigneten Person der Besatzung übertragen werden.

[1] Auch in kriegsgerichtlichen Untersuchungen. cf. §. 6 des Einf.G.

110. Wird die Wahrnehmung der Geschäfte des Gerichtsschreibers Personen übertragen, die nicht

Reichs- oder Staatsbeamte sind, so haben dieselben schriftlich das eidesstattliche Gelöbniß abzugeben, daß sie die ihnen übertragenen Geschäfte treu und gewissenhaft verrichten und Verschwiegenheit über dieselben beobachten wollen.[1]

[1] cf. §. 163 Abs. 3.

## Dritter Titel.[1]

[1] Begr. S. 100—101. K.B. S. 49—50.

## Militärjustizverwaltung.

111. Die Militärjustizverwaltung wird hinsichtlich des Reichsmilitärgerichts und der Militäranwaltschaft vom Präsidenten des Reichsmilitärgerichts, hinsichtlich der Marine von dem Reichskanzler (Reichs-Marine-Amt), im Uebrigen von den Kriegsministerien oder den ihnen in dieser Beziehung gleichstehenden Behörden ausgeübt.

112. Der Militärjustizverwaltung steht die Aufsicht[1] über die Ausübung der Militärstrafgerichtsbarkeit zu.

[1] Die Militärjustizverwaltung ist hiernach im Wesentlichen als Aufsichtsbehörde an die Stelle des früheren General-Auditoriats der preußischen Armee und der Marine getreten. Sie hat die Geschäftsführung der Militärgerichte zu beaufsichtigen, Beschwerden gegen die Geschäftsführung zu prüfen und zu entscheiden, die Amtsthätigkeit der Militärjustizbeamten bezüglich der formellen Handhabung der Geschäfte zu kontroliren, Verschleppungen durch Ertheilung von Mahnungen — §. 2 des Ges., betr. Dienstvergehen der richterlichen Militärjustizbeamten rc.

vom 1. Dezember 1898 — zu ahnden, über Einleitung des Disziplinarverfahrens gegen Militärjustizbeamte zu befinden — §. 15 ibidem — und für eine schnelle, geordnete Rechtspflege Sorge zu tragen. Dagegen steht der Militärjustizverwaltung keinerlei Einfluß auf die richterliche oder gerichtsherrliche Thätigkeit zu; namentlich ist sie nicht befugt, in die Leitung eines militärgerichtlichen Verfahrens einzugreifen.

Beschwerden über verweigerte Rechtshülfe werden im Aufsichtswege erledigt. cf. §. 11 des Einf.-Ges.

113. Die rechtskräftigen Urtheile der Standgerichte und der Kriegsgerichte sind nebst den Akten vierteljährlich einer Durchsicht zu unterziehen, um zu prüfen, ob die gesetzlichen Vorschriften über das Verfahren beobachtet und hinsichtlich der Anwendung der Gesetze, sowie der militärdienstlichen Vorschriften und Grundsätze gleichmäßig und richtig verfahren worden ist.

Die Durchsicht der standgerichtlichen Urtheile und Akten geschieht bei dem Gerichtsherrn der Berufungsinstanz durch einen Kriegsgerichtsrath. Eine Zusammenstellung der wahrgenommenen Mängel und Verstöße ist dem kommandirenden General (Admiral) zur Nachprüfung einzureichen.

Diese Nachprüfung, sowie die Durchsicht der kriegsgerichtlichen Urtheile und Akten geschieht bei dem kommandirenden General (Admiral) durch einen Oberkriegsgerichtsrath.

Die Urtheile der Oberkriegsgerichte sind zu dem im ersten Absatz angegebenen Zwecke halbjährlich an das Reichsmilitärgericht einzureichen. Denselben sind dabei die Ausstellungen mitzutheilen, zu welchen die standgerichtlichen und kriegsgerichtlichen Sachen im letzten halben Jahre Anlaß gegeben haben. Das Ergebniß der vom Reichsmilitärgerichte vorgenommenen Prüfungen ist durch den Präsidenten desselben der betreffenden Militärjustizverwaltung zur weiteren Veranlassung mitzutheilen.

**Ausf.-Best. M.** Im Bordverfahren erfolgt die Durchsicht der standgerichtlichen Erkenntnisse und Akten bei dem vorgesetzten mit höherer Gerichtsbarkeit versehenen Befehlshaber.

**114.** Die näheren Anordnungen hinsichtlich der Bestimmungen der §§. 24, 113 erfolgen im Verordnungswege.[1]

[1] Durch die Militärjustizverwaltung. cf. §. 8 des Einf.-Ges.

# Zweiter Theil.

# Verfahren.

## Erster Titel.

## Allgemeine Bestimmungen.

### Erster Abschnitt.[1]

[1] Begr. S. 103. K.B. S. 50.

### Gerichtssprache.

115.[1] Die Gerichtssprache ist die deutsche.[1]

[1] cf. §. 186 G.V.G.

[2] Nur in deutscher Sprache verfaßte Schriftsätze — namentlich Rechtsmittelschriften — haben rechtliche Gültigkeit.

cf. Entsch. des R.G. in E.S. Bd. XXXI. S. 428.

116.[1] Wird unter Betheiligung von Personen verhandelt, welche der deutschen Sprache[2] nicht mächtig sind, so ist ein Dolmetscher zuzuziehen.[3, 4] Die Führung eines Nebenprotokolls in der fremden Sprache findet nicht statt, jedoch sollen Aussagen und Erklärungen in fremder Sprache, wenn und soweit dies mit Rücksicht auf die Wichtigkeit der Sache erforderlich erscheint, auch in der fremden Sprache in das Protokoll oder in eine Anlage niedergeschrieben werden. In den dazu geeigneten Fällen soll dem Protokoll eine durch den Dolmetscher zu beglaubigende Uebersetzung beigefügt werden.

Die Zuziehung eines Dolmetschers kann unter-

**bleiben, wenn die betheiligten Personen sämmtlich der fremden Sprache mächtig sind.**

[1] cf. §. 187 G.V.G.

[2] Es ist nicht erforderlich, einen Dolmetscher herbeizuziehen, wenn einzelne Prozeßbetheiligte sich des plattdeutschen Dialekts bedienen. Dagegen steht es im Ermessen des Richters zum besseren Verständniß solcher Mundarten Sachverständige oder Sprachkundige gutachtlich zuzuziehen.

cf. Entsch. des R.G. vom 11. März 1886. Rspr. VIII. S. 160.

[3] Nur bei Verhandlungen muß ein Dolmetscher zugezogen werden. cf. auch §. 115 A. 2.

[4] Das Gericht hat pflichtgemäß über die Nothwendigkeit der Zuziehung eines Dolmetschers zu befinden. Die bloße Erklärung der zu vernehmenden Person, daß sie der deutschen Sprache nicht mächtig sei, ist nicht von ausschlaggebender Bedeutung. Ebensowenig die Thatsache, daß die zu vernehmende Person ein Ausländer ist.

cf. Entsch. d. R.G. vom 10. Januar 1880. Bd. I. S. 137. Ein Verzicht auf die — nach Ansicht des Gerichts nothwendige — Zuziehung eines Dolmetschers ist unzulässig.

[5] Die Zuziehung eines Dolmetschers ist in dem Protokoll über die Hauptverhandlung zu vermerken. cf. §. 382 zu 2.

**Ausf.-Best. H. u. M.** 1. Zu Dolmetschern sind in erster Linie Militärpersonen zu wählen, die die Sprache des zu Vernehmenden sprechen und, wo möglich, auch schreiben.

Kann der Dienst des Dolmetschers dem Militärgerichtsschreiber (§. 120) nicht übertragen werden, so sind dazu aus den Truppentheilen u. s. w. der betreffenden Garnison zuverlässige Militärpersonen auszuwählen.

Unteroffiziere und Gemeine erhalten für jeden Termin, bei dem sie Dolmetscherdienste leisten, 25 Pfennig für jede angefangene halbe Stunde der Dauer ihrer Dienstleistung. Die Zahlung erfolgt auf Grund der nach dem Formular Nr. 4 für die höhere Gerichtsbarkeit und nach dem Formular Nr. 5 für die niedere Gerichtsbarkeit aufzustellenden Nachweisung durch den Truppentheil, von dem der Dolmetscher gestellt worden ist. Die gezahlten Beträge fallen dem Ausgabekapital 18 Titel 6 zur Last. (In der Marine dem Ausgabe-K. 49 Titel 3. Fr.B.V. §. 12a.)

2. Müssen in Ermangelung geeigneter Militärpersonen Dolmetscher aus dem Civilstande verwendet werden, so sind für die Auswahl die landesrechtlichen Vorschriften maßgebend.

Sie beziehen Gebühren nach der Gebührenordnung für Zeugen und Sachverständige vom 30. Juni 1878 (Reichs-Gesetzblatt Seite 173 ff.) in der Fassung der Bekanntmachung vom 20. Mai 1898 (Reichs-Gesetzblatt Seite 369, 689 ff.).

Die Berechnung erfolgt nach dem Formular Nr. 5 für die höhere Gerichtsbarkeit und nach dem Formular Nr. 6 für die niedere Gerichtsbarkeit.

F. Nr. 4, 5.

F. (Niedere Gerichtsbarkeit) Nr. 5, 6.

**117.**[1] **Zur Verhandlung mit tauben**[2] **oder stummen**[3] **Personen ist, sofern nicht eine mündliche oder schriftliche Verständigung erfolgt, eine Person als Dolmetscher zuzuziehen, mit deren Hülfe die Verständigung in anderer Weise erfolgen kann.**

[1] cf. §. 188 G.V.G.

[2] Die Schutzvorschrift des §. 117 ist nur zu Gunsten der tauben Personen, nicht auch der Schwerhörigen gegeben. cf. Entsch. des R.G. vom 7. Januar 1887. Bd. XV. S. 172.

[3] Eidesleistung: cf. §. 197 Abs. 4, 5.

**118.**[1] Personen, welche der deutschen Sprache nicht mächtig sind, leisten Eide[2] in der ihnen geläufigen Sprache.

[1] cf. §. 190 G.V.G.

[2] Eine Uebertragung des geleisteten Eides in die deutsche Sprache ist nicht erforderlich, da der Inhalt der Eidesformel in allen Sprachen der gleiche ist. cf. Loewe zu G.V.G. §. 190 A. 2 §. 187 A. 8a.

**119.**[1] Der Dolmetscher hat einen Eid dahin zu leisten:

daß er treu und gewissenhaft übertragen werde.

Ist der Dolmetscher für Uebertragungen der betreffenden Art[2] im Allgemeinen[3] beeidigt, so genügt die Berufung[4] auf den geleisteten Eid.

[1] cf. §. 191 G.V.G.

[2] Der betreffenden Art. Es muß also z. B. der für Uebertragungen aus der englischen Sprache im Allgemeinen vereidigte Dolmetscher besonders vereidigt werden, wenn er aus der französischen Sprache eine Uebersetzung zu fertigen hat.

[3] cf. für Preußen Dolmetscher-Ordnung vom 24. April 1886. §. 19. J.M.Bl. S. 98.

[4] Der Dolmetscher muß sich ausdrücklich auf den im Allgemeinen geleisteten Eid berufen.

cf. Entsch. d. R.G. vom 24. Juni 1885 Rspr. Bd. VII. S. 426.

**Ausf.-Best. H. u. M.** Soweit die Beeidigung des Dolmetschers erforderlich ist, erfolgt sie vor dem Beginne der Uebertragung, und zwar im Ermittelungsverfahren durch den Untersuchungsführer, in der Hauptverhandlung der Standgerichte durch den Vorsitzenden, in derjenigen der Kriegs- und Oberkriegsgerichte durch den die Verhandlung führenden Militärjustizbeamten — unter Beobachtung der in den §§. 208, 197 für Sachverständige vorgeschriebenen Formen.

Ueber die Beeidigung im Ermittelungsverfahren ist ein Protokoll aufzunehmen; erfolgt die Beeidigung in der Hauptverhandlung, so ist das Protokoll über diese (§. 332) ein bezüglicher Vermerk aufzunehmen.

F. Nr. 6, 7.

F. (Niedere Gerichtsbarkeit) Nr. 7, 8.

**120.**[1] **Der Dienst des Dolmetschers kann von dem Militärgerichtsschreiber**[2] **wahrgenommen werden. Einer besonderen Beeidigung bedarf es nicht.**[3]

[1] cf. §. 192 G.V.G. [2] cf. §§. 108—110.

[3] Jeder bei der Hauptverhandlung fungirende Dolmetscher muß ohne Rücksicht auf seine sonstige amtliche Stellung vereidigt werden, wenn er nicht der in der Sache fungirende Gerichtsschreiber ist. cf. Entsch. d. R.G. vom 22. Oktober 1880. Rspr. Bd. II. S. 372.

**121.**[1] **Auf den Dolmetscher finden die Bestimmungen über Ausschließung und Ablehnung der Sachverständigen entsprechende Anwendung.**

[1] cf. §. 193 G.V.G. [2] cf. §. 210.

[3] Wegen Rechtsbeschwerde cf. §§. 130 Abs. 4, 210, 378.

## Zweiter Abschnitt.[1, 2]

[1] Begr. S. 103—107. K.B. S. 50—54.

[2] Gerichtspersonen:

a) erkennende Richter. §§. 122—129;
b) die mit Untersuchungshandlungen beauftragten Militärjustizbeamten und Gerichtsoffiziere. §§. 130—131;
c) Militärgerichtsschreiber. §§. 132—133;
d) Gerichtsherr. §. 135.

F. Nr. 8.

F. (Niedere Gerichtsbarkeit) Nr. 9.

## Ausschließung und Ablehnung der Gerichtspersonen.

122.[1] Von der Ausübung des Richteramts bei den erkennenden Gerichten ist kraft Gesetzes ausgeschlossen:

1. wer selbst durch die strafbare Handlung verletzt ist;
2. wer Ehemann[2] oder Vormund[3] der beschuldigten oder Ehemann oder Vormund der verletzten Person ist oder gewesen ist;
3. wer mit dem Beschuldigten oder mit dem Verletzten in gerader Linie verwandt,[4] verschwägert[4] oder durch Annahme an Kindesstatt[4] verbunden, in der Seitenlinie bis zum dritten Grade[5] verwandt oder bis zum zweiten[5] Grade verschwägert ist, auch wenn die Ehe, durch welche die Schwägerschaft begründet ist, nicht mehr besteht;[6]
4. wer in der Sache[7] als Gerichtsherr, als Untersuchungsführer im Ermittelungsverfahren, als Vertreter der Anklage oder als Vertheidiger thätig gewesen ist, oder als Vorgesetzter den Thatbericht (vergl. §. 153 Absatz 2) eingereicht hat;[8]
5. wer in der Sache als Zeuge oder Sachverständiger vernommen ist.

[1] cf. §§. 22 R.Str.P.O.
§§. 400 zu 2, 482 dieses Gesetzes.

[2] Durch ein Verlöbniß wird nicht die Ausschließung, wohl aber die Ablehnung begründet. cf. Loewe §. 22 A. 6.

[3] Unter Vormund muß hier auch der Gegenvormund des preußischen Rechts verstanden werden.

cf. Entsch. d. R.G. vom 7. Oktober 1884. Bd. XI. S. 228.

[4] Nach den Vorschriften des bürgerlichen Rechts.

[5] Einschließlich.

[6] Es macht keinen Unterschied, ob die Verwandtschaft 2c. auf ehelicher oder unehelicher Geburt beruht.

cf. Entsch. d. R.G. vom 8. Juni 1886. Rspr. Bd. VIII. S. 439.

[7] Unter der „Sache" sind diejenigen strafbaren Handlungen zu verstehen, welche den Gegenstand der Hauptverhandlung bilden.

cf. Entsch. des R.G. vom 24. Februar 1888. Rspr. Bd. XV. S. 196.

[8] Der Offizier, welcher nach §. 167 Abs. 2, 3 den Untersuchungshandlungen beizuwohnen hat, ist unter den gesetzlich vom Richteramte ausgeschlossenen Personen nicht aufgeführt.

**123.**[1] Wer bei einer durch ein Rechtsmittel[2] angefochtenen Entscheidung als Richter mitgewirkt hat, ist von der Mitwirkung bei der Entscheidung in höherer Instanz[3] kraft Gesetzes ausgeschlossen.

[1] cf. §. 23 R.Str.P.O.

[2] Es sind die ordentlichen Rechtsmittel — §§. 363 ff. — gemeint.

[3] Bei der Zurückverweisung in die frühere Instanz sind die Richter, welche bei der angefochtenen Entscheidung mitgewirkt haben, nicht bei der neuerdings erforderlich werdenden Entscheidung von der Mitwirkung ausgeschlossen. cf. §§. 395, 412. A. 3.

Anders bei Aufhebung des Erkenntnisses im Feld- und Bordverfahren. cf. §. 482.

**124.**[1] Ein Richter kann sowohl in den Fällen, in denen er von der Ausübung des Richteramts kraft

Gesetzes ausgeschlossen ist, als auch wegen Besorgniß der Befangenheit abgelehnt werden.

Wegen Besorgniß der Befangenheit findet die Ablehnung statt, wenn ein Grund vorliegt, welcher geeignet ist, Mißtrauen gegen die Unparteilichkeit eines Richters zu rechtfertigen.

Das Ablehnungsrecht steht dem Beschuldigten[2] im Verfahren vor dem Reichsmilitärgericht auch der Militäranwaltschaft zu.

Den zur Ablehnung Berechtigten sind auf Verlangen die zur Mitwirkung bei der Entscheidung berufenen Gerichtspersonen namhaft zu machen.[3]

[1] cf. §. 24 R.Str.P.O.

[2] Abweichend von den bürgerlichen Strafverfahren steht in I. und II. Instanz dem Vertreter der Anklage kein Ablehnungsrecht wegen Befangenheit zu: ebenso hat der Vertheidiger kein derartiges Ablehnungsrecht.

[3] Das Gericht als solches kann nicht abgelehnt werden. cf. Entsch. des R.G. vom 24. April 1895. Bd. XXVII. S. 175. W. S. 62.

125.[1] Das Ablehnungsgesuch wegen Besorgniß der Befangenheit ist in erster Instanz nur bis zur Verlesung der Verfügung über die Anklageerhebung,[2] in der Hauptverhandlung über die Berufung[3] und die Revision[4] nur bis zum Beginne der Berichterstattung zulässig.[5]

Außerhalb der Hauptverhandlung ist das Ablehnungsgesuch von Mannschaften des aktiven Heeres oder der aktiven Marine zu Protokoll eines Gerichtsoffiziers oder eines richterlichen Militärjustizbeamten oder des nächsten mit Disziplinarstrafgewalt versehenen Vorgesetzten zu erklären oder schriftlich einzureichen, von anderen Personen schriftlich oder zu Protokoll des Gerichtsschreibers des Amtsgerichts anzubringen.

Beschuldigte, welche sich nicht auf freiem Fuße befinden, können die Erklärungen überdies zu Protokoll des mit der Aufsicht über das Gefängniß betrauten Offiziers oder Beamten, oder, sofern sie nicht dem aktiven Heere oder der aktiven Marine angehören, desjenigen Amtsgerichts geben, in dessen Bezirke das Gefängniß liegt.

[1] cf. §. 25 R.Str.P.O.

[2] cf. §§. 295, 297 Abs. 2.

[3] cf. §. 391.

[4] cf. §. 409.

[5] Der Beschuldigte, welcher in einer früheren Hauptverhandlung ein Ablehnungsgesuch nicht vorgebracht hat, wird hierdurch nicht gehindert, in einer späteren auf dieselbe Strafsache sich beziehenden Hauptverhandlung gegen früher nicht abgelehnte Richter von seinem Ablehnungsrechte Gebrauch zu machen. cf. Entsch. des R.G. vom 20. Juni 1889. Bd. XIX. S. 335.

126.[1] Bei jedem Ablehnungsgesuch ist der Ablehnungsgrund glaubhaft[2] zu machen; der Eid ist als Mittel der Glaubhaftmachung ausgeschlossen. Zur Glaubhaftmachung kann auf das Zeugniß des Abgelehnten Bezug genommen werden.

[1] cf. §. 26 R.Str.P.O.

[2] Das Gericht entscheidet nach freier Ueberzeugung. Der Nachweis einer hohen Wahrscheinlichkeit genügt. Das Gericht ist befugt, aber nicht verpflichtet, über die

behaupteten Thatsachen Beweis zu erheben. Stützt sich das Ablehnungsgesuch auf einen gesetzlichen Ausschließungsgrund, so ist Glaubhaftmachung nicht erforderlich. cf. §. 181 am Schlusse.

127.[1] Ist das Ablehnungsgesuch verspätet oder nicht unter Angabe und Glaubhaftmachung des Ablehnungsgrundes eingebracht worden, so hat[2] das Gericht mit Einschluß des abgelehnten Richters das Ablehnungsgesuch als unzulässig zu verwerfen. Das Gesuch kann auch verworfen werden, wenn das Gericht einstimmig der Ansicht ist, daß dasselbe offenbar nur in der Absicht, das Verfahren zu verschleppen, eingebracht ist.

[1] cf. §. 126 A. 2.

[2] Das Gericht muß das Gesuch als unzulässig verwerfen und zwar auch dann, wenn der Beschuldigte ohne sein Verschulden zu spät von dem Vorhandensein des Ablehnungsgrundes Kenntniß erhält. Abhülfe ist in diesem Falle nur unter den Voraussetzungen des §. 181 möglich.

128.[1] Wird das Gesuch nicht als unzulässig verworfen, so hat der abgelehnte Richter sich über den Ablehnungsgrund dienstlich[2] zu äußern.

Ueber das Ablehnungsgesuch entscheidet das Gericht, welchem der Abgelehnte angehört. Der abgelehnte Richter darf bei der Entscheidung über das Ablehnungsgesuch nicht mitwirken.

Einer Entscheidung bedarf es nicht, wenn der Abgelehnte das Ablehnungsgesuch für begründet hält.

[1] cf. §§. 26 Abs. 3, 27 R.Str.P.O.

[2] Die Einhaltung eines bestimmten Dienstweges ist nicht vorgeschrieben. cf. Begr. zu §. 121, S. 104.

**129.**[1] **Die Entscheidung eines Standgerichts, Kriegsgerichts oder Oberkriegsgerichts, durch welche ein Ablehnungsgesuch für unbegründet erklärt wird, kann nicht für sich allein, sondern nur mit der Entscheidung in der Hauptsache angefochten werden.**[2]

[1] cf. §. 28 Abs. 2 R.Str.P.O.

[2] cf. §§. 400 zu 3, 395 Abs. 2.

Die ungerechtfertigte Verwerfung eines Ablehnungsgesuches stellt sich als Revisionsgrund dar. Eine besondere zugleich mit der Berufungs- und Revisionsschrift einzureichende Beschwerde findet nicht statt.

130.[1] Die Bestimmungen der §§. 122, 124, 125 Absatz 2 und 3, §§. 126, 128 Absatz 1 und 3 finden auf die Gerichtsoffiziere und die Kriegsgerichtsräthe, soweit sie außerhalb der Hauptverhandlungen mit Untersuchungshandlungen beauftragt sind, entsprechende Anwendung.

Das Ablehnungsgesuch ist an denjenigen Gerichtsherrn zu richten, welcher den Auftrag ertheilt hat.

Ueber das Ablehnungsgesuch entscheidet der Gerichtsherr.[2]

**Wird das Ablehnungsgesuch bei Vornahme der Untersuchungshandlung angebracht, so ist dasselbe zu Protokoll zu nehmen. Der Gerichtsoffizier oder Kriegsgerichtsrath kann das Ablehnungsgesuch, wenn es nicht unter Angabe und Glaubhaftmachung des Ablehnungsgrundes oder offenbar nur in der Absicht angebracht worden ist, das Verfahren zu verschleppen, als unzulässig zurückweisen. Hiergegen findet binnen**

der Frist von einem Tage die Rechtsbeschwerde[3] an den Gerichtsherrn statt.

[1] cf. §. 22 R.Str.P.O.

[2] Rechtsbeschwerde ist unzulässig. cf. §. 373.

[3] cf. §§. 369, 373.

F. Nr. 8.

F. (Niedere Gerichtsbarkeit) Nr. 9.

131.[1] Die für die Erledigung eines Ablehnungsgesuchs zuständige Stelle (§. 128 Absatz 2, §. 130 Absatz 3) hat auch dann zu entscheiden, wenn, ohne daß ein solches Gesuch angebracht ist, ein Richter oder eine der im §. 130 Absatz 1 bezeichneten Personen von einem Verhältniß Anzeige macht, welches die Ablehnung rechtfertigen könnte, oder wenn aus anderer Veranlassung Zweifel darüber entstehen, ob eine Ausschließung kraft Gesetzes begründet sei.[2,3]

[1] cf. §. 30 R.Str.P.O.

[2] Gesetzliche Ausschließungsgründe sind hiernach von amtswegen zu erörtern und festzustellen.

[3] Der Gerichtsbeschluß, welcher auf Grund der Anzeige sich dahin ausgesprochen hat, daß sich der Richter der Ausübung des Richteramtes in der betreffenden Sache zu enthalten habe, unterliegt nicht der Anfechtung in der Revisionsinstanz.

cf. Entsch. v. R.G. vom 21. Mai 1897. Bd. XXX, S. 124.

132.[1] Die Bestimmungen der §§. 122, 125, 126, 131 finden auf den Militärgerichtsschreiber entsprechende Anwendung. Ueber die Ausschließung oder Ablehnung desselben entscheidet in der Hauptverhandlung das Gericht, außerhalb derselben der richterliche Militärjustizbeamte oder der Gerichtsoffizier, welchem der Gerichtsschreiber beigegeben ist.

Gegen die Entscheidung, sofern sie nicht in der Hauptverhandlung ergangen ist, findet binnen der Frist von einem Tage die Rechtsbeschwerde an den Gerichtsherrn statt.[2]

[1] cf. §. 31 R.Str.P.O. [2] cf. §§. 369, 378.

133.[1] In den Fällen der §§. 130, 132 hat der Abgelehnte vor Erledigung des Ablehnungsgesuchs nur solche Handlungen vorzunehmen, die keinen Aufschub gestatten.[2]

[1] cf. §. 29 R.Str.P.O.

[2] Werden solche Handlungen vorgenommen, so ist ihre Unaufschiebbarkeit in einem Aktenvermerk zu begründen.

134. Die ein Ablehnungsgesuch zurückweisende Verfügung ist in allen Fällen mit den Gründen aktenkundig zu machen.[1]

[1] Namentlich auch im Felde und an Bord.

135. Ein Gerichtsherr, bei welchem eine der Voraussetzungen des §. 122 Nr. 1, 2, 3, 5 zutrifft, hat die Wahrnehmung der Gerichtsherrngeschäfte dem Stellvertreter im Kommando zu übertragen.

Das Gleiche gilt, wenn sonstige Umstände vorliegen, durch welche der Gerichtsherr sich in der Sache für befangen hält.[1]

[1] Dem Beschuldigten ist ein Recht auf Ablehnung des Gerichtsherrn nicht gegeben.

## Dritter Abschnitt.[1]

[2] Begr. S. 107—109. K.B. S. 54.

## Entscheidungen, Verfügungen und deren Bekanntmachung.

136.[1] Entscheidungen und Verfügungen,[2] welche durch ein Rechtsmittel anfechtbar sind, oder durch die ein Antrag abgelehnt wird, sind mit Gründen zu versehen.[3]

[1] cf. §. 34 R.Str.P.O.

[2] Alle im Laufe des Verfahrens ergehenden Entscheidungen und Verfügungen sind — auch wenn sie nicht anfechtbar — aktenkundig zu machen. cf. K.B. zu §. 129 d. Einf.=Ges. S. 54.

[3] cf. §. 400 zu 7.

137.[1] Entscheidungen und Verfügungen, welche in Abwesenheit[2] der davon betroffenen Person ergehen,[3] werden derselben durch Verkündung bekannt gemacht. Bei Mannschaften des aktiven Heeres und der aktiven Marine soll diese Art der Bekanntmachung die Regel bilden. Auf Verlangen ist eine Abschrift der Entscheidung oder Verfügung zu ertheilen.

Die Bekanntmachung der in Abwesenheit des Betheiligten ergehenden Entscheidungen und Verfügungen erfolgt durch Zustellung.

Diese Bestimmungen finden auf die lediglich den inneren Dienst der Gerichte oder der Gerichtspersonen betreffenden Entscheidungen und Verfügungen keine Anwendung.

[1] cf. §. 35 R.Str.P.O.

[2] Druckfehler. Muß heißen: Anwesenheit. cf. R.G.Bl. von 1899, S. 132.

[3] Frühere in Abwesenheit des Beschuldigten erlassene Entscheidungen und Verfügungen können dem in einem späteren Termine anwesenden Beschuldigten nicht rechtswirksam durch Verkündung bekannt gemacht werden. cf. Loewe zu §. 85 A. 7.

Jede Verkündung ist im Protokolle zu vermerken.

138. Die erforderliche Zustellung[1] oder Vollstreckung von Entscheidungen und Verfügungen wird durch den Gerichtsherrn, bei dem Reichsmilitärgerichte durch den Präsidenten desselben veranlaßt.

[1] cf. §. 137 Abs. 2.

139.[1] Die Zustellung besteht in der Uebergabe einer beglaubigten Abschrift des zuzustellenden Schriftstücks.

Die Beglaubigung geschieht bei den Gerichten der niederen Gerichtsbarkeit durch einen Gerichtsoffizier, bei den übrigen Gerichten durch einen richterlichen Militärjustizbeamten.[2]

[1] cf. §. 37 R.Str.P.O. §. 156 R.C.P.O.

[2] Nicht durch den Militärgerichtsschreiber.

**Ausf.-Best. H. u. M.** Die Beglaubigung geschieht in folgender Form:

„Die Richtigkeit der Abschrift beglaubigt.

.......................................................

..........................leutnant und Gerichtsoffizier —

(Kriegsgerichtsrath u. s. w.)"

F. Nr. 8.

F (Niedere Gerichtsbarkeit) Nr. 9.

140.[1] Dem nicht auf freiem Fuße befindlichen Beschuldigten ist das zugestellte[2] Schriftstück, wenn er des Lesens unkundig, vorzulesen, wenn er der deutschen Sprache unkundig, zu übersetzen.

[1] cf. §. 35 Abs. 3 R.Str.P.O.

[2] Neben der Verlesung ist die Zustellung, d. h. die Uebergabe der beglaubigten Abschrift erforderlich. Die Uebergabe wird nicht durch die Verlesung ersetzt.

141. Zustellungen, welche an aktive Militärpersonen[1] erforderlich werden (§. 137), erfolgen dienstlich gegen Empfangsbescheinigung des Betheiligten.

Aus der Bescheinigung müssen die Person, der zugestellt ist, sowie Ort und Zeit der Zustellung sich ergeben.

[2] Zustellungen an aktive Militärpersonen — §. 1 Nr. 1 — erfolgen nur in dieser Art.

F. Nr. 9

F. (Niedere Gerichtsbarkeit) Nr. 10.

142. Zustellungen an Personen, die nicht aktive Militärpersonen sind, erfolgen gegen Empfangsbescheinigung (§. 141 Absatz 2) durch hierzu bestellte Militärpersonen oder Beamte oder durch Ersuchen der Staatsanwaltschaft.

Sofern nicht zur Hauptverhandlung geladen wird oder mit der Zustellung der Lauf einer Frist beginnt, kann die Zustellung auch durch Aufgabe zur Post erfolgen. Diese besteht darin, daß das zu übergebende Schriftstück unter der Adresse der Person, an die zugestellt werden soll, zur Post gegeben wird. Die erfolgte Aufgabe zur Post ist zu den Akten zu beurkunden.[1] Bleibt dieser Weg erfolglos, so geschieht die Zustellung nach Maßgabe des Absatzes 1.[2]

[1] Weitere Formvorschriften sind nicht gegeben. Es genügt ein von dem Gerichtsoffizier oder Militärjustizbeamten unterzeichneter Aktenvermerk.

[2] Die Straffolgen gegen den ausgebliebenen Zeugen — §. 186 — treten also nicht ein, wenn die Zustellung der Ladung durch die Post stattgefunden hat; es muß vielmehr zunächst die Ladung in Gemäßheit des §. 142 Abs. 1 wiederholt werden.

**Ausf.-Best. H. u. M.** Zustellungen an Personen, die nicht aktive Militärpersonen sind, sich aber an dem Orte befinden, wo die Untersuchung geführt wird, erfolgen in der Regel

a) durch hierzu bestellte Militärpersonen (Ordonnanzen), sofern es sich um eine standgerichtliche Untersuchung handelt,

b) durch Militärgerichtsboten (vgl. Abschnitt IV Ziffer 8 f der „Dienst und Geschäftsordnung"), sofern es sich um eine Untersuchung der höheren Gerichtsbarkeit handelt. cf. Ausf.-Best. zu §. 108.

F. Nr. 9.

F. (Niedere Gerichtsbarkeit) Nr. 10.

**143.**[1] **Zustellungen an Personen, welche zu einem im Auslande[2] befindlichen oder zu einem mobilen militärischen Verband oder zur Besatzung eines in Dienst gestellten Schiffes gehören, können mittelst Ersuchens der vorgesetzten Kommandobehörde erfolgen.**

[1] cf. §. 37 R.Str.P.O. §. 184 R.C.P.O.

[2] Auch die deutschen Schutzgebiete sind in dieser Hinsicht als Ausland zu betrachten. cf. Laband Bd. I. S. 756.

**144.** Sind Zustellungen im Ausland an Personen, welche nicht aktive Militärpersonen sind, zu bewirken, so ist, soweit nicht der unmittelbare Verkehr mit den ausländischen Gerichtsbehörden zugelassen ist,[1] das zu übergebende Schriftstück der obersten Militärjustizverwaltungsbehörde mittelst Berichts einzureichen.

Dasselbe gilt, wenn Zustellungen an Deutsche, welche das Recht der Exterritorialität genießen, oder an Vorsteher der Reichskonsulate erfolgen sollen.

Die weitere Veranlassung der Zustellung erfolgt in diesen Fällen in Gemäßheit der §§. 182, 183 der Civilprozeßordnung.

[1] cf. Rundschreiben des Preuß. Generalauditoriats vom 8. April 1876; 14. April 1889; 18. Juli 1889.

[2] cf. §§. 111 ff.

**Ausf.-Best. III.** Der unmittelbare Verkehr mit den Gerichtsbehörden der deutschen Schutzgebiete ist zugelassen.

**145.**[1] Kann eine Zustellung an einen Beschuldigten nicht in der vorgeschriebenen Weise bewirkt werden, oder lehnt im Falle des §. 144 Absatz 1 die oberste Militärjustizverwaltungsbehörde die weitere Veranlassung als unausführbar oder voraussichtlich erfolglos ab, so gilt die Zustellung als bewirkt, wenn der Inhalt des zuzustellenden Schriftstücks durch den Reichsanzeiger bekannt gemacht worden ist und seit dem Erscheinen dieses Blattes zwei Wochen[2] verflossen sind. Die gleichzeitige Bekanntmachung durch ein anderes Blatt ist nicht ausgeschlossen.

[1] cf. §. 40 R.Str.P.O.

[2] Die Berechnung der Frist erfolgt nach §. 146 Abs. 2.

## Vierter Abschnitt.[1]

[1] Begr. S. 109, 110 K.B. S. 54.

## Berechnung der Fristen. Wiedereinsetzung in den vorigen Stand gegen Fristversäumniß.

146.[1] Bei der Berechnung einer Frist, die nach Tagen[2] bestimmt ist, wird der Tag nicht mitgerechnet, auf welchen der Zeitpunkt oder das Ereigniß fällt, nach welchem der Anfang der Frist sich richten soll. Auf die Frist kommen auch diejenigen Tage nicht in Anrechnung, an denen die Person, welcher die Frist gesetzt ist, durch militärischen Dienst an der Wahrnehmung ihrer Rechte verhindert war. Daß dies thatsächlich der Fall war, ist durch dienstliche Bescheinigung nachzuweisen.[3]

Eine Frist, die nach Wochen oder Monaten bestimmt ist, endigt mit Ablauf desjenigen Tages der letzten Woche oder des letzten Monats, welcher durch seine Benennung oder Zahl dem Tage entspricht, an welchem die Frist begonnen hat; fehlt dieser Tag in dem letzten Monate, so endigt die Frist mit Ablauf des letzten Tages dieses Monats.

Fällt das Ende einer Frist auf einen Sonntag oder allgemeinen Feiertag,[4] so endigt die Frist mit Ablauf des nächstfolgenden Werktags.

[1] cf. §§. 42, 43 R.Str.P.O.

[2] Auch in diesem Falle gilt die Vorschrift des Abs. 3 cf. Loewe §. 42 A. 2.

[3] Maßgebend ist das pflichtmäßige Ermessen des Vorgesetzten. Die Aushändigung der Bescheinigung ist nicht davon abhängig, daß der Betheiligte während des ganzen Tages dienstlich beschäftigt war, es genügt, wenn der Betheiligte in der Zeit des Tages, in der er sonst in der Lage gewesen wäre, seine Rechte wahrzunehmen, daran durch militärischen Dienst verhindert war. Unter Umständen können sich z. B. im Manöver die Verhältnisse derartig gestalten, daß der Betheiligte für längere Zeit nicht im Stande ist, seine Rechte wahrzunehmen, auch wenn er sich nicht fortdauernd in Ausübung des Dienstes befindet.

cf. Begr. S. 110.

Lehnt der Vorgesetzte die Ertheilung der Bescheinigung ab, so kann der Betheiligte die „Verhinderung durch militärischen Dienst" als Grund für die Wiedereinsetzung in den vorigen Stand geltend machen.

cf. Begr. S. 147.

[4] Die „allgemeinen Feiertage" sind reichsgesetzlich nicht bestimmt; ihre Festsetzung ist vielmehr der landesgesetzlichen Regelung überlassen.

Für Preußen: Die allgemeine Verfügung vom 12. April 1850. (J.M.Bl. S. 127) und vom 10. Januar 1887 (J.M.Bl. S. 9).

cf. Entsch. des R.G. vom 27. Juni 1898. Bd. XXXI, S. 221 ff.

**147.**[1] Gegen die Versäumung einer für die Einlegung oder Rechtfertigung von Rechtsmitteln gesetzten Frist kann die Wiedereinsetzung in den vorigen Stand[2] beansprucht werden, wenn der Antragsteller durch militärischen Dienst, durch Naturereignisse oder andere unabwendbare Zufälle[3] an der Einhaltung der Frist verhindert worden ist. Als unabwendbarer Zufall ist es anzusehen, wenn der Antragsteller von einer Zustellung ohne sein Verschulden keine Kenntniß erlangt hat.[4]

[1] cf. §. 44 R.Str.P.O.

[2] §. 870 ist analog anwendbar. cf. §. 149 Abs. 2.

[3] Der Begriff: „unabwendbarer Zufall" ist gesetzlich nicht definirt. Es entscheidet das Ermessen des Gerichts; in Betracht kommt namentlich amtliches Verschulden, z. B. verspätete Abholung der Briefe von der Post. cf. Entsch. des R.G. vom 14. Februar 1888. Bd. XXXI S. 19 und Loewe §§. 44, A. 4 und Vorbemerkung zum fünften Abschnitt A. 5.

[4] Dies gilt auch für die Fälle der öffentlichen Zustellung. §. 145.

148.[1] Das Gesuch um Wiedereinsetzung in den vorigen Stand muß binnen drei Tagen nach Beseitigung des Hindernisses bei derjenigen Stelle, bei welcher die Frist wahrzunehmen gewesen wäre, unter Angabe und Glaubhaftmachung[2] der Versäumungsgründe angebracht werden.

Mit dem Gesuch ist zugleich die versäumte Handlung selbst nachzuholen.[3]

[1] cf. §. 45 R.Str.P.O. [2] cf. §. 126 A. 2.

[3] Wird die versäumte Handlung nicht „zugleich" nachgeholt, so ist das Gesuch als unzulässig zu verwerfen. Das Gesuch kann aber innerhalb der im Abs. 1 erwähnten Frist – falls dieselbe noch nicht abgelaufen ist — unter Nachholung der versäumten Handlung erneuert werden.

149.[1] Ueber die Wiedereinsetzung in den vorigen Stand entscheidet diejenige Stelle, welcher die

Prüfung und Entscheidung darüber zukommt,[2] ob die Frist gewahrt ist.[3]

Die Wiedereinsetzung kann auch in Ermangelung eines förmlichen hierauf gerichteten Gesuchs bewilligt werden.

Die eine Wiedereinsetzung aussprechende Entscheidung unterliegt keiner Anfechtung.[4]

Gegen die das Gesuch verwerfende Entscheidung findet binnen der Frist von drei Tagen nach deren Zustellung die Rechtsbeschwerde[5] an das Reichsmilitärgericht statt. Im Felde und an Bord ist die Rechtsbeschwerde ausgeschlossen.

[1] cf. §. 46 R.Str.P.O.

[2] a) Gerichtsherr in §§. 130, 132, cf. §§. 121, 210.
b) Höherer Gerichtsherr in §§. 217, 238, 247, 269, 385 Abs. 1, 470, 471.
c) Oberkriegsgericht: §§. 290, 470, 471.
d) Reichsmilitärgericht: §§. 149, 247, 328 Abs. 2, 385 Abs. 2, 407.

[3] Die Entscheidung erfolgt durch einen mit Gründen zu versehenden Beschluß.

[4] Auch das Gericht ist an den Beschluß gebunden und zwar selbst dann, wenn sich später herausstellt, daß das Gesuch auf Wiedereinsetzung mit Unrecht bewilligt ist. cf. Loewe §. 46 A. 3.

[5] cf. §. 378.

**150.**[1] Durch das Gesuch um Wiedereinsetzung in den vorigen Stand wird die Vollstreckung einer Entscheidung oder Verfügung nicht gehemmt.

Es kann[2] jedoch ein Aufschub[3] der Vollstreckung angeordnet werden.

[1] cf. §. 47 R.Str.P.O.

[2] Von Amtswegen und auf Antrag.

[3] Auch die Unterbrechung der Vollstreckung kann angeordnet werden.

## Zweiter Titel.[1]

[1] Begr. S. 111—117 K.B. S. 54—59.

# Verfahren in erster Instanz.

## Erster Abschnitt.

### Ermittelungsverfahren.

151.[1] Anzeigen strafbarer Handlungen, sowie Anträge auf Strafverfolgung gegen Personen, welche der Militärstrafgerichtsbarkeit unterstehen, sind von Personen des Soldatenstandes des aktiven Heeres und der aktiven Marine auf dem Dienstwege, von Militärbeamten bei der vorgesetzten Dienstbehörde des Beschuldigten anzubringen.

Für die Anbringung solcher Anzeigen und Anträge durch andere als die im Absatz 1 bezeichneten Personen sind die Vorschriften des bürgerlichen Rechtes maßgebend.[2] Es genügt jedoch auch das Anbringen bei der vorgesetzten Dienstbehörde des Beschuldigten.

[1] cf. §. 156 R.St.P.O.

[2] Die Anzeigen können hiernach bei der Staatsanwaltschaft, den Behörden und Beamten des Polizei- und Sicherheitsdienstes sowie bei den Amtsgerichten mündlich oder schriftlich angebracht werden.

Strafanträge — bei Antragsdelikten — müssen bei einem Gericht oder bei der Staatsanwaltschaft schriftlich oder zu Protokoll, bei einer anderen Behörde schriftlich angebracht werden.

Jedes Gericht, Amtsgericht, Landgericht, Militärgericht ꝛc. — ist zuständig zur Entgegennahme des Antrages.

cf. Entscheidung des R.G. vom 20. Sept. 1887, Rspr. Bd. IX, S. 446.

**Ausf.-Best. H.** Offiziere und Sanitätsoffiziere haben Anzeigen strafbarer Handlungen, sowie Anträge auf Strafverfolgung gegen Personen, die der Militärstrafgerichtsbarkeit unterstehen, bei dem Gerichtsherrn oder einem mit Disziplinargewalt versehenen Vorgesetzten des Beschuldigten mündlich oder schriftlich anzubringen.

Die Personen des Soldatenstandes vom Feldwebel u. s. w. abwärts haben solche Anzeigen oder Anträge ihrem Kompagnie- u. s. w. Chef unmittelbar und mündlich vorzutragen.

Ein mündlich vorgebrachter Antrag auf Strafverfolgung ist zu Protokoll zu nehmen.

**Ausf.-Best. M.** In der Marine gilt entsprechende Vorschrift. Den Offizieren sind die Ingenieure des Soldatenstandes gleichgestellt.

An Bord haben die Personen des Soldatenstandes vom Deckoffizier abwärts die Anzeige dem I. Offizier vorzutragen.

152.[1] Bei strafbaren Handlungen, deren Verfolgung nur auf Antrag eintritt, muß der Antrag aktenkundig gemacht werden.

[1] Instruktionelle Vorschrift. Die Gültigkeit des Strafantrages hängt von ihrer Befolgung nicht ab.

cf. Begr. zu §. 145 des Entw. S. 112.

153. Anzeigen und Anträge, welche bei den Staatsanwaltschaften, den Amtsgerichten und den

Behörden und Beamten des Polizei- und Sicherheitsdienstes angebracht werden, sind sofort an die vorgesetzte Dienstbehörde des Beschuldigten abzugeben.

Der militärische Vorgesetzte[1] hat über die ihm angezeigten oder sonst zu seiner Kenntniß gelangten strafbaren Handlungen seiner Untergebenen, soweit die Handlungen gerichtlich zu verfolgen sind, einen genauen, die Verdachtsgründe und Beweismittel umfassenden Thatbericht aufzustellen und denselben an den Gerichtsherrn einzusenden.[2]

Die Staatsanwaltschaften, die Amtsgerichte, die Behörden und Beamten des Polizei- und Sicherheitsdienstes, sowie der militärische Vorgesetzte haben bis zum Einschreiten des Gerichtsherrn alle keinen Aufschub gestattenden Anordnungen zu treffen, um die Verdunkelung der Sache zu verhüten. Erscheint die schleunige Vornahme einer richterlichen Untersuchungshandlung erforderlich, so ist sie von dem nächsten Kriegsgerichtsrath oder Amtsrichter auf Ersuchen des militärischen Vorgesetzten, der Staatsanwaltschaft oder der Behörden und Beamten des Polizei- und Sicherheitsdienstes, äußersten Falles ohne solches Ersuchen vorzunehmen; im Nothfalle kann dieselbe auch durch einen Gerichtsoffizier herbeigeführt werden. Die Verhandlungen sind sofort an den Gerichtsherrn abzugeben.[3,4]

Erachtet der angegangene Gerichtsherr sich für unzuständig, oder ergiebt sich seine Unzuständigkeit im Laufe des Ermittelungsverfahrens, so hat er die Sache an die zuständige Stelle abzugeben.

[1] Die Anzeige geht an den Disziplinarvorgesetzten oder an den zuständigen Gerichtsherrn.

[2] Wegen Unterbrechung der Verjährung.

cf. §. 10 des Einf.-Ges.

[3] cf. §. 259.

[4] Geht bei dem mit der niederen Gerichtsbarkeit betrauten Kommandanten eines Schiffes die Anzeige eines zur kriegsgerichtlichen Zuständigkeit gehörigen Straffalles ein — §. 153 — oder gelangt er auf anderem Wege zur Kenntniß einer kriegsgerichtlich zu verfolgenden strafbaren Handlung — §. 156 — so hat er, falls das zuständige Gericht höherer Ordnung nicht sofort erreichbar ist, durch ein von ihm anzuordnendes Ermittelungsverfahren den Sachverhalt erforschen zu lassen.

In einem solchen Falle wird der beauftragte Gerichtsoffizier sich vergegenwärtigen müssen, daß die Aburtheilung erst nach geraumer Zeit stattfinden kann, daß — in Anbetracht der mit der Seeschifffahrt verbundenen Gefahren — regelmäßig der Verlust der Beweise zu besorgen steht und daß die Zeugen voraussichtlich am Erscheinen in der Hauptverhandlung verhindert sein werden. Es liegt deshalb in seiner Pflicht, — §§. 153, 159, 165 Abs. 2, 195 — alle Beweise sorgfältigst zu erheben und — namentlich durch eidliche Vernehmung der Zeugen und Sachverständigen — §§. 195, 208, 165 — den Thatbestand derart genau festzustellen, daß sich derselbe aus den Protokollen klar ergiebt.

cf. § 305 und Ausf.-Best. zu §. 11 des E.G.

Der Kommandant hat dann die entstandenen Akten der Regel nach dem zuständigen Gerichtsherrn der höheren Gerichtsbarkeit zu übersenden, welch' letzterer über die weitere Behandlung der Sache Bestimmung trifft.

Befindet sich der zuständige Gerichtsherr der höheren

Gerichtsbarkeit in der Heimath, während ein anderes Gericht höherer Ordnung — Gericht des Kreuzergeschwaders oder des Gouvernements Kiautschou — leicht erreichbar ist, so erscheint es angezeigt, den Beschuldigten vorübergehend dem betreffenden militärischen Verbande zu überweisen und dadurch — §. 29 — die Zuständigkeit des Gerichtsherrn dieses Verbandes zu begründen. cf. §. 259.

Der neue Gerichtsherr hat in einem solchen Falle nach rechtskräftiger Aburtheilung der Strafthat zu verfügen, ob der Verurtheilte die über ihn verhängte Freiheitsstrafe an Bord verbüßen oder einem heimischen Festungsgefängnisse überwiesen werden soll. — §. 451 und A.C.O. vom 22. Januar 1889 betr. Vollstreckung der Freiheitsstrafen an Bord. §. 4. —

Es ist hierbei nicht ausgeschlossen, daß der Verurtheilte behufs Strafverbüßung demjenigen Schiffe zurücküberwiesen wird, zu dessen Besatzung er bei Begehung der Strafthat gehörte.

**Ausf.-Best. H. u. M.** Der Thatbericht ist in der Regel von dem nächsten Disziplinarvorgesetzten aufzustellen und unmittelbar an den ihm zunächst vorgesetzten Gerichtsherrn einzureichen. Der bei Einreichung des Thatberichts übergangenen Dienststelle ist Meldung zu erstatten.

F. Nr. 10.

F. (Niedere Gerichtsbarkeit) Nr. 11.

154.[1] Sind Anhaltspunkte dafür vorhanden, daß eine aktive Militärperson eines nicht natürlichen[2] Todes gestorben ist, oder wird der Leichnam einer unbekannten Militärperson gefunden, so sind die Polizei- und Gemeindebehörden zur sofortigen Anzeige an die nächste Militärbehörde verpflichtet.

Die Beerdigung darf nur auf Grund einer

schriftlichen Genehmigung der Militärbehörde[3] oder, im Nothfalle, des Amtsrichters erfolgen.

[1] cf. §. 157 R.St.P.O.

[2] Unter den Begriff „nicht natürlicher Tod" fällt auch „Selbstmord".

[3] Das weitere Verfahren regelt sich nach §§. 223 ff.

**Ausf.-Best. H. u. M.** Die schriftliche Genehmigung zur Beerdigung des Leichnams einer Militärperson in den Fällen des Absatz 1 dieses Paragraphen wird in der Regel von dem zuständigen richterlichen Militärjustizbeamten ertheilt (vgl. §§. 223 ff.).

F. Nr. 11.

**155.** Bei Todesfällen anderer als der im §. 154 bezeichneten Personen sind die Civilbehörden zur Anzeige an die Militärbehörde verpflichtet,[1] wenn dringender Verdacht vorliegt, daß der Tod durch eine strafbare Handlung einer unter Militärstrafgerichtsbarkeit stehenden Person verursacht worden ist, oder wenn auch nur Anhaltspunkte dafür vorliegen, daß eine solche Person in strafbarer Weise an dem Tode betheiligt sei.

In den Fällen der ersteren Art ist die Feststellung des Thatbestandes, insbesondere die richterliche Leichenschau und Leichenöffnung, der Militärbehörde zu überlassen.

In den Fällen der letzteren Art haben zunächst die bürgerlichen Behörden sich der Feststellung des Thatbestandes zu unterziehen. Der Militärbehörde ist jedoch thunlichst Gelegenheit zu geben, zur Theilnahme an der Leichenschau, der Leichenöffnung und der Ortsbesichtigung einen Kriegsgerichtsrath abzuordnen.

In entsprechender Weise haben die Militärbehörden zu verfahren, wenn an dem Tode einer aktiven Militärperson eine unter der bürgerlichen Strafgerichtsbarkeit stehende Person in strafbarer Weise betheiligt ist oder betheiligt erscheint.

[1] Die Vorschriften des §. 153 Abs. 3 über die Vornahme unaufschiebbarer Anordnungen finden auch in dem „Todesermittelungsverfahren“ Anwendung.

**Ausf.-Best. H. u. M.** Ist oder erscheint an dem Tode einer aktiven Militärperson eine unter der bürgerlichen Strafgerichtsbarkeit stehende Person in strafbarer Weise betheiligt, so hat die Militärbehörde sofort der zuständigen Staatsanwaltschaft Anzeige zu machen.

F. Nr. 10.

156.[1] Sobald der Gerichtsherr durch[2] eine Anzeige oder auf anderem Wege von dem Verdacht[3] einer militärgerichtlich zu verfolgenden strafbaren Handlung Kenntniß erhält, hat er durch ein von ihm anzuordnendes Ermittelungsverfahren den Sachverhalt erforschen zu lassen. Mit dem Ermittelungsverfahren wird vom Gerichtsherrn der niederen Gerichtsbarkeit ein Gerichtsoffizier, von dem Gerichtsherrn der höheren Gerichtsbarkeit ein Kriegsgerichtsrath beauftragt. Bei einfach liegenden Sachen genügt die Feststellung durch den Disziplinarvorgesetzten.

Der Thatbestand muß festgestellt werden, auch wenn der Beschuldigte ein Geständniß abgelegt hat.

Giebt der Gerichtsherr einer Anzeige keine Folge, so ist die getroffene Verfügung mit den Gründen aktenkundig zu machen.

[1] cf. §§. 170. 250 A 1.

[2] cf. §. 158 R.Str.P.O.

[3] Der Gerichtsherr ist nur dann zur Anordnung des Ermittelungsverfahrens verpflichtet, wenn nach seiner Ueberzeugung ein solcher „Verdacht" vorliegt. Er braucht nicht auf jede Anzeige einzugehen, cf. aber §§. 24, 97, 247 ff.

Ausnahme von dem Legalitätsprinzip: §. 253 M.Str.G.O. §. 4 R.Str.G.B. cf. W. S. 35. F. (Niedere Gerichtsbarkeit) Nr. 11.

157. In den Fällen des §. 3 des Einführungsgesetzes zum Militärstrafgesetzbuch ist eine gerichtliche Strafverfolgung ausgeschlossen, wenn die Handlung von dem zuständigen Disziplinarvorgesetzten im Disziplinarwege geahndet worden ist.[1]

In denselben Fällen kann der Gerichtsherr, sofern er nicht zugleich der höhere Disziplinarvorgesetzte ist,[2] die gerichtliche Strafverfolgung nicht deshalb ablehnen, weil er abweichend von dem Disziplinarvorgesetzten die Disziplinarbestrafung für ausreichend erachtet.

[1] Hiernach führt eine dem Gesetze entsprechende Ahndung durch den Disziplinarvorgesetzten die endgiltige Erledigung der Sache herbei. cf. Begr. zu §. 150 des Entw. S. 114 ff.

Die §§. 45, 55 der Disziplinarstrafordnung für das Heer vom 31. Oktober 1872, sowie §§. 44, 54 Th. I §§. 25, 26, 33 Th. II der Disziplinarstrafordnung für die Marine vom 4. Juni 1891 bleiben unberührt.

[2] Ist der Gerichtsherr zugleich der höhere Disziplinarvorgesetzte, so ist es ihm unbenommen, selbst die Disziplinarstrafe festzusetzen.

Aus Abs. 2 geht hervor, daß die Entscheidung des Disziplinarvorgesetzten darüber, ob ein „leichterer Fall" im Sinne des §. 3 des Einf.-Ges. zum M.Str.G.B. vorliegt, für den Gerichtsherrn und das Gericht bindend ist. cf. §. 329.

158. Bei Einleitung einer Strafverfolgung wegen Hochverraths oder Landesverraths oder wegen eines als Verbrechen oder Vergehen sich darstellenden Verraths militärischer Geheimnisse hat der Gerichtsherr unverzüglich der obersten Militärjustizverwaltungsbehörde[1] Bericht zu erstatten.[2]

Sind diese Handlungen gegen den Kaiser oder das Reich gerichtet, so hat er überdies in jedem Falle dem Reichskanzler sofort Anzeige zu erstatten.

[1] cf. §§. 111 ff.

[2] Der Bericht muß, sobald die Einleitung des Ermittelungsverfahrens geboten erscheint, erstattet werden.

Weiterer Bericht ist — cf. §. 252 — vor Erlaß der Anklageverfügung erforderlich. Die Berichte sind von dem Gerichtsherrn direkt an die oberste Militärjustizverwaltungsbehörde bezw. an den Reichskanzler zu senden.

**Ausf.-Best. H. u. M.** In den Bericht ist zutreffenden Falls aufzunehmen, daß die im Abs. 2 vorgeschriebene Anzeige an den Reichskanzler erstattet ist.

159.[1] Der mit der Führung des Ermittelungsverfahrens beauftragte Gerichtsoffizier oder Kriegsgerichtsrath (Untersuchungsführer) hat bei Erforschung des Sachverhalts nicht blos die zur Belastung, sondern auch die zur Entlastung dienenden Umstände zu ermitteln und die Erhebung aller Beweise herbeizuführen, deren Verlust zu besorgen steht, oder deren Aufnahme zur Vorbereitung der Vertheidigung des Beschuldigten erforderlich erscheint.

[1] cf. §§. 158 Abs. 2, 188 Abs. 2 R.Str.P.O.

160. Zu dem im §. 159 bezeichneten Zwecke kann der Untersuchungsführer Ermittelungen jeder Art, einschließlich richterlicher Untersuchungshandlungen, insbesondere eidliche[1] Vernehmungen von Zeugen und Sachverständigen vornehmen.

Zu demselben Zwecke kann von allen öffentlichen Behörden Auskunft verlangt werden.[2]

Die Vornahme einzelner Untersuchungshandlungen kann durch Ersuchen eines anderen Gerichtsherrn oder des Amtsrichters des Bezirkes, wo die Handlung vorzunehmen[3] ist, herbeigeführt werden. Der Ersuchte hat zu prüfen, ob die beantragte Handlung nach den Umständen des Falles gesetzlich zulässig ist.

Die Ersuchungsschreiben sind in der Regel von dem Gerichtsherrn und dem Untersuchungsführer zu unterzeichnen.[4,5]

[1] cf. §. 195 Abs. 2.

[2] Auch die Vorlegung oder Auslieferung von Akten kann vorbehaltlich der Vorschrift des §. 231 gefordert werden.

[3] cf. §. 160 R.Str.P.O.

[4] In dringenden Fällen kann hiernach — dem Prinzipe

des §. 153 Abs. 3 entsprechend — der Untersuchungsführer allein unterzeichnen.

[5] Es ist gesetzlich nicht ausgeschlossen, daß auch in kriegsgerichtlichen Untersuchungen das Ersuchen um Vornahme einzelner Untersuchungshandlungen an einen Gerichtsherrn der niederen Gerichtsbarkeit erlassen wird. §. 160 Absatz 3 spricht allgemein von dem Ersuchen „eines anderen Gerichtsherrn“. Die Heranziehung der niederen Gerichtsbarkeit zur Feststellung des kriegsgerichtlichen Thatbestandes würde sich auch namentlich in der Marine nicht überall vermeiden lassen, da die auf einzelnen Schiffen begangenen Strafthaten auf Grund des an Bord festgestellten bez. an Bord zu ergänzenden Thatbestandes in der Heimath oder von dem Geschwadergericht abgeurtheilt werden. Müßte in solchen Fällen die Feststellung durch Requisition des nächsten Geschwadergerichts erfolgen, so würden die Untersuchungen unter Umständen auf Jahre hinaus verzögert werden. (W. S. 54 ist der Ansicht, daß immer die Requisition in kriegsgerichtlichen Untersuchungen an den höheren Gerichtsherrn gehen muß).

Andererseits wird — wenn solche besonderen Gründe nicht vorliegen — der Gerichtsherr der höheren Gerichtsbarkeit zu requiriren sein. cf. Ausf. Best. zu Einf.G. §. 11 und § 151 A. 4.

F. Nr. 12, 13, 14.

F. (Niedere Gerichtsbarkeit) Nr. 12, 13, 14.

161.[1] Die Behörden und Beamten des Polizei- und Sicherheitsdienstes sind verpflichtet, Ersuchen des Untersuchungsführers[2] um Ausführung einzelner Maßregeln oder um Vornahme von Ermittelungen zu genügen.

[1] cf. §. 159 R.Str.P.O.

[2] Das Ersuchen erfolgt durch den Untersuchungs-

führer allein. Die Mitwirkung des Gerichtsherrn ist nicht erforderlich.

162. Der Untersuchungsführer hat alle die Untersuchung berührenden Vorgänge und Thatsachen, insbesondere alle von ihm vorgenommenen oder veranlaßten Ermittelungen aktenkundig zu machen.

163.[1] Ueber jede Untersuchungshandlung ist ein Protokoll[2] aufzunehmen. Bei minder wichtigen Sachen genügt ein Aktenvermerk. Das Protokoll ist von dem Untersuchungsführer und dem zugezogenen Gerichtsschreiber, der Aktenvermerk von dem Untersuchungsführer zu unterschreiben.[3]

Ein Gerichtsschreiber muß zugezogen werden bei der Vernehmung des Beschuldigten, der Zeugen und der Sachverständigen, sowie bei der Einnahme des Augenscheins.[4]

Im Falle dringenden Bedürfnisses kann für einzelne Untersuchungshandlungen jede geeignete Person als Gerichtsschreiber zugezogen werden. Dieselbe ist in Gemäßheit des §. 110 durch den die Untersuchungshandlung vornehmenden Beamten oder Offizier zu verpflichten.

[1] cf. §. 186. [2] Dolmetscher: cf. §§. 116 ff.

[3] Etwaige Zeichnungen sind von dem Untersuchungsführer und dem Gerichtsschreiber zu unterzeichnen, falls sie nicht lediglich zur Erläuterung eines Aktenvermerkes dienen.

[4] Das vom Richter und Gerichtsschreiber unterschriebene Protokoll über die Einnahme des Augenscheins

hat die Kraft eines Beweismittels über letzteren nur insoweit, als es die von beiden gemeinschaftlich und übereinstimmend gemachten Wahrnehmungen beurkundet.

cf. Entsch. des R.G. vom 21. Juni 1887.
Rspr. Bd. IX, S. 876.
F. Nr. 15.
F. (Niedere Gerichtsbarkeit) Nr. 15.

164.[1] Das Protokoll muß Ort und Tag der Verhandlung, sowie die Namen der mitwirkenden oder betheiligten Personen angeben und ersehen lassen, ob die wesentlichen Förmlichkeiten[2] des Verfahrens beobachtet sind.

Das Protokoll ist den bei der Verhandlung betheiligten Personen, soweit es dieselben betrifft, behufs der Genehmigung vorzulesen oder zur eigenen Durchlesung vorzulegen. Die erfolgte Genehmigung ist zu vermerken und das Protokoll von den Betheiligten zu unterschreiben. Unterbleibt die Unterschrift, so ist der Grund dafür in dem Protokolle zu vermerken.

[1] cf. §. 186 Abs. 2 und 3 R.Str.P.O.

[2] Zu diesen wesentlichen Förmlichkeiten gehören z. B. die Vorschriften der §§. 164 Abs. 2, 178 Abs. 2, 187 Abs. 2.

Formlose Protokolle über Zeugenvernehmungen eignen sich nicht zur Verlesung in der Hauptverhandlung an Stelle mündlicher Vernehmung des Zeugen.

Entsch. d. R.G. vom 30. April 1881.
Rspr. Bd. III, S. 259.

165.[1] Findet die Einnahme eines Augenscheins[2] statt, so ist dem Beschuldigten und dem Vertheidiger die Anwesenheit[3] bei der Verhandlung zu gestatten.

Dasselbe gilt, wenn ein Zeuge oder Sachverständiger vernommen werden soll, welcher voraussichtlich am Erscheinen in der Hauptverhandlung verhindert, oder dessen Erscheinen wegen großer Entfernung besonders erschwert sein wird.[4]

Von den Terminen sind die zur Anwesenheit Berechtigten vorher zu benachrichtigen, soweit dies ohne Aufenthalt für die Sache geschehen kann.

Beschuldigte, die dem aktiven Heere oder der aktiven Marine angehören, oder welche sich nicht auf freiem Fuße befinden, haben einen Anspruch auf Anwesenheit nur bei solchen Terminen, welche an dem Orte abgehalten werden, wo sie sich dienstlich aufhalten oder in Haft befinden.

Auf die Verlegung eines Termins wegen Verhinderung haben die zur Anwesenheit Berechtigten keinen Anspruch.[5]

[1] cf. §. 191 R.Str.P.O.

[2] cf. §§. 222 ff.

[3] Die Vorschrift des §. 293 findet nicht analoge Anwendung. Das Gesetz gestattet dem Beschuldigten und dem Vertheidiger lediglich die Anwesenheit in der Verhandlung, giebt ihnen aber nicht das Recht, in die Verhandlung einzugreifen. Es liegt also lediglich in dem Ermessen des Untersuchungsführers, ob und inwieweit er etwaigen Anregungen zur Befragung von Zeugen und Sachverständigen oder zu sonstigen Maßnahmen Folge geben will.

[4] cf. §. 305.

[5] Der Untersuchungsführer kann aber einem derartigen Antrage stattgeben, falls ihm dies nach Lage der Sache zweckmäßig erscheint.

**166.**[1] **Der Beschuldigte**[2] **kann von der Anwesenheit bei der Verhandlung**[3] **ausgeschlossen werden, wenn zu befürchten ist, daß ein Zeuge in seiner Gegenwart die Wahrheit nicht sagen werde.**

[1] cf. §. 192 R.Str.P.O.

[2] Nur der Beschuldigte, nicht etwa auch sein Vertheidiger, darf von der Anwesenheit bei der Zeugenvernehmung ausgeschlossen werden.

[3] Die Ausschließung darf nur auf die Dauer der Vernehmung des betreffenden Zeugen erfolgen.

167. Der Gerichtsherr ist stets berechtigt,[1] von dem Stande des Verfahrens durch Einsicht der Akten Kenntniß zu nehmen und die ihm zur Aufklärung der Sache geeignet scheinenden Verfügungen zu treffen. Er ist jedoch nicht befugt, an den Untersuchungshandlungen theilzunehmen.

Vom Gerichtsherrn kann, falls dies aus besonderen Rücksichten angezeigt[2] erscheint, ein Offizier bestimmt werden, welcher den Untersuchungshandlungen des ersuchten Gerichts beizuwohnen und das Protokoll mit zu unterschreiben hat. Hat er Einwendungen gegen den Inhalt des Protokolls zu erheben, so sind sie von ihm unter demselben zu vermerken.

**Der Untersuchungsführer ist berechtigt, den Gerichtsherrn zu ersuchen,**[3] **einen Offizier zu bestimmen, welcher den Untersuchungshandlungen beizuwohnen und das Protokoll mit zu unterschreiben hat.**

[1] Der Gerichtsherr hat auch die Pflicht, sich durch Einsicht der Akten in Kenntniß von dem Gange des

Verfahrens zu halten. Der Gerichtsherr darf sich nicht mit den Vorträgen des Untersuchungsführers begnügen.

cf. Begr. zu §. 160 des Entw. S. 116.

[2] Z. B., wenn bei Feststellung des Thatbestandes Verhältnisse militär- oder marinetechnischer Art in Betracht kommen oder wenn die Zuziehung eines Offiziers behufs Aufrechterhaltung der Disziplin wünschenswerth erscheint. Der beisitzende Offizier hat dem ersuchten Gericht (namentlich auch Civilgericht) über die in Betracht kommenden militärischen bezw. marinetechnischen Angelegenheiten Auskunft zu geben. In die Untersuchung selbst darf er nicht eingreifen.

168.[1] Das Ermittelungsverfahren ist nicht weiter auszudehnen, als erforderlich ist, um eine Entscheidung darüber zu begründen, ob Anklage zu erheben oder die strafgerichtliche Verfolgung einzustellen sei.[2]

[1] cf. §. 188 R.Str.P.O.

[2] Das Ermittelungsverfahren ist deshalb sofort abzuschließen, wenn feststeht, daß eine Strafverfolgung aus rechtlichen oder thatsächlichen Gründen nicht eintreten kann. Andererseits soll das Ermittelungsverfahren — um die Hauptverhandlung in ausreichender Weise vorzubereiten — auf eine möglichst vollständige Sammlung des Beweismaterials bedacht sein.

cf. Begr. zu §. 161 des Entw. S. 117.

169.[1] Ergiebt sich im Laufe des Ermittelungsverfahrens der Verdacht weiterer militärgerichtlich zu verfolgender strafbarer Handlungen, so hat der Untersuchungsführer in dringenden Fällen die in dieser Beziehung erforderlichen Untersuchungshandlungen von Amtswegen vorzunehmen.

Die Verhandlungen sind sofort dem Gerichtsherrn zu dessen Verfügung vorzulegen.

[1] cf. §. 189 R.Str.P.O.

**170.**[1] Im Felde und an Bord kann von einem schriftlichen Ermittelungsverfahren im Sinne dieses Abschnitts Abstand genommen werden. In jedem Falle ist dasselbe thunlichst einzuschränken und zu beschleunigen.

[1] Eine Strafverfügung — §§. 349 ff. — kann auch im Felde und an Bord nur nach vorausgegangenem Ermittelungsverfahren erlassen werden.

## Zweiter Abschnitt.[1]

[1] Begr. S. 117—129. K.B. S. 58—77.

## Einzelne Untersuchungsmaßregeln.

### I. Vernehmung des Beschuldigten.

**171.** Beschuldigte, welche zu den Personen des Soldatenstandes des aktiven Heeres oder der aktiven Marine gehören, sind zu ihrer Vernehmung zu gestellen.

Verhaftete Beschuldigte sind vorzuführen.

[1] Wie Abs. 2 ergiebt, ist eine Vorführung des auf freiem Fuße befindlichen Beschuldigten nicht vorgeschrieben. Die erforderlichen Maßnahmen, um das rechtzeitige Eintreffen desselben am Vernehmungsorte sicherzustellen, hat der Vorgesetzte nach den Umständen des Falles auf eigene Verantwortung zu treffen.

**Ausf.-Best. H.** Bei der Vernehmung als Beschuldigte, Angeklagte, Zeugen oder Sachverständige erscheinen Offiziere oder Sanitätsoffiziere im Dienstanzuge (vgl. O.Bkl.V.); Personen des Soldatenstandes vom

Feldwebel u. s. w. abwärts erscheinen im Ordonnanzanzuge; sofern sie verhaftet sind, in Mütze ohne Seitengewehr.

Auf Beamte der Militärverwaltung, denen eine Dienstuniform verliehen ist, findet diese Bestimmung sinngemäße Anwendung.

**Ausf.-Best. M.** Zu der Marine sind die Ingenieure des Soldatenstandes den Offizieren gleichgestellt; ebenso die Deckoffiziere. Die näheren Vorschriften ergeben sich aus den Bekleidungsbestimmungen.

172. Beschuldigte, die nicht zu den im §. 171 bezeichneten Personen gehören, sind zu ihrer Vernehmung schriftlich zu laden.[1]

Die Ladung kann unter der Androhung geschehen, daß im Falle des Ausbleibens die Vorführung erfolgen werde.[2]

Die Vorführung ohne vorgängige Ladung kann verfügt werden, wenn Gründe vorliegen, welche die Untersuchungshaft rechtfertigen würden.[3,4] Die Anordnung einer Vorführung ohne vorgängige Ladung steht dem Gerichtsherrn, bei Gefahr im Verzug auch dem Untersuchungsführer zu.

In dem Vorführungsbefehl[5] ist der Beschuldigte genau zu bezeichnen und die ihm zur Last gelegte strafbare Handlung, sowie der Grund der Vorführung anzugeben.

Der Vorgeführte ist sofort durch den Untersuchungsführer zu vernehmen. Ist dies nicht ausführbar, so kann er bis zu seiner Vernehmung,

**jedoch nicht über den nächstfolgenden[6] Tag hinaus, festgehalten werden.[7]**

[1] cf. §§. 141, 142. Auch Militärbeamte fallen unter die Vorschrift des §. 172.

[2] cf. §. 133 R.Str.P.O.

Von der Aufnahme dieser Androhung in die Ladung wird lediglich dann abzusehen sein, wenn das Erscheinen des Beschuldigten im Vernehmungstermine zweifellos ist. Denn die Vorführung kann — falls nicht Haftgründe vorliegen — nur erfolgen, wenn sie in der Ladung angedroht ist. cf. Abs. 3. Die Ladung müßte also — falls der Beschuldigte nicht erscheint — wiederholt und damit die Untersuchung verzögert werden.

cf. Loewe §. 133 A. 4.

[3] cf. §. 134 R.Str.P.O.

[4] cf. §. 176.

[5] Derselbe ist schriftlich abzufassen.

[6] Mit dem Ablaufe des auf den Ankunftstag folgenden Tages muß hiernach der Beschuldigte entweder durch den Untersuchungsführer vernommen oder auf freien Fuß gesetzt sein.

[7] Hat der Beschuldigte voraussichtlich nur kurze Zeit auf seine Vernehmung zu warten, so wird er unter Aufsicht zu stellen sein. Anderenfalls erscheint die Ueberführung in das Arrestgebäude zulässig und angezeigt.

F. Nr. 15.

F. (Niedere Gerichtsbarkeit) Nr. 15.

**173.[1] Der Beschuldigte ist in dem Ermittelungsverfahren zu vernehmen, auch wenn er schon früher gehört worden ist.**

**Bei Beginn der ersten Vernehmung ist dem Beschuldigten zu eröffnen, welche strafbare Handlung ihm zur Last gelegt wird.[2]**

Die Vernehmung[3] soll dem Beschuldigten Gelegenheit zur Beseitigung der gegen ihn vorliegenden Verdachtsgründe und zur Geltendmachung der zu seinen Gunsten sprechenden Thatsachen geben.

Bei der ersten Vernehmung des Beschuldigten ist zugleich auf die Ermittelung seiner persönlichen Verhältnisse[4] Bedacht zu nehmen.

Den Abschluß des Ermittelungsverfahrens (§. 168) bildet die Vernehmung des Beschuldigten über das Ergebniß der Ermittelungen.

[1] cf. §. 136 R.Str.P.O.

[2] cf. §. 164 A. 2 (Wesentliche Formvorschrift).

[3] Die Zuziehung eines Gerichtsschreibers ist erforderlich. cf. §. 163 Abs. 2.

[4] Hierzu gehört auch die Feststellung etwaiger Vorstrafen. Bei schwereren Straftaten empfiehlt sich Anfrage bei der Registerbehörde: namentlich muß diese Anfrage erfolgen, wenn der Rückfall der betreffenden Strafthaten mit höherer Strafe bedroht ist, z. B. Diebstahl, Betrug. cf. Verord. des Bundesraths vom $\frac{\text{16. Juni 1882}}{\text{9. Juli 1896}}$

F. Nr. 15, 16.

F. (Niedere Gerichtsbarkeit) Nr. 15, 16.

## II. Einstweilige Enthebung vom Dienste. Verhaftung und vorläufige Festnahme.

174. Dem Gerichtsherrn steht die Verfügung darüber zu, inwieweit ein Beschuldigter, welcher zu den Personen des Soldatenstandes[1] gehört, aus

Anlaß des eingeleiteten gerichtlichen Verfahrens einstweilen des militärischen Dienstes zu entheben sei. Die Verfügung ist vom Gerichtsherrn allein[2] zu erlassen.

Die Befugniß der vorgesetzten Dienstbehörde zur vorläufigen Anordnung der Dienstenthebung wird durch Vorstehendes nicht berührt.

[1] Militärbeamte unterfallen den §§. 125 ff. des R.B.G. cf. auch §§. 30, 31 des Ges., betr. die Dienstvergehen der richterlichen Militärjustizbeamten.

[2] Der Gerichtsoffizier und der richterliche Militärjustizbeamte zeichnen nicht mit. Ausnahme von der Regel des §. 97 Abs. 2 und des §. 102.

175.[1] Darüber, ob ein Beschuldigter in Untersuchungshaft zu nehmen ist, entscheidet der Gerichtsherr.[2] Der Haftbefehl[3] ist von ihm allein zu erlassen.

Gegen die Verfügung der Untersuchungshaft findet die Rechtsbeschwerde[4] an den höheren Gerichtsherrn statt.

[1] Eine dem §. 117 R.Str.P.O. entsprechende Bestimmung dahin, daß der Beschuldigte gegen Sicherheitsleistung mit der Untersuchungshaft verschont werden kann, ist nicht aufgenommen.

[2] cf. §. 277.

[3] Der Haftbefehl ist immer schriftlich abzufassen und mit Gründen zu versehen. cf. §§. 186, 176 und §. 174 A. 2.

[4] cf. §. 373 ff.
Die Einreichung der Rechtsbeschwerde ist an keine Frist geknüpft.
F. Nr. 17.
F. (Niedere Gerichtsbarkeit) Nr. 17.

176.[1] Die Untersuchungshaft ist zulässig,[2] wenn dringende Verdachtsgründe gegen den Beschuldigten vorhanden sind und entweder

1. ein Verbrechen[3] den Gegenstand der Untersuchung bildet, oder
2. der Beschuldigte der Flucht verdächtig ist, oder
3. die Aufrechterhaltung der militärischen Disziplin die Verhaftung erfordert, oder
4. Thatsachen[4] vorliegen, aus denen zu schließen ist, daß der Beschuldigte Spuren der That vernichten, oder daß er Zeugen oder Mitschuldige zu einer falschen Aussage, oder Zeugen dazu verleiten werde, sich der Zeugnißpflicht zu entziehen, oder daß er seine Freiheit zur Begehung neuer strafbarer Handlungen mißbrauchen werde.

Diese Thatsachen sind aktenkundig zu machen.

[1] cf. §. 112 R.Str.P.O.

[2] Also auch dann nicht gesetzlich geboten, wenn der Beschuldigte eines Verbrechens verdächtig ist. Der Gerichtsherr entscheidet nach pflichtmäßigem Ermessen.

[3] cf. §. 1 R.Str.G.B. §. 1 M.Str.G.B.

[4] Diese Thatsachen müssen in den Gründen des Haftbefehls bezeichnet werden.

F. Nr. 17.

F. (Niedere Gerichtsbarkeit) Nr. 17.

177.[1] Der Verhaftete muß spätestens am Tage nach seiner Einlieferung in das Gefängniß[2] über den Gegenstand der Beschuldigung gehört[3] werden. Dabei ist ihm zu eröffnen, daß ihm die Rechtsbeschwerde (§. 175 Absatz 2) gegen den Haftbefehl zusteht.

[1] cf. §§. 114, 115 R.Str.P.O.

[2] Jede Einlieferung in ein Haftlokal macht die „Anhörung" des Beschuldigten erforderlich. Eingehende Vernehmung im Sinne des §. 178 kann später erfolgen.

[3] Auch wenn der Tag nach der Einlieferung auf einen Sonn- oder Feiertag fällt darf die Anhörung des Beschuldigten nicht verschoben werden.

F. Nr. 15.

F. (Niedere Gerichtsbarkeit) Nr. 15.

178.[1] Der Verhaftete soll, soweit möglich, von Anderen gesondert und nicht in demselben Raume mit Strafgefangenen verwahrt werden.

Dem Verhafteten dürfen nur solche Beschränkungen auferlegt werden, welche zur Sicherung des Zweckes der Haft oder zur Aufrechthaltung der Ordnung im Gefängnisse nothwendig sind.[2]

Bequemlichkeiten und Beschäftigungen, die der Dienststellung oder dem Stande und den Vermögensverhältnissen des Verhafteten entsprechen, darf er sich auf seine Kosten verschaffen, soweit sie mit dem Zwecke der Haft vereinbar sind und weder die Ordnung im Gefängnisse stören, noch die Sicherheit gefährden. Mit dieser Maßgabe darf Lesen und Beschäftigung mit schriftlichen Arbeiten dem Verhafteten nicht untersagt werden.

Fesseln dürfen im Gefängnisse dem Verhafteten nur dann angelegt werden, wenn dies wegen besonderer Gefährlichkeit seiner Person, namentlich zur Sicherung Anderer erforderlich erscheint, oder wenn der Verhaftete einen Selbstentleibungs- oder Entweichungsversuch gemacht oder vorbereitet hat. Bei der Hauptverhandlung soll er ungefesselt sein.

1 cf. §. 116 R.Str.P.O.

2 Verkehr mit dem Vertheidiger. cf. §§. 337, 345.

179.[1] Die Untersuchungshaft ist aufzuheben,[2] wenn ein Grund zur Verhaftung nicht mehr besteht oder wenn der Beschuldigte freigesprochen oder außer Verfolgung gesetzt wird. Das Gleiche gilt, wenn die Verurtheilung auf Geldstrafe lautet oder, sofern besondere Umstände nicht entgegenstehen, wenn die erkannte Freiheitsstrafe die Dauer von sechs Wochen nicht übersteigt.

Durch Einlegung eines Rechtsmittels darf die Freilassung des Angeklagten nicht verzögert werden. Auf Grund neuer Verdachtsgründe oder Beweismittel kann der höhere Gerichtsherr gegen den Angeklagten einen neuen Haftbefehl erlassen.

1 cf. §. 123 R.Str.P.O.

2 Die Aufhebung der Untersuchungshaft erfolgt auch hier durch den Gerichtsherrn. Sie kann für den Fall der Freisprechung schon im Voraus verfügt werden. cf. Weigel zu §. 179.

180.[1] Die Befugniß zur vorläufigen Festnahme[2] steht zu:

den militärischen Vorgesetzten, den militärischen

Wachen[3] und dem Untersuchungsführer, wenn die Voraussetzungen der Untersuchungshaft[4] vorliegen;

den Polizei- und Sicherheitsbeamten in den Fällen des §. 176 Nr. 1, 2, 4, wenn Gefahr im Verzug und ein militärischer Vorgesetzter des Beschuldigten oder eine militärische Wache nicht erreichbar ist.

Wird eine der Militärstrafgerichtsbarkeit unterstellte Person bei Verübung eines Verbrechens oder Vergehens[5] auf frischer That[6] betroffen oder verfolgt, so kann, wenn sie der Flucht verdächtig oder ihre Persönlichkeit nicht sofort feststellbar ist, die vorläufige Festnahme durch Jedermann geschehen.

Bei einem im Offiziersrange stehenden und in entsprechender Uniform befindlichen Angehörigen der bewaffneten Macht ist die Annahme ausgeschlossen, daß er der Flucht verdächtig sei, oder daß seine Persönlichkeit nicht sofort festgestellt werden könne, es sei denn, daß er bei der Begehung eines Verbrechens[7] auf frischer That betroffen oder verfolgt wird.[8]

[1] cf. §. 127 R.Str.P.O.

[2] D. h. die nicht von dem Gerichtsherrn angeordnete Festnahme.

[3] cf. §. 111 M.Str.G.B.

[4] cf. §. 176.

[5] Die vorläufige Festnahme durch „Jedermann" ist ausgeschlossen, wenn nur eine Uebertretung verübt ist.

[6] D. h., wenn die That unmittelbar nach ihrer Ver-

übung entdeckt und auf Grund der hierbei gemachten, auf den Thäter hinweisenden Wahrnehmungen die Verfolgung desselben unverzüglich begonnen hat. Daß der Thäter bei der That selbst betroffen worden, ist nicht erforderlich. cf. Loewe A. 2 zu §. 104 R.Str.P.O.

[7] cf. §. 1 R.Str.G.B. §. 1 M.Str.G.B.

Diese Vorschrift entspricht der Preuß. Allerh. Cabinets-Ordre vom 6. Dezember 1855. Militär-Gesetz-Sammlung Bd. V S. 371 ff.

[8] Alle im Offizierrange stehenden Personen, welche Uniform zu tragen berechtigt sind, gehören zur „bewaffneten Macht".

**Ausf.-Best. H. u. M.** Vorläufig festgenommene Personen werden in derselben Art, wie die in Untersuchungshaft genommenen (§. 178) behandelt.

181.[1] Der Festgenommene ist unverzüglich,[2] sofern er nicht wieder in Freiheit gesetzt wird, an die nächste Militärbehörde abzuliefern. Diese hat den Festgenommenen sofort zu vernehmen und, sofern sie nicht die Freilassung verfügt, dem zuständigen Gerichtsherrn zu überweisen.

[1] cf. §. 128 R.Str.P.O.

[2] Der Festgenommene ist so schnell, als dies die Verhältnisse des Einzelfalles gestatten, abzuliefern.

**Ausf.-Best. H. u. M.** Unter „Militärbehörde" ist hier der Truppentheil, das Bezirkskommando beziehungsweise die militärische Wache zu verstehen.

Das bezüglich einer der Wache zugeführten Person zu beobachtende Verfahren regelt sich nach den Vorschriften der Wachinstruktion.

182.[1] Bei strafbaren Handlungen, deren Verfolgung nur auf Antrag[2] eintritt, ist weder die vorläufige Festnahme, noch die Verhaftung von der Stellung eines solchen Antrags abhängig.

Ist die Verhaftung vor der Stellung des Antrags erfolgt, so ist der Antragsberechtigte, von mehreren wenigstens einer, sofort von der Verhaftung in Kenntniß zu setzen. Die Freilassung muß erfolgen, wenn nicht spätestens binnen einer Woche[3] seit der Verhaftung ein Strafantrag eingegangen ist.

[1] cf. §. 130 R.Str.P.O.

[2] Das Gleiche gilt von denjenigen strafbaren Handlungen, deren Verfolgung nur mit „Ermächtigung" eintritt. cf. Olsh. §. 99 A. 3. Loewe §. 130 A. 4.

[3] Berechnung der Frist. cf. §. 146 Abs. 2.

183.[1] Steckbriefe können von dem Gerichtsherrn erlassen werden, wenn die Voraussetzungen der Untersuchungshaft[2] vorliegen und der zu Verhaftende flüchtig ist oder sich verborgen hält.

Andere Militärbehörden[3] sind zur Erlassung eines Steckbriefs befugt, wenn der Beschuldigte aus dem Gefängniß entweicht oder sonst der Bewachung sich entzieht oder der Fahnenflucht verdächtig ist.

Der Steckbrief soll, soweit dies möglich, eine Beschreibung des zu Verhaftenden enthalten und die demselben zur Last gelegte strafbare Handlung,[4] sowie die Behörde bezeichnen, an welche die Ablieferung zu erfolgen hat.

Die Bekanntmachung des Steckbriefs kann außer durch öffentliche Blätter[5] auch durch öffentlichen Anschlag im Heimathsorte, Wohnort oder gewöhnlichen Aufenthaltsorte des zu Verhaftenden erfolgen.

[1] cf. §. 131 R.Str.P.O.

[2] cf. §. 176.

[3] Alle selbstständigen Militärbefehlshaber, wie Regimentskommandeure, Kommandeure der Matrosen-Artillerie Abtheilungen 2c., Kommandanten 2c. sind unter diesen Voraussetzungen zum Erlaß von Steckbriefen befugt. cf. Ausf.-Best.

[4] Kurze Bezeichnung der That mit dem strafrechtlichen Namen „Diebstahl, Betrug 2c." ist ausreichend.

[5] Die Wahl der Blätter ist dem Ermessen des Gerichtsherrn überlassen. Die Bekanntmachung in mehreren Blättern und mehrfache Wiederholung der Bekanntmachung ist im fiskalischen Interesse, soweit angängig, zu vermeiden.

**Ausf.-Best. H.** In den hier bezeichneten Fällen sind außer dem Gerichtsherrn zur Erlassung von Steckbriefen befugt: die Militärvorgesetzten vom Regiments- oder selbstständigen Bataillons- und Bezirkskommandeur ab aufwärts, beziehungsweise die mit den Befugnissen dieser Befehlshaber ausgestatteten Militärvorgesetzten, sowie bei Entweichungen aus Gefangenanstalten oder Arbeiterabtheilungen die Gouverneure, Kommandanten und Garnisonältesten.

**Ausf.-Best. M.** In der Marine sind auch die Abtheilungs-Kommandeure und alle Kommandanten S. M. Schiffe zu Erlaß von Steckbriefen befugt.

F. Nr. 18, 19, 20, 21.

184.[1] Ist Jemand in Folge Haftbefehls (§. 175) oder auf Grund eines Steckbriefs (§. 183) ergriffen worden, und kann er nicht spätestens am Tage nach der Ergreifung bestimmungsgemäß[2] abgeliefert werden, so ist er auf sein Verlangen[3] sofort der nächsten Militärbehörde vorzuführen und von dieser unverzüglich zu vernehmen. Weist er bei der Vernehmung nach, daß er nicht die verfolgte Person, oder daß die Verfolgung durch die zuständige Behörde wieder aufgehoben sei, so hat die Militärbehörde seine Freilassung zu verfügen.[4]

[1] cf. §. 132 R.Str.P.O.

[2] D. h. an den Gerichtsherrn, welcher den Haftbefehl erlassen hat — §. 175 — oder an die in dem Steckbriefe bezeichnete Behörde. §. 183 Abs. 3.

[3] Verlangt der Ergriffene die Vorführung vor die nächste Militärbehörde nicht, so hat die Behörde, durch welche die Festnahme bewirkt ist, nach den Umständen des Falles zu entscheiden, ob der Ergriffene dem Gerichtsherrn bezw. der nach §. 183 Abs. 2 benannten Stelle oder ob er der nächsten Militärbehörde abgeliefert werden soll.

Der Ergriffene ist über sein Recht, die Vorführung vor die nächste Militärbehörde zu verlangen, zu belehren.

[4] cf. Ausf.-Best. zu §. 181.

### III. Vernehmung von Zeugen.

185. Die Gestellung von Zeugen, welche Personen des Soldatenstandes des aktiven Heeres oder der aktiven Marine sind, erfolgt durch dienstliche Anordnung.

Anderen Personen ist, sofern nicht ein sonstiger Weg zweckdienlich erscheint, eine Ladung zuzustellen.[1] In der Ladung ist auf die gesetzlichen Folgen des Ausbleibens hinzuweisen.

[1] Eine förmliche Zustellung der Ladung — §. 142 Abs. 1 — ist immer dann zweckmäßig, wenn ein Ungehorsam des Zeugen gegen die Ladung zu erwarten steht. Nur ein durch förmliche Zustellung geladener Zeuge kann

bestraft werden. cf. §§. 186, 141 A. 2 und Ausf.-Best. zu §. 171.

**Ausf.-Best. H. u. M.** Die Ladung von Reichs- oder Staatsbeamten ist der vorgesetzten Dienstbehörde derselben mitzutheilen.

F. Nr. 22, 82.

F. (Niedere Gerichtsbarkeit) Nr. 18.

186.[1] Ein durch Zustellung geladener Zeuge (§. 185 Absatz 2) ist,[2] wenn er nicht erscheint, in die durch das Ausbleiben verursachten Kosten, sowie zu einer Geldstrafe bis zu dreihundert Mark, und für den Fall, daß diese nicht beigetrieben werden kann, zur Strafe der Haft bis zu sechs Wochen zu verurtheilen.[3] Auch ist die zwangsweise Vorführung des Zeugen zulässig. Bleibt der Zeuge bei nochmaliger Vorladung in demselben Ermittelungsverfahren abermals aus, so kann derselbe noch einmal in Strafe und Kosten verurtheilt werden.

Die Verurtheilung in Strafe und Kosten unterbleibt, wenn das Ausbleiben des Zeugen genügend entschuldigt[4] ist. Erfolgt nachträglich genügende Entschuldigung, so werden die gegen den Zeugen getroffenen Anordnungen wieder aufgehoben.

Die Befugniß zu den im ersten Absatze bezeichneten Maßregeln steht hinsichtlich der im §. 1 bezeichneten Personen, soweit sie zu laden sind (§. 185 Absatz 2), dem Gerichtsherrn zu.

Hinsichtlich anderer Personen erfolgt die Festsetzung und die Vollstreckung dieser Maßregeln auf Ersuchen durch den Amtsrichter, in dessen Bezirke der Zeuge seinen Wohnsitz oder in Ermangelung eines solchen seinen gewöhnlichen Aufenthaltsort hat. Die Vorführung des Zeugen ist durch Ersuchen der Staatsanwaltschaft oder der Polizeibehörde zu bewirken.

[1] cf. §. 50 R.Str.P.O.

[2] Ist zu verurtheilen. Die Verhängung der Strafe und Auferlegung der Kosten muß erfolgen, falls keine genügende Entschuldigung des Ausbleibens vorliegt. Bei nochmaligem Ausbleiben des Zeugen auf wiederholte Ladung ist eine weitere Bestrafung nur zulässig, nicht geboten.

[3] Auch der zur Verweigerung des Zeugnisses Berechtigte muß — falls er nicht auf seinen Antrag vom Erscheinen entbunden wird — der Ladung Folge leisten.

[4] Das Vorschützen einer unwahren Thatsache als Entschuldigung wird durch §. 138 R.Str.G.B. unter Strafe gestellt. Personen des Soldatenstandes würden sich durch Erstattung einer derartigen falschen Meldung an den Gerichtsherrn — cf. Abs. 3 — der Bestrafung aus §. 189 M.Str.G.B. aussetzen.

F. Nr. 22.

F. (Niedere Gerichtsbarkeit) Nr. 18.

187.[1] Zur Verweigerung des Zeugnisses sind berechtigt:[2]

1. der Verlobte[3] des Beschuldigten;
2. der Ehegatte des Beschuldigten, auch wenn die Ehe nicht mehr besteht;
3. diejenigen, welche mit dem Beschuldigten in gerader Linie verwandt, verschwägert oder durch Annahme an Kindesstatt verbunden oder in der Seitenlinie bis zum dritten Grade verwandt

oder bis zum zweiten Grade verschwägert sind, auch wenn die Ehe, durch welche die Schwägerschaft begründet ist, nicht mehr besteht.

Die bezeichneten Personen sind vor jeder[4] Vernehmung über ihr Recht zur Verweigerung des Zeugnisses zu belehren.[5] Sie können den Verzicht auf dieses Recht auch während der Vernehmung widerrufen.

[1] cf. §. 51 R.Str.P.O.

Die in §. 187 genannten Personen sind nur zur Verweigerung des Zeugnisses berechtigt. Dagegen können sie — z. B. durch zwangsweise körperliche Untersuchung — veranlaßt werden, indirekt zur Ueberführung des Beschuldigten beizutragen. Entsch. d. R.G. vom 8. Juli 1889. — Bd. XIX S. 866.

[2] Die genannten Personen können auch nach Ablegung des Zeugnisses die Beeidigung desselben verweigern. §. 200 Abs. 2.

[3] Das Verlöbniß braucht weder rechtsförmlich, noch veröffentlicht zu sein, muß aber zur Zeit der Zeugnißablegung noch bestehen. cf. Entsch. d. R.G. vom 9. Mai 1898. Bd. XXXI, S. 142.

[4] Die Belehrung ist also bei mehrfacher Vernehmung zu wiederholen. Jede Belehrung ist im Protokoll zu vermerken.

[5] cf. §. 164 A. 2.

Die Verletzung dieser Vorschrift muß — falls das Urtheil durch das rechtswidrig erlangte Zeugniß beeinflußt ist — als Revisionsgrund gelten.

Entsch. des R.G. vom 4. Januar 1884. — Bd. IX 384. —

188.[1] Zur Verweigerung des Zeugnisses sind ferner berechtigt:[2]

1. Geistliche in Ansehung desjenigen, was ihnen bei Ausübung der Seelsorge anvertraut[3] ist;
2. Vertheidiger in Ansehung desjenigen, was ihnen in dieser ihrer Eigenschaft anvertraut[3] ist;
3. Rechtsanwälte und Aerzte in Ansehung desjenigen, was ihnen bei Ausübung ihres Berufs anvertraut[3] ist.

Die unter Nr. 2 und 3 bezeichneten Personen dürfen das Zeugniß nicht verweigern, wenn sie von der Verpflichtung zur Verschwiegenheit entbunden[4] sind.

[1] cf. §. 52 R.Str.P.O.

[2] Eine Belehrung dieser Personen ist nicht erforderlich.

[3] Jede kraft ihrer amtlichen Stellung als Geistlicher ꝛc. empfangene Mittheilung gilt als anvertraut.

Das Hülfspersonal der genannten Personen — Küster, Büreau-Vorsteher, Schreiber ꝛc. — ist zur Verweigerung des Zeugnisses nicht befugt.

[4] Nur derjenige, welcher die Thatsache anvertraut hat, kann rechtsgültig von der Verpflichtung zur Verschwiegenheit entbinden.

189.[1] Oeffentliche Beamte[2] und Personen des Soldatenstandes, auch wenn sie nicht mehr im Dienste sind, dürfen über Umstände, auf welche sich ihre Pflicht zur Dienstverschwiegenheit[3] bezieht, als Zeugen nur mit Genehmigung[4] ihrer vorgesetzten Dienstbehörde oder der ihnen zuletzt vorgesetzt gewesenen Dienstbehörde vernommen werden. Für den Reichskanzler bedarf es der Genehmigung des Kaisers, für die Minister der Genehmigung des Landesherrn, für die Mitglieder der Senate der freien Hansestädte der Genehmigung des Senats.

Die Genehmigung darf nur versagt werden, wenn die Ablegung des Zeugnisses dem Wohle des Reichs oder eines Bundesstaats Nachtheil bereiten würde.

[1] cf. §. 53 R.Str.P.O.

[2] Beamte im weitesten Sinne des Wortes.

[3] Im Zweifel hat hierüber die vorgesetzte Dienstbehörde zu bestimmen, deren Entscheidung für das Gericht maßgebend ist.

[4] Die Genehmigung kann auch unter Einschränkungen ertheilt werden. Entsch. d. R.G. vom 18. September 1882. — Bd. VII, S. 74. —

190.[1] Jeder Zeuge kann die Auskunft auf solche Fragen verweigern, deren Beantwortung ihm selbst oder einem der im §. 187 Nr. 1 bis 3 bezeichneten Angehörigen die Gefahr strafgerichtlicher[2] Verfolgung zuziehen würde.[3,4,5]

[1] cf. §. 54 R.Str.P.O.

[2] Nur die Gefahr einer strafgerichtlichen Verfolgung, nicht einer disziplinaren Ahndung, berechtigt zur Verweigerung der Auskunft.

[3] Belehrung über das Recht der Zeugnißverweigerung ist nicht erforderlich. cf. Entsch. d. R.G. vom 10. Oktober 1884. Rsp. Bd. X, S. 617.

[4] Das Recht, gemäß §. 190 als Zeuge die Auskunft zu verweigern, darf nicht durch Verschweigung einzelner Thatumstände ausgeübt werden, sondern nur durch ausdrückliche Verweigerung der Antwort. cf. Entsch. d. R.G. vom 21. Mai 1883. Rsp. Bd. V, S. 372.

[5] Die Zeugen dürfen unter den Voraussetzungen des §. 190 die Zeugschaft gänzlich verweigern.

Ob die Gefahr einer strafrechtlichen Untersuchung vorhanden ist, hat der Richter nach freiem Ermessen zu entscheiden. cf. Entsch. d. R.G. vom 9. Oktober 1880. Rspr. Bd. II, S. 305.

191.[1] Die Thatsache, auf welche der Zeuge die Verweigerung des Zeugnisses in den Fällen der §§. 187, 188 Nr. 2, 3 stützt, sowie die Behauptung des Zeugen in dem Falle des §. 190 sind auf Verlangen[2] glaubhaft[3] zu machen. Es genügt die Versicherung an Eidesstatt.

[1] cf. §. 55 R.Str.P.O. [2] des Richters.
[3] cf. §. 126 A. 2.

192.[1] Jeder Zeuge ist einzeln und in Abwesenheit[2] der später abzuhörenden Zeugen zu vernehmen.[3] Eine Gegenüberstellung mit anderen Zeugen oder mit dem Beschuldigten ist zulässig.

[1] cf. §. 58 R.Str.P.O.
[2] Instruktionelle Vorschrift. Es kann deshalb ein Zeuge auch dann gültig vernommen werden, wenn er vorher bei anderen Vernehmungen zugegen gewesen ist. Entsch. d. R.G. vom 15. April 1880. Bd. I — S. 366.
[3] Es ist die Zuziehung eines Gerichtsschreibers erforderlich. cf. §. 163 Abs. 2.
F. Nr. 23.
F. (Niedere Gerichtsbarkeit) Nr. 19.

193.[1] Die Vernehmung beginnt damit, daß der Zeuge über Vornamen und Zunamen, Alter, Religionsbekenntniß, Stand oder Gewerbe und Wohnort befragt wird.[2][3] Erforderlichen Falles sind dem Zeugen Fragen über solche Umstände, welche seine Glaubwürdigkeit in der vorliegenden Sache betreffen, insbesondere über seine Beziehungen zu dem Beschuldigten oder dem Verletzten, vorzulegen.

[1] cf. §. 67 R.Str.P.O.

[2] Die Frage nach eventuellen Vorstrafen ist nicht vorgeschrieben, aber zulässig und, der Regel nach, zweckmäßig.

[3] Die Vorschrift des §. 193 ist nur instruktioneller Natur. cf. Entsch. des R.G. vom 17. März 1884. Rspr. Bd. VI, S. 205.

194.[1] Der Zeuge ist zu veranlassen, dasjenige, was ihm von dem Gegenstande seiner Vernehmung bekannt ist, im Zusammenhang anzugeben.[3] Vor seiner Vernehmung ist dem Zeugen der Gegenstand der Untersuchung und die Person des Beschuldigten, sofern ein solcher vorhanden ist, zu bezeichnen.

Zur Aufklärung und zur Vervollständigung der Aussage, sowie zur Erforschung des Grundes, auf welchem die Wissenschaft des Zeugen beruht, sind nöthigenfalls weitere Fragen zu stellen.

[1] cf. §. 68 R.Str.P.O.

[2] Die Verlesung des Protokolls über eine frühere Vernehmung des Zeugen darf nur zur Unterstützung seines Gedächtnisses oder zur Feststellung oder Hebung von Widersprüchen erfolgen. cf. §. 307. Das bisher übliche Verfahren, die frühere Aussage — ohne die Voraussetzungendes §. 307 — statt weiterer Befragung des Zeugen zu verlesen und dann von dem letzteren als richtig bestätigen zu lassen, verstößt gegen §§. 194, 307. Beruht das Urtheil auf einer solchen Aussage, so unterliegt es der Aufhebung. cf. Entsch. d. R.G. vom 6. April 1888. Rspr. Bd. X, S. 280.

195.[1] Die Beeidigung der Zeugen bleibt der Regel nach bis zur Hauptverhandlung ausgesetzt.[2]

Sie hat jedoch schon in dem Ermittelungsverfahren

zu erfolgen, wenn die Beeidigung als Mittel zur Herbeiführung einer wahrheitsgetreuen Aussage über eine Thatsache, von der die Erhebung der Anklage abhängig ist, erforderlich erscheint. Das Gleiche gilt für den Fall, daß der Zeuge voraussichtlich am Erscheinen in der Hauptverhandlung verhindert oder sein Erscheinen wegen großer Entfernung besonders erschwert sein wird, sofern seine Aussage nicht für die Feststellung des Thatbestandes bedeutungslos erscheint.[3]

[1] cf. §. 65 R.Str.P.O.

[2] In dem Verfahren gegen Abwesende sind Zeugen und Sachverständige, insofern keine Bedenken entgegenstehen, eidlich zu vernehmen. cf. §. 357 Abs. 4.

[3] cf. §. 299.

196.[1] Die Zeugen sind nach der Vernehmung und einzeln zu beeidigen. Sie sind vor der Leistung des Eides in angemessener Weise auf die Bedeutung und die Heiligkeit desselben hinzuweisen.[2]

[1] Im Gegensatz zu §. 60 R.Str.P.O., welcher den Voreid als Regel vorschreibt.

[2] Dieser Hinweis auf die Bedeutung und Heiligkeit des Eides kann an die versammelten Zeugen gerichtet werden.

**Ausf.-Best. H. u. M.** Der Hinweis auf die Bedeutung und die Heiligkeit des Eides darf nicht als eine formularmäßige Vorhaltung behandelt werden; vielmehr muß dieser Hinweis in einer das religiöse Bewußtsein anregenden Weise erfolgen und im einzelnen Falle dem Bildungsstand und der Persönlichkeit des Schwurpflichtigen angepaßt werden.

Soweit es erforderlich erscheint, sind die strafrechtlichen Folgen des Falscheides besonders hervorzuheben.

Es ist ferner darauf zu halten, daß bei der Eidesabnahme die gebührende Feierlichkeit gewahrt werde, und namentlich sämmtliche Anwesende vor der Eidesabnahme sich von ihren Sitzen erheben und während der Eidesleistung eine der Heiligkeit der Handlung entsprechende Haltung beobachten.

197.[1] Der von dem Zeugen unter Erhebung der rechten Hand zu leistende Eid lautet:

„Ich schwöre bei Gott dem Allmächtigen und Allwissenden, daß ich nach bestem Wissen und Gewissen die reine Wahrheit gesagt, nichts verschwiegen und nichts hinzugesetzt habe. So wahr mir Gott helfe."

Die Bestimmung des §. 42 Absatz 3 findet Anwendung.[2]

Der Eid wird mittelst Nachsprechens oder Ablesens der die Eidesnorm enthaltenden Eidesformel geleistet.[3]

Stumme, welche schreiben können, leisten den Eid mittelst Abschreibens und Unterschreibens der Eidesformel.

Stumme, welche nicht schreiben können, leisten den Eid mit Hülfe eines Dolmetschers durch Zeichen.[4]

[1] cf. §§. 61, 62, 63 R.Str.P.O.

[2] Die Hinzufügung einer dem Glaubensbekenntniß entsprechenden Bekräftigungsformel ist dem Zeugen hiernach gestattet.

[3] cf. §. 118 und A. 2 hierzu.

[4] cf. §. 117.

198.[1] Der Eidesleistung wird gleich geachtet, wenn ein Mitglied einer Religionsgesellschaft, welcher das Gesetz[2] den Gebrauch gewisser Betheuerungsformeln an Stelle des Eides gestattet, eine Erklärung unter der Betheuerungsformel dieser Religionsgesellschaft abgiebt.

[1] cf. §. 64 R.Str.P.O.

[2] Da reichsgesetzliche Vorschriften fehlen, kommen die Landesgesetze in Betracht. In Preußen: Verordnung vom 11. März 1827. G.S. S. 28 bez. der Menoniten und All. Kabinets=Ordre vom 19. November 1836. — Jahrb. Bd. 49 S. 175 bez. der Philipponen.

199.[1] Nicht zu beeidigen sind:

1. Personen, welche zur Zeit der Vernehmung das sechszehnte Lebensjahr noch nicht vollendet, oder wegen mangelnder Verstandesreife oder wegen Verstandesschwäche von dem Wesen und der Bedeutung des Eides keine genügende Vorstellung haben;
2. Personen, welche nach den Bestimmungen der Strafgesetze unfähig sind, als Zeugen eidlich vernommen zu werden;[2]
3. Personen, welche hinsichtlich der den Gegenstand der Untersuchung bildenden That als Theilnehmer,[3] Begünstiger oder Hehler verdächtig[4] oder bereits verurtheilt sind.[5,6]

[1] cf. §. 56 R.Str.P.O.

[2] cf. §. 161 R.Str.G.B.

[3] Die Theilnahme muß eine schuldhafte, strafbare sein.

Entsch. d. R.G. vom 23. September 1889 — Bd. XIX, S. 391 — und vom 24. Juni 1898 Bd. XXXI, S. 220.

4 Hierüber hat das Gericht nach pflichtgemäßer Ueberzeugung zu befinden.

5 Die Rechtskraft der Verurtheilung ist nicht erforderlich.

6 Bei uneidlicher Vernehmung muß der Grund der Nichtbeeidigung — im Protoll — durch Anführung von Thatsachen ersichtlich gemacht werden. cf. Loewe A. 6 a und b zu §. 56.

**200.**[1] **Hat eine Vernehmung von Personen stattgefunden, welche nach §. 187 zur Verweigerung des Zeugnisses berechtigt sind, so hängt es von dem richterlichen Ermessen ab, ob sie unbeeidigt zu lassen oder zu beeidigen sind.**

**Dieselben können auch nach der Vernehmung die Beeidigung des Zeugnisses verweigern und sind über dieses Recht zu belehren.**[2 3]

1 cf. §. 57 R.Str.P.O.

2 Wird es unterlassen, den unter Verzicht auf das Recht der Zeugnißverweigerung uneidlich vernommenen Zeugen vor seiner nachträglichen Vereidigung über sein Recht, die Eidesleistung zu verweigern, zu belehren, so ergiebt dies einen Revisionsgrund.

cf. Entsch. des R.G. vom 8. Juni 1885. Rspr. Bd. VII, S. 357.

3 Bei wiederholten Vernehmungen einer nach §. 200 privilegirten Person muß letztere über ihre Befugniß eidlich oder nichteidlich auszusagen, belehrt werden, bevor sie die Richtigkeit ihrer Aussage auf einen früher in demselben Verfahren nach anderer Richtung hin abgeleisteten Eid versichert.

Entsch. des R.G. vom 11. Oktober 1883. Rspr. Bd. V, S. 600. cf. auch §. 187 A. 5 und §. 201.

**201.**[1] **Wird ein eidlich vernommener Zeuge in derselben Strafsache nochmals vernommen, so ist es zulässig, statt der nochmaligen Beeidigung den Zeugen die Richtigkeit seiner Aussage unter Berufung**[2] **auf den früher geleisteten Eid versichern**[3] **zu lassen.**[4,5]

[1] cf. §. 66 R.Str.P.O.

Abweichend von der R.Str.P.O. ist die Berufung auf den in dem Ermittelungsverfahren oder in der ausgesetzten Hauptverhandlung (§. 276) geleisteten Eid auch im späteren Hauptverfahren zulässig. Die Entsch. des R.G. vom 24. April 1880 — Rspr. Bd. I, S. 655 und die Entsch. des R.G. vom 24. September 1885 — Entsch. Bd. XII, S. 373 sind also für die M.Str.G.O. ohne Bedeutung.

cf. Begr. S. 124 zu §. 193 des Entw.

[2] Die Berufung auf den früher geleisteten Eid ist auch dann zulässig, wenn die neue Aussage von der früheren abweicht, oder wenn die neue Vernehmung sich auf bisher nicht erörterte Thatsachen erstreckt.

cf. Entsch. des R.G. vom 11. Mai 1894. Goltd. Arch. XXXXII, S. 136.

[3] Eine bestimmte Form ist nicht vorgeschrieben. Der Zeuge muß aber selbst eine ausdrückliche Versicherung abgeben.

[4] cf. §. 200 A. 3.

[5] cf. Allgemeine Verf. vom 5. Februar 1900 über die allgemeine Beeidigung von Sachverständigen für gerichtliche Angelegenheiten. J.M.Bl. Nr. 6 vom 9. Februar 1900 S. 48.

**202. Personen des Soldatenstandes des aktiven Heeres oder der aktiven Marine, welche die Ablegung des Zeugnisses oder die Eidesleistung ohne gesetzlichen Grund verweigern, sind disziplinarisch mit Arrest zu bestrafen.**[1,2]

Die Bestrafung kann wiederholt werden, jedoch nicht über die Zeit der Beendigung des Verfahrens in der Instanz, auch nicht über die Zeit von sechs Monaten, und bei Uebertretungen nicht über die Zeit von sechs Wochen hinaus.

Die Bestrafung erfolgt, sofern nicht der Gerichtsherr zugleich der Disziplinarvorgesetzte ist, auf dessen Ersuchen durch den betreffenden Disziplinarvorgesetzten.

Der ersuchten Stelle steht eine Nachprüfung, ob die Verweigerung des Zeugnisses ohne gesetzlichen Grund erfolgt ist, nicht zu.

[1] Die ungesetzliche Weigerung gilt als Verstoß gegen die militärische Zucht und Ordnung, nicht als Ungehorsam gegen einen Befehl in Dienstsachen. §§. 92, 93, 94, 95 M.Str.G.B. kommen nicht zur Anwendung.

cf. Begr. S. 124 zu §§. 194, 195 des Entw. und §. 19 E.G.

[2] Mit Recht hebt Weigel hervor — §. 202 A. 2 — daß die Strafe für den einzelnen Weigerungsfall nicht über die in §§. 16, 17 M.Str.G.B. gezogene Grenze der Arreststrafe hinausgehen darf. Die Annahme dagegen, daß für den einzelnen Weigerungsfall eine Strafe von 6 Wochen Arrest zulässig sei, erscheint nicht zutreffend. Die Zeugnißverweigerung soll disziplinarisch als Zuwiderhandlung gegen die militärische Zucht und Ordnung bestraft werden. Sie unterfällt deshalb dem §. 1 der Disz.-Ord. für das Heer und die Kaiserliche Marine und ist somit auch an die in diesen Diszipl.-Ord. §§. 3 ff. gegebenen Strafgrenzen gebunden. Die Strafe kann bei hartnäckiger Weigerung innerhalb der Festsetzungen des §. 202 Abs. 2 wiederholt werden.

203.[1] Ein Zeuge,[2] welcher nicht zu den im

§. 202 bezeichneten Personen gehört, ist, wenn er ohne gesetzlichen Grund das Zeugniß oder die Eidesleistung verweigert,[3] in die durch die Weigerung verursachten Kosten, sowie zu einer Geldstrafe bis zu dreihundert Mark und für den Fall, daß diese nicht beigetrieben werden kann, zur Strafe der Haft bis zu sechs Wochen zu verurtheilen.[4]

Auch[5] kann zur Erzwingung des Zeugnisses oder der Beeidigung die Haft angeordnet werden, jedoch nicht über die Zeit der Beendigung des Verfahrens in der Instanz, auch nicht über die Zeit von sechs Monaten, und bei Uebertretungen nicht über die Zeit von sechs Wochen hinaus.

Die Bestimmungen des §. 186 Absatz 3 und 4 finden entsprechende Anwendung.

Sind die Maßregeln gegen den Zeugen erschöpft, so können sie in demselben oder in einem anderen Verfahren, welches dieselbe That zum Gegenstande hat, nicht wiederholt werden.

[1] cf. §. 69 R.Str.P.O.

[2] Ein erschienener Zeuge. Die Bestrafung der ausgebliebenen Zeugen regelt sich nach §. 186.

[3] Ein Zeuge, welcher bereits bei einer früheren Vernehmung seine Ausgabe abgegeben hat, demnächst aber ein weiter gefordertes Zeugniß verweigert, wird in gleicher Weise bestraft. Auch die Ablehnung der Beantwortung einzelner Fragen unterfällt den Bestimmungen des §. 203.

[4] Die Strafen müssen verhängt werden, wenn die Aussage rc. ohne gesetzlichen Grund verweigert wird. Sie sind auch dann zu vollstrecken, wenn sich der Zeuge nach Festsetzung der Strafe zur Aussage bequemt. Die Strafe kann nur einmal verhängt werden.

[5] Die Zwangshaft kann nur eintreten, wenn eine Strafe bereits verhängt ist oder zugleich mit der Zwangshaft verhängt wird.

**204.** Soweit die Verhängung der in den §§. 186 und 203 gedachten Maßregeln vom Gerichtsherrn verfügt ist, findet die Rechtsbeschwerde[1] an das obere Gericht statt.

Gegen die Verfügungen des Amtsrichters ist die Beschwerde nach den Vorschriften der bürgerlichen Strafprozeßordnung zulässig.[2]

[1] cf. §§. 373 ff.

[2] cf. §§. 346 ff. R.Str.P.O.

Die Beschwerde wird bei demjenigen Gerichte, von welchem die Entscheidung erlassen ist — in dringenden Fällen auch bei dem Beschwerdegericht — zu Protokoll des Gerichtsschreibers oder schriftlich eingelegt — §. 348 l. c. —

Als Beschwerdegericht entscheidet die Strafkammer des Landgerichts.

G.V.G. §§. 72, 77.

Der Amtsrichter hat der Beschwerde selbst abzuhelfen, wenn er sie für begründet erachtet; er hat deshalb die Beschwerde zu prüfen. Die Beschwerde hat keine aufschiebende Wirkung.

**205.**[1] Die Gebührenansprüche der auf Bestellung oder Ladung erschienenen Zeugen, welche nicht zu den aktiven Militärpersonen gehören, regeln sich nach der allgemeinen Gebührenordnung für Zeugen. Gegen die Festsetzung der Gebühren findet die Rechtsbeschwerde[2] an das obere Gericht statt.

Hinsichtlich der aktiven Militärpersonen zukommenden Gebühren wird im Verwaltungswege Bestimmung getroffen.

[1] cf. §. 70 R.Str.P.O.

[2] cf. §. 373 A. 1 zu 6.

**Ausf.-Best. H. u. M.** Für die Gebührenansprüche der nicht zu den aktiven Militärpersonen gehörenden Zeugen und Sachverständigen ist die Gebührenordnung für Zeugen und Sachverständige vom 30. Juni 1878 (Reichs-Gesetzblatt Seite 173 ff.) in der Fassung der Bekanntmachung vom 20. Mai 1898 (Reichs-Gesetzblatt Seite 369, 689 ff.) maßgebend.

Hinsichtlich der aktiven Militärpersonen als Zeugen oder Sachverständigen zustehenden Reisegebühren wird auf die „Reiseordnung für die Personen des Soldatenstandes" und auf die Anlage 8. V. 4 Absatz 1 der „Friedensbesoldungsvorschrift" vom 10. März 1898 verwiesen (vgl. auch Gesetz vom 11. Juni 1890, Reichs-Gesetzblatt Seite 73). (In der Marine cf. §. 120 Fr.B.V.)

F. 5.

F. (Niedere Gerichtsbarkeit) Nr. 6.

206.[1] Die Landesherren und die Mitglieder der landesherrlichen Familien, die Mitglieder der Fürstlichen Familie Hohenzollern, sowie die Mitglieder des vormaligen Hannoverschen Königshauses, des vormaligen Kurhessischen und des vormaligen Herzoglich Nassauischen Fürstenhauses sind in ihrer Wohnung zu vernehmen.

Den Eid leisten dieselben mittelst Unterschreibens der Eidesformel.

Zur Hauptverhandlung werden sie nicht geladen. Das Protokoll über ihre gerichtliche Vernehmung ist in der Hauptverhandlung zu verlesen.

[1] cf. §. 71 R.Str.P.O.

207.[1] Der Reichskanzler, die Minister eines Bundesstaats, die Mitglieder der Senate der freien Hansestädte, die Vorstände der obersten Reichsbehörden und die Vorstände der Ministerien sind an ihrem Amtssitz oder, wenn sie sich außerhalb desselben aufhalten, an ihrem Aufenthaltsorte zu vernehmen.

Die Mitglieder des Bundesraths sind während ihres Aufenthalts am Sitze des Bundesraths an diesem Sitze, und die Mitglieder einer deutschen gesetzgebenden Versammlung während der Sitzungsperiode und ihres Aufenthalts am Orte der Versammlung an diesem Orte zu vernehmen.

Die kommandirenden Generale (Admirale), sowie die im Range derselben oder in einem höheren Range stehenden Offiziere sind an ihrem Aufenthaltsorte zu vernehmen.

Zu einer Abweichung von den vorstehenden Bestimmungen bedarf es:

in Betreff des Reichskanzlers und der im dritten Absatze bezeichneten Admirale der Genehmigung[2 3] des Kaisers,

in Betreff der im dritten Absatze bezeichneten Generale der Genehmigung[3] des zuständigen Kontingentsherrn,

in Betreff der Minister und der Mitglieder des Bundesraths der Genehmigung[3] des Landesherrn, in Betreff der Mitglieder der Senate der freien Hansestädte der Genehmigung[3] des Senats,

in Betreff der übrigen vorbezeichneten Beamten der Genehmigung[3] ihres unmittelbaren Vorgesetzten,

in Betreff der Mitglieder einer gesetzgebenden Versammlung der Genehmigung[3] der letzteren.

[1] cf. §. 49 R.Str.P.O.

[2] Zur Einholung der Genehmigung sind sowohl der Gerichtsherr, als auch die Prozeßbetheiligten befugt. Die Genehmigung kann auch ohne Antrag erfolgen.

[3] Ohne diese Genehmigung dürfen die hier genannten Personen nur dann zur Hauptverhandlung geladen werden, wenn dieselbe an ihrem Aufenthaltsorte bezw. Amtssitze stattfindet.

## IV. Zuziehung von Sachverständigen.[1]

[1] cf. §. 163 Abs. 2. Bei der Vernehmung ist ein Gerichtsschreiber zuzuziehen.

208.[1] Auf Sachverständige finden die auf Zeugen bezüglichen Vorschriften der §§. 185 bis 207 entsprechende Anwendung, insoweit nicht in den nachfolgenden Paragraphen abweichende Bestimmungen getroffen sind.

Die Gebührenansprüche der nicht zu den aktiven Militärpersonen gehörenden Sachverständigen regeln sich nach der allgemeinen Gebührenordnung für Sachverständige.[2] Im Uebrigen findet der §. 205 Anwendung.[3,4]

[1] cf. §§. 72, 84 R.Str.P.O.

[2] cf. §. 205 A. 2.
[3] Also Rechtsbeschwerde an das obere Gericht.
[4] cf. Ausf.=Best. zu §. 205.
F. Nr. 5, 20.
F. (Niedere Gerichtsbarkeit) Nr. 6, 20.

209.[1] Die Auswahl der zuzuziehenden Sachverständigen und die Bestimmung ihrer Anzahl erfolgt durch den Gerichtsherrn, in dringlichen Fällen durch den Untersuchungsführer. Die Auswahl darf auch einer anderen Behörde im Wege des Ersuchens überlassen werden.

Sind für gewisse Arten von Gutachten Sachverständige öffentlich bestellt, so sollen andere Personen nur dann gewählt werden, wenn besondere Umstände es erfordern.[2,3]

[1] cf. §. 73 R.Str.P.O.
[2] Instruktionelle Vorschrift.
[3] cf. §. 218 Abs. 3. Einholung des Gutachtens einer Fachbehörde.

**Ausf.-Best. H. u. M.**

A. Im Allgemeinen.

Die Auswahl der Sachverständigen ist, soweit nicht die Militärstrafgerichtsordnung ausdrückliche Vorschriften enthält, in das Ermessen des Gerichtsherrn, in dringlichen Fällen des Untersuchungsführers, gestellt.

Bei gerichtlich=medizinischen Fragen dürften indeß aus militärischen Rücksichten nachstehende Gesichtspunkte zu beobachten sein:

1. Stabs= und Oberstabsärzte erscheinen für solche Fragen in militärgerichtlichen Untersuchungen als die zunächst gegebenen Sachverständigen.
2. Bedarf es noch eines Obergutachtens, so wird es sich in der Regel empfehlen, dessen Erstattung

einer Kommission, bestehend aus dem Korpsgeneralarzt (in der Marine: Stationsarzt oder Geschwaderarzt) und zwei Stabs- oder Oberstabsärzten, zu übertragen.

3. Bestehen auch nach diesem Obergutachten noch Zweifel, so kann ein Gutachten des Generalstabsarztes der Armee (Marine) erfordert werden. Zur Erstattung dieses Gutachtens wird der Generalstabsarzt der Armee (Marine) eine Kommission, bestehend aus Mitgliedern des Lehrkörpers der Kaiser Wilhelms-Akademie für das militärärztliche Bildungswesen oder sonstigen hervorragenden Fachmännern, heranziehen; andererseits werden etwaige Anträge der zuständigen militärischen Stelle auf Zuziehung hervorragender Vertreter der medizinischen Wissenschaft Berücksichtigung finden. Dieses Gutachten wird in der Regel den Abschluß der Begutachtung finden können.

4. Die technische Kontrole über die bei Leichenöffnungen und Gemüthszustands-Untersuchungen in militärgerichtlichen Untersuchungen abgegebenen Gutachten der Militär- oder nicht beamteten Civilärzte liegt den Korpsgeneralärzten (in der Marine: Stationsärzten oder Geschwaderärzten) ob; die Gutachten und Verhandlungen sind den Sanitätsämtern einzusenden.

B. Bei besonderen Strafhandlungen.

Bei Körperverletzungen.

1. Bei Körperverletzungen, bei denen eine der im §. 224 des bürgerlichen Strafgesetzbuchs vorgesehenen Folgen eingetreten ist oder möglicherweise noch eintreten kann, ist die ärztliche Untersuchung von zwei Aerzten, und zwar in der Regel von zwei Sanitätsoffizieren, vorzunehmen. Jedenfalls soll einer der Aerzte ein Sanitätsoffizier mindestens vom Range eines Stabsarztes oder ein Gerichts-

arzt sein. (An Bord genügt die Zuziehung eines Arztes.)

Wird angeordnet, daß das abzugebende Gutachten schriftlich erstattet werde, so ist es von den Sachverständigen gemeinschaftlich, wenn sie aber verschiedener Meinung sind, von einem jeden besonders auszustellen.

Bei leichten Körperverletzungen wird zur Feststellung des Thatbestandes in der Regel die Aussage des Verletzten genügen. Hat ein gerichtlicher Augenschein stattgefunden, so ist dessen Ergebniß in das Protokoll aufzunehmen.

2. Ist bei verletzten Frauenspersonen die Besichtigung der Geburtstheile nothwendig, so kann sie auch einer beeidigten Hebamme übertragen werden. Sind jedoch die Geburtstheile so verletzt, daß eine ärztliche Behandlung nothwendig ist, so ist nach den ersten beiden Absätzen der Ziffer B 1 zu verfahren. Bei derartigen Untersuchungen soll regelmäßig der Untersuchungsführer nicht zugegen sein, wie überhaupt das Schamgefühl auch bei männlichen Personen möglichst zu schonen ist.

Der (die) Sachverständige ist über die Verletzung, ihre Entstehung und die möglichen Folgen ausführlich zu Protokoll zu vernehmen; die Einreichung eines schriftlichen Gutachtens, dessen Richtigkeit eidlich zu bestätigen bleibt, ist zulässig.

**210.** **Auf die Ausschließung und Ablehnung von Sachverständigen finden die Bestimmungen des §. 122 Nr. 1 bis 4, sowie der §§. 124, 126, 130 Absatz 2 bis 4, §§. 131, 133, 134 entsprechende Anwendung.**

F. Nr. 8.

F. (Niedere Gerichtsbarkeit) Nr. 9.

**211.**[1] Der zum Sachverständigen Ernannte hat der Ernennung Folge zu leisten, wenn er zur Erstattung von Gutachten der erforderten Art öffentlich bestellt ist, oder wenn er die Wissenschaft, die Kunst oder das Gewerbe, deren Kenntniß Voraussetzung der Begutachtung ist, öffentlich zum Erwerb ausübt, oder wenn er zur Ausübung derselben öffentlich bestellt oder ermächtigt ist.

Zur Erstattung des Gutachtens ist auch derjenige verpflichtet, welcher sich dazu vor Gericht bereit erklärt hat.[2]

[1] cf. §. 75 R.Str.P.O.

[2] Die einmal abgegebene Erklärung ist unwiderruflich.

**212.**[1] Dieselben Gründe, welche einen Zeugen berechtigen, das Zeugniß zu verweigern,[2] berechtigen einen Sachverständigen zur Verweigerung des Gutachtens. Auch aus anderen Gründen kann ein Sachverständiger von der Verpflichtung zur Erstattung des Gutachtens entbunden werden.

Die Vernehmung eines öffentlichen Beamten oder einer Person des Soldatenstandes als Sachverständigen findet nicht statt, wenn die vorgesetzte Behörde erklärt, daß die Vernehmung den dienstlichen Interessen Nachtheile bereiten würde.

[1] cf. §. 76 R.Str.P.O.

[2] cf. §§. 187 ff.

**213.**[1] Im Falle des Nichterscheinens oder der Weigerung eines zur Erstattung des Gutachtens verpflichteten Sachverständigen, welcher nicht zu den Personen des Soldatenstandes des aktiven Heeres oder der aktiven Marine gehört,[2] wird der Sachverständige zum Ersatze der Kosten und zu einer Geldstrafe bis zu dreihundert Mark[3] verurtheilt.[4] Im Falle wiederholten Ungehorsams kann noch einmal auf eine Geldstrafe bis zu sechshundert Mark erkannt werden.

[1] cf. §. 77 R.Str.P.O.

[2] Personen des Soldatenstandes des aktiven Heeres und der aktiven Marine unterfallen der Bestimmung des §. 202.

cf. §. 208.

[3] Die Festsetzung einer Haftstrafe für den Fall, daß die Geldstrafe nicht beigetrieben werden kann, ist unzulässig.

[4] Das Vorschützen unwahrer Entschuldigungsgründe ist durch §. 138 Abs. 2 R.Str.G.B. §. 139 M.Str.G.B. unter Strafe gestellt. cf. §. 186 A. 4.

F. Nr. 24.

F. (Niedere Gerichtsbarkeit) Nr. 20.

214.[1] Der mit der gerichtlichen Vernehmung des Sachverständigen befaßte Untersuchungsführer hat, soweit ihm dies erforderlich erscheint, die Thätigkeit des Sachverständigen zu leiten.

[1] cf. § 78 R.Str.P.O.

215.[1] Der Sachverständige hat nach Erstattung des Gutachtens einen Eid[2] dahin zu leisten:

daß er das von ihm erforderte Gutachten unparteiisch und nach bestem Wissen und Gewissen erstattet habe.

Ist der Sachverständige für Erstattung von Gutachten der betreffenden Art im Allgemeinen beeidigt, so genügt die Berufung auf den geleisteten Eid.[3,4]

[1] cf. §. 79 R.Str.P.O.

[2] Die Vereidigung erfolgt regelmäßig erst in der Hauptverhandlung — cf. §§. 200, 195 — und zwar ist jeder Sachverständige einzeln zu vereidigen.

[3] Die Berufung auf diesen Eid ist dann nicht mehr zuläßig, wenn der öffentlich bestellte Sachverständige sein Amt niedergelegt hat.

cf. Entsch. des R.G. vom 8. Januar 1897. Bd. XXIX S. 300.

[4] Ausdrückliche Erklärung des Sachverständigen ist erforderlich.

cf. §. 201 A. 3.

216.[1] Dem Sachverständigen kann auf sein Verlangen zur Vorbereitung des Gutachtens durch Vernehmung von Zeugen oder des Beschuldigten weitere Aufklärung verschafft werden.

Zu demselben Zwecke kann ihm gestattet werden, die Akten einzusehen, der Vernehmung von Zeugen oder des Beschuldigten beizuwohnen und an dieselben unmittelbar Fragen zu stellen.

Die Vorschrift des §. 192 findet auf Sachverständige keine Anwendung.

Es kann angeordnet werden, daß der Sachverständige sein Gutachten schriftlich erstatte.

[1] cf. §. 80 R.Str.P.O.

F. Nr. 24.

F. (Niedere Gerichtsbarkeit) Nr. 20.

217.[1] Zur Vorbereitung eines Gutachtens über den Geisteszustand eines Beschuldigten, gegen welchen die Anklage erhoben ist, kann der Gerichtsherr auf Antrag eines Sachverständigen[2] nach Anhörung des Vertheidigers[3] anordnen,[4] daß der Angeklagte in eine öffentliche Irrenanstalt gebracht und dort beobachtet werde.

Hat der Angeklagte keinen Vertheidiger, so ist ihm ein solcher zu bestellen.

Die im Absatz 1 bezeichnete Anordnung ist dem Angeklagten und dem Vertheidiger bekannt zu machen. Gegen die Anordnung findet binnen der Frist von einer Woche die Rechtsbeschwerde[5] an den höheren Gerichtsherrn statt. Dieselbe hat aufschiebende Wirkung.[6]

Die Verwahrung in der Anstalt darf die Dauer von sechs Wochen nicht übersteigen.[7]

[1] cf. §. 81 R.Str.P.O.

[2] Dieser Antrag ist nothwendige Voraussetzung der Unterbringung des Beschuldigten in einer Irrenanstalt

[3] Es kann im Hinblick auf §. 337 Abs. 2 fraglich erscheinen, ob auch im standgerichtlichen Verfahren ein Vertheidiger zu hören bezw. zu bestellen ist. Die Frage ist zu bejahen. §. 217 bildet als Spezialbestimmung zu Gunsten des Beschuldigten die Ausnahme von der allgemeinen Regel des §. 337 Abs. 2.

[4] Die Anordnung ist mit Gründen zu versehen. cf. §. 136.

[5] cf. §. 373. [6] cf. §. 375.

[7] Auch im Falle des §. 218 darf die sechswöchentliche Frist nicht überschritten werden.

**218.**[1] **Wird ein Gutachten als ungenügend**[2] **befunden, so kann eine neue Begutachtung durch dieselben oder durch andere Sachverständige angeordnet werden.**

**Auch kann die Begutachtung durch einen anderen Sachverständigen angeordnet werden, wenn ein Sachverständiger nach Erstattung des Gutachtens mit Erfolg abgelehnt ist.**

**In wichtigeren Fällen kann das Gutachten einer Fachbehörde eingeholt werden.**[3]

[1] cf. §. 83 R.Str.P.O.

[2] Bei mehreren einander widersprechenden Gutachten kann in gleicher Weise verfahren werden.

[3] Es ist nicht erforderlich, daß vor Einholung des Gutachtens einer Fachbehörde zunächst Sachverständige gehört werden.

Dagegen sind die eventuellen landesrechtlichen Vorschriften betreffend Innehaltung des Instanzenzuges zu beachten.

cf. z. B. in Preußen betr. Gutachten der Königl. wissenschaftlichen Deputation für das Medizinalwesen die Allg. Verfügungen des Justiz-Minist. v. 6. Juli 1887 (J.M.Bl. S. 187) und vom 17. Februar 1891 (J.M.Bl. S. 51).

**Ausf.-Best. H.** Bedarf es bei Verbrechen des Landesverraths oder des Verraths militärischer Geheimnisse zur Feststellung des Thatbestandes des Gutachtens einer Militärbehörde, so ist dasselbe stets durch Vermittelung des Kriegsministeriums einzuholen.

**Ausf.-Best. M.** In der Marine tritt an Stelle des Kriegsministeriums das Reichs-Marine-Amt.

**219.**[1] **Bei Münzverbrechen und Münzvergehen**[2] **sind die Münzen oder Papiere erforderlichen Falles**

derjenigen Behörde vorzulegen, von welcher echte Münzen oder Papiere dieser Art in Umlauf gesetzt werden.[3] Das Gutachten dieser Behörde ist über die Unechtheit oder Verfälschung sowie darüber einzuholen, in welcher Art die Fälschung muthmaßlich begangen worden sei.

Handelt es sich um ausländische Münzen oder Papiere, so kann an Stelle des Gutachtens der ausländischen Behörde dasjenige einer deutschen erfordert werden.

[1] cf. §. 92 R.Str.P.O.

[2] cf. §§ 146 ff. R.Str.G.B.

[3] Reglementarische Bestimmungen über die Behandlung der bei Reichs- und Landeskassen eingehenden gefälschten Reichsmünzen 2c.

cf. Bezügl. der Reichsmünzen: Bek. v. 9. Mai 1876. R.Centr.Bl. S. 260. Preuß. J.M.Bl. S. 114; bezüglich der Reichskassenscheine: Verordnung vom 6. Juni 1876. Reichsanzeiger Nr. 284; bezüglich der Reichsbanknoten: Verordnung v. 20. März 1877. J.M.Bl. S. 54.

**Ausf.-Best. H. u. M.** Falsche Münzen sind an die Münzdirektion in Berlin behufs Begutachtung oder Prüfung einzusenden, wobei jedesmal die Untersuchungssache oder, falls noch keine Untersuchung eingeleitet worden, die verdächtigen Personen, sowie der letzte Besitzer der falschen Münze näher zu bezeichnen sind.

Nach Beendigung der Untersuchung sind die falschen Münzen und Ueberführungsstücke an die Münzdirektion mit Hinweis auf deren Gutachten abzuliefern.

220.[1] Zur Ermittelung der Echtheit oder Unechtheit eines Schriftstücks, sowie zur Ermittelung des Urhebers desselben kann eine Schriftvergleichung unter Zuziehung von Sachverständigen vorgenommen werden.[2]

[1] cf. §. 93 R.Str.P.O.

[2] Der Beschuldigte kann zur Anfertigung einer Schriftprobe nicht gezwungen werden.

221.[1] Insoweit zum Beweise vergangener Thatsachen oder Zustände, zu deren Wahrnehmung eine besondere Sachkunde erforderlich war, sachkundige Personen zu vernehmen sind, kommen die Vorschriften über den Zeugenbeweis zur Anwendung.

[1] cf. §. 85 R.Str.P.O.

### V. Einnahme des Augenscheins,[1] Leichenschau,[1] Leichenöffnung.[1]

[1] Zuziehung eines Gerichtsschreibers ist erforderlich. cf. §. 163 Abs. 2.

222.[1] Findet die Einnahme eines Augenscheins[3] statt, so ist im Protokolle der vorgefundene Sachbestand festzustellen und darüber Auskunft zu geben, welche Spuren oder Merkmale, deren Vorhandensein nach der besonderen Beschaffenheit des Falles vermuthet werden konnte, gefehlt haben.[4]

Findet die Einnahme eines Augenscheins unter Zuziehung von Sachverständigen statt, so kann der Beschuldigte beantragen, daß die von ihm für die Hauptverhandlung in Vorschlag zu bringenden Sachverständigen zu dem Termine geladen werden und, wenn der Antrag abgelehnt wird, sofern dieselben nicht zu den Personen des aktiven Heeres und der aktiven Marine gehören, deren Zuziehung auf seine Kosten verlangen. In letzterem Falle wird die Gestellung oder Ladung durch den Untersuchungsführer veranlaßt, sobald der erforderliche Betrag der gesetzlichen Entschädigung für Reisekosten und Versäumniß bei der Militärgerichtsschreiberei hinterlegt wird.

Den vom Beschuldigten benannten Sachverständigen ist die Theilnahme am Augenschein und an den erforderlichen Untersuchungen insoweit zu gestatten, als dadurch die Thätigkeit der amtlich bestellten Sachverständigen nicht behindert wird.

Die Bestimmungen der Absätze 2 und 3 finden im Felde und an Bord keine Anwendung.

[1] cf. §. 86 R.Str.P.O.

[2] cf. §§. 165 ff.

[3] Etwaige Handzeichnungen, welche bei Einnahme des Augenscheins zur Klärung des Sachverhältnisses angefertigt werden, bedürfen der Unterzeichnung durch den Untersuchungsführer und Gerichtsschreiber.

[4] Ob ein Augenschein einzunehmen ist, steht im richterlichen Ermessen. Der Richter kann auch einen Zeugen mit Besichtigung der Lokalitäten beauftragen und denselben hierüber vernehmen.

Entsch. d. R.G. vom 28. September 1881. Rspr. Bd. III, S. 545.

**Ausf.-Best. H. u. M.** Die Entschädigungen an Reisekosten ꝛc. für die auf Antrag des Beschuldigten zu ladenden Zeugen oder Sachverständigen sind bei der zu §. 469 Absatz 1 unter Nr. 2 bezeichneten Kassenverwaltung zu hinterlegen.

F. Nr. 25.

**223.** Ist der Tod einer Militärperson nicht auf natürlichem Wege erfolgt, so hat der Gerichtsherr, in dringenden Fällen jeder militärische Befehlshaber, welcher die Anzeige oder Meldung von dem Todesfall erhält, die Leichenschau durch einen **Kriegsgerichtsrath**[1] oder in Ermangelung eines solchen durch den zunächst erreichbaren **Amtsrichter** zu veranlassen.[2]

Ist nach den bekannt gewordenen Thatsachen die Annahme begründet, daß der Tod durch Selbstmord, durch einen Unfall oder sonst ohne Verschulden eines Anderen herbeigeführt ist, so bedar es der Zuziehung eines Arztes zur Leichenschau nicht.

Die Umstände, unter denen die Leiche gefunden und der Tod erfolgt ist, sind sorgfältig zu untersuchen und zu Protokoll zu verzeichnen. In allen Fällen des Selbstmordes sind die Beweggründe thunlichst aufzuklären.

[1] Also nicht durch einen Gerichtsoffizier. „An Bord" kann der Kriegsgerichtsrath durch einen Offizier ersetzt werden. §. 98. Dem steht die Ausf.-Best. **nicht** entgegen.

[2] Da die Leichenschau sich als eine besondere Art der Einnahme des Augenscheins darstellt, so ist immer ein Gerichtsschreiber zuzuziehen. cf. §. 163.

**Ausf.-Best. H. u. M.** Die eine Selbstentleibung betreffenden Verhandlungen sind nach Abschluß der Ermittelungen dem Generalkommando und von diesem, nachdem es das im Interesse der Disziplin etwa noch

Erforderliche veranlaßt hat, dem Kriegsministerium einzusenden.

Gleiches gilt in den übrigen Fällen des §. 223.

(In der Marine tritt an die Stelle des General-Kommandos der Chef einer selbständigen Kommandobehörde; dann gehen die Akten an das Reichs-Marine-Amt).

1. Die Leichenschau darf nicht durch einen Gerichtsoffizier bewirkt werden.

Als der „zunächst erreichbare" Amtsrichter ist der örtlich zuständige Amtsrichter anzusehen (vgl. §. 167 des Gerichtsverfassungsgesetzes). In dem Ersuchungsschreiben ist zugleich um Einsendung der über den Fall aufgenommenen Verhandlungen zu ersuchen.

2. Die Militärbehörden haben darauf zu achten, daß gegebenen Falles ohne Zeitverlust die zur Rettung des vielleicht Scheintodten erforderlichen Maßnahmen ergriffen werden, auch stets Vorsorge für geeignete Aufbewahrung des Leichnams zu treffen.

3. Insofern bei einem Selbstmorde hinsichtlich der Beweggründe Zweifel oder Umstände obwalten, die eine nähere Ermittelung nöthig machen, muß der Gerichtsherr sie verfügen. Dies gilt namentlich dann, wenn der Verdacht besteht, daß der Verstorbene durch strafbare Handlungen eines Dritten zum Selbstmorde getrieben worden ist.

In den Akten, betreffend die Todesermittelung einer Militärperson, ist zu vermerken, ob die nach Vorschrift des §. 58 Absatz 2 des Gesetzes vom 6. Februar 1875 über die Beurkundung des Personenstandes u. s. w. (Reichs-Gesetzblatt Seite 23 ff.) bz. des Erlasses des Kriegsministeriums vom 11. September 1874 (Armee-Verordnungs-Blatt Seite 190) erforderliche Anzeige des Todesfalles beim Standesamt erfolgt ist.

224.[1] Ergiebt sich der Verdacht, daß der Tod durch die strafbare Handlung eines Anderen herbeigeführt sei, so ist zur Leichenschau ein Militärarzt oder, wenn ein solcher nicht erreichbar, ein als Sachverständiger zu beeidigender anderer Arzt zuzuziehen.

Erscheint der Verdacht nach der Leichenschau in Verbindung mit den sonst ermittelten Thatsachen nicht als beseitigt, so ist die Leichenöffnung im Beisein des Kriegsgerichtsraths oder Amtsrichters und des Gerichtsschreibers von zwei Aerzten, und zwar thunlichst Militärärzten, vorzunehmen.[2] In allen Fällen soll einer der Aerzte ein Militärarzt mindestens vom Range eines Stabsarztes oder ein Gerichtsarzt[3] sein. Demjenigen Arzte, welcher den Verstorbenen in der dem Tode unmittelbar vorausgegangenen Krankheit behandelt hat, ist die Leichenöffnung nicht zu übertragen. Derselbe kann jedoch aufgefordert werden, der Leichenöffnung anzuwohnen, um aus der Krankheitsgeschichte Aufschlüsse zu geben.[4]

Im Felde und an Bord genügt es, wenn die Leichenöffnung lediglich von einem Militärarzt vorgenommen wird. Die Einschränkungen des zweiten Absatzes finden keine Anwendung.

[1] cf. §. 87 R.Str.P.O.

[2] Reichsgesetzliche Vorschriften über das von den Aerzten bei der Leichenöffnung zu beobachtende Verfahren sind nicht gegeben. Es sind vielmehr die landesgesetz-

lichen Verordnungen maßgebend. In Preußen das Regulativ vom 13. Februar 1875, J.M.Bl. S. 75 ff. Verfügung des Ministers der geistlichen 2c. Angelegenheiten vom 22. März 1881. J.M.Bl. S. 86. cf. Ausf.-Best. zu §. 227.

[3] „Gerichtsarzt" ist derjenige Arzt, welcher zur Vornahme der in gerichtlichen Angelegenheiten, namentlich bei Untersuchungen, vorkommenden ärztlichen Berufshandlungen ein für allemal bestellt ist. In Preußen ist dies der Kreisphysikus.

[4] Er tritt dann als sachverständiger Zeuge auf.

**Ausf.-Best. H. u. M.** Die Heranziehung zweier Sanitätsoffiziere soll die Regel bilden.

225.[1] **Behufs der Besichtigung oder Oeffnung einer schon beerdigten Leiche ist ihre Ausgrabung statthaft.**[2]

[1] cf. §. 87 Abs. 3 R.Str.P.O.

[2] Die Ortspolizeibehörde ist rechtzeitig zu benachrichtigen und zur Bereitstellung eines Obduktionslokales aufzufordern.

**Ausf.-Best. H. u. M.** Von der beabsichtigten Ausgrabung einer Leiche ist die Ortspolizeibehörde zu benachrichtigen.

226.[1] **Vor der Leichenöffnung ist, wenn nicht besondere Hindernisse entgegenstehen, die Persönlichkeit des Verstorbenen, insbesondere durch Befragung von Personen,[2] welche den Verstorbenen gekannt haben, festzustellen. Ist ein Beschuldigter vorhanden, so ist ihm die Leiche, sofern dies ausführbar, zur Anerkennung vorzuzeigen.**[3]

[1] cf. §. 88 R.Str.P.O.

[2] Es geschieht dies in der Form einer Zeugenvernehmung.

[3] Es wird auch hier vorausgesetzt, daß nicht besondere Hindernisse entgegenstehen.

cf. §. 165 Abs. 1.

227.[1] Die Leichenöffnung muß sich, soweit der Zustand der Leiche dies gestattet, stets auf die Oeffnung der Kopf-, Brust- und Bauchhöhle erstrecken.[2]

Bei Oeffnung der Leiche eines neugeborenen Kindes ist die Untersuchung insbesondere darauf zu richten, ob dasselbe nach oder während der Geburt gelebt habe und ob es reif oder wenigstens fähig gewesen sei, das Leben außerhalb des Mutterleibs fortzusetzen.

[1] cf. §§. 89, 90 R.Str.P.O.

[2] cf. §. 224 A. 2.

**Ausf.-Best. H. u. M.** Die Leichenöffnung ist nach den im bürgerlichen Strafverfahren geltenden Vorschriften vorzunehmen.

228.[1] Liegt der Verdacht einer Vergiftung[2] vor, so ist die Untersuchung der in der Leiche oder sonst gefundenen verdächtigen Stoffe durch einen Chemiker oder durch eine für solche Untersuchungen bestehende Fachbehörde[3] vorzunehmen.

Erforderlichen Falles hat diese Untersuchung unter Mitwirkung oder Leitung eines Arztes stattzufinden.

[1] cf. §. 91 R.Str.P.O.

[2] Obwohl dieser Paragraph sich an die Vorschriften über Leichenöffnung anschließt und die Untersuchung der in der Leiche gefundenen verdächtigen Stoffe vor-

schreibt, so gilt die Bestimmung bez. Heranziehung eines Chemikers oder einer Fachbehörde zur Untersuchung der verdächtigen Stoffe doch allgemein für alle Arten der Vergiftung, also auch für Körperverletzung mittels giftiger Stoffe.

cf. Loewe §. 91.

³ cf. §. 218 Abs. 3.

## VI. Beschlagnahme und Durchsuchung.

229.[1] Gegenstände, welche als Beweismittel für die Untersuchung von Bedeutung sein können oder der Einziehung unterliegen, sind in Verwahrung zu nehmen oder in anderer Weise sicher zu stellen.

Befinden sich die Gegenstände in dem Gewahrsam einer Person und werden dieselben nicht freiwillig herausgegeben, so bedarf es der Beschlagnahme.[2]

¹ cf. §. 94 R.Str.P.O.

² Beschlagnahme ist die ausdrückliche Anordnung, daß ein Gegenstand in amtliche Verwahrung zu nehmen oder sonst sicherzustellen sei. Sie richtet sich gegen den widerstrebenden Willen des Inhabers.

230.[1] Wer einen Gegenstand der vorbezeichneten Art in seinem Gewahrsame hat, ist verpflichtet, denselben auf Erfordern vorzulegen und auszuliefern.

Er kann im Falle der Weigerung nach Maßgabe der Bestimmungen in den §§. 202 bis 204 hierzu angehalten werden. Gegen Personen, welche zur Verweigerung des Zeugnisses berechtigt sind, ist die Verhängung einer Strafe oder Zwangshaft ebenso wie die Verurtheilung zur Tragung der durch die Weigerung verursachten Kosten ausgeschlossen.[2]

[1] cf. §. 95 R.Str.P.O.

[2] Die Durchsuchung der Wohnung 2c., sowie die zwangsweise Wegnahme eines gefundenen Beweisstückes oder eines der Einziehung unterliegenden Gegenstandes ist auch gegen diese Personen zulässig. Nur die Bestrafung der Weigerung, den Gegenstand vorzulegen und auszuliefern, ist untersagt.

cf. aber §. 232.

231.[1] Die Vorlegung oder Auslieferung von Akten oder anderen in dienstlicher Verwahrung befindlichen Schriftstücken und Gegenständen durch Behörden, öffentliche Beamte oder Personen des Soldatenstandes darf nicht gefordert werden, wenn deren oberste Dienstbehörde erklärt, daß das Bekanntwerden dieser Gegenstände oder des Inhalts dieser Akten oder Schriftstücke dem Wohle des Reichs oder eines Bundesstaats Nachtheil bereiten würde.

[1] cf. §. 96 R.Str.P.O.

**Ausf.-Best. H.** Für den Bereich der Militärverwaltung ist das Kriegsministerium die „oberste Dienstbehörde".

**Ausf.-Best. M.** Für den Bereich der Marineverwaltung ist der Reichskanzler (Reichs-Marine-Amt) die „oberste Dienstbehörde".

232.[1] Schriftliche Mittheilungen zwischen dem Beschuldigten und denjenigen Personen, die wegen ihres Verhältnisses zu ihm nach §§. 187, 188 zur Verweigerung des Zeugnisses berechtigt sind, unterliegen der Beschlagnahme[2] nicht, falls sie sich in den Händen der letzteren Personen befinden[3] und diese nicht einer Theilnahme, Begünstigung oder Hehlerei verdächtig sind.[4]

[1] cf. §. 97 R.Str.P.O.

[2] Nur die „Beschlagnahme" ist untersagt. Freiwillig herausgegebene Schriftstücke können dagegen in Verwahrung genommen werden.

[3] Die bei dem Beschuldigten vorgefundenen Schriftstücke unterliegen also durchweg der Beschlagnahme.

cf. aber §. 345.

[4] Ein Verstoß gegen die Bestimmung des §. 232 würde zur Begründung der Revision ausreichen; vorausgesetzt, daß das Urtheil auf dem rechtswidrig beschlagnahmten Schriftstücke beruht.

cf. Entsch. d. R.G. vom 7. November 1889 — Bd. XX, S. 91 und vom 19. Juni 1891 — Bd. XXII, S. 51.

233.[1] Zulässig ist die Beschlagnahme der an den Beschuldigten gerichteten Briefe und Sendungen auf der Post,[2] sowie der an ihn gerichteten Telegramme auf den Telegraphenanstalten[2]; desgleichen ist zulässig an den bezeichneten Orten die Beschlagnahme solcher Briefe, Sendungen und Telegramme, in Betreff derer Thatsachen vorliegen, aus welchen zu schließen ist, daß sie von dem Beschuldigten herrühren oder für ihn bestimmt sind, und daß ihr Inhalt für die Untersuchung Bedeutung habe.

[1] cf. §. 99 R.Str.P.O.

[2] cf. §. 5 des Postgesetzes vom 28. Oktober 1871 R.G.Bl. S. 347 §. 8 des Gesetzes, betr. das Telegraphenwesen ꝛc., vom 6. April 1892 R.G.Bl. S. 467. Die Beschlagnahme erfolgt durch ein Seitens des Gerichts-

herrn und des Untersuchungsführers zu unterzeichnendes Ersuchungsschreiben an die Post- bez. Telegraphenbehörde. cf. §. 97 Abs. 2 M.Str.G.O. §. 9 E.G.

234. Bei strafbaren Handlungen, deren Verfolgung nur auf Antrag eintritt, ist die Beschlagnahme auch vor Stellung des Antrags zulässig. Erfolgt die Beschlagnahme, bevor der Antrag gestellt ist, so ist der Antragsberechtigte, von mehreren wenigstens einer derselben, sofort von der Beschlagnahme in Kenntniß zu setzen. Die Beschlagnahme ist von Amtswegen wieder aufzuheben, wenn der Antrag nicht binnen einer Woche seit dem Vollzuge der Beschlagnahme gestellt ist.

235.[1] Bei demjenigen, welcher als Thäter oder Theilnehmer einer strafbaren Handlung oder als Begünstiger oder als Hehler verdächtig ist, kann eine Durchsuchung seiner Person, der Wohnung und anderer Räume, sowie der ihm gehörigen Sachen, sowohl zum Zwecke seiner Ergreifung, als auch dann vorgenommen werden, wenn zu vermuthen ist, daß die Durchsuchung zur Auffindung von Beweismitteln oder Einziehungsstücken führen werde.

Bei anderen Personen[2] sind nur Durchsuchungen der Wohnung und anderer Räume, sowie der ihnen gehörigen Sachen behufs der Ergreifung des Beschuldigten oder behufs der Verfolgung von Spuren einer strafbaren Handlung oder behufs der Beschlagnahme bestimmter Gegenstände und nur dann zulässig, wenn Thatsachen vorliegen, aus denen zu schließen ist, daß die gesuchte Person, Spur oder Sache sich in den zu durchsuchenden Räumen oder Gegenständen befinde. Diese Beschränkung findet keine Anwendung auf zum dienstlichen Gebrauch angewiesene Räume sowie auf Räume, in welchen der Beschuldigte ergriffen worden ist, oder welche er während der Verfolgung betreten hat.[3]

[1] cf. §§. 102, 103 R.Str.P.O.

[2] Durchsuchung und Besichtigung einer Person, um Verletzungen festzustellen, ist zulässig. K.B. S. 74 zu §. 226 des Entw. und Entsch. des R.G. vom 11. Juni 1886. Rspr. Bd. VIII, S. 464 ff.

[3] Das Recht der militärischen Befehlshaber, aus disziplinaren Gründen bei ihren Untergebenen jederzeit Revision abzuhalten, bleibt unberührt. cf. W. S. 102.

236.[1] Zur Nachtzeit[2] dürfen die Wohnung, die Geschäftsräume und das befriedete Besitzthum ohne Einwilligung des berechtigten Inhabers nur bei Verfolgung auf frischer That[3] oder bei Gefahr im Verzug oder dann durchsucht werden, wenn es sich um die Wiederergreifung eines entwichenen Gefangenen handelt.

Diese Beschränkung findet keine Anwendung auf die zum dienstlichen Gebrauch angewiesenen Räume.

Die Nachtzeit umfaßt in dem Zeitraume vom ersten April bis dreißigsten September die Stunden von neun Uhr Abends bis vier Uhr Morgens und in dem Zeitraume vom ersten Oktober bis einunddreißigsten März die Stunden von neun Uhr Abends bis sechs Uhr Morgens.

[1] cf. §. 104 R.Str.P.O.

[2] Eine vor Beginn der Nachtzeit angefangene Haussuchung kann beliebig — auch bis in die Nacht hinein — ausgedehnt werden.

[3] cf. §. 180 A. 6.

237.[1] Findet eine Durchsuchung außerhalb der im §. 236 Absatz 2 bezeichneten Räume statt, so gelten folgende Bestimmungen:

Wird die Durchsuchung ohne Beisein des Untersuchungsführers oder eines Offiziers vorgenommen, so sind, wenn dies möglich ist,[2] zwei Zeugen zuzuziehen. Der Inhaber der zu durchsuchenden Räume oder Gegenstände darf der Durchsuchung beiwohnen. Im Falle seiner Abwesenheit ist, wenn dies möglich ist,[2] sein Vertreter oder ein erwachsener Angehöriger, Hausgenosse oder Nachbar zuzuziehen. Dem Inhaber oder der in dessen Abwesenheit zugezogenen Person ist in den Fällen des §. 235 Absatz 2 der Zweck der Durchsuchung vor dem Beginne bekannt zu machen.

Dem von der Durchsuchung Betroffenen ist nach deren Beendigung eine schriftliche Mittheilung zu machen, welche den Grund der Durchsuchung (§. 235 Absatz 1 und 2) sowie im Falle des §. 235 Absatz 1 die strafbare Handlung bezeichnen muß. Auch ist demselben auf Verlangen ein Verzeichniß der in Verwahrung oder Beschlag genommenen Gegenstände, falls aber nichts Verdächtiges gefunden wird, eine Bescheinigung hierüber zu geben.

Eine Durchsicht der Papiere des von der Durchsuchung Betroffenen steht nur dem Gerichtsherrn und dem Untersuchungsführer zu.[3] Andere Personen sind zur Durchsicht der aufgefundenen Papiere nur dann befugt, wenn der Inhaber derselben die Durchsicht ausdrücklich genehmigt;[4] mangels einer solchen Genehmigung haben sie die Papiere, deren Durchsicht sie für geboten erachten, in einem Umschlage, welcher in Gegenwart des Inhabers oder seines Vertreters zu versiegeln ist, an den Gerichtsherrn oder den Untersuchungsführer abzuliefern. Dem Inhaber der Papiere oder dessen Vertreter ist die Beidrückung seines Siegels gestattet, auch ist er, falls demnächst die Entsiegelung und Durchsicht der Papiere angeordnet wird, wenn dies möglich ist, aufzufordern, derselben beizuwohnen.

[1] cf. §§. 105—107, 110 R.Str.P.O.

[2] D. h. wenn dies nach der pflichtgemäßen Ueberzeugung des die Durchsuchung leitenden Beamten ohne Gefährdung des Zweckes der Durchsuchung ausführbar ist. cf. Entsch. d. R.G. vom 29. September 1885. Rspr. Bd. VII, S. 544.

[3] Die Zuziehung eines Dolmetschers oder Sachverständigen soll hierdurch nicht ausgeschlossen werden.

[4] Die Genehmigung kann widerrufen werden. cf. Loewe §. 110 A. 4.

238. Die Anordnung von Beschlagnahmen und Durchsuchungen bei aktiven Militärpersonen steht

dem Gerichtsherrn, bei Gefahr im Verzug,[1] auch dem Untersuchungsführer zu. Das Gleiche gilt für die Fälle des §. 233, sofern der Beschuldigte zu den aktiven Militärpersonen gehört.

Den im Absatz 1 bezeichneten Personen ist auch außerhalb der Fälle des §. 237 auf Verlangen ein Verzeichniß der in Verwahrung oder Beschlag genommenen Gegenstände auszuhändigen.

Diese Bestimmungen finden auf die im §. 1 Nr. 3, 5, 6, 7 bezeichneten Personen Anwendung, solange sie der Militärstrafgerichtsbarkeit unterstellt sind.

Gegen die Anordnung der Beschlagnahme und Durchsuchung in anderen als den zum dienstlichen Gebrauch angewiesenen Räumen findet binnen drei Tagen vom Vollzug an die Rechtsbeschwerde[2] an den höheren Gerichtsherrn statt.

[1] „Gefahr im Verzuge" liegt vor, wenn zu besorgen steht, daß der durch die Einholung der gerichtsherrlichen Entscheidung bedingte Zeitverlust den Erfolg der Beschlagnahme ꝛc. vereiteln könnte. Ob dies der Fall, hat der Untersuchungsführer zu prüfen und zu entscheiden. cf. Loewe zu §. 98 A. 4a Entsch. d. R.G. vom 1. Dezember 1892, Bd. XXIII, S. 334.

[2] cf. §. 378.

239. Beschlagnahmen und Durchsuchungen in anderen als den im §. 238 bezeichneten Fällen erfolgen durch Ersuchen des Amtsgerichts.[1]

Bei Gefahr im Verzuge kann das Ersuchen an die Staatsanwaltschaft oder diejenigen Polizei- oder Sicherheitsbeamten gerichtet werden, welche als

Hülfsbeamte der Staatsanwaltschaft den Anordnungen derselben Folge zu leisten haben.[2]

Für die Befugniß der ersuchten Behörden und Beamten zur Anordnung von Beschlagnahmen und Durchsuchungen und das Verfahren bei dem Vollzuge der getroffenen Anordnung sind die Vorschriften der bürgerlichen Strafprozeßordnung maßgebend.[3] In allen Fällen ist die Militärbehörde auf Verlangen zum Vollzuge zuzuziehen.

Im Felde und an Bord bleiben die vorstehenden Bestimmungen außer Anwendung. Für die Beschlagnahmen und Durchsuchungen gelten allgemein die Vorschriften des §. 238 Absatz 1 bis 3.

[1] cf. §. 12 des E.G. zur M.Str.G.O.
[2] cf. §. 153 G.V.G. Loewe hierzu A. 3.
[3] cf. §§. 94 ff. R.Str.P.O.

240.[1] Werden bei Gelegenheit einer Durchsuchung Gegenstände gefunden, welche zwar in keiner Beziehung zu der Untersuchung stehen, aber auf die erfolgte Verübung einer anderen strafbaren Handlung hindeuten, so sind dieselben einstweilen in Beschlag zu nehmen. Der Militärbehörde oder der zuständigen Staatsanwaltschaft ist hiervon Kenntniß zu geben.

[1] cf. §. 108 R.Str.P.O.

241.[1] Die in Verwahrung oder in Beschlag genommenen Gegenstände sind genau zu verzeichnen und zur Verhütung von Verwechselungen durch amtliche Siegel oder in sonst geeigneter Weise kenntlich zu machen.

[1] cf. §. 109 R.Str.P.O.

242.[1] Gegenstände, welche durch die strafbare Handlung dem Verletzten entzogen[2] wurden, sind, falls nicht Ansprüche Dritter entgegenstehen, nach Beendigung der Untersuchung und geeigneten Falles schon vorher von Amtswegen dem Verletzten zurückzugeben, ohne daß es eines Urtheils hierüber bedarf.[3] [4]

Dem Betheiligten bleibt die Geltendmachung seiner Rechte im Civilverfahren vorbehalten.

[1] cf. §. 111 R.Str.P.O.

[2] Hierzu gehören nicht diejenigen Sachen, welche von dem entwendeten Gelde oder von dem Erlöse der entwendeten Gegenstände seitens des Beschuldigten erworben sind.

cf. Entsch. d. R.G. vom 12. Januar 1880 — Bd. 1, S. 144.

[3] Der Hehler befördert durch seine Hehlerei „diesen Zustand des Entzogenseins in seiner Fortdauer". Es muß deshalb angenommen werden, daß §. 242 auch auf diese mittelbare Entziehung zur Anwendung zu bringen ist. Die bei dem Hehler gefundenen Sachen sind dem Bestohlenen zurückzugeben.

cf. Entsch. des R.G. vom 25. März 1889 — Bd. XIX, S. 98.

[4] Die Anordnung der Zurückgabe erfolgt durch eine von dem Gerichtsoffizier oder Militärjustizbeamten mitgezeichnete Verfügung des Gerichtsherrn.

## Dritter Abschnitt.[1]

[1] Begr. S. 129—134. K.B. S. 77—82.

## Abschluß des Ermittelungsverfahrens. Erhebung der Anklage.[1]

243. Erachtet der Untersuchungsführer das Ermittelungsverfahren für abgeschlossen (§§. 168, 173 Absatz 5), so hat er unter Vorlegung der Akten[1] dem Gerichtsherrn über das Ergebniß mündlich oder schriftlich Vortrag zu erstatten. Der von dem Untersuchungsführer gestellte Antrag ist zu den Akten zu bringen.

[1] Der Gerichtsherr hat von dem Inhalt der Akten durch Einsicht derselben Kenntniß zu nehmen. cf. §. 167 A. 1. Die zu erlassende Verfügung ist von dem Militärjustizbeamten mitzuzeichnen.
cf. K.B. zu §. 234 S. 77.
F. Nr. 26, 27.
F. (Niedere Gerichtsbarkeit) Nr. 21, 22.

244. Der Gerichtsherr kann eine Vervollständigung des Ermittelungsverfahrens anordnen.[1]
cf. §. 24.

245. Auf Grund der Ergebnisse des Ermittelungsverfahrens hat der Gerichtsherr darüber zu befinden, ob der Beschuldigte außer Verfolgung zu setzen, oder ob gegen ihn einzuschreiten sei.[1]

[1] Der Gerichtsherr stellt entweder das Verfahren ein oder er verfügt die Anklageerhebung, bez. erläßt eine Strafverfügung, oder er führt in den zulässigen Fällen die Disziplinarbestrafung herbei. Wegen Abgabe an die zuständige Stelle cf. §§. 153 Abs. 4, 250.

Weder durch die Einstellung des Verfahrens, noch durch die Freisprechung des Beschuldigten wird eine Disziplinarbestrafung ausgeschlossen, sofern das Verhalten des Beschuldigten sich als ein Zuwiderhandeln gegen die militärische Zucht und Ordnung darstellt.

Wegen Bestrafung auf Grund des §. 3 des E.G. zum M.Str.G.B. cf. §§. 251, 157.

Ergiebt sich, daß der Beschuldigte wegen der ihm zur Last gelegten Handlung der Militärstrafgerichtsbarkeit nicht untersteht, so hat der Gerichtsherr die Akten an die zuständige Civilbehörde abzugeben.

Wegen Mitzeichnung des Militärjustizbeamten cf. §. 248 A. 1.

**246.**[1] **Wird die Verfolgung eingestellt, so ist der Beschuldigte hiervon in Kenntniß zu setzen, sofern er im Laufe des Ermittelungsverfahrens unter der Anschuldigung einer bestimmten strafbaren Handlung verantwortlich**[2] **vernommen oder gegen ihn ein Steckbrief veröffentlicht worden war.**

[1] cf. §. 168 Abs. 2 R.Str.P.O.

[2] Nur dann, wenn der Beschuldigte verantwortlich, d. h. unter Anschuldigung einer bestimmten strafbaren Handlung als Verdächtiger vernommen worden ist, erscheint ein Anspruch auf Mittheilung des Ausganges der Sache begründet. cf. Begr. zu §. 235 des Entw. S. 180.

§. 168 Abs. 2 R.Str.P.O. ist allgemeiner gefaßt.

**247.**[1] **In allen Fällen, in denen die Einleitung eines Ermittelungsverfahrens abgelehnt oder die Einstellung verfügt wird, ist derjenige, welcher die Strafverfolgung beantragt hat, unter Angabe der Gründe zu bescheiden.**

Ist der Antragsteller zugleich der Verletzte, so steht ihm gegen diesen Bescheid innerhalb einer Woche[2] nach dessen Zustellung die Rechtsbeschwerde[3] an den höheren Gerichtsherrn[4] und gegen dessen ablehnenden Bescheid[5] binnen vierzehn Tagen[2] nach der Bekanntmachung der Antrag auf gerichtliche Entscheidung zu.

Der Antrag muß die Thatsachen, welche das strafrechtliche Einschreiten begründen sollen, sowie die Beweismittel angeben und bei dem für die Entscheidung zuständigen Gericht eingereicht werden.

Zur Entscheidung ist das Reichsmilitärgericht[6] zuständig.

[1] cf. §§. 169, 170 R.Str.P.O.

[2] cf. §. 146 Abs. 2 wegen Berechnung der Frist.

[3] cf. §. 373.

[4] cf. §. 24.

[5] Auch der höhere Gerichtsherr hat den ablehnenden Bescheid mit Gründen zu versehen. cf. §. 136.

[6] cf. §. 71.

248.[1] Ist der Antrag auf gerichtliche Entscheidung nicht in der gesetzlichen Frist oder Form, oder ohne Anführung von Thatsachen und Beweismitteln eingebracht, so ist derselbe vom Reichsmilitärgericht als unzulässig zu verwerfen.

Ist der Antrag rechtsgültig gestellt, so **kann** das Reichsmilitärgericht die Vorlegung der bisher geführten Verhandlungen verlangen, auch dem Beschuldigten den Antrag unter Bestimmung einer Frist zur Erklärung mittheilen.

Zur Vorbereitung der Entscheidung kann das Reichsmilitärgericht Ermittelungen durch einen Kriegsgerichtsrath oder Amtsrichter veranlassen.

Dem Antragsteller kann vor der Entscheidung über den Antrag die Leistung einer Sicherheit für die durch das Verfahren über den Antrag und durch die Untersuchung der Militärjustizverwaltung und dem Beschuldigten voraussichtlich erwachsenden Kosten durch Beschluß des Reichsmilitärgerichts auferlegt werden. Die Sicherheit ist bei der Gerichtsschreiberei des Reichsmilitärgerichts durch Hinterlegung in baarem Gelde oder in Werthpapieren zu leisten. Die Höhe der zu leistenden Sicherheit wird von dem Reichsmilitärgerichte nach freiem Ermessen festgesetzt. Dasselbe hat zugleich eine Frist zu bestimmen, binnen welcher die Sicherheit zu leisten ist. Wird die Sicherheit binnen der bestimmten Frist nicht geleistet,[2] so hat das Reichsmilitärgericht den Antrag für zurückgenommen zu erklären.

[1] cf. §. 171—171 R.Str.P.O.

[2] Der Antragsteller hat die Leistung der Sicherheit durch Vorlegung der Quittung bei dem Reichsmilitärgericht zu beweisen.

249.[1] Ergiebt sich kein genügender Anlaß zum strafrechtlichen Einschreiten, so verwirft das Reichsmilitärgericht den Antrag und setzt den Gerichtsherrn, dessen Bescheid angefochten worden ist, den Antragsteller und den Beschuldigten von der Verwerfung in Kenntniß. Ist der Antrag verworfen, so kann das strafrechtliche Einschreiten gegen den Beschuldigten nur auf Grund neuer Thatsachen oder Beweismittel wieder aufgenommen werden.

Wird der Antrag als unzulässig oder als unbegründet verworfen oder durch Verzicht oder Unterlassung der Sicherheitsleistung zurückgenommen, so sind dem Antragsteller die durch das Verfahren über den Antrag veranlaßten Kosten aufzuerlegen.

Erachtet dagegen das Reichsmilitärgericht den Antrag für begründet, so beschließt es, daß ein strafrechtliches Einschreiten gegen den Beschuldigten stattzufinden habe.[2 3] Auf Grund dieses Beschlusses hat der Gerichtsherr nach Maßgabe des §. 250 zu verfahren.

[1] cf. §. 172 R.Str.P.O.

[2] cf. §. 471 Abs. 2.

[3] Ein Antrag, welcher solche neuen Thatsachen oder Beweismittel nicht enthält, wird von dem Gerichtsherrn als unzulässig zurückgewiesen.

250. Liegt gegen den Beschuldigten hinreichender Verdacht einer strafbaren und militärgerichtlich verfolgbaren Handlung vor, so hat[1] der Gerichtsherr, sofern nicht Disziplinarbestrafung eintritt (§. 3 des Einführungsgesetzes zum Militärstrafgesetzbuch) oder eine Strafverfügung[2] erlassen wird, die Anklage zu verfügen oder die Sache an den zuständigen Gerichtsherrn abzugeben.

[1] Nach dem hier anerkannten Legalitätsprinzip ist der Gerichtsherr verpflichtet, gegen den hinreichend ver-

dächtigen Beschuldigten einzuschreiten. cf. auch §. 243 A. 1, 156.

[2] cf. §§. 349 ff.

**Ausf.-Best. H.** Wird der Beschuldigte in Untersuchungshaft genommen oder die Anklage gegen ihn verfügt, so hat der Gerichtsherr,

wenn der Beschuldigte Offizier oder Sanitätsoffizier ist,

dem höchsten der diesem vorgesetzten Militärbefehlshaber im Dienstweg Anzeige zu erstatten,

wenn der Beschuldigte Sanitätsoffizier ist,

außerdem den Generalstabsarzt der Armee zu benachrichtigen,

wenn der Beschuldigte Militärbeamter ist,

die diesem vorgesetzte Verwaltungsstelle, und, falls der Militärbeamte im doppelten Unterordnungsverhältnisse steht, auch den nächsten vorgesetzten Militärbefehlshaber zu benachrichtigen.

In gleicher Weise ist zu verfahren, wenn ein Offizier oder Sanitätsoffizier aus Anlaß des eingeleiteten gerichtlichen Verfahrens einstweilen des militärischen Dienstes enthoben wird (vergleiche auch §§. 174, 175).

**Ausf.-Best. M.** Entsprechende Vorschrift. Die Ingenieure des Soldatenstandes werden wie die Offizier behandelt. An Stelle des Generalstabsarzt der Arme tritt der Generalstabsarzt der Marine.

F. Nr. 28.

F. (Niedere Gerichtsbarkeit) Nr. 23.

**251.** Ist der Beschuldigte einer strafbaren Handlung überführt, die nach §. 3 des Einführungsgesetzes zum Militärstrafgesetzbuch im Disziplinarwege geahndet werden kann, so hat der Gerichtsherr darüber zu befinden, ob eine solche Ahndung nach Lage der Sache für ausreichend zu erachten ist. In dieser Beziehung ist, wenn der Gerichtsherr nicht zugleich Disziplinarvorgesetzter des Beschuldigten ist, bei Meinungsverschiedenheit die Ansicht des Disziplinarvorgesetzten maßgebend (§. 157 Absatz 2).[1]

Ist der Gerichtsherr zugleich der Disziplinarvorgesetzte, so hat er entweder die Disziplinarstrafe selbst zu verhängen oder die Verhängung derselben einem ihm unterstellten Disziplinarvorgesetzten des Beschuldigten zu überlassen.

[1] Der Gerichtsherr muß also — falls der Disziplinarvorgesetzte eine disziplinare Ahndung nicht für ausreichend erachtet — die Erhebung der Anklage verfügen.

252. Vor der Anklageverfügung wegen einer der im §. 158 bezeichneten strafbaren Handlungen ist, wenn sie gegen den Kaiser oder das Reich gerichtet ist, an den Reichskanzler, in anderen Fällen an die oberste Militärjustizverwaltungsbehörde Bericht zu erstatten.

[1] Der Bericht ist seitens des Gerichtsherrn zu erstatten und zwar unmittelbar an den Reichskanzler bez. die oberste Militärjustizverwaltungsbehörde.

**Ausf.-Best. H.** Von dem Berichte, der wegen eines gegen den Kaiser oder das Reich gerichteten Hochverraths oder Landesverraths oder wegen eines als Verbrechen oder Vergehen sich darstellenden Verraths militärischer Geheimnisse an den Reichskanzler zu erstatten ist, ist dem Kriegsministerium auf dem Dienstweg Abschrift einzureichen.

**Ausf.-Best. M.** An Stelle des Kriegsministeriums tritt der Staatssekretär des Reichs-Marine-Amts.

253. Fallen dem Beschuldigten nach dem Er=

gebnisse des Ermittelungsverfahrens mehrere strafbare Handlungen zur Last, und erscheint für die Strafzumessung die Feststellung des einen oder des anderen Straffalls unwesentlich, so kann der Gerichtsherr in Ansehung eines solchen bis zur rechtskräftigen Entscheidung über die anderen Fälle von einer Anklage absehen.[1]

Im Felde und an Bord soll regelmäßig in dieser Weise verfahren werden.

Die Verfügung ist von dem Gerichtsherrn zu den Akten zu bringen.[2]

Erachtet der Gerichtsherr nachträglich die weitere Anklage für geboten, so kann diese nur innerhalb eines Monats[3] nach Rechtskraft des Urtheils erhoben werden.[4]

[1] cf. §. 208 R.Str.P.O.

Aus der von dem Gerichtsherrn unter Mitzeichnung des Gerichtsoffiziers oder Kriegsgerichtsraths zu erlassenden Verfügung muß hervorgehen, wegen welcher Straffälle von der Verfügung der Anklage vorläufig Abstand genommen ist.

[2] cf. A. 1 und K.B. zu §. 240 des Entw. S. 80. Mitzeichnung des Militärjustizbeamten ist erforderlich.

[3] Wegen Fristberechnung cf. §§. 146 ff.

[4] Die Einschränkung bezieht sich nur auf diejenigen Strafthaten, hinsichtlich deren absichtlich in Gemäßheit des Abs. 1 von der Anklageverfügung abgesehen ist.

254.[1] Die Anklageverfügung[2] des Gerichtsherrn (§. 250) hat die dem Beschuldigten zur Last gelegte That unter Hervorhebung ihrer gesetzlichen Merkmale und des anzuwendenden Strafgesetzes zu be-

**zeichnen, sowie die Angabe zu enthalten, ob die Aburtheilung der Sache durch ein Standgericht oder durch ein Kriegsgericht erfolgt.**

[1] cf. §§. 198, 201 R.Str.P.O.

[2] Die Anklageverfügung muß

a) die Person des Beschuldigten bestimmt bezeichnen;

b) die dem Beschuldigten zur Last gelegte That, d. h. das Verhalten des Beschuldigten, welches den Gegenstand der Aburtheilung bilden soll, so genau angeben, daß die dem Beschuldigten vorgeworfene That von anderen Thaten unterschieden werden kann;

c) die gesetzlichen Merkmale der That hervorheben, d. h. angeben, welches Delikt in der That gefunden wird;

d) angeben, ob ein Standgericht oder ein Kriegsgericht entscheiden soll.

cf. Begr. zu §. 241 des Entw. S. 132.

Die Anklageverfügung hat hiernach den in der R.Str.P.O. für die „Anklageschrift" vorgeschriebenen Inhalt — §. 198 Abs. 1 R.Str.P.O. — steht aber an prozessualer Bedeutung nicht der letzteren, sondern dem Beschlusse, das Hauptverfahren zu eröffnen, — §. 201 ibid. — gleich. Sie bildet die Voraussetzung und Grundlage der Hauptverhandlung; die in der Anklageverfügung bezeichnete That ist der Gegenstand der Urtheilsfindung. cf. §. 317 dieses Gesetzes.

F. Nr. 28.

F. (Niedere Gerichtsbarkeit) Nr. 23.

**255.**[1] **Die Anklageverfügung ist dem Beschuldigten gleichzeitig mit einer die Angabe der Beweismittel**[2] **und die wesentlichen Ergebnisse der stattgehabten Ermittelungen enthaltenen Anklageschrift bekannt zu machen.**[3]

**Die Anklageschrift ist in Sachen der niederen Gerichtsbarkeit von dem Gerichtsoffizier, in Sachen der höheren Gerichtsbarkeit von dem Kriegsgerichtsrathe, welchen der Gerichtsherr mit der Vertretung der Anklage vor dem erkennenden Gerichte beauftragt, anzufertigen und zu unterzeichnen.**

**Im Felde und an Bord bedarf[4] es der Anfertigung einer besonderen Anklageschrift nicht.**

[1] cf. §§. 198, 199 R.Str.P.O.

[2] Auch später hinzutretende Beweismittel sind dem Beschuldigten bekannt zu geben.

cf §. 300 Abs. 2.

[3] Form der Bekanntmachung cf. §. 256.

[4] Es ist aber die Anfertigung einer Anklageschrift nicht ausgeschlossen; bei verwickelter Sachlage kann es vielmehr sowohl für das Gericht, als auch namentlich für den Gerichtsherrn — welcher dem Vertreter der Anklage Weisungen zu ertheilen berechtigt ist, §. 97 — von Werth sein, die rechtliche und thatsächliche Auffassung des Vertreters der Anklage über den vorliegenden Fall kennen zu lernen.

F. Nr. 29.

F. (Niedere Gerichtsbarkeit) Nr. 24.

**256. Die im §. 255 vorgeschriebene Bekanntmachung erfolgt an Beschuldigte, welche dem aktiven Heere oder der aktiven Marine angehören oder sich in Haft befinden, mündlich durch einen Gerichtsoffizier[1] oder Kriegsgerichtsrath.[1] Der Beschuldigte ist dabei aufzufordern, sich rechtzeitig zu erklären, ob und welche Anträge[2] er in Bezug auf seine Vertheidigung zu stellen habe.**

Die mündliche Bekanntmachung und Aufforderung kann auch durch Ersuchen eines Amtsrichters herbeigeführt werden.

Ueber die Bekanntmachung und die Aufforderung, sowie über die von dem Beschuldigten abgegebene Erklärung ist ein Protokoll aufzunehmen.

In kriegsgerichtlichen Fällen soll dem Beschuldigten eine Abschrift der Anklageverfügung und der Anklageschrift mitgetheilt werden; dasselbe hat in standgerichtlichen Fällen auf Verlangen des Beschuldigten zu geschehen.

Ist der Beschuldigte verhaftet, so ist gleichzeitig dem Vertheidiger die Anklageverfügung und die Anklageschrift mitzutheilen. Im Felde und an Bord findet diese Bestimmung keine Anwendung.

[1] Je nachdem das standgerichtliche oder das kriegsgerichtliche Verfahren eingeleitet ist. So die Regel. Unter Umständen kann auch im kriegsgerichtlichen Verfahren die Bekanntmachung durch einen Gerichtsoffizier erfolgen. cf. §§. 160 A. 5 und 98 Satz 2.

[2] Antrag auf Bestellung eines Vertheidigers ist binnen drei Tagen nach Bekanntmachung der Anklageverfügung zu stellen.

cf. §. 339 Abs. 3.

F. Nr. 29.

F. (Niedere Gerichtsbarkeit) Nr. 24.

257. Gehört der Beschuldigte nicht zu den im §. 256 Absatz 1 bezeichneten Personen, so erfolgt die Bekanntmachung und Aufforderung an ihn münd-

lich (§. 256) oder mittelst Zustellung (§§. 139, 142 ff.).

F. Nr. 30.

258. Mit der Bekanntmachung der Anklageverfügung an den Beschuldigten (§§. 256, 257) gilt die Anklage für erhoben.

259.[1] Haben vor der Erhebung der Anklage oder der Zustellung der Strafverfügung Veränderungen in der persönlichen Dienststellung des Beschuldigten, insbesondere durch Versetzung, Beförderung oder in den Fällen des §. 29 durch Zurücknahme der Ueberweisung stattgefunden, in Folge deren der Beschuldigte unter die Gerichtsbarkeit eines anderen Gerichtsherrn getreten ist, so ist die Sache an diesen abzugeben. Die Bestimmungen der §§. 34, 35 finden entsprechende Anwendung.

Später eingetretene Veränderungen ziehen eine Aenderung der gerichtlichen Zuständigkeit nur dann nach sich, wenn der Angeklagte durch Beförderung der niederen Gerichtsbarkeit entzogen wird.[2]

[1] Die Erhebung der Anklage hat nicht nur die Wirkung, daß die Sache der Regel nach zur Aburtheilung gebracht werden muß — §§. 260, 272 —, sondern auch die, daß der Gerichtsstand festgelegt wird. Begr. zu §. 246 des Entw. S. 133. cf. aber §. 260 A. 1.

[2] cf. §. 330 Abs. 2.

260. Nach der Erhebung der Anklage muß, vorbehaltlich der Bestimmung des §. 272, die Sache zur Aburtheilung gebracht werden.[1]

**Der Aburtheilung muß eine mündliche Verhandlung vor dem erkennenden Gerichte (Hauptverhandlung) vorangehen.[2]**

[1] Die Aburtheilung braucht nicht immer eine militärgerichtliche zu sein. Wenn sich nach Erhebung der Anklage ergiebt, daß der Beschuldigte wegen der unter Anklage gestellten That der Militärgerichtsbarkeit nicht unterworfen ist, so hat in der Hauptverhandlung das Gericht seine Unzuständigkeit durch Beschluß auszusprechen — §. 328 — außerhalb der Hauptverhandlung hat der Gerichtsherr die Abgabe der Sache an die zuständige Behörde zu verfügen.

cf. Begr. zu §. 247 des Entw. S. 134.

[2] Prinzip der Mündlichkeit. cf. §. 315 A 2.

## Vierter Abschnitt.[1]

[1] Begr. S. 134—138 K.B. S. 82—85.

## Vorbereitung der Hauptverhandlung.

**261. Der Zusammentritt des erkennenden Standgerichts oder Kriegsgerichts erfolgt, nachdem die Anklage erhoben ist, auf Befehl des Gerichtsherrn.**

**Die Richter werden im Dienstwege berufen.[1] Ist der Angeklagte ein General oder Admiral, so erfolgt die Berufung[2] nach Maßgabe des §. 18 Absatz 4.**

[1] cf. §§. 18 Abs. 3, 41, 53.

„Berufung" bedeutet: „Uebertragung des Richteramtes."

[2] Die Berufung erfolgt hier durch den Kaiser bezw. den Kontingentsherrn. Die erforderlichen Anordnungen hinsichtlich des Zusammentretens der Richter gehen von dem Gerichtsherrn aus.

**262.** Insoweit der Gerichtsherr wegen Mangels oder wegen gesetzlicher Verhinderung (§§. 122 ff.) der zur vorschriftsmäßigen Bildung des Gerichts erforderlichen Personen innerhalb seines Befehlsbereichs zur Berufung des erkennenden Gerichts außer Stande ist, kann er einen anderen Gerichtsherrn ersuchen, entweder ihm einzelne fehlende Richter zuzuweisen oder selbst die Aburtheilung der Sache herbeizuführen.[1]

Das Letztere kann auch geschehen, falls große Entfernung des Angeklagten oder der Zeugen oder militärdienstliche Gründe der Berufung des erkennenden Gerichts durch den zuständigen Gerichtsherrn entgegenstehen.

[1] Die Wahl des einen oder des anderen Weges hängt von dem pflichtgemäßen Ermessen des Gerichtsherrn ab, welcher namentlich die Kostenfrage zu berücksichtigen und unnöthige Weitläufigkeiten zu vermeiden hat.

Heer, Marine und Schutztruppen haben sich gegenseitig Rechtshülfe zu leisten.

cf. §. 11 des E.G.

**263.** Ist in den Fällen des §. 262 ein anderer Gerichtsherr um Herbeiführung der Aburtheilung ersucht worden, so verbleibt dem ersuchenden Gerichtsherrn das Recht der Einlegung von Rechtsmitteln und der Strafvollstreckung.

Derselbe ist befugt, mit der Vertretung der Anklage vor dem erkennenden Gericht einen seiner Gerichtsoffiziere oder einen der ihm zugeordneten Kriegsgerichtsräthe zu beauftragen.[1]

Im Uebrigen werden die gerichtsherrlichen Befugnisse von dem ersuchten[2] Befehlshaber wahrgenommen.

[1] Der beauftragte Kriegsgerichtsrath hat den Weisungen seines, — des ersuchenden — Gerichtsherrn Folge zu leisten. §. 97.

[2] Der ersuchte Gerichtsherr hat also alle zur Vorbereitung der Hauptverhandlung und alle während der Hauptverhandlung erforderlichen Anordnungen und Entscheidungen, soweit sie dem Gerichtsherrn zufallen, zu treffen. Mit der Urtheilsfällung ist das Ersuchen erledigt.

264. Ort[1] und Zeit der Hauptverhandlung werden von dem Gerichtsherrn festgesetzt.

[1] Hieraus folgt, daß die Hauptverhandlung nicht am Garnisonorte stattzufinden braucht.

F. Nr. 81.

265. Die zur Hauptverhandlung erforderlichen Ladungen und die Herbeischaffung der als Beweismittel dienenden Gegenstände hat der Gerichtsherr[1] zu veranlassen.

Die Gestellung oder Ladung der Zeugen und Sachverständigen regelt sich nach Vorschrift der §§. 185, 206, 207.

[1] Der Angeklagte hat nicht das Recht der unmittelbaren Ladung. cf. §. 269 A. 3. Abweichend von §§. 219, 221 R.Str.P.O.

266. Angeklagte, welche zu den Personen des Soldatenstandes des aktiven Heeres oder der

aktiven Marine gehören, sind zu dem anberaumten Termine zu gestellen.[1]

Zwischen der Bekanntmachung der Anklageverfügung an den Angeklagten (§. 258) und der Hauptverhandlung muß, wenn die Hauptverhandlung vor dem Standgerichte stattfindet, eine Frist von drei Tagen, in allen anderen Fällen von einer Woche liegen.

Der Termin zur Hauptverhandlung ist spätestens am vorhergehenden Tage dem Angeklagten dienstlich bekannt zu machen.[2] Die Meldung, daß und wann dies geschehen, ist zu den Akten zu bringen.

Die im Absatze 2 und 3 bezeichneten Fristen können mit Zustimmung des Angeklagten abgekürzt werden. Im Felde[3] finden dieselben keine Anwendung.

[1] cf. Ausf. Best. zu §. 171.

[2] cf. §. 275 Abs. 3.

[3] Wohl aber an Bord. cf. K.B. zu §. 253 des Entw. S. 83.

F. Nr. 29, 32.

F. (Niedere Gerichtsbarkeit) Nr. 24.

267.[1] Angeklagte, welche nicht zu den im §. 266 bezeichneten Personen gehören, sind zu dem anberaumten Termine schriftlich zu laden. Die Ladung eines auf freiem Fuße befindlichen Angeklagten kann unter der Warnung geschehen, daß im Falle seines unentschuldigten Ausbleibens seine Vorführung oder Verhaftung erfolgen werde. Bei der Ladung eines nicht auf freiem Fuße befindlichen Angeklagten findet der §. 140 Anwendung.

Zwischen der Ladung und dem Tage der Hauptverhandlung muß die im §. 266 Absatz 2 vorgeschriebene Frist liegen.[2 3]

Im Verfahren vor den Feldgerichten und Bordgerichten bedarf es einer Ladung des Angeklagten nicht. Die Gestellung richtet sich nach den Umständen des Falles.

[1] cf. §§. 215, 216 R.Str.P.O.

[2] cf. §. 275 Abs. 3.

[3] Nach einer Aussetzung der Verhandlung steht dem Angeklagten ein Recht, auf's Neue die Einhaltung dieser Frist zu verlangen, nicht mehr zur Seite.

cf. Entsch. des R.G. vom 14. März 1887. Rspr. Bd. IV, S. 177.

F. Nr. 31, 33.

268.[1] Der Termin zur Hauptverhandlung ist den zur Zeit der Anberaumung dieses Termins bereits bekannten Vertheidigern[2] zugleich mit der Benachrichtigung (§. 266) oder Vorladung (§. 267) des Angeklagten, den erst später bestellten Vertheidigern gleichzeitig mit der Bestellung bekannt zu machen.

[1] cf. §. 217 R.Str P.O. [2] cf. §§. 337 ff.

F. Nr. 34.

269.[1] Verlangt der Angeklagte vor dem Termine die Gestellung oder Ladung von Zeugen oder Sachverständigen oder die Herbeischaffung anderer Beweismittel zur Hauptverhandlung, so hat er unter Angabe der Thatsachen, über welche der Beweis erhoben werden soll, seine Anträge, soweit sie nicht bereits zu Protokoll erklärt sind (§. 256 Absatz 3), an den Gerichtsherrn zu richten. Die Anträge sind von Mannschaften des aktiven Heeres und der aktiven Marine dem nächsten mit Disziplinarstrafgewalt versehenen Vorgesetzten zu Protokoll zu erklären.

Ist der Angeklagte verhaftet, so findet die Bestimmung des §. 125 Absatz 3 Anwendung.

Die Verfügung des Gerichtsherrn ist dem Angeklagten bekannt zu machen. Gegen die Verfügung findet binnen drei Tagen nach der Bekanntmachung die Rechtsbeschwerde[2] an den höheren Gerichtsherrn statt.

Den Anträgen des Angeklagten ist zu entsprechen,[3] wenn dieselben begründet erscheinen oder wenn der Angeklagte, soweit es sich nicht um Personen des aktiven Heeres und der aktiven Marine handelt, den erforderlichen Betrag der gesetzlichen Entschädigung für Reisekosten und Versäumniß der Zeugen oder Sachverständigen bei der Militärgerichtsschreiberei hinterlegt.

Ergiebt sich in der Hauptverhandlung, daß die Vernehmung einer auf Kosten des Angeklagten geladenen Person zur Aufklärung der Sache dienlich war, so hat das Gericht auf Antrag anzuordnen, daß dem Angeklagten die hinterlegte Summe zurückzugeben sei.

[1] cf. §§. 218, 219 R.Str.P.O. [2] cf. §. 378.

[3] Hiernach ist der Angeklagte nicht befugt, Zeugen und Sachverständige unmittelbar laden zu lassen. Eine dem §. 219 R.Str.P.O. entsprechende Bestimmung wurde von einem Kommissionsmitgliede beantragt, in der ersten Lesung der Kommission auch beschlossen, demnächst aber durch die jetzige Fassung des Abs. 4 ersetzt. cf. K.B. zu §. 257 des Entw. S. 84, 85. Ein Recht auf Terminsverlegung hat der Angeklagte nicht.

**270.**[1] [2] Stehen dem Erscheinen eines Zeugen oder Sachverständigen in der Hauptverhandlung für eine längere oder ungewisse Zeit Krankheit oder Gebrechlichkeit oder andere nicht zu beseitigende Hindernisse[3] entgegen, so kann der Gerichtsherr die Vernehmung desselben durch einen richterlichen Militärjustizbeamten oder Gerichtsoffizier oder durch Ersuchen eines Amtsrichters herbeiführen. Die Vernehmung erfolgt, soweit nicht gesetzliche Hindernisse oder erhebliche Bedenken dagegen obwalten, eidlich.

Dasselbe gilt, wenn ein Zeuge oder Sachverständiger vernommen werden soll, dessen Erscheinen wegen großer Entfernung besonders erschwert[4] sein wird.[5] [6]

[1] cf. §. 222 R.Str.P.O.

[2] cf. §. 305 Abs. 2

Es liegt hier eine Ausnahme von dem im §. 304 enthaltenen Prinzipe der Mündlichkeit vor.

[3] Die kommissarische Vernehmung eines dienstlich nicht abkömmlichen Zeugen oder Sachverständigen ist zulässig; vorausgesetzt, daß dieses Hinderniß nicht nur vorübergehend, sondern für eine längere oder ungewisse Zeit

dem Erscheinen des Zeugen ꝛc. in der Hauptverhandlung entgegensteht.

Entsch. des R.G. vom 29. Nov. 1888. — Rspr. Bd. V S. 787.

[4] Auch hier ist vorausgesetzt, daß das Erscheinen des Zeugen auf längere oder ungewisse Zeit erschwert ist. Kehrt der Zeuge voraussichtlich bald an die Gerichtsstelle zurück, so ist die kommissarische Vernehmung nicht gerechtfertigt.

cf. Entsch. des R.G. vom 4. Dezember 1880. — Rspr. Bd. II S. 602.

[5] Auch die Beschaffenheit der Verkehrsmittel kommt hierbei in Betracht.

cf. Entsch. des R.G. vom 14. Mai 1886 und 24. Januar 1888. Rspr. Bd. VIII S. 358 und X S. 68.

[6] Im Auslande kann auch durch einen deutschen Konsul die kommissarische Vernehmung erfolgen. cf. §. 20 des Ges. vom 8. November 1867. B.G.Bl. S. 137. Entsch. d. R.G. vom 29 August 1882. — Rspr. Bd. IV S. 697.

271.[1] Von den zum Zwecke dieser Vernehmung anberaumten Terminen sind der Gerichtsherr, sofern dieser den Termin nicht selbst angeordnet hat, der Angeklagte und der Vertheidiger[2] vorher zu benachrichtigen, insoweit dies nicht wegen Gefahr im Verzug[3] unthunlich ist. Einer Vertretung der Anklage oder des Angeklagten bei der Vernehmung bedarf es nicht. Das aufgenommene Protokoll ist dem Gerichtsherrn und dem Angeklagten oder dem Vertheidiger vorzulegen. Die Bestimmungen des §. 165 Absatz 4 und 5 finden Anwendung.

Das Gleiche gilt, wenn zur Vorbereitung einer Hauptverhandlung noch ein richterlicher Augenschein einzunehmen ist.

[1] cf. §§. 223, 224 R.Str.P.O.

[2] Der Vertheidiger ist besonders zu benachrichtigen, cf. Entsch. des R.G. vom 24. November 1880 und 7. Dezember 1886. — Rspr. Bd. II S. 562 und Bd. VIII S. 731.

[3] Hierzu ist namentlich die Gefahr, daß das Beweismittel verloren geht, zu rechnen; nicht aber der Umstand, daß eventl. die anberaumte Hauptverhandlung verlegt werden muß.

cf. Entsch. des R.G. vom 24. April 1880. — Rspr. Bd. I S. 655.

272. Auf Grund neu hervorgetretener Umstände[1] kann der Gerichtsherr vor der Hauptverhandlung zu Gunsten des Angeklagten die Anklageverfügung abändern oder zurücknehmen. Auf eine solche Entschließung finden die Bestimmungen der §§. 243 ff. entsprechende Anwendung.

[1] Namentlich auch, wenn ein früher gestellter Strafantrag rechtswirksam zurückgenommen wird.

cf. §§. 102--104, 194, 232, 247, 263, 292, 303, 370 R.Str.G.B.

## Fünfter Abschnitt.[1]

[1] Begr. S. 138—147 K.B. S. 85—104.

## Hauptverhandlung.

273.[1] Die Hauptverhandlung[2] (§. 260) erfolgt vor dem vorschriftsmäßig besetzten Standgericht oder Kriegsgericht in ununterbrochener Gegenwart der zur Urtheilsfindung berufenen Personen sowie des mit der Vertretung der Anklage beauftragten Gerichtsoffiziers oder Kriegsgerichtsraths und eines Gerichtsschreibers.

Die Hauptverhandlung findet in Abwesenheit des Gerichtsherrn statt.

[1] cf. §. 225 R.Str.P.O.

[2] Zur Hauptverhandlung gehört auch die Verkündung des Urtheils — §. 327. — Die Verkündung des letzteren muß also ebenfalls in Gegenwart der zur Urtheilsfindung berufenen Personen, des Vertreters der Anklage und des Gerichtsschreibers erfolgen. Dieselben Richter, welche das Urtheil beschlossen haben, müssen auch bei der Verkündung zugegen sein. Eine Vertretung ist unzulässig.

cf. Entsch. vom 11. Dezember 1880. — Rspr. Bd. II S. 631.

[3] Eine ununterbrochene Anwesenheit des Vertheidigers in der Hauptverhandlung ist nicht erforderlich. cf. auch §. 346.

F. Nr. 35.

F. (Niedere Gerichtsbarkeit) Nr. 25.

274.[1] Es können in der Hauptverhandlung mehrere Gerichtsschreiber, mehrere Vertreter der Anklage,[2] sowie mehrere Vertheidiger mitwirken und sich in die ihnen obliegenden Verrichtungen theilen.

[1] cf. §. 226 R.Str.P.O.

[2] Es kann hiernach in der Hauptverhandlung ein Vertreter der Anklage mitwirken, welcher nicht der ganzen Verhandlung beiwohnte und zwar neben oder statt desjenigen, welcher die Anklage bis dahin vertrat.

cf. Entsch. d. R.G. vom 5. Juli 1887. Rspr. Bd. IX S. 407.

275.[1] Wird in der Hauptverhandlung die Aussetzung derselben beantragt, so entscheidet das Gericht. Kürzere Unterbrechungen ordnet der Vorsitzende an.

Eine Verhinderung des Vertheidigers giebt nur in den Fällen der nothwendigen Vertheidigung (vgl. §. 338) dem Angeklagten das Recht, die Aussetzung der Verhandlung zu verlangen.[2]

Ist die Frist des §. 266 Absatz 2 und des §. 267 Absatz 2 nicht eingehalten, so soll der Vorsitzende den Angeklagten mit der Befugniß, Aussetzung der Verhandlung zu verlangen, bekannt machen.[3]

[1] cf. §. 227 R.Str.P.O.

[2] cf. §. 346.

[3] Es ist dies lediglich eine instruktionelle Vorschrift, durch deren Außerachtlassung eine Nichtigkeit des Verfahrens nicht begründet wird.

cf. Entsch. d. R.G. vom 30. Januar 1880. Rspr. Bd. I S. 300.

276.[1] Eine unterbrochene Hauptverhandlung muß spätestens am vierten Tage[2] nach der Unterbrechung fortgesetzt werden, widrigenfalls mit dem Verfahren von Neuem zu beginnen ist.

[1] cf. §. 228 R.Str.P.O.

[2] Eine am Montag unterbrochene Verhandlung z. B. muß spätestens am Freitag fortgesetzt werden. §. 146 Abs. 3 kommt nicht zur Anwendung. Die Fortsetzung der Verhandlung an einem Sonntage oder allgemeinen Feiertage ist gesetzlich nicht ausgeschlossen. cf. Loewe zu §. 228 A. 2.

277. Im Falle der Aussetzung oder Unterbrechung der Hauptverhandlung kann das Gericht[1]

die Festnahme des bis dahin auf freiem Fuße befindlichen Angeklagten anordnen. Dasselbe gilt im Falle der Verurtheilung. Von der Anordnung der Festnahme ist der Gerichtsherr in Kenntniß zu setzen. Derselbe hat zu bestimmen, ob die Festnahme aufrecht zu erhalten ist.

[1] Ausnahme von der im §. 175 enthaltenen Regel. Die Anordnung des Gerichts hat, wie die beiden letzten Sätze des Paragraphen zeigen, lediglich einen provisorischen Charakter.

278.[1] Gegen einen ausgebliebenen Angeklagten findet eine Hauptverhandlung nicht statt.

Ist das Ausbleiben eines gemäß §. 267 Absatz 1 geladenen Angeklagten nicht genügend entschuldigt, so kann die Vorführung angeordnet oder die Verhaftung veranlaßt werden.[2] [3]

[1] cf. §. 229 R.Str.P.O.

[2] Es ist hier ein selbständiger Verhaftungsgrund aufgestellt. Die Voraussetzungen des §. 176 brauchen nicht vorzuliegen.

[3] Nur die Vorführung kann von dem Gerichte beschlossen, die Verhaftung kann lediglich „veranlaßt“, d. h. bei dem Gerichtsherrn beantragt werden.

279.[1] Der erschienene Angeklagte darf sich aus der Verhandlung nicht entfernen. Der Vorsitzende kann die geeigneten Maßregeln treffen, um die Entfernung desselben zu verhindern; auch kann er ihn während einer Unterbrechung der Verhandlung in Gewahrsam halten lassen.

Entfernt der Angeklagte sich dennoch, oder bleibt

er bei der Fortsetzung einer unterbrochenen Hauptverhandlung aus, so kann diese in seiner Abwesenheit[2] zu Ende geführt werden, wenn seine Vernehmung über die Anklage schon erfolgt war und das Gericht seine fernere Anwesenheit nicht für erforderlich erachtet.

[1] cf. §. 230 R.Str.P.O.

[2] Die Hauptverhandlung kann nur dann in Abwesenheit des Angeklagten zu Ende geführt werden, wenn ein vorsätzliches Handeln des Angeklagten dem Gange der Rechtspflege entgegentritt, nicht auch dann, wenn Krankheit oder andere zwingende Umstände dem Erscheinen des Angeklagten ein unüberwindliches Hinderniß bereiten. cf. Entsch. des R.G. vom 1. Dezember 1891. — Bd. XXII S. 247 ff. — und vom 22. Dezember 1896. — Bd. XXIX S. 294 ff. — cf. Bd. XXXII S. 36.

280.[1] Der Angeklagte kann mit seiner Zustimmung[2] wegen großer Entfernung[3] seines Aufenthaltsorts von dem Erscheinen in der Hauptverhandlung entbunden werden. Ueber einen darauf gerichteten Antrag des Angeklagten entscheidet, wenn er vor der Hauptverhandlung eingeht, der Gerichtsherr, anderenfalls das erkennende Gericht nach Anhörung des Vertreters der Anklage.

Für die Hauptverhandlung vor einem Kriegsgerichte darf eine Entbindung des Angeklagten vom Erscheinen nur eintreten, wenn voraussichtlich keine andere als eine innerhalb der Strafbefugnisse der Standgerichte[3] liegende Strafe zu erwarten steht.

Das erkennende Gericht bleibt befugt, nachträglich

das persönliche Erscheinen des Angeklagten zu beschließen.[4]

[1] cf. §. 282 R.Str.P.O.

[2] Antrag des Angeklagten ist nicht erforderlich. Das Gesetz führt lediglich „große Entfernung des Aufenthaltsorts" als genügenden Grund für die Entbindung von dem Erscheinen in der Hauptverhandlung auf. Der Begriff „große Entfernung des Aufenthaltsorts" ist aber ein thatsächlicher und relativer, auch nach der Körperbeschaffenheit des Vorgeladenen zu bemessender. Das Gericht, bez. der Gerichtsherr kann deshalb bei der Feststellung dieses Begriffs etwaige Krankheit oder Gebrechlichkeit des Vorgeladenen mit berücksichtigen.

Entsch. d. R.G. vom 20. Mai 1889 — Bd. XIX, S. 248.

[3] Es ist hier die „Strafbefugniß" — §§. 47, 63 — nicht die „Zuständigkeit" — §§. 45, 15, 16 — entscheidend.

[4] Von dieser Befugniß muß das Gericht Gebrauch machen, wenn es auf Grund der — zunächst in Abwesenheit der Angeklagten — stattgefundenen Verhandlung zu der Ansicht gelangt, daß eine höhere Strafe, als die im §. 280 bezeichnete, angemessen sei.

cf. Entsch. d. R.G. vom 18. Januar 1887 — Bd. XV, S. 337 ff.

Liegen mehrere real konkurrirende Strafthaten vor, so darf die Gesammtstrafe nicht über die Strafbefugnisse der Standgerichte hinausgehen. Hält das Gericht eine höhere Gesammtstrafe für erforderlich, so ist das persönliche Erscheinen des Angeschuldigten anzuordnen.

cf. Entsch. d. R.G. vom 12. Oktober 1897 — Bd. XXX, S. 280.

**281.**[1] Insoweit die Hauptverhandlung vor dem Kriegsgericht ohne Anwesenheit des Angeklagten stattfinden kann, ist letzterer befugt, sich durch einen mit schriftlicher Vollmacht versehenen Vertheidiger vertreten zu lassen.

[1] cf. §. 233 R.Str.P.O.

282.[1] Die Hauptverhandlung erfolgt öffentlich.[2]

[1] cf. §. 170 G.V.G.

[2] Die Zurückweisung von Zuhörern und die Schließung der Thüren nach Füllung des Zuhörerraumes sowie alle anderen Maßregeln zur Verhütung der Ueberfüllung des zur Verfügung stehenden Raumes sind zulässig.

cf. Entsch. d. R.G. vom 20. Oktober 1880. Rspr. Bd. II, S. 361.

283.[1] Die Oeffentlichkeit kann für die ganze Verhandlung oder für einen Theil derselben durch Beschluß des Gerichts ausgeschlossen werden, wenn sie eine Gefährdung der öffentlichen Ordnung,[2] insbesondere der Staatssicherheit, oder eine Gefährdung militärdienstlicher Interessen oder eine Gefährdung der Sittlichkeit besorgen läßt.

Unberührt bleibt die nach §. 8 des Reichsmilitärgesetzes vom 2. Mai 1874 dem Kaiser zustehende Befugniß, allgemeine Vorschriften darüber zu erlassen, unter welchen Voraussetzungen das Gericht die Oeffentlichkeit der Verhandlung wegen Gefährdung der Disziplin auszuschließen hat.

[1] cf. §. 173 G.V.G. in der durch das Gesetz vom 5. April 1888 (R.G.Bl. S. 133) gegebenen Fassung.

[2] Wird seitens der Zuhörer die Verhandlung gestört, so liegt hierin selbstverständlich eine Gefährdung der öffentlichen Ordnung.

cf. Loewe zu §. 173 A. 2.

**Ausf.-Best. H. u. M.** Müssen in Ermangelung sonstiger geeigneter Räume die Hauptverhandlungen in Kasernen, Arrestanstalten oder ähnlichen, auch zu anderen als militärgerichtlichen Zwecken dienenden militärischen Dienstgebäuden (in der Marine auch „an Bord") stattfinden, so erfolgt die Zulassung der Zuhörer nach Maßgabe des verfügbaren Raumes gegen Karten, die auf Anordnung des Gerichtsherrn am Tage der Hauptverhandlung ausgegeben werden.

Bei Ausgabe der Karten sind, sofern nicht besondere Bedenken entgegenstehen, die nächsten Verwandten und Verschwägerte des Angeklagten thunlichst zu berücksichtigen.

**284.**[1] Die Verkündung des Urtheils und der Urtheilsgründe erfolgt öffentlich.[2]

Durch einen besonderen Beschluß[3] des Gerichts kann für die Verkündung der Urtheilsgründe oder eines Theiles derselben die Oeffentlichkeit aus einem der im §. 283 bezeichneten Gründe ausgeschlossen werden.

[1] cf. §. 174 G.V.G. in der durch das Gesetz vom 5. April 1888 gegebenen Fassung.

[2] Ein Verstoß gegen diese Vorschrift würde nach §. 400 zu 6 zur Aufhebung des Urtheils führen.

cf. Entsch. d. R.G. vom 30. Januar 1880. Rspr. Bd. I, S. 297.

[3] Der im Beginn oder im Verlaufe der Verhandlung erlassene Beschluß, daß die Oeffentlichkeit der ganzen Verhandlung ausgeschlossen sei, genügt hiernach nicht; es muß vielmehr ein besonderer Beschluß erlassen werden.

**285.**[1] Die Verhandlung[2] über die Ausschließung der Oeffentlichkeit findet in nicht öffentlicher Sitzung statt. Der Beschluß, welcher die Oeffentlichkeit ausschließt, muß öffentlich verkündet werden. Bei der Verkündung ist anzugeben, aus welchem der im §. 283 bezeichneten Gründe die Ausschließung erfolgt.[3]

[1] cf §. 175 Abs. 1 G.V.G. in der Fassung des Gesetzes vom 5. April 1888.

[2] Die Ausschließung der Oeffentlichkeit kann entweder auf Antrag oder von Amtswegen erfolgen. Auch im letzteren Falle muß eine „Verhandlung über die Frage der Ausschließung der Oeffentlichkeit", d. h. eine Befragung des Vertreters der Anklage und der Angeklagten, und zwar selbst dann erfolgen, wenn von keiner Seite ein Antrag auf Verhandlung gestellt ist. Es muß ferner im Protokolle ausdrücklich festgestellt werden, daß eine solche Verhandlung stattfand.

cf. Entsch. d. R.G. vom 11. Februar 1884 — Bd. X, S. 92 ff.

Vom 29. Oktober und 5. November 1889 – Bd. XX, S. 21, 25.

Vom 10. Mai 1897 — Bd. XXX, S. 105.

[3] Der Grund der Ausschließung muß bei Strafe der Nichtigkeit verkündet und im Protokolle erwähnt werden. Entsch. d. R.G. vom 9. Dezember 1887. — Rspr. Bd. IX, S. 716 — und vom 12. April 1894, Bd. XXV, S. 249. Eine weitere Begründung des Beschlusses durch Anführung von Thatsachen und Erwägungen ist nicht erforderlich.

286.[1] Ist die Oeffentlichkeit wegen Gefährdung der Staatssicherheit oder wegen Gefährdung militärdienstlicher Interessen ausgeschlossen, so kann das Gericht den anwesenden Personen die Geheimhaltung von Thatsachen, welche durch die Verhandlung, durch die Anklageschrift oder durch andere amtliche Schriftstücke des Prozesses zu ihrer Kenntniß gelangen, zur Pflicht machen.[2] Der Beschluß ist in das Sitzungsprotokoll aufzunehmen.

[1] cf. §. 175 Abs. 2 G.V.G. in der Fassung des Gesetzes vom 5. April 1888.

[2] Die Bestrafung der gegen diesen „Schweigebefehl" handelnden Personen ist in §. 18 des E.G. geregelt.

287. Der Zutritt zu öffentlichen Verhandlungen ist aktiven Militärpersonen nur insoweit gestattet, als dieselben im Range nicht unter dem Angeklagten und, wenn mehrere Personen verschiedenen militärischen Ranges angeklagt sind, nicht unter dem Range des höchstgestellten Mitangeklagten stehen. Doch kann auch in diesen Fällen dem Verletzten der Zutritt gestattet werden.

288.[1] Der Zutritt zu öffentlichen Verhandlungen kann weiblichen, sowie unerwachsenen und solchen Personen versagt werden, welche sich nicht im Besitze der bürgerlichen Ehrenrechte befinden, oder welche in einer der Würde des Gerichts nicht entsprechenden Weise erscheinen.

Zu nicht öffentlichen Verhandlungen kann der Zutritt einzelnen Personen von dem Vorsitzenden gestatten werden; dem Verletzten ist der Zutritt, sofern nicht die Oeffentlichkeit wegen Gefährdung der Staatssicherheit ausgeschlossen ist, stets zu gestatten. Das Gericht kann aus Gründen der Disziplin die Entfernung des Verletzten anordnen, wenn derselbe zu den Personen des aktiven Heeres oder der aktiven Marine gehört.

[1] cf. §. 176 G.V.G. in der Fassung des Gesetzes vom 5. April 1888

289.[1] Die Aufrechterhaltung der Ordnung in der Sitzung liegt dem Vorsitzenden ob.

[1] cf. §. 177 G.V.G.

290.[1] Angeklagte, Zeugen, Sachverständige oder bei der Verhandlung nicht betheiligte Personen,[2] welche den zur Aufrechterhaltung der Ordnung erlassenen Befehlen nicht gehorchen, können auf Beschluß des Gerichts von der Gerichtsstelle entfernt werden.

Personen des Soldatenstandes des aktiven Heeres und der aktiven Marine, welche sich in der Sitzung einer Ungebühr schuldig machen, sind, sofern nicht gerichtliche Verfolgung eintritt, disziplinarisch mit Arrest zu bestrafen. Die Bestimmung des §. 202 Absatz 3 findet Anwendung.[3]

Gegen andere Personen kann das Gericht in einem solchen Falle, vorbehaltlich der strafrechtlichen Verfolgung, eine Ordnungsstrafe bis zu einhundert Mark oder bis zu drei Tagen Haft festsetzen und sofort vollstrecken lassen. Die erforderlichen Anordnungen[4] trifft der Vorsitzende.

Gegen einen Rechtsanwalt, der als Vertheidiger in der Sitzung einer Ungebühr sich schuldig macht, kann das Gericht, vorbehaltlich der disziplinaren oder strafgerichtlichen Verfolgung, eine Ordnungsstrafe bis zu einhundert Mark festsetzen.

Ist eine Ordnungsstrafe festgesetzt, so findet binnen der Frist von einer Woche nach der Bekanntmachung der Entscheidung[5] die Rechtsbeschwerde[6] an das Oberkriegsgericht statt. Dieselbe hat nur in den Fällen des Absatzes 4 aufschiebende Wirkung.

[1] cf. §§. 178—181 G.V.G.

[2] D. h. die Zuhörer.

[3] Die Strafe wird hiernach von dem Disziplinar Vorgesetzten auf Ersuchen des Gerichtsherrn oder von dem Gerichtsherrn selbst, wenn dieser zugleich Disziplinarvorgesetzter der Betreffenden ist, verhängt.

[4] Der Vorsitzende trifft die zur Vollstreckung der Strafe erforderlichen Anordnungen.

[5] Die Nothwendigkeit der Protokollirung ergiebt sich aus §. 333; der Beschluß, durch welchen eine Ordnungsstrafe verhängt wird, ist mit Gründen zu versehen. cf. §. 136.

[6] cf. §. 373.

291.[1] Wird eine strafbare Handlung in der Sitzung begangen, so hat das Gericht den Thatbestand festzustellen und der zuständigen Behörde[2] das darüber aufgenommene Protokoll mitzutheilen. In geeigneten Fällen ist die vorläufige Festnahme des Thäters zu verfügen.

[1] cf. §. 185 G.V.G.

[2] Bez. der Militärpersonen cf. §§. 156 ff. Handelt es sich um Civilpersonen, so ist regelmäßig die Staatsanwaltschaft die zuständige Behörde.

292.[1] Bei dem Kriegsgericht erfolgt die Vernehmung des Angeklagten und die Aufnahme des

Beweises durch den die Verhandlung führenden Kriegsgerichtsrath (§. 61).

Bei den Standgerichten kann der Vorsitzende die Führung der Verhandlung einem Beisitzer überlassen.

Wird eine auf die Sachleitung bezügliche Anordnung als unzulässig beanstandet,[2] so entscheidet das Gericht.

[1] cf. §. 237 R.Str.P.O.

[2] Eine solche Beanstandung kann auch seitens eines Mitgliedes des Gerichts erfolgen; es darf dies aber, wie Loewe zu §. 237 A. 7 mit Recht ausführt, nur in der Art geschehen, daß der Vorsitzende in einer für Andere nicht vernehmbaren Weise ersucht wird, mit dem Gerichte in Berathung zu treten.

293.[1] Jedem Mitgliede des Gerichts, dem Vertreter der Anklage, dem Angeklagten und dem Vertheidiger ist auf Verlangen zu gestatten, Fragen an die Zeugen und Sachverständigen zu stellen.[3] Der Vertheidiger kann die Fragen nur durch den die Verhandlung Führenden stellen.

Ungeeignete oder nicht zur Sache gehörige Fragen können von dem die Verhandlung Führenden zurückgewiesen werden.[3 4]

Zweifel über die Zulässigkeit einer Frage entscheidet das Gericht.

[1] cf. §§. 238—241 R.Str.P.O.

Der Angeklagte wird nicht von den Mitgliedern des Gerichts, sondern von demjenigen befragt, welcher die Verhandlung führt. Die Bestimmung des §. 216 Abs. 2, nach welcher einem Sachverständigen die Befragung des

Beschuldigten gestattet werden kann, gilt aber auch für die Hauptverhandlung.

[3] Fragen, welche nach Ansicht des die Verhandlung Führenden bez. des Gerichts zwar zur Sache gehören, aber unerheblich sind, dürfen nicht zurückgewiesen werden.

cf. Entsch. d. R.G. vom $\frac{25. \text{ November}}{5. \text{ Dezember}}$ 1890 — Bd. XXI, S. 237 ff.

[4] „Ungeeignet" sind namentlich auch solche Fragen, welche von dem Zeugen ein Urtheil erheischen.

**294.**[1] **Die Hauptverhandlung beginnt mit dem Aufrufe des Angeklagten, des Vertheidigers, der Zeugen und der Sachverständigen.**[2]

[1] cf. §. 242 Abs. 1 R.Str.P.O.

[2] Es ist zweckmäßig und zulässig, hieran die Ermahnung der Zeugen anzuschließen.

cf. §. 196 A. 2.

Der Aufruf erfolgt durch denjenigen, welcher in Gemäßheit des §. 292 die Verhandlung führt.

**295. Nachdem der Aufruf erfolgt ist, verliest der Vorsitzende**[1] **die Namen der zur Hauptverhandlung berufenen Richter und weist den Angeklagten auf die Bestimmung des §. 125 Absatz 1**[2] **hin.**

[1] Also bei den Kriegsgerichten nicht durch denjenigen, welcher die Verhandlung führt.

[2] Er weist den Angeklagten auf sein Recht hin, befangene Richter abzulehnen.

**296. An die Verlesung der Richterliste schließt sich die Beeidigung der nicht ständigen Richter.**[1] **Dieselbe erfolgt bei den Standgerichten durch den**

Vorsitzenden, bei den Kriegsgerichten durch den die Verhandlung führenden Kriegsgerichtsrath.

Der den Eid Abnehmende richtet an die zu Beeidigenden die Worte:

„Sie schwören bei Gott dem Allmächtigen und Allwissenden, die Pflichten eines Richters getreulich zu erfüllen und ihre Stimmen nach bestem Wissen und Gewissen abzugeben."

Die betreffenden Richter leisten den Eid, indem sie die Worte sprechen:

„Ich schwöre es, so wahr mir Gott helfe."

Die Schwörenden sollen bei der Eidesleistung die rechte Hand erheben.

Die Bestimmung des §. 42 Absatz 3 findet Anwendung.

Stehen an demselben Tage mehrere Verhandlungen an, zu denen dasselbe Richterpersonal berufen ist, so genügt es, daß der Vorsitzende in den späteren Verhandlungen auf den in einer vorhergegangenen Verhandlung geleisteten Richtereid verweist.

[1] Die nicht ständigen Richter dürfen gemeinschaftlich beeidigt werden.

297.[1] Nach der Bildung des Gerichts (§§. 295, 296) läßt der Vorsitzende die Zeugen abtreten.[2] Hierauf erfolgt die Verhandlung in der Sache selbst.

Dieselbe beginnt mit der Vernehmung des Angeklagten über seine persönlichen Verhältnisse. Hieran schließt sich die Verlesung der Anklageverfügung[3] durch den Vertreter der Anklage.

Sodann erfolgt die weitere Vernehmung des Angeklagten nach Maßgabe des §. 173.

[1] cf. §. 242 Abs. 2—4 R.Str.P.O.

[2] Sachverständige, auch wenn sie zugleich als Zeugen dienen, sowie die Dolmetscher dürfen der Verhandlung beiwohnen. §§. 216, 117 Entsch. d. R.G. vom 25. März 1891 — Bd. XXII, S. 434. Die Vorschrift, daß die Zeugen abtreten sollen, ist lediglich instruktionell. cf. §. 192 A. 2.

[3] Die Verlesung der Anklageverfügung, welch' letztere prozessual dem civilrechtlichen Beschlusse der Eröffnung des Hauptverfahrens gleichsteht, ist eine unentbehrliche Grundlage der Hauptverhandlung. Die Unterlassung der Verlesung zieht die Nichtigkeit des auf der betreffenden Anklageverfügung beruhenden Urtheils nach sich. §. 254 A. 2. cf. Entsch. d. R.G. vom 22. Februar 1883. Rspr. Bd. V, S. 184.

Die Verlesung der Anklageschrift ist ebensowenig statthaft, wie ein Vortrag des Verhandlungsführers über die aktenmäßigen Ergebnisse des Ermittelungsverfahrens. cf. Entsch. d. R.G. vom 27. Oktober 1899. Bd. XXXII, S. 318.

298.[1] Nach der Vernehmung des Angeklagten erfolgt die Beweisaufnahme.

Es bedarf eines Gerichtsbeschlusses,[2] wenn ein Beweisantrag abgelehnt werden soll, oder wenn die Vornahme einer Beweishandlung eine Aussetzung der Hauptverhandlung erforderlich macht.

Das Gericht kann auf Antrag und von Amtswegen die Ladung von Zeugen und Sachverständigen, sowie die Herbeischaffung anderer Beweismittel anordnen.

Die Bestimmungen der §§. 270, 271[3] finden entsprechende Anwendung.

[1] cf. §. 248 R.Str.P.O.

[2] Der Beschluß bedarf der Begründung. — §. 136. Die Gründe des Urtheils dürfen mit der Begründung des Beschlusses nicht im Widerspruch stehen.

Entsch. d. R.G. vom 10. Mai 1882 und vom 20. Mai 1882. Rspr. Bd. IV, S. 465, 501. Entsch. vom 18. Juni 1886. Rspr. Bd. VIII, S. 462. Ein von dem Gerichte abgelehnter Antrag darf, wenn er wiederholt wird, vom Vorsitzenden als unzulässig zurückgewiesen werden. cf. Entsch. d. R.G. vom 4. März 1898. Bd. XXXI, S. 62.

[3] Die §§. 270, 271 treffen über kommissarische Vernehmung von Zeugen und Sachverständigen sowie über die Einnahme richterlichen Augenscheins Bestimmung.

299.[1] In den Verhandlungen vor den Standgerichten und vor den Kriegsgerichten in der Berufungsinstanz bestimmt das Gericht den Umfang der Beweisaufnahme, ohne hierbei durch Anträge Verzichte oder frühere Beschlüsse gebunden zu sein

Im Uebrigen[2] ist die Beweisaufnahme auf die sämmtlichen gestellten und geladenen Zeugen und Sachverständigen[3] (§§. 185, 208), sowie auf die anderen herbeigeschafften Beweismittel zu erstrecken. Von der Erhebung einzelner Beweise kann jedoch abgesehen werden, wenn der Vertreter der Anklage und der Angeklagte hiermit einverstanden sind.[4] Das Gericht kann die Erhebung eines einzelnen Beweises ablehnen, falls es die zu beweisende Thatsache einstimmig für unerheblich oder zu Gunsten des Angeklagten für erwiesen erachtet. Die Gründe, aus welchen die Thatsache für unerheblich erachtet wird, sind in dem Beschluß anzugeben.

Die Bestimmungen der §§. 186 bis 215, §. 216 Absatz 1, 2, 3, §§. 218 bis 221 finden entsprechende Anwendung. Bezüglich der Ausschließung und Ablehnung von Sachverständigen gelten die §§. 128, 129.

Die Beeidigung eines Zeugen darf unterlassen werden,[5] wenn dessen Aussage nach der einstimmigen Ueberzeugung des Gerichts sich als offenbar unglaubwürdig oder als unerheblich darstellt und im letzteren Falle die Beeidigung nicht beantragt ist.

[1] cf. §. 244 R.Str.P.O.

[2] D. h. wenn Kriegsgerichte in erster Instanz urtheilen.

[3] Alle Zeugen und Sachverständige werden von dem Gerichtsherrn gestellt oder geladen. Eine unmittelbare Ladung, wie sie §. 219 R.Str.Pr.O. für zulässig erklärt, findet im Militärprozeßverfahren nicht statt. cf. §. 269.

[4] Das Einverständniß muß ausdrücklich erklärt sein. Ein rein passives Verhalten des Angeklagten kann als Zustimmung nur dann aufgefaßt werden, wenn die Betheiligten zu einer Erklärung besonders aufgefordert sind. Entsch. d. R.G. vom 14. Juli 1881 — Bd. IV, S. 399.

[5] Das Gericht ist aber auch hier berechtigt, die Beeidigung vorzunehmen.

300.[1] Eine Beweiserhebung darf nicht deshalb abgelehnt werden, weil das Beweismittel oder die zu beweisende Thatsache zu spät vorgebracht worden sei.[2]

Ist jedoch ein zu vernehmender Zeuge oder Sachverständiger dem anderen Theile so spät namhaft gemacht, oder eine als Beweismittel zu benutzende Urkunde so spät bekannt gegeben, oder eine zu beweisende Thatsache so spät vorgebracht worden, daß es dem anderen Theile an der zur Einziehung von Erkundigungen erforderlichen Zeit gefehlt hat, so kann derselbe bis zum Schlusse der Beweisaufnahme die Aussetzung der Hauptverhandlung zum Zwecke der Erkundigung beantragen.

Dieselbe Befugniß haben der Vertreter der Anklage und der Angeklagte in Betreff der auf Anordnung des Gerichts herbeigeschafften Beweismittel.

Ueber die Anträge entscheidet das Gericht nach freiem Ermessen.

[1] cf. §. 245 R.St.P.O.

[2] Das Vorbringen neuer Beweismittel ist auch noch zulässig, wenn die Beweisaufnahme abgeschlossen und dann die Urtheilsverkündung in Gemäßheit des §. 327 Abs. 2 vertagt ist.

cf. Entsch. d. R.G. vom 11. Dezember 1888. Bd. III, S. 116 ff.

301.[1] Das Gericht kann den Angeklagten, wenn zu befürchten ist, daß ein Mitangeklagter oder ein Zeuge bei seiner Vernehmung[2] in Gegenwart des Angeklagten die Wahrheit nicht sagen werde, während dieser Vernehmung aus dem Sitzungszimmer abtreten lassen. Der Angeklagte ist jedoch, sobald[3] er wieder vorgelassen worden, von dem wesentlichen Inhalte desjenigen zu unterrichten, was während seiner Abwesenheit ausgesagt oder sonst verhandelt worden ist.

In gleicher Weise ist zu verfahren, wenn das Gericht wegen ordnungswidrigen Benehmens des Angeklagten zeitweise dessen Entfernung von der Gerichtsstelle angeordnet hat.[4]

[1] cf. §. 246 R.Str.P.O.

[2] Vermöge der exceptionellen Natur dieser Vorschrift ist es unstatthaft, dieselbe auf andere Akte der Beweisaufnahme auszudehnen. Werden z. B. in Abwesenheit des Angeschuldigten Urkunden verlesen, so muß diese Verlesung in Gegenwart des wieder vorgeführten Angeschuldigten wiederholt werden.

cf. Entsch. d. R.G. vom 25. Juli 1896. — Bd. XXIX, S. 31.

[3] Die Mittheilung des wesentlichen Inhalts der in Abwesenheit des Angeklagten erfolgten Aussage oder Verhandlung muß sofort, nachdem der Angeklagte wieder vorgelassen, vor jeder weiteren Beweisaufnahme erfolgen.

cf. Entsch. d. R.G. vom 13. Dezember 1889. — Bd. XX, S. 123. cf. auch Entsch. v. 30. März 1883. — Bd. VIII, S. 153 bez. mehrerer Angeklagten.

[4] Der Gerichtsbeschluß, welcher auf Grund des §. 301 die Entfernung des Angeklagten aus dem Sitzungssaale anordnet, ist in das Protokoll aufzunehmen. cf. §. 333.

302.[1] Die vernommenen Zeugen und Sachverständigen dürfen sich nur mit Genehmigung oder auf Anweisung des Vorsitzenden von der Gerichtsstelle entfernen.[2] Der Vertreter der Anklage und der Angeklagte sind vorher zu hören.

[1] cf. §. 247 R.Str.P.O.

[2] Ein Zeuge ꝛc., welcher sich widerrechtlich entfernt, ist nach §. 186 zu bestrafen.

303.[1] Urkunden und andere als Beweismittel dienende Schriftstücke werden in der Hauptverhandlung verlesen.[2] Dies gilt insbesondere von früher ergangenen Strafurtheilen, von Straflisten und von Auszügen aus Kirchenbüchern und Personenstandsregistern und findet auch Anwendung auf Protokolle über die Einnahme des richterlichen Augenscheins.

[1] cf. §. 248 R.Str.P.O.

[2] Der Inhalt von Schriftstücken darf bei der Urtheilsfällung nur dann verwendet werden, wenn dieselben in der Hauptverhandlung verlesen sind und die Verlesung im Protokolle vermerkt ist.

cf. §§. 333, 335. Entsch. d. R.G. vom 17. November 1880. Rspr. Bd. II, S. 530.

Die Vorlegung des Schriftstückes, namentlich von Akten, macht deren Inhalt nicht beweisfähig und enthält keinen prozessualisch zulässigen Akt der Beweiserhebung.

cf. Entsch. d. R.G. vom 30. April 1881. Rspr. Bd. III, S. 261.

Der Begriff der „Verlesung" wird auch dann erfüllt, wenn in fremder Sprache abgefaßte Schriftstücke in der Hauptverhandlung durch den Dolmetscher mündlich übersetzt werden. cf. Entsch. d. R.G. vom 22. Juni 1899, Bd. XXXII, S. 289.

304.[1] Beruht der Beweis einer Thatsache auf der Wahrnehmung einer Person, so ist die letztere in der Hauptverhandlung zu vernehmen. Die Vernehmung darf nicht durch Verlesung des über eine frühere Vernehmung aufgenommenen Protokolls[2] oder einer schriftlichen Erklärung[3] ersetzt werden.

[1] cf. §. 249 R.Str.P.O.

[2] Das Protokoll über die Leichenschau darf verlesen werden, da die Leichenschau sich als Ergebniß eines richterlichen Augenscheins darstellt. Die Verlesung des Protokolls über die Ergebnisse der Leichenöffnung ist dagegen nur unter den Voraussetzungen der §§. 305, 307 zulässig.

cf Entsch. d. R.G. vom 8. Mai 1880. Bd. II, S. 159.

[3] Die Feststellung des Inhaltes eines fremdsprachigen Schriftstückes kann nur durch Vernehmung des Dolmetschers, nicht durch Verlesung einer vorher von ihm gefertigten Uebersetzung erfolgen.

cf. Entsch. d. R.G. vom 19. April 1894. Bd. XXV, S. 353 und vom 9. April 1895, Bd. XXVII, S. 162.

305.[1] Ist ein Zeuge, Sachverständiger oder Mitbeschuldigter verstorben oder in Geisteskrankheit verfallen, oder ist sein Aufenthalt nicht zu ermitteln gewesen, so kann das Protokoll über seine frühere durch einen Gerichtsoffizier, einen Kriegsgerichtsrath oder einen anderen richterlichen Beamten[2] erfolgte Vernehmung verlesen[3] werden. Dasselbe gilt von dem bereits verurtheilten Mitschuldigen.

Unter den Voraussetzungen des §. 165 Absatz 2, §. 270 ist die Verlesung des Protokolls über die frühere Vernehmung statthaft, wenn die Vernehmung unter Beobachtung der für dieselbe gegebenen Vorschriften (§. 165 Absatz 3 und 4, §§. 270, 271) erfolgt ist[4] oder wenn im Falle der Nichtbeobachtung dieser Vorschriften die Verlesung sowohl von dem Vertreter der Anklage als von dem Angeklagten beantragt wird.

Die Verlesung kann nur durch Gerichtsbeschluß angeordnet, auch muß der Grund derselben verkündet und bemerkt werden, ob die Beeidigung der vernommenen Personen stattgefunden hat.[5] An den Bestimmungen über die Beeidigung wird hierdurch für diejenigen Fälle, in denen die nochmalige Vernehmung ausführbar ist, nichts geändert.

[1] cf. §. 250 R.Str.P.O.

[2] Die von dem Disziplinarvorgesetzten oder von der Polizei aufgenommene Vernehmung darf hiernach nicht zur Verlesung gelangen.

[3] Die Protokolle dürfen auch dann verlesen werden, wenn sie nicht in derselben Sache aufgenommen sind; selbst die in einer Civilprozeßsache über die Vernehmung des betr. Zeugen 2c. aufgenommenen Protokolle können zur Verlesung gelangen.

cf. Entsch. d. R.G. vom 25. November 1881. Rspr Bd. III, S. 740 und vom 5. Januar 1884. Rspr. Bd. VI, S. 23.

In der letzteren Entscheidung hat der I. Strafsenat seine frühere gegentheilige Ansicht — Entsch. Bd. III, S. 308 — aufgegeben.

Durch die Verlesung der Aussagen von im Auslande uneidlich kommissarisch vernommenen Zeugen, welche nach den Gesetzen des Vernehmungsortes eidlich nicht vernommen werden durften, wird das Gesetz nicht verletzt.

cf. Entsch. vom 26. August 1885. Rspr. Bd. VII, S. 503.

[4] Außer den Vorschriften der §§. 165 Abs. 3, 4,

§§. 270, 271 muß die Bestimmung des §. 163 Abs. 2 erfüllt sein, nach welcher das Protokoll auch von dem Gerichtsschreiber zu unterzeichnen ist. cf. Entsch. d. R.G. vom 30. April 1881. — Rspr. Bd. III, S. 259 ff.

5 Ein Verstoß gegen diese Vorschrift würde die Revision begründen. cf. Entsch. d. R.G. vom 2. März 1880 — Bd. I, S. 237.

306.[1] Das Protokoll über die Aussage eines vor der Hauptverhandlung vernommenen Zeugen, welcher in der Hauptverhandlung von seinem Rechte, das Zeugniß zu verweigern,[2] Gebrauch macht, darf nicht verlesen, die Aussage auch nicht in anderer Weise festgestellt werden.[3]

1 cf. §. 251 R.Str.P.O.

2 cf. §§. 187 ff.

3 Diese Vorschrift soll namentlich verhindern, daß der Untersuchungsführer über die frühere Vernehmung des Zeugen, der in der Hauptverhandlung die Aussage verweigert, abgehört und so auf Umwegen das abgelehnte Zeugniß gewonnen wird. cf. K.B. zu §. 293 des Entw. S. 99.

307.[1] Erklärt ein Zeuge oder Sachverständiger, daß er sich einer Thatsache nicht mehr erinnert, so kann der hierauf bezügliche Theil des Protokolls über seine frühere Vernehmung[2] zur Unterstützung seines Gedächtnisses verlesen werden.

Dasselbe[3] kann geschehen, wenn ein in der Vernehmung hervortretender Widerspruch[4] mit der früheren Aussage nicht auf andere Weise ohne Unterbrechung der Hauptverhandlung festgestellt oder gehoben werden kann.[5] [6]

[1] cf. §. 252 R.Str.P.O.

[2] Gerichtliche und außergerichtliche.

[3] Es ist nicht immer erforderlich, den bezüglichen Theil des Protokolls zu verlesen; die frühere Aussage darf vielmehr dem Zeugen 2c. ihrem Inhalte nach vorgehalten werden. In einem solchen Falle muß allerdings die Verlesung des Protokolls nachgeholt werden, wenn durch den „Vorhalt" der Widerspruch nicht aufgeklärt wird.

cf. Entsch. d. R.G. vom 10. Februar 1887. Rsp. Bd. IX, S. 123.

[4] In gleicher Weise können Widersprüche, welche in den nach §. 305 verlesenen Protokollen hervortreten, durch Verlesung von Protokollen über frühere Vernehmungen festgestellt oder gehoben werden.

cf. Loewe §. 252 A. 5.

[5] Ein Gerichtsbeschluß ist nur erforderlich, wenn die Anordnung des Leiters der Verhandlung beanstandet wird.

cf Entsch. d. R.G. vom 17. März 1884. — Rspr. Bd. VI, S. 211.

[6] Nur unter den Voraussetzungen des §. 307 ist die Verlesung des Protokolls über die frühere Vernehmung zulässig.

cf. §. 194 A. 2.

308.[1] Erklärungen des Angeklagten, welche in einem von einem Untersuchungsführer aufgenommenen oder gerichtlichen Protokoll[2] enthalten sind, können zum Zwecke der Beweisaufnahme über ein Geständniß[3] verlesen werden.

Dasselbe kann geschehen, wenn ein in der Vernehmung hervortretender Widerspruch mit der früheren Aussage nicht auf andere Weise ohne

Unterbrechung der Hauptverhandlung festgestellt oder gehoben werden kann.

[1] cf. §. 253 R.Str.P.O.

[2] An anderer Stelle — etwa vor dem Disziplinarvorgesetzten oder vor der Polizei — abgegebene Geständnisse können nur durch Zeugenvernehmung festgestellt werden. Dagegen steht der Verlesung von „Geständnissen" des Angeklagten, welche derselbe in einer anderen Strafsache oder als Zeuge abgegeben hat, nichts entgegen; vorausgesetzt, daß das Geständniß von einem Untersuchungsführer oder gerichtlich protokollirt wurde.

cf. Entsch. d. R.G. vom 20. September 1883. — Rsp. Bd. V, S. 538.

[3] Unter „Geständniß" ist nicht nur ein formelles Schuldbekenntniß, sondern jedes Zugestehen von Thatsachen zu verstehen, aus welchem die Schuld des Angeklagten gefolgert werden kann.

cf. Entsch. d. R.G. vom 23. September 1884. — Rspr. Bd. VI, S. 554.

309.[1] In den Fällen der §§. 307, 308 ist die Verlesung und der Grund derselben auf Antrag des Angeklagten oder des Vertreters der Anklage im Protokolle zu erwähnen.

[1] cf. §. 254 R.Str.P.O.

310.[1] Die ein Zeugniß oder ein Gutachten enthaltenden Erklärungen[2] militärischer Vorgesetzter, Zeugnisse über Vorstrafen, die ein Gutachten enthaltenden Erklärungen öffentlicher Behörden,[3] sowie ärztliche[4] Atteste über Körperverletzungen, welche nicht zu den schweren[5] gehören, können verlesen werden.

Ist das Gutachten einer kollegialen Fachbehörde eingeholt worden, so kann das Gericht die Behörde ersuchen, eines ihrer Mitglieder mit der Vertretung des Gutachtens in der Hauptverhandlung zu beauftragen und dem Gerichte zu bezeichnen.

[1] cf. §. 255 R.Str.P.O.

[2] Dahin würden die Führungszeugnisse zu rechnen sein. Die Verlesung von Leumundszeugnissen, welche nicht von militärischen Vorgesetzten abgegeben sind, ist nicht statthaft. cf. K.B. zu §. 297 des Entw. S. 100.

[3] „Oeffentliche Behörde", d. h. eine Amtsstelle, welche in den allgemeinen Behördenorganismus in der Art eingefügt ist, daß ihr Bestand von der physischen Person des mit ihrer Verwaltung betrauten Beamten unabhängig ist.

cf. Entsch. d. R.G. vom 9. Oktober 1894 — Bd. XXVI, S. 140.

Erklärungen ausländischer Behörden dürfen verlesen werden.

[4] Aerztliche, d. h. solche Atteste, welche von einer zur Führung des Titels als Arzt im Sinne des §. 29 der Gewerbe-Ordnung berechtigten Person ausgestellt sind.

cf. Entsch. d. R.G. vom 29 März 1886. — Rspr. Bd. VIII, S. 281.

[5] cf. §. 224 R.Str.G.B.

311.[1] Nach der Vernehmung eines jeden Zeugen, Sachverständigen oder Mitangeklagten, sowie nach Verlesung eines jeden Schriftstücks soll der Angeklagte gefragt werden, ob er etwas zu erklären habe.[2]

[1] cf. §. 256 R.Str.P.O.

[2] Instruktionelle Vorschrift.

cf. Entsch. d. R.G. vom 15. Januar 1880. — Rspr. Bd. I, S. 281.

312.[1] Nach dem Schlusse der Beweisaufnahme erhalten der Vertreter der Anklage und sodann der Angeklagte oder dessen Vertheidiger zu ihren Ausführungen und Anträgen das Wort.[2][3]

Dem Vertreter der Anklage steht das Recht der Erwiderung zu; dem Angeklagten gebührt das letzte Wort.[4]

Der Angeklagte ist, auch wenn ein Vertheidiger für ihn gesprochen hat, zu befragen, ob er selbst noch etwas zu seiner Vertheidigung anzuführen habe.[5]

[1] cf. §. 257 R.Str.P.O.

[2] Von Amtswegen. Wesentliche Formvorschrift. cf. Entsch. d. R.G. vom 27. März 1884. — Rspr. Bd. VI, S. 248 und Entsch. des R.G. vom 28. Oktober 1897. — Rspr. Bd. IX, S. 538.

[3] Die Ausführungen dürfen sich nur auf den Inhalt und das Ergebniß der Verhandlung beziehen.

Ausführungen des Vertheidigers, welche nicht zur Sache gehören, können dadurch verhindert werden, daß dem Vertheidiger in dieser Richtung das Wort entzogen wird.

cf. Entsch. d. R.G. vom 9. April 1886. — Rspr. Bd. VIII, S. 271.

[4] Das „letzte Wort" ist dem Angeklagten gegenüber dem Vertreter der Anklage, nicht gegenüber seinem eigenen Vertheidiger eingeräumt. Es ist deshalb nicht gesetzwidrig, wenn zuerst der Angeklagte, dann der Vertheidiger „das letzte Wort" hat. cf. Entsch. des R.G. vom 23. März 1885. Rspr. Bd. VII, S. 191.

[5] Das Wesentliche dieser Vorschrift besteht darin, daß der Angeklagte neben dem Vertheidiger zum Worte komme, nicht darin, daß dies unbedingt erst nach dem

Vertheidiger geschehe. cf. die unter 4 erwähnte Entsch. d. R.G.

313.[1] Einem der Gerichtssprache nicht mächtigen[2] Angeklagten müssen aus den Schlußvorträgen mindestens die Anträge des Vertreters der Anklage und des Vertheidigers durch den Dolmetscher bekannt gemacht werden.

Dasselbe gilt von einem tauben[3] Angeklagten, sofern nicht eine mündliche oder schriftliche Verständigung erfolgt.

[1] cf. §. 258 R.Str.P.O.

[2] cf. §. 116 und A. hierzu.

[3] cf. §. 117 und A. hierzu; ebenso wie Abs. 1 wesentliche Formvorschrift.

314.[1] Die Hauptverhandlung schließt mit der Erlassung des Urtheils. Das Urtheil[2] kann nur auf Freisprechung, Verurtheilung oder Einstellung des Verfahrens lauten.

Die Einstellung des Verfahrens ist insbesondere[3] auszusprechen, wenn bei einer nur auf Antrag zu verfolgenden strafbaren Handlung sich ergiebt, daß der erforderliche Antrag nicht vorliegt, oder wenn der Antrag rechtzeitig zurückgenommen ist.

[1] cf. §. 259 R.Str.P.O.

[2] Da die Erlassung des Urtheils ein Theil der Hauptverhandlung ist, so ist §. 273 zu beachten.

[3] Die Einstellung des Verfahrens hat auch da zu erfolgen, wo die strafrechtliche Verfolgbarkeit durch Verjährung, jugendliches Alter, völkerrechtliche Verträge oder deshalb ausgeschlossen ist, weil ein reines Disziplinarvergehen — Disz.-Ord. §. 1 Nr. 1 — vorliegt.

315.[1] Ueber das Ergebniß der Beweisaufnahme entscheidet das Gericht nach seiner freien, aus dem Inbegriffe der Verhandlung[2] geschöpften Ueberzeugung.[3]

[1] cf. §. 260 R.Str.P.O.

[2] Nur aus dem in der Hauptverhandlung selbst erörterten Beweismaterial darf die Ueberzeugung geschöpft und nur mit solchem Beweismaterial darf das Erkenntniß begründet werden.

Das Urtheil hat sich auf die Schuldfrage und die Straffrage zu erstrecken. Durch die Aufrechterhaltung eines früheren Urtheils in thatsächlicher Hinsicht wird im Wiederaufnahmeverfahren die erneute Prüfung der Strafzumessung auf Grund der neuen Verhandlung nicht entbehrlich.

cf. Entsch. d. R.G. vom 25. Januar 1898. Bd. XXX, S. 421 ff.

[3] Das Gericht ist hiernach in der Findung des Urtheils völlig frei und weder an Gutachten, noch an Erklärungen anderer Behörden gebunden; Ausnahme bezüglich der rechtlichen und militärdienstlichen Beurtheilung cf. §. 415.

316.[1] Hängt die Strafbarkeit einer Handlung von der Beurtheilung eines bürgerlichen Rechtsverhältnisses ab, so entscheidet das Strafgericht auch über dieses nach den für das Verfahren und den Beweis in Strafsachen geltenden Vorschriften.

Das Gericht ist jedoch befugt, das Urtheil auszusetzen und einem der Betheiligten zur Erhebung der Civilklage eine Frist zu bestimmen, oder das Urtheil des Civilgerichts[2] abzuwarten.

[1] cf. §. 261 R.Str.P.O.

[2] Das Urtheil des Civilgerichts ist auch in diesem Falle nicht bindend.

cf. Entsch. d. R.G. vom 5. Oktober 1886. — Rspr. Bd. VIII, S. 583.

**317.**[1] **Gegenstand der Urtheilsfindung ist die in der Anklageverfügung**[2] **bezeichnete That, wie sich dieselbe nach dem Ergebnisse der Verhandlung darstellt.**[3]

**Das Gericht ist an diejenige Beurtheilung der That, welche der Anklageverfügung zu Grunde liegt, nicht gebunden.**[4]

[1] cf. §. 263 R.Str.P.O.

[2] Das Gericht ist hiernach insofern an die Anklageverfügung gebunden, als dem Urtheile die in der Anklageverfügung bezeichnete, konkrete That zu Grunde gelegt werden muß. In der strafrechtlichen Qualifizirung der That ist — die Bestimmung des §. 318 vorbehalten — das Gericht frei. In thatsächlicher Beziehung sind Abweichungen von der Anklageverfügung gestattet, wenn durch dieselben die Identität der That nicht in Frage gestellt wird. So ist z. B. eine Verurtheilung auch dann zulässig, wenn sich im Laufe der Beweisaufnahme die Strafthat bezüglich des Ortes, der Zeit, der Person des Verletzten abweichend von der Anklageverfügung darstellt.

cf. Loewe §. 263 A. 3a.

[3] Wesentliche Vorschrift.

[4] Weicht das Gericht in der Beurtheilung der That von der Anklageverfügung ab, so sind die Gründe dieser Abweichung im Erkenntnisse anzugeben.

**318.**[1] [2] **Eine Verurtheilung des Angeklagten auf Grund eines anderen**[3] **als des in der Anklageverfügung angeführten Strafgesetzes darf nicht erfolgen,**

ohne daß der Angeklagte zuvor auf die Veränderung des rechtlichen Gesichtspunkts besonders hingewiesen[4] und ihm Gelegenheit zur Vertheidigung gegeben worden ist.

In gleicher Weise ist zu verfahren, wenn erst in der Verhandlung solche vom Strafgesetze besonders vorgesehene Umstände behauptet werden, welche die Strafbarkeit erhöhen.

Das Gericht hat auf Antrag oder von Amtswegen die Hauptverhandlung auszusetzen, falls dies in Folge der veränderten Sachlage zur genügenden Vorbereitung der Anklage oder der Vertheidigung angemessen erscheint. Seitens des Kriegsgerichts ist einem dahin gerichteten Antrage des Angeklagten stattzugeben, wenn derselbe neu hervorgetretene Umstände,[5] welche die Anwendung eines schwereren Strafgesetzes zulassen oder die Strafbarkeit erhöhen, bestreitet.

[1] cf. §. 264 R.Str.P.O.

[2] Ein Verstoß gegen diese Vorschrift begründet die Revision, falls das Urtheil auf der Gesetzesverletzung beruht. cf. §. 399 A. 2.

Entsch. d. R.G. vom 15. Mai 1880. Rspr. Bd. I, S. 789 und vom 13. April 1892. — Bd. XXIII, S. 77.

[3] Der Hinweis muß auch dann erfolgen, wenn das „andere Strafgesetz" milder ist.

cf. Entsch. d. R.G. vom 12. Juni 1882. — Bd. VI, S. 349.

[4] Von Seiten des Leiters der Verhandlung. §. 292.

cf. Entsch. d. R.G. vom 8. März 1880. — Bd. I, S. 254.

Die Befolgung der Vorschrift kann nur durch das Protokoll bewiesen werden. cf. §. 385.

cf. Entsch. d. R.G. vom 14. Juni 1880. — Rspr. Bd. II, S. 67.

[5] D. h. Thatumstände, welche zur Zeit der Anklageerhebung dem Gerichte unbekannt waren. cf. Entsch. d. R.G. vom 7. Juli 1885. — Rspr. Bd. VII, S. 875.

319.[1] Wird der Angeklagte im Laufe der Hauptverhandlung noch einer anderen That beschuldigt, als wegen welcher die Anklageverfügung gegen ihn erlassen ist, so kann auf Antrag des Vertreters der Anklage jene That mit seiner Zustimmung zum Gegenstande derselben Aburtheilung gemacht werden.

Diese Bestimmung findet nicht Anwendung, wenn die That sich als ein bürgerliches oder militärisches Verbrechen darstellt, oder die Aburtheilung derselben die Zuständigkeit[2] des Gerichts überschreitet.

[1] cf. §. 265 R.Str.P.O.

[2] Die sachliche Zuständigkeit. cf. §§. 15, 16, 45.

320.[1] Die Leitung der Urtheilsberathung und das Sammeln der Stimmen erfolgt durch denjenigen, der die Verhandlungen geführt hat.

Etwaige Vorfragen[2] sind einzeln vor der Hauptfrage, die Festsetzung des Strafmaßes ist erst nach beschlossener Anwendung des Strafgesetzes die Gesammtstrafe erst nach Festsetzung der Einzelstrafen und die Verhängung einer Nebenstrafe erst nach der Bemessung der Hauptstrafe zur Abstimmung zu bringen.

Meinungsverschiedenheiten über den Gegenstand, die Fassung und die Reihenfolge der Fragen oder über das Ergebniß der Abstimmung entscheidet das Gericht.

[1] cf. §. 196 G.V.G.

[2] D. h. solche Fragen, bei denen es sich darum handelt, ob die Strafverfolgung vor dem erkennenden Gericht und damit eine Entscheidung desselben in der Sache selbst zulässig ist; so ob der erforderliche Antrag überhaupt oder ob er rechtzeitig oder von einer dazu legitimirten Person gestellt oder ob er rechtswirksam zurückgezogen, ob der Angeklagte vernehmungsfähig, ob Verjährung der Strafverfolgung eingetreten, ob die Militärstrafgerichtsbarkeit begründet ist. cf. Begr. zu §. 307 des Entw. S. 144.

321.[1] Kein Richter darf die Abstimmung über eine Frage verweigern, weil er bei der Abstimmung über eine vorhergegangene Frage in der Minderheit geblieben ist.

[1] cf. §. 197 G.V.G.

322.[1] Zu einer jeden Entscheidung des Gerichts ist Stimmenmehrheit[2] erforderlich.

Bilden sich bei einer Abstimmung mehr als zwei Meinungen, von denen keine die Mehrheit für sich hat, so werden die dem Angeklagten nachtheiligsten Stimmen den zunächst minder nachtheiligen so lange hinzugerechnet, bis sich nach Vorschrift des ersten Absatzes eine Entscheidung herausstellt. Ist es zweifelhaft, welche der Meinungen die nachtheiligere ist, so muß hierüber besonders abgestimmt werden.

[1] cf. §. 198 G.V.G.

[2] Absolute Stimmenmehrheit. cf. Begr. zu §. 309 des Entw. S. 145. Nicht ausreichend ist die einfache Stimmenmehrheit bei einer dem Angeklagten nachtheiligen Entscheidung über die Schuldfrage. cf. §. 323. Einstimmigkeit ist in den Fällen des §. 299 Abs. 4 erforderlich.

323.[1] [2] Zu einer jeden dem Angeklagten nachtheiligen Entscheidung, welche die Schuldfrage betrifft, ist eine Mehrheit von zwei Drittheilen der Stimmen erforderlich.[3]

Die Schuldfrage begreift auch solche von dem Strafgesetze besonders vorgesehene Umstände, welche die Strafbarkeit ausschließen,[4] vermindern[5] oder erhöhen.[6] Die Schuldfrage begreift nicht die Voraussetzungen des Rückfalls und der Verjährung.[7]

[1] cf. §. 262 R.Str.P.O.

[2] cf. K.B. zu §. 309 des Entw. S. 101.

[3] Ausnahme von §. 322. Es sind zu einer dem Angeklagten nachtheiligen, die Schuldfrage betreffenden Entscheidung hiernach erforderlich:

a) bei den Standgerichten 2 Stimmen. — §. 38.

b) bei den Kriegsgerichten 4 Stimmen. — §. 49.

c) bei den Oberkriegsgerichten und bei den Senaten des Reichsmilitärgerichts 5 Stimmen. — §§. 66, 84.

[4] cf. z. B. §§. 46, 163 Abs. 2, 310 R.Str.G.B.

[5] cf. z. B. §§. 157, 158 R.Str.G.B.

[6] cf. z. B. §. 248 R.Str.G.B. §§. 55, 95, 103, 107, 115, 136 M.Str.G.B.

[7] Die Fragen, ob mildernde Umstände oder minder schwere Fälle vorliegen, ob die Untersuchungshaft auf die erkannte Strafe in Anrechnung zu bringen ist, charakterisiren sich nicht als Schuldfragen. Ihre für den An-

geklagten ungünstige Entscheidung verlangt also keine Mehrheit von zwei Drittheilen der Stimmen.

cf. bez. des Rückfalls § 411 A. 2.

324. Bei den Standgerichten richtet sich die Reihenfolge der Abstimmenden nach dem Dienstrange; der Jüngste im Range stimmt zuerst.

Bei den Kriegsgerichten stimmt der die Verhandlungen führende Kriegsgerichtsrath zuerst; die übrigen Richter stimmen in der für die Standgerichte vorgeschriebenen Reihenfolge. Wirken außer dem bezeichneten Kriegsgerichtsrathe noch andere Militärbeamte[1] als Richter mit, so stimmen diese vor den Offizieren.

[1] cf. §§. 55, 56.

325.[1] Bei der Berathung und Abstimmung dürfen außer den zur Entscheidung berufenen Richtern[2] nur die bei demselben Gerichte zu ihrer juristischen Ausbildung beschäftigten Personen zugegen sein, soweit der Vorsitzende deren Anwesenheit gestattet.[3]

Ueber den Hergang bei der Berathung und Abstimmung ist von den dabei anwesenden Personen Stillschweigen zu beobachten.

[1] cf. §. 195 G.V.G.

[2] Auch die Gerichtsschreiber dürfen hiernach bei der Berathung nicht zugegen sein. Die Zulassung von Referendaren, welche in der Sache als Gerichtsschreiber fungirt haben, ist gestattet.

cf. Entsch. d. R.G. vom 8. Oktober 1888. — Rspr. Bd. X, S. 549.

³ Verstoß gegen diese Vorschrift ist kein absoluter Aufhebungsgrund. Bei Einlegung der Revision muß die Annahme begründet sein, daß das Urtheil auf der Gesetzesverletzung beruht. cf. §. 399 A. 2. Entsch. des R.G. vom 12. November 1888. -- Rspr. Bd. X, S. 640.

326.[1] [2] Wird der Angeklagte verurtheilt, so müssen die Urtheilsgründe die für erwiesen erachteten Thatsachen angeben, in welchen die gesetzlichen Merkmale der strafbaren Handlung gefunden werden, und die nähere Darlegung enthalten, weshalb diese Thatsachen für erwiesen erachtet worden sind.

Waren in der Verhandlung solche vom Strafgesetze besonders vorgesehene Umstände behauptet worden, welche die Strafbarkeit ausschließen,[3] vermindern[3] oder erhöhen,[3] so müssen die Urtheilsgründe sich darüber aussprechen, ob diese Umstände für festgestellt oder für nicht festgestellt erachtet werden.

Die Gründe des Strafurtheils müssen ferner das zur Anwendung gebrachte Strafgesetz bezeichnen und sollen die Umstände anführen, welche für die Zumessung der Strafe bestimmend gewesen sind. Macht das Strafgesetz die Anwendung einer geringeren Strafe von dem Vorhandensein mildernder Umstände oder eines minder schweren Falles abhängig, so müssen die Urtheilsgründe die hierüber getroffene Entscheidung und die dafür maßgebend gewesenen Erwägungen ergeben, sofern das Vorhandensein mildernder Umstände oder eines minder schweren Falles angenommen oder einem in der Verhandlung gestellten Antrag entgegen verneint wird.

Wird der Angeklagte freigesprochen, so müssen die Urtheilsgründe ergeben, ob der Angeklagte für nicht überführt, oder ob und aus welchen Gründen die für erwiesen angenommene That für nicht strafbar erachtet worden ist.

[1] cf. §. 266 R.Str.P.O.
[2] cf. §. 400 zu 7.
[3] cf. §. 323 A. 4–6.

327.[1 2] Die Verkündung des Urtheils erfolgt durch Verlesung der Urtheilsformel und Eröffnung der Urtheilsgründe am Schlusse der Verhandlung oder spätestens innerhalb dreier Tage[3] nach dem Schlusse der Verhandlung bei den Standgerichten durch den Vorsitzenden, bei den Kriegsgerichten durch den die Verhandlung führenden Kriegsgerichtsrath.[4]

Die Eröffnung der Urtheilsgründe geschieht durch Verlesung oder durch mündliche Mittheilung ihres wesentlichen Inhalts.[5]

Der Angeklagte ist über die Zulässigkeit der Berufung und, falls derselbe erklärt, daß er sich bei dem Urtheile nicht beruhige, über die bei Einlegung der Berufung einzuhaltende Frist (§. 379), sowie den einzuschlagenden Weg (§. 369) zu belehren.

Ein in Abwesenheit des Angeklagten verkündetes Urtheil und die im Absatze 3 vorgeschriebene Belehrung kann dem Angeklagten auch durch einen Gerichtsoffizier oder Kriegsgerichtsrath zu Protokoll eröffnet werden.

Im Falle der Zustellung des Urtheils (§. 137 Absatz 2) ist die Belehrung mit der Zustellung zu verbinden.

[1] cf. §. 267 R.Str.P.O.

[2] Eine Abänderung oder Ergänzung des beschlossenen, in dem Sitzungsprotokolle beurkundeten und auf Grund der Beurkundung verkündeten Urtheils ist nicht statthaft. Im Falle eines Widerspruches zwischen Sitzungsprotokoll und ausgefertigtem Urtheil ist das erstere maßgebend. Entstehen durch einen solchen Widerspruch Zweifel über den Inhalt des beschlossenen Urtheils, so unterliegt dasselbe der Aufhebung.

Dagegen dürfen offensichtliche und für jeden erkennbare Schreib- oder Fassungsfehler der Urtheilsformel durch Gerichtsbeschluß berichtigt werden.

cf. Entsch. des R.G. vom 22. Januar 1886. — Bd. XIII, S. 268 und 15. Februar 1887. — Rspr. Bd. IX, S. 132.

[3] Erfolgt die Verkündung nicht spätestens am dritten Tage, so muß die Hauptverhandlung wiederholt werden.

cf. §. 276 und Entsch. des R.G. vom 22. März 1895. — Bd. XXVII, S. 117.

[4] cf. §. 378 A. 2.

[5] „Oeffentlichkeit." cf. §. 284.

F. Nr. 86.

F. (Niedere Gerichtsbarkeit) Nr. 26.

328. Findet das Gericht im Laufe[1] der Verhandlung, daß der Angeklagte nicht unter der Militärstrafgerichtsbarkeit steht, so hat es durch Beschluß seine Unzuständigkeit auszusprechen.

Gegen diesen Beschluß steht sowohl dem Gerichtsherrn wie dem Angeklagten binnen einer Woche nach der Verkündung des Beschlusses die Rechtsbeschwerde[2] an das Reichsmilitärgericht zu. Hat die Verkündung in Abwesenheit des Angeklagten stattgefunden, so läuft für diesen die Frist vom Tage der Zustellung des Beschlusses.

[1] Sobald das Gericht zu dieser Ueberzeugung gelangt, kann die Beweisaufnahme oder deren Fortsetzung unterbleiben. cf. Begr. zu §. 313 des Entw. S. 145.

[2] cf. §. 378.

F. Nr. 37.

329.[1] Das Gericht darf sich nicht für unzuständig erklären, weil die Sache vor ein Gericht niederer Ordnung gehöre, oder weil die Erhebung der Anklage von einem unzuständigen Gerichtsherrn verfügt sei, oder weil zur Ahndung der strafbaren Handlung die Bestrafung im Disziplinarwege nach Maßgabe des §. 3 des Einführungsgesetzes zum Militärstrafgesetzbuch ausreichend gewesen wäre.[2]

[1] cf. §. 269 R.Str.P.O.

[2] Folge des in §. 157 Abs. 2 enthaltenen Grundsatzes.

cf. §. 157 A. 2.

330.[1] Stellt sich nach dem Ergebnisse der Verhandlung vor einem Standgerichte die That als eine solche dar, welche die Zuständigkeit des Standgerichts überschreitet, so hat dasselbe durch Beschluß seine Unzuständigkeit auszusprechen[2] und die Sache an die zuständige Stelle zu verweisen. Dieser Beschluß hat die Wirkung der Anklageerhebung für das weitere Verfahren.

Das Gleiche gilt, wenn der Angeklagte mit Rücksicht auf seinen Rang der niederen Gerichtsbarkeit entzogen ist,[3] oder die zu erkennende Strafe die dem Standgerichte gezogenen Grenzen überschreitet (§§. 14, 15, 16, 47, 63).

[1] cf. §. 270 R.Str.P.O.

[2] cf. §. 63 A. 4.

[3] cf. §. 259 Abs. 2.

F. (Niedere Gerichtsbarkeit) Nr. 27.

331.[1] Ueber die Hauptverhandlung ist ein Protokoll aufzunehmen, welches außer von dem Vorsitzenden und dem Gerichtsschreiber[2] auch von dem die Verhandlung Führenden zu unterschreiben ist.[3] [4] [5]

[1] cf. §. 271 R.Str.P.O.

[2] Sind mehrere Gerichtsschreiber zugegen — § 274 — so hat jeder den von ihm aufgenommenen Theil des Protokolls zu unterzeichnen.

[3] Die fehlende Unterschrift darf auch dann noch nachgeholt werden, wenn bereits eine auf den Mangel derselben gestützte Revisionsrechtfertigung eingegangen ist. cf. Entsch. d. R.G. vom 18. Februar 1886. — Bd. XIII, S. 351.

[4] Randvermerke sind besonders zu unterzeichnen.

[5] Ist eine dieser Personen behindert, so genügt die Unterschrift der übrigen zur Unterzeichnung berufenen Personen. cf. Begr. S. 146 zu §. 316 d. Entw.

332.[1] Das Protokoll über die Hauptverhandlung enthält:

1. den Ort und den Tag[2] der Verhandlung;
2. die Namen der Mitglieder des Gerichts, des Vertreters der Anklage, des Gerichtsschreibers und des etwa zugezogenen Dolmetschers;
3. die Bezeichnung der strafbaren Handlung nach der Anklage;
4. die Namen der Angeklagten und ihrer Vertheidiger;
5. die Namen der vernommenen Zeugen und Sachverständigen und den Vermerk über die stattgehabten Beeidigungen;
6. die Angabe, daß öffentlich verhandelt oder die Oeffentlichkeit ausgeschlossen ist.[3]

[1] cf. §. 272 R.Str.P.O.

[2] Es braucht nicht für jeden Tag der Verhandlung - falls sich dieselbe auf mehrere Tage erstreckt - ein besonderes Protokoll aufgenommen werden.
cf. Entsch. des R.G. vom 1. Juli 1897. Bd. XXX, S. 205 ff.

[3] Auch der Grund der Ausschließung der Oeffentlichkeit ist anzugeben.
cf. §. 285.

333.[1] Das Protokoll muß den Gang und die Ergebnisse der Hauptverhandlung im Wesentlichen wiedergeben und die Beobachtung aller wesentlichen Förmlichkeiten ersichtlich machen, auch die Bezeichnung der verlesenen Schriftstücke, sowie die im Laufe der Verhandlung gestellten Anträge, die ergangenen Entscheidungen und die Urtheilsformel enthalten.

Von dem Inhalte der Erklärungen des Vertreters der Anklage, des Angeklagten und Vertheidigers, der Zeugen und der Sachverständigen wird nur das Wesentliche in das Protokoll aufgenommen. Insoweit diese Personen bereits im Ermittelungsverfahren vernommen waren, ist in dem Protokolle nur zu vermerken, ob und inwiefern ihre Erklärungen etwa von den früheren Aussagen in erheblichen Punkten abweichen.

Kommt es auf die Feststellung eines Vorganges in der Hauptverhandlung oder des Wortlauts einer Aussage oder einer Aeußerung an, so hat der die Verhandlung führende Richter die vollständige Niederschreibung und Verlesung anzuordnen. In dem Protokoll ist zu bemerken, daß die Verlesung geschehen und die Genehmigung erfolgt ist, oder welche Einwendungen erhoben sind.[2]

[1] cf. §. 273 R.Str.P.O.

[2] Die vernommenen Personen — Angeklagte, Zeugen 2c. — haben das Protokoll nicht zu unterzeichnen. cf. §. 331.

334. Erfolgt die Beobachtung der vorgeschriebenen Förmlichkeiten nach Ansicht eines bei der Verhandlung Betheiligten[1] in mangelhafter oder ungenügender Weise, so ist dieser berechtigt, die Feststellung des Vorganges und dessen Aufnahme in das Protokoll zu verlangen.

[1] Hiezu gehören auch Zeugen, Sachverständige, Dolmetscher 2c.

335.[1] Die Beobachtung der für die Hauptverhandlung vorgeschriebenen Förmlichkeiten[2] kann nur durch das Protokoll bewiesen[3] werden. Gegen den diese Förmlichkeiten betreffenden Inhalt desselben ist der Nachweis der Unrichtigkeit[4] zulässig.

[1] cf. §. 274 R.Str.P.O.

[2] D. h. alle Vorgänge in der Hauptverhandlung, welche für deren Rechtsbeständigkeit von Einfluß sind.

[3] Das Protokoll liefert hiernach nicht nur einen — allerdings durch die Darlegung der Unrichtigkeit widerlegbaren — Beweis, daß die bekundeten Vorgänge zutreffend festgestellt sind, sondern auch einen Beweis dahin, daß nicht bekundete Vorgänge als nicht geschehen zu erachten sind.

cf. Entsch. des R.G. vom 28. Januar 1880. — Bd. I, S. 86.

[4] §. 274 R.Str.P.O. verlangt den Nachweis der Fälschung.

336.[1 2] Das Urtheil mit den Gründen soll binnen drei Tagen nach der Verkündung zu den Akten gebracht werden, falls es nicht bereits vollständig in das Protokoll[4] aufgenommen worden ist.

Es ist von den Richtern, welche bei der Entscheidung mitgewirkt haben, zu unterschreiben.[4] Ist ein[5] Richter verhindert, seine Unterschrift beizufügen, so wird dies unter Angabe des Verhinderungsgrundes von dem Vorsitzenden oder bei dessen Verhinderung von dem ältesten beisitzenden Offizier unter dem Urtheile vermerkt.

Die Bezeichnung des Tages der Sitzung, sowie die Namen der Richter, des Vertreters der Anklage und des Gerichtsschreibers, welche an der Sitzung Theil genommen haben, sind in das Urtheil aufzunehmen.

Die Ausfertigungen und Auszüge der Urtheile sind bei den Standgerichten vom Vorsitzenden, bei den Kriegsgerichten von dem Kriegsgerichtsrathe, der die Verhandlung geführt hat, zu unterschreiben und mit dem Gerichtssiegel zu versehen.

[1] cf. §. 275 R.Str.P.O.

[2] Instruktionelle Vorschrift.

[3] Die Aufnahme der Urtheilsgründe in das Protokoll erscheint nur bei einfacheren Sachen empfehlenswerth.

[4] Aenderungen der bereits unterzeichneten Urtheilsgründe bedürfen zu ihrer Rechtsgültigkeit der Unterschrift der sämmtlichen Richter.

cf. Entsch. des R.G. vom 17. Oktober 1892. Bd. XXII, S. 259.

[5] Das Gleiche gilt, wenn mehrere Richter behindert sind.

F. Nr. 38, 39.

F. (Niedere Gerichtsbarkeit) Nr. 28.

## Sechster Abschnitt.[1]

[1] Begr. S. 147—153 K.B. S. 104—116.

## Vertheidigung.

337.[1 2 3] Der Angeklagte kann sich nach Abschluß[4] des Ermittelungsverfahrens (§. 173 Absatz 5) des Beistandes eines Vertheidigers bedienen.

Diese Bestimmung findet in dem Verfahren vor[5 6] den Standgerichten keine Anwendung.

[1] cf. §. 137 R.Str.P.O.

[2] Die gleichen Vorschriften gelten für die Berufungsinstanz.
cf. §. 389 Abs. 3.

[3] Ueber Berechtigung zur Einlegung und Zurücknahme von Rechtsmitteln. cf. §§. 369 Abs. 5, 371 Abs. 2.

[4] Bei Einnahme eines Augenscheins ist im Verfahren vor dem Kriegsgericht dem Vertheidiger die Anwesenheit zu gestatten. cf. §. 165 Abs. 1.

[5] Geht eine standgerichtliche Sache in die Berufungsinstanz, so ist die Vertheidigung statthaft. K.B. zu §. 323 des Entw. S. 108.

[6] cf. §. 217 A. 3. Zuziehung eines Vertheidigers ist auch in dem Verfahren vor dem Standgerichte geboten, wenn über die Unterbringung eines Angeklagten in eine öffentliche Irrenanstalt, behufs Beobachtung seines Geisteszustandes, entschieden werden soll.

338.[1] Bildet ein Verbrechen den Gegenstand der Anklage, so hat der Gerichtsherr dem Angeklagten, sofern derselbe einen Vertheidiger nicht erwählt hat, einen solchen von Amtswegen zu bestellen.[2]

Diese Bestimmung findet nicht Anwendung, wenn die strafbare Handlung nur deshalb als ein Verbrechen sich darstellt, weil sie im Rückfalle begangen ist,[3] oder weil die Voraussetzungen des §. 55 des Militärstrafgesetzbuchs vorliegen.

[1] §. 140 R.Str.P.O. §. 1 R.Str.G.B. §. 1 M.Str.G.B.

[2] Selbst gegen den Willen des Angeklagten, da die Mitwirkung des Vertheidigers ein „der Dispositionsbefugniß des Angeklagten nicht unterliegendes Erforderniß" ist. cf. Entsch. des R.G. vom 14. Juni 1880. — Bd. II, S. 106.

[3] cf. §§. 244, 245, 261, 264 R.Str.G.B.

339.[1] Erachtet außer den Fällen der nothwendigen Vertheidigung (§. 338) der Gerichtsherr oder das erkennende Gericht die Bestellung eines Vertheidigers für sachgemäß, so ist dieselbe von Amtswegen zu veranlassen.

Der Angeklagte kann die Bestellung eines Vertheidigers beantragen, sofern dieselbe nicht von Amtswegen erfolgt.

Der Antrag ist binnen einer Frist von drei Tagen[2] nach der Bekanntmachung der Anklageverfügung (§§. 256, 257) zu stellen. Für das Verfahren in der Berufungsinstanz ist der Antrag auf Bestellung eines Vertheidigers, sofern er nicht schon in erster Instanz gestellt war, spätestens binnen einer Frist von drei Tagen nach Bekanntmachung des Termins der Hauptverhandlung (§. 266 Absatz 3, §. 267 Absatz 2, §. 388) zu stellen.

Ueber den Antrag entscheidet außerhalb der Hauptverhandlung der Gerichtsherr, in der Hauptverhandlung das Gericht[3] nach freiem Ermessen.

[1] cf. §. 141 R.Str.P.O.
[2] cf. §. 146.
[3] Das Gericht entscheidet nur die Bedürfnißfrage, das Weitere behufs Auswahl des Vertheidigers und die Bestellung desselben ist dem Gerichtsherrn zu überlassen. cf. Begr. zu §. 324 des Entw. S. 150.
F. Nr. 39.

340.[1] Die Vertheidigung mehrerer Angeklagter kann, insofern dies der Aufgabe der Vertheidigung nicht widerstreitet, durch einen gemeinschaftlichen Vertheidiger geführt werden.[2]

[1] cf. §. 146 R.Str.P.O.

[2] Diese Vorschrift erstreckt sich auch auf die Fälle der nothwendigen Vertheidigung. cf. §. 338.
F. Nr. 39.

341. Als Vertheidiger werden zugelassen und können von Amtswegen bestellt werden:

1. Personen des Soldatenstandes des aktiven Heeres und der aktiven Marine im Offizierrange;[1]
2. Kriegsgerichtsräthe und die bei den Militärgerichten beschäftigten Assessoren und Referendare (Praktikanten);[2]
3. nichtrichterliche obere Militärbeamte;[3]
4. Personen des Beurlaubtenstandes im Offizierrange;
5. Rechtsanwälte,[5] welche von der obersten Militärjustizverwaltung ernannt sind.

Die unter Nr. 1 bis 3 bezeichneten Personen bedürfen zur Uebernahme von Vertheidigungen der Genehmigung der vorgesetzten Dienstbehörde.

Bei den Kriegsgerichten und Oberkriegsgerichten werden durch die oberste Militärjustizverwaltung aus den im Bereiche der Oberkriegsgerichte, bei dem Reichsmilitärgerichte durch seinen Präsidenten aus den am Sitze des Reichsmilitärgerichts wohnenden Rechtsanwälten nach Maßgabe des Bedürfnisses und nach Befragung der Anwaltskammer mehrere Rechtsanwälte ernannt, welchen die Vertheidigung übertragen werden kann und welche die Uebernahme der Vertheidigung nicht verweigern dürfen.

Einem bei den deutschen Gerichten zugelassenen Rechtsanwalt ist, insoweit Verbrechen oder Vergehen gegen die §§. 133, 156, 159, 160, 253, 263, 266, 267 bis 271, 273, 274 des bürgerlichen Strafgesetzbuchs den Gegenstand der Anklage bilden, auf seinen Antrag die Uebernahme einer Vertheidigung vor dem Militärgerichte vom Gerichtsherrn zu gestatten, wenn nicht eine Gefährdung militärdienstlicher Interessen oder eine Gefährdung der Staatssicherheit zu besorgen ist.[5] Gegen die Versagung der Genehmigung steht dem Antragsteller die Rechtsbeschwerde[6] an die oberste Militärjustizverwaltung zu; der Fortgang des Verfahrens wird durch die Einlegung der Rechtsbeschwerde nicht gehemmt.

[1] Im Felde und an Bord können auch Angehörige des Heeres oder der Marine, welche nicht im Offizierrange stehen, als Vertheidiger zugelassen oder bestellt werden. cf. §. 348.

[2] Hiernach ist die Bestellung von Oberkriegsgerichtsräthen und Reichsmilitärgerichtsräthen unzulässig.

[3] Im Felde und an Bord auch untere Militärbeamte; z. B. Büchsenmacher, Unterapotheker, die zur Verrichtung dienstlicher Funktionen eingeschifften untern Civilbeamten. cf. §. 348 und Verord., betr. Klasseneintheilung der Militärbeamten vom 29. Juni 1880. R.G.Bl. S. 169 ff.

[4] cf. §. 117 E.G.

[5] Es ist selbstverständlich, daß die Genehmigung nur aus diesen Gründen versagt werden darf.

[6] cf. §. 373.

**Ausf.-Best. H. u. M.** Die kommandirenden Generale (in der Marine: Chefs einer selbstständigen Kommandobehörde) haben nach Feststellung des für ihren Bereich bestehenden Bedürfnisses sich mit den Vorständen der Anwaltskammern (§§. 41 ff. der Rechtsanwaltsordnung vom 1. Juli 1878, Reichs-Gesetzblatt Seite 177 ff.) in Verbindung zu setzen, um diejenigen Rechtsanwälte zu ermitteln, welche geeignet und bereit sind, zu Vertheidigern ernannt zu werden.

Das Ergebniß der Ermittelungen ist unter Beifügung der Verhandlungen und der eigenen Vorschläge dem Kriegsministerium vorzulegen.

Beim Abgang eines von der Militärjustizverwaltung ernannten Rechtsanwalts ist in gleicher Weise zu verfahren.

Als Vertheidiger erscheinen in der Hauptverhandlung

die in Nr. 1 bis 4 bezeichneten Personen in der Dienstuniform,

Rechtsanwälte in der Amtstracht oder, wenn sie zugleich Offiziere des Beurlaubtenstandes sind, nach Wahl in der militärischen Dienstuniform,

Beamte, denen eine Dienstuniform nicht verliehen ist, im schwarzen Anzuge.

**342.** Bevor im einzelnen Falle ein Vertheidiger von Amtswegen bestellt wird, ist, sofern nicht Dringlichkeit obwaltet, der Angeklagte zu befragen, ob er besondere Wünsche in Betreff der Person des zu bestellenden Vertheidigers zu äußern habe.[1] Die vorgebrachten Wünsche sind nach Möglichkeit zu berücksichtigen.

[1] Instruktionelle Vorschrift.

F. Nr. 39.

**343.**[1] Die Bestellung eines Vertheidigers unterbleibt, oder ist, falls sie bereits erfolgt war, zurückzuziehen,[2] wenn der Angeklagte einen von ihm gewählten Vertheidiger benennt,[3] welcher den Erfordernissen des §. 341 entspricht und zur Uebernahme der Vertheidigung bereit ist.

[1] cf. §. 143 R.Str.P.O.

[2] Der bestellte Vertheidiger wird erst durch diese ausdrückliche „Zurückziehung der Bestellung" von seinen Pflichten entbunden.

[3] Die Kosten für den gewählten Vertheidiger trägt der Angeklagte.
cf. §. 469 und §. 347 A. 8.

**344.**[1] Nach Abschluß des Ermittelungsverfahrens müssen dem Vertheidiger die Untersuchungsakten auf Verlangen vorgelegt werden.[3, 4]

Sofern keine Bedenken entgegenstehen, können die Akten mit Ausnahme der Ueberführungsstücke dem Vertheidiger in seine Wohnung verabfolgt werden.[4]

[1] cf. §. 147 R.Str.P.O.

[2] cf. §. 243 ff.

[3] Abschriften aus den Akten können ertheilt werden. Der Vertheidiger hat aber kein Recht, solche zu verlangen.
cf. Loewe zu §. 147 A. 9.

[4] Im Felde und an Bord cf. §. 348.

**345.**[1] Dem verhafteten Angeklagten ist schriftlicher und mündlicher Verkehr mit dem Vertheidiger gestattet.

Solange die Anklage nicht erhoben ist,[2] kann der Gerichtsherr schriftliche Mittheilungen zurückweisen, falls deren Einsicht ihm nicht gestattet wird.

Bis[3] zu demselben Zeitpunkte kann der Gerichtsherr, sofern die Verhaftung nicht lediglich wegen Verdachts der Flucht gerechtfertigt ist, anordnen, daß den Unterredungen mit dem Vertheidiger ein Kriegsgerichtsrath oder Gerichtsoffizier beiwohne.

[1] cf. §. 148 R.Str.P.O. §§. 282, 188 M.Str.G.O.

[2] cf. §. 258.

[3] Nach Erhebung der Anklage sind die Unterredungen ohne diese Beschränkung zu gestatten.

346.[1] Bleibt in einem Falle der nothwendigen Vertheidigung (§. 338) oder in einem Falle, in welchem das Gericht[2] die Vertheidigung für sachgemäß erachtet hat (§. 339), der bestellte oder gewählte Vertheidiger in der Hauptverhandlung aus, so muß die Verhandlung ausgesetzt werden. An Stelle des Wahlvertheidigers ist in einem solchen Falle demnächst ein Vertheidiger von Amtswegen zu bestellen.

Wird durch die Schuld des Vertheidigers eine Aussetzung[3] erforderlich, so sind demselben, vorbehaltlich dienstlicher Ahndung, die hierdurch verursachten Kosten aufzuerlegen.

[1] cf. §. 145 R.Str.P.O.

[2] Das Gleiche gilt, wenn der Gerichtsherr die Vertheidigung für sachgemäß erachtet hat. cf. Begr. zu §. 331 des Entw. S. 152.

[3] cf. § 275 Abs. 2.

347. Den bestellten Vertheidigern, welche sich nicht am Gerichtsorte befinden, sind, sofern sie zu den im §. 341 Nr. 1 bis 3 bezeichneten Personen

gehören, die verordnungsmäßigen Fuhrkosten und Tagegelder[1] zu zahlen.[2] Vertheidigungsgebühren stehen denselben nicht zu.[3]

[1] cf. Verordnung betr. Tagegelder ꝛc. der Reichsbeamten vom 21. Juni 1875 / 19. November 1879 Reiseordnung für die Personen des Soldatenstandes der Kais. Marine vom 28. März 1892. Reiseordnung für die Personen des Soldatenstandes der Armee vom 21. März 1889.

[2] cf. §. 469.

[3] Den nach §§. 338, 339 bestellten Rechtsanwälten steht ein Anspruch auf Vertheidigungsgebühren zu. cf. §. 17 Einf.-Ges. Die Wahlvertheidiger sind auch in den Fällen der nothwendigen Vertheidigung von dem Angeklagten zu honoriren.
cf. §. 469 Abs. 2.

**348.** Im Felde und an Bord finden die Bestimmungen der §§. 342, 344 nur insoweit Anwendung, als die Verhältnisse dies gestatten. Außer den im §. 341 bezeichneten Personen können im Bedürfnißfall auch Angehörige[1] des Heeres oder der Marine, die nicht Offizierrang haben, als Vertheidiger zugelassen und bestellt werden.

[1] Personen des Soldatenstandes und Militärbeamte. cf. auch §. 341 A. 1 und 3.

## Siebenter Abschnitt.[1]

[1] cf. Begr. S. 153—154 K.B.

## Strafverfügung.

**349.**[1] Betrifft die Beschuldigung lediglich eine Uebertretung, so kann nach vorausgegangenem Ermittelungsverfahren durch schriftliche Strafverfügung des Gerichtsherrn[2] ohne vorgängige Hauptverhandlung eine Strafe festgesetzt werden. Die Verfügung ist außer von dem Gerichtsherrn von einem Gerichtsoffizier oder einem Kriegsgerichtsrathe zu unterzeichnen.

Durch eine Strafverfügung darf jedoch keine andere Strafe als Haft bis zu vierzehn Tagen oder Geldstrafe und diejenige Haft,[3] welche für den Fall der Unbeibringlichkeit der Geldstrafe an deren Stelle tritt, sowie eine etwa verwirkte Einziehung festgesetzt werden.

Bestehen Bedenken gegen die Festsetzung der Strafe innerhalb dieser Grenzen, so ist nach den im dritten, vierten und fünften Abschnitte dieses Titels gegebenen Vorschriften zu verfahren.[4]

[1] cf. §. 447 R.Str.P.O.

[2] Ist ein nicht unter einem Gerichtsherrn stehender General oder Admiral beschuldigt, so ist zunächst in Gemäßheit des §. 21 ein Gerichtsherr zu bestellen.

[3] In diesem Falle ist die Höchstdauer der Haft nicht auf 14 Tage beschränkt.

cf. §. 29 Abs. 2 R.Str.G.B. Begr. zu §. 334 des Entw. S. 153.

[4] Es tritt das ordentliche Verfahren ein; namentlich dann, wenn von dem Gerichtsoffizier oder dem Kriegsgerichtsrath Bedenken geltend gemacht werden. cf. Begr. zu §. 334 des Entw. S. 154.

F. Nr. 40.

F. (Niedere Gerichtsbarkeit) Nr. 29.

**350.** Die Strafverfügung ist dem Beschuldigten zuzustellen[1, 2] (§§. 139, 141, 142).

[1] Die Verjährung wird durch die Strafverfügung unterbrochen. §. 10 des Einf.-Ges. und §. 68 R.Str.G.B.

[2] Da mit der Zustellung die Einspruchsfrist beginnt — §. 351 Abs. 1 — so ist die Zustellung zur Post nicht statthaft. — §. 142 Abs. 2.

**351.**[1] Die Strafverfügung muß außer der Festsetzung der Strafe die strafbare Handlung,[2] das angewendete Strafgesetz und die Beweismittel bezeichnen, auch die Eröffnung enthalten, daß sie vollstreckbar werde, wenn der Beschuldigte nicht binnen einer Woche nach der Zustellung bei dem Gerichtsherrn Einspruch erhebe.

Hinsichtlich der Erhebung des Einspruchs finden die Bestimmungen des §. 369 Absatz 2 bis 4 über die Einlegung von Rechtsmitteln Anwendung.

In der dem Beschuldigten zu machenden Eröffnung ist derselbe auf einen oder mehrere der hiernach für die Erhebung des Einspruchs offenstehenden Wege[3] zu verweisen.

[1] cf. §. 449 R.Str.P.O.

[2] Die konkrete Strafhandlung muß bezeichnet werden; die Anführung der gesetzlichen Thatbestandsmerkmale genügt nicht.

[3] cf. §. 369 Abs. 2—4.

F. Nr. 41.

F. (Niedere Gerichtsbarkeit) Nr. 30.

**352.**[1] Auf den Einspruch[2] kann vor Ablauf der Frist verzichtet werden.

[1] cf. §. 449 Abs. 2 R.Str.P.O.

[2] Der Verzicht auf den Einspruch erfolgt in der gleichen Form wie die Einlegung desselben. cf. §. 371 A. 3.

**353.**[1] **Eine Strafverfügung, gegen die nicht rechtzeitig Einspruch erhoben worden ist, erlangt die Wirkung eines rechtskräftigen Urtheils.**[2, 3]

[1] cf. §. 450 R.Str.P.O.

[2] Auch Verzicht und Zurücknahme des Einspruchs bewirken Rechtskraft.

[3] cf. §. 417. Eine Bestätigungsordre wird nicht erlassen.

**354.**[1] **Bei rechtzeitigem**[2] **Einspruche wird zur Hauptverhandlung geschritten,**[3] **sofern nicht bis zur Bekanntmachung des Termins derselben (§§. 266, 267) der Einspruch zurückgenommen wird.**

[1] cf. §. 451 R.Str.P.O.

[2] Ein verspäteter Einspruch wird durch Beschluß zurückgewiesen.

[3] Die Strafverfügung erhält dann die Bedeutung der Anklageverfügung.

cf. §. 250 und Begr. zu §. 339 des Entw. S. 154.

**355.**[1] **Das Gericht ist bei der Urtheilsfällung an den in der Strafverfügung enthaltenen Ausspruch nicht gebunden.**[2]

[1] cf. §. 451 Abs. 3 R.Str.P.O.

[2] Es ist hiernach reformatio in peius zulässig. Die Vorschriften des fünften Abschnitts finden Anwendung; namentlich auch §§. 317, 318, 330.

## Achter Abschnitt.[1]

[1] Begr. S. 155—157 K.B. S. 116, 117.

## Verfahren gegen Abwesende.

356.[1] Ein Beschuldigter gilt als abwesend,[2] wenn sein Aufenthalt unbekannt ist, oder wenn er sich im Ausland[3] aufhält und seine Gestellung vor das zuständige Militärgericht nicht ausführbar oder nicht angemessen erscheint.[4, 5]

[1] cf. §. 316 R.Str.P.O.

[2] Die in den §§. 278, 279, 280 erwähnten „ausgebliebenen" oder von dem „Erscheinen in der Hauptverhandlung entbundenen" Angeklagten fallen nicht unter diesen Begriff.

[3] cf. §. 8 R.Str.G.B. und §§. 143 A. 2, 144 A. 1 M.Str.G.O.

[4] Das bisherige Kontumazial-Verfahren gegen Deserteure — §§. 242 ff. Pr. M.Str.P.O., §. 2 Einf.Ges. z. M.Str.G.B. — ist hiernach formell und materiell aufgehoben. An seine Stelle tritt das Verfahren gegen Abwesende. cf. §. 2 des Einf.Ges. zur M.Str.G.O., dagegen ist die Verfügung vom 8. Juli 1888 M.V.Bl. S. 161 „betreffend strafrechtliche Verfolgung der im Auslande Entwichenen" nicht aufgehoben. Es ist zweckmäßig, dieser Verfügung entsprechend auch fernerhin die Deserteure den heimischen Marinetheilen zu überweisen.

[5] Die Gestellung eines Beschuldigten, welcher sich in einem deutschen Schutzgebiete befindet und dessen dortige Adresse bekannt ist, wird regelmäßig „ausführbar und angemessen" sein; die Aburtheilung wird im Requisitionswege — §§. 262, 268 — durch die in den Schutzgebieten befindlichen Militärgerichte zu erfolgen haben. Die höheren Gerichtsherren der letzteren sind z. B. die Gouverneure. cf. §§. 143 A. 2, 144 A. 1.

357.[1] Gegen einen Abwesenden findet eine Hauptverhandlung nicht statt.

Das Verfahren gegen denselben hat sich auf die Sicherung der Beweise für den Fall seiner künftigen Gestellung zu beschränken.

Die Zulassung eines Vertheidigers wird durch die Abwesenheit des Beschuldigten, soweit es sich nicht um Fahnenflüchtige[2] [3] handelt, nicht ausgeschlossen. Zur Wahl eines Vertheidigers sind auch Angehörige des Beschuldigten befugt.

Zeugen und Sachverständige sind, insofern keine Bedenken entgegenstehen, eidlich zu vernehmen.[4]

[1] cf. §. 327, 328 R.Str.P.O.

[2] Es handelt sich hier um eine Ausnahme von §. 337 Dieselbe hat für „abwesende" Personen des Soldatenstandes keine Bedeutung, da dieselben regelmäßig „Fahnenflüchtige" sein werden. cf. K.B. zu §. 342 des Entw. S. 116/117.

[3] cf. §§. 69 ff. M.Str.G.B.

[4] Ausnahme von §. 195 Abs. 1.

358.[1] Ein Anspruch auf Benachrichtigung über den Fortgang und das Ergebniß des Verfahrens steht dem abwesenden Beschuldigten[2] nicht zu.

Der Gerichtsherr ist jedoch befugt, einem Abwesenden, dessen Aufenthalt bekannt ist, Benachrichtigungen zugehen zu lassen.[3]

[1] cf. §. 329 R.Str.P.O.

[2] Dem nach § 357 Abs. 3 zugelassenen Vertheidiger steht ein Anspruch auf Benachrichtigung zu.

[3] Die Benachrichtigung wird zweckmäßig durch ein-

sache briefliche Mittheilung erfolgen. Eine förmliche Zustellung im Sinne der §§. 141 ff. ist nicht erforderlich.

**359.**[1] **Der Abwesende, dessen Aufenthalt unbekannt ist, kann[2] auf Anordnung des Gerichtsherrn in öffentlichen Blättern zur Gestellung oder zur Anzeige seines Aufenthaltsorts aufgefordert werden.**

[1] cf. §. 330 R.Str.P.O.

[2] Eine solche Anordnung wird nur dann zweckentsprechend sein, wenn der abwesende Beschuldigte von dem gegen ihn schwebenden Verfahren keine Kenntniß hat und anzunehmen ist, daß er dem öffentlichen Gestellungsbefehle Folge leisten werde. Liegt zu dieser Annahme kein Grund vor, so würde durch die Aufforderung lediglich eine unerwünschte Verschleppung des Verfahrens verursacht werden.

F. Nr. 42.

**360.**[1] **Sind die Voraussetzungen vorhanden,[2] wonach der Abwesende wegen eines Verbrechens oder eines Vergehens vor ein Kriegsgericht zu stellen wäre,[3] so kann durch einen von dem Gerichtsherrn und dem Kriegsgerichtsrathe zu unterzeichnenden Beschluß das im Reiche befindliche Vermögen des Abwesenden mit Beschlag[4] belegt und, sofern die Voraussetzungen der Fahnenflucht vorliegen, der Abwesende für fahnenflüchtig erklärt werden.**

**Dieser Beschluß ist durch den Reichsanzeiger bekannt zu machen und kann auch noch durch andere Blätter[6] veröffentlicht werden.**

[1] cf. §§. 332, 333 R.Str.P.O.

[2] Es ist davon abgesehen worden, die Beschlagnahme

des Vermögens und die Erklärung des Abwesenden für einen Fahnenflüchtigen von der vorgängigen Erhebung der Anklage -- §§. 254 ff. — abhängig zu machen. cf. Begr. zu §. 345 des Entw. S. 156. Der Beschluß ist von dem Kriegsgerichtsrath mitzuzeichnen.

cf Begr. ibid.

[3] cf. §. 62.

[4] Die Beschlagnahme erstreckt sich auch auf das nach Erlaß des Beschlusses dem abwesenden Beschuldigten zufallende Vermögen.

cf. Loewe §. 326 A. 2.

[5] Der Gerichtsherr hat diese Veröffentlichung zu veranlassen.

cf. Begr. zu §. 345 des Entw. S. 157.

[6] Der Gerichtsherr entscheidet nach freiem Ermessen. In der Regel wird die Bekanntmachung im Reichsanzeiger genügen.

F. Nr. 43, 44.

**361.**[1] Mit dem Zeitpunkte der ersten Bekanntmachung in dem Reichsanzeiger verliert der Beschuldigte das Recht, über das in Beschlag genommene Vermögen unter Lebenden zu verfügen.[2]

Der die Beschlagnahme verhängende Beschluß ist derjenigen Behörde mitzutheilen, welche für die Einleitung einer Vormundschaft über Abwesende zuständig ist. Diese Behörde hat eine Güterpflege einzuleiten.[3]

[1] cf. §. 334 R.Str.P.O.

[2] Der Abwesende kann hiernach von Todeswegen verfügen. Dagegen sind alle Verfügungen unter Lebenden nicht nur dem Staate gegenüber, sondern schlechthin nichtig.

Bestehende Rechte dritter Personen, namentlich auch

Alimentationsansprüche, behalten ihre Gültigkeit und sind aus dem beschlagnahmten Vermögen zu befriedigen.

cf. Loewe §. 334 A. 2 und 3.

³ §. 1911 B.G.B. und §§. 35 ff. des Ges. über die Angelegenheiten der freiw. Gerichtsbarkeit vom 17. Mai 1898.

**362.**[1] Die Beschlagnahme ist aufzuheben,[2] wenn die Gründe derselben weggefallen sind.

Die Aufhebung der Beschlagnahme ist durch dieselben Blätter[3] bekannt zu machen, durch welche die Beschlagnahme selbst veröffentlicht worden war.

Eine entsprechende Bekanntmachung hat zu erfolgen, sobald der Zustand der Fahnenflucht aufhört.

¹ cf. §. 335 R.Str.P.O.

² Die Aufhebung erfolgt durch einen von dem Gerichtsherrn und dem Kriegsgerichtsrath zu unterzeichnenden Beschluß.

³ cf. §. 360 A. 5.

## Dritter Titel.

# Ordentliche Rechtsmittel.

## Erster Abschnitt.[1]

¹ cf. Begr. S. 157—159 K.B. S. 117—119.

### Allgemeine Bestimmungen.

**363.**[1] Ordentliche Rechtsmittel im Sinne dieses Gesetzes sind die Rechtsbeschwerde,[2] die Berufung[3] und die Revision.[4]

¹ Der Antrag auf Wiedereinsetzung in den vorigen Stand – §§. 146 ff. — auf Wiederaufnahme des Ver-

fahrens — §§. 436 ff. - der Einspruch gegen Strafverfügungen §§. 351 ff. fallen nicht unter den Begriff der „ordentlichen" Rechtsmittel. cf. aber §§. 351 Abs. 2, 441.

[2] cf. §§. 373—377.

[3] cf. §§. 378—396.

[4] cf. §§. 397—415.

364.[1] Die Rechtsbeschwerde findet nur gegen Beschlüsse und Verfügungen statt.

[1] cf. §. 346 R.Str.P.O.

365. Die Berufung und die Revision finden nur gegen Urtheile der erkennenden Gerichte statt. Diese Rechtsmittel stehen gleichmäßig dem Gerichtsherrn und dem Angeklagten zu.[1, 2]

Hinsichtlich der Urtheile der Feldgerichte und der Bordgerichte sind in diesem Gesetze besondere Bestimmungen getroffen.[3]

[1] cf. §. 338 R.Str.P.O.

[2] Auch Minderjährige, welche strafrechtlich verfolgbar sind — §. 50 M.Str.G.B. — können selbstständig Rechtsmittel einlegen.

cf. Entsch. des R.G. vom 3. Dezember 1883. — Rspr. Bd. V, S. 754.

[3] cf. §§. 419—435.

366. Gegen die Entscheidungen des Reichsmilitärgerichts findet ein ordentliches Rechtsmittel nicht statt.

367.[1] Der Gerichtsherr kann von den ihm zuständigen Rechtsmitteln auch zu Gunsten[2] des Angeklagten Gebrauch machen.

Jedes seitens des Gerichtsherrn eingelegte Rechtsmittel hat die Wirkung, daß die angefochtene Entscheidung auch zu Gunsten des Angeklagten abgeändert oder aufgehoben werden kann.[3, 4]

cf. §. 338 Abs. 2 R.Str.P.O.

[2] Mit Rücksicht auf die besonderen Folgen eines zu Gunsten des Angeklagten eingelegten Rechtsmittels — §§. 371 Satz 2, 396, 415 Abs. 2 — ist es angezeigt, — aber nicht geboten — diesen Zweck ausdrücklich hervorzuheben.

[3] cf. §. 343 R.Str.P.O.

[4] Das Urtheil wird hiernach zu Ungunsten des Angeklagten nicht relativ rechtskräftig; wohl aber zu Gunsten desselben.

cf. §§. 396, 415 Abs. 2.

F. Nr. 47.

F. (Niedere Gerichtsbarkeit) Nr. 33.

368. Die auf die Einlegung oder die Zurücknahme von Rechtsmitteln bezüglichen Erklärungen[1] des Gerichtsherrn sind in Sachen der niederen Gerichtsbarkeit durch einen Gerichtsoffizier, in Sachen der höheren Gerichtsbarkeit durch einen richterlichen Militärjustizbeamten zu den Akten zu beurkunden.

[1] Diese Erklärungen sind mündlich oder schriftlich an den Gerichtsoffizier oder den richterlichen Militärjustizbeamten zu richten und von den letzteren zu den Akten zu beurkunden. Die Erklärungen müssen die Beschwerdepunkte enthalten. cf. §§. 380, 403.

**Ausf.-Best. H. u. M.** Die auf die Einlegung oder die Zurücknahme von Rechtsmitteln bezüglichen Beurkundungen der Gerichtsoffiziere und der richterlichen Militärjustizbeamten (vgl. §§. 380, 398) müssen auch die Angaben enthalten, an welchem Tage der Gerichtsherr die betreffende Erklärung abgegeben hat. Ist dieselbe schriftlich oder auf telegraphischem Wege erfolgt, so ist das Schriftstück oder Telegramm der Beurkundung beizufügen.

F. Nr. 47.

F. (Niedere Gerichtsbarkeit) Nr. 33.

369. Seitens des Beschuldigten sind die auf die Einlegung oder die Zurücknahme von Rechtsmitteln bezüglichen Erklärungen in den Fällen des §. 130 Absatz 4 und des §. 132 Absatz 2 bei dem Gerichtsherrn anzubringen, welchem die Entscheidung zusteht, im Uebrigen bei dem Gerichtsherrn, welcher die angefochtene Verfügung erlassen oder herbeigeführt, oder das Gericht berufen hat, dessen Entscheidung angefochten wird.

Die Erklärungen können schriftlich eingereicht oder zu Protokoll eines Gerichtsoffiziers oder eines richterlichen Militärjustizbeamten oder des nächsten mit Disziplinarstrafgewalt versehenen Vorgesetzten abgegeben werden.

Angeklagte, welche sich nicht auf freiem Fuße befinden, können die Erklärungen überdies zu Protokoll des mit der Aufsicht über das Gefängniß betrauten Offiziers oder Beamten oder, sofern sie nicht dem aktiven Heere oder der aktiven Marine angehören, desjenigen Amtsgerichts geben, in dessen Bezirke das Gefängniß liegt.

Zur Wahrung einer Frist genügt es, wenn innerhalb derselben das Protokoll aufgenommen wird.[1]

Für den Beschuldigten kann auch der Vertheidiger,[2 3] jedoch nur in dessen ausdrücklichem Auftrage, Rechtsmittel einlegen.

[1] cf. §. 341 Abs. 2 R.Str.P.O. §. 147 M.Str.G.O.

[2] cf. §. 339 R.Str.P.O.

[3] Nicht allein der für das vorausgegangene Verfahren bestellte oder gewählte Vertheidiger -- §§. 338, 339, 343, — sondern auch der zum Zwecke der Einlegung des Rechtsmittels neu bestellte oder gewählte Vertheidiger kann im Auftrage des Angeklagten Rechtsmittel einlegen.

cf. Entsch. des R.G. vom 23. Juni 1896. — Band XXVIII, S. 430.

F. Nr. 41.

F. (Niedere Gerichtsbarkeit) Nr. 30.

370.[1] Ein Irrthum[2] in der Bezeichnung des zulässigen Rechtsmittels ist unschädlich.

[1] cf. §. 342 R.Str.P.O.

[2] Auch das Fehlen einer solchen Bezeichnung ist unerheblich.

371.[1] Die Zurücknahme eines Rechtsmittels, sowie der Verzicht[2] auf die Einlegung eines Rechtsmittels kann auch vor Ablauf der Frist zur Einlegung desselben wirksam erfolgen.[3] Ein seitens des Gerichtsherrn zu Gunsten des Angeklagten eingelegtes Rechtsmittel kann jedoch nur zurückgenommen werden, wenn letzterer auf dasselbe ausdrücklich verzichtet.

Der Vertheidiger bedarf zur Zurücknahme einer ausdrücklichen Ermächtigung.

[1] cf. §. 344 R.Str.P.O.

[2] Auf die Einlegung eines Rechtsmittels kann nicht eher rechtswirksam verzichtet werden, als bis der Lauf der Rechtsmittelfrist begonnen hat (§§. 379, 398). cf. Entsch. des R.G. vom 1. Juni 1880. Rspr. Bd. II, S. 3 und vom 21. Juni 1886. Rspr. Bd. VIII, S. 470.

[3] Wegen Form der Zurücknahme und des Verzichts. cf. §. 369. Es ist ausdrückliche Erklärung erforderlich. Ein Widerruf ist nicht statthaft.

372.[1] Hat die Entscheidung über das Rechtsmittel auf Grund mündlicher Verhandlung[2] stattzufinden, so ist die Zurücknahme nach Beginn der Hauptverhandlung[3] nicht mehr zulässig.[4]

[1] cf. §. 345 R.Str.P.O.

[2] Es kann sich hier nur um Berufung und Revision handeln, da die Entscheidung über eine Rechtsbeschwerde ohne mündliche Verhandlung erfolgt. cf. §. 377 Abs. 1.

[3] cf. §. 294.

[4] Die Zurücknahme ist auch nicht unter Zustimmung des Gegners — §. 345 R.Str.P.O. — zulässig.

## Zweiter Abschnitt.[1]

[1] Begr. S. 159—161 K.B.

## Rechtsbeschwerde.

373. Die Rechtsbeschwerde findet nur statt, soweit sie in diesem Gesetz ausdrücklich zugelassen ist.[1]

[1] Die Rechtsbeschwerde findet nur in den nachstehenden Fällen statt:

1. gegen die Entscheidung des Gerichtsoffiziers oder Kriegsgerichtsraths, durch welche ein bei Vornahme einer Untersuchungshandlung angebrachtes Gesuch um Ablehnung des Untersuchungsführers, von Sachverständigen oder Dolmetschern als unzulässig abgewiesen wird.

Sie geht an den Gerichtsherrn.

Frist ein Tag.

cf. §§. 130 Abs. 4, 121, 210.

2. gegen die Entscheidungen über Ausschließung eines Gerichtsschreibers.

Sie geht an den Gerichtsherrn.

Frist ein Tag.

cf. §. 132.

3. gegen die ein Gesuch um Wiedereinsetzung in den vorigen Stand verwerfende Entscheidung.

Sie geht an das Reichsmilitärgericht.

Frist drei Tage.

cf. §. 149.

4. gegen einen Haftbefehl.

Sie geht an den höheren Gerichtsherrn.

Fristlos.

cf. §§. 175 Abs. 2.

5. gegen die Verhängung von Zwangsmaßregeln gegen Zeugen und Sachverständige.

Sie geht an das obere Gericht.

Fristlos.

cf. §§. 204, 208, 213, 299 Abs. 3.

6. gegen die Festsetzung der Gebühren für Zeugen und Sachverständige.

Sie geht an das obere Gericht.

Fristlos.

cf. §§. 205, 208.

7. gegen die Anordnung, daß der Angeklagte in eine öffentliche Irrenanstalt gebracht und dort beobachtet werden soll.

Sie geht an den höheren Gerichtsherrn.

Frist eine Woche.

Aufschiebende Wirkung.

cf. §. 217.

8. gegen die Verfügung von Zwangsmaßregeln wider eine Person, welche die Vorlegung oder Auslieferung eines

für die Untersuchung erheblichen oder der Einziehung unterliegenden Gegenstandes ablehnt.

Sie geht an das obere Gericht.

Fristlos.

cf. §. 230 Abs. 2.

9. gegen die vom Gerichtsherrn oder Untersuchungsführer erfolgte Anordnung einer Beschlagnahme und Durchsuchung, sofern dieselbe in andern, als zum dienstlichen Gebrauch angewiesenen Räumen stattfinden soll.

Sie geht an den höheren Gerichtsherrn.

Frist drei Tage vom Vollzuge gerechnet.

cf. §. 238 Abs. 4.

10. gegen die Einstellung des Strafverfahrens, wenn der Antragsteller zugleich der Verletzte ist.

Sie geht an den höheren Gerichtsherrn.

Frist eine Woche.

Gegen den ablehnenden Bescheid:

Rechtsbeschwerde an das Reichsmilitärgericht.

Frist vierzehn Tage.

cf. §. 247 Abs. 2.

11. gegen die Verfügung des Gerichtsherrn, durch welche ein Antrag des Beschuldigten auf Gestellung oder Ladung von Zeugen oder Sachverständigen oder die Herbeischaffung anderen Beweismaterials zur Hauptverhandlung abgelehnt wird.

Sie geht an den höheren Gerichtsherrn.

Frist drei Tage.

cf. §. 269 Abs. 3.

12. gegen den Beschluß des Gerichts, durch welchen eine Ordnungsstrafe festgesetzt ist.

Sie geht an das Oberkriegsgericht.

Frist eine Woche.

cf. §. 290 Abs. 5.

Aufschiebende Wirkung, wenn die Strafe gegen einen Rechtsanwalt verhängt ist.

13. gegen den Beschluß des Gerichts, durch welchen

— weil der Angeklagte nicht unter der Militärstrafgerichtsbarkeit steht — die Unzuständigkeit ausgesprochen ist.

Sie geht an das Reichsmilitärgericht.

Frist eine Woche.

cf. §. 328 Abs. 2.

14. gegen die Versagung der von einem Rechtsanwalt beantragten Genehmigung zur Uebernahme einer Vertheidigung.

Sie geht an die oberste Militärjustizverwaltung. — §. 111. —

Fristlos.

cf. §. 341 Abs. 4.

15. gegen die Verfügung des Gerichtsherrn der Berufungsinstanz, durch welche das Rechtsmittel der Berufung als unzulässig verworfen ist.

Sie geht an das Reichsmilitärgericht.

Frist drei Tage.

cf. §. 385 Abs. 2.

16. gegen die Entscheidung über nachträgliche Feststellung einer Gesammtstrafe — §. 79 R.Str.G.B. — auf Grund mehrerer Strafurtheile.

Sie geht an das obere Gericht.

Fristlos.

cf. §. 461 Abs. 4.

17. gegen die Entscheidungen des Gerichts über die Auslegung eines Strafurtheils 2c.

Sie geht an das obere Gericht.

Fristlos.

cf. §. 464 Abs. 4.

18. gegen Verfügungen und Entscheidungen, durch welche dritten Personen die Erstattung von Auslagen oder Kosten auferlegt wird.

Die Rechtsbeschwerde gegen Verfügungen des Gerichtsherrn geht an den höheren Gerichtsherrn; gegen Entscheidungen des Gerichts an das höhere Gericht.

Frist vier Wochen. cf. §§. 470, 471.

374.[1] Erachtet die Stelle, deren Verfügung oder Entscheidung angefochten wird, die Rechtsbeschwerde für begründet, so hat sie derselben abzuhelfen.[2] Anderenfalls ist die Beschwerde sofort der zur Entscheidung darüber zuständigen Stelle vorzulegen. Auf Rechtsbeschwerden gegen die Entscheidung erkennender Gerichte findet der erste Satz keine Anwendung.

[1] cf. §. 348 Abs. 2 R.Str.P.O.

[2] Jede durch Rechtsbeschwerde anfechtbare Verfügung kann auch von Amtswegen abgeändert oder aufgehoben werden.

cf. Entsch. des R.G. vom 4. März 1886. Rspr. Bd. VIII, S. 152.

375.[1] Durch Einlegung der Rechtsbeschwerde wird der Vollzug der angefochtenen Verfügung oder Entscheidung nicht gehemmt. Die Bestimmung des §. 217 Absatz 3[2] bleibt unberührt.

Die Aussetzung des Vollzugs kann jedoch von demjenigen, der die angefochtene Verfügung oder Entscheidung erlassen hat, oder, sofern es sich um die Entscheidung eines erkennenden Gerichts handelt, von dem Gerichtsherrn, welcher dasselbe berufen hat, angeordnet werden. Gleiche Befugniß hat die zur Entscheidung über die Rechtsbeschwerde zuständige Stelle.

[1] cf. §. 349 R.Str.P.O.

[2] cf. auch §. 290 Abs. 3 und 4.

376.[1] Die zur Entscheidung über die Rechtsbeschwerde zuständige Stelle kann etwa erforderliche Ermittelungen anordnen oder selbst vornehmen.

[1] cf. §. 350 R.Str.P.O.

377.[1] Die Entscheidung über die Rechtsbeschwerde erfolgt ohne vorgängige mündliche Verhandlung.

Steht dem Reichsmilitärgerichte die Entscheidung zu, so ist vor derselben die Militäranwaltschaft mit einer schriftlichen oder mündlichen Erklärung zu hören.

Wird die Rechtsbeschwerde für begründet erachtet, so ist zugleich die in der Sache erforderliche Anordnung zu treffen.

[1] cf. §. 351 R.Str.P.O.
F. Nr. 45.
F. (Niedere Gerichtsbarkeit) Nr. 31.

## Dritter Abschnitt.[1]

[1] cf. Begr. S. 161—167 K.B. S. 119—127.

## Berufung.

378. Die Berufung findet statt gegen Urtheile der Standgerichte und gegen die Urtheile der Kriegsgerichte in erster[1] Instanz.

Durch Berufung kann das Urtheil erster Instanz sowohl in thatsächlicher wie in rechtlicher Beziehung angefochten werden.

[1] Gegen die Urtheile der Kriegsgerichte in zweiter Instanz findet weder Berufung, noch Revision statt. cf. §. 397. Das Kriegsgericht entscheidet also in standgerichtlichen Sachen endgültig.
F. Nr. 46.
F. (Niedere Gerichtsbarkeit) Nr. 32.

**379.**[1] Die Berufung muß binnen einer Woche[2] nach Verkündung[3] des Urtheils eingelegt werden.[4]

Diese Frist beginnt, falls die Verkündung nicht in Anwesenheit des Angeklagten stattgefunden hat, für diesen mit der Zustellung.[5]

[1] cf. §. 355 R.Str.P.O.

[2] cf. §. 146.

[3] cf. §. 137.

[4] cf. §§. 369, 384.

Die Berufung wird bei demjenigen Gerichtsherrn eingelegt, welcher das Gericht, dessen Entscheidung angefochten wird, berufen hat. Dieser Gerichtsherr hat dann die Akten dem Gerichtsherrn der Berufungsinstanz vorzulegen.

[5] cf. §. 138 ff. Für den Gerichtsherrn beginnt die Frist immer mit der Verkündung. W. S. 156.

**380.** Legt der Gerichtsherr Berufung ein, so muß er zugleich erklären, weshalb und inwieweit das Urtheil von ihm angefochten wird.[1]

[1] cf. §. 368. Die Gründe, aus welchen der Gerichtsherr das Urtheil anficht, sowie der Umfang der Anfechtung müssen aus der von dem Gerichtsoffizier oder dem richterlichen Militärjustizbeamten zu den Akten gegebenen Beurkundung hervorgehen.

cf. Begr. zu §. 365 des Entw. S. 162.

F. Nr. 47.

F. (Niedere Gerichtsbarkeit) Nr. 83.

**381.**[1] Legt der Angeklagte Berufung ein, so ist ihm das Urtheil mit den Gründen, sofern dies noch nicht geschehen, sofort zuzustellen.

Ist der Angeklagte verhaftet, so ist das Urtheil auch dem Vertheidiger zuzustellen.

[1] cf. §. 357 Abs. 2 R.Str.P.O.

382.[1] Sind vom Angeklagten bei Einlegung der Berufung bestimmte Beschwerdepunkte nicht aufgestellt, ist namentlich nicht klar erkennbar, ob er die auf die Schuldfrage bezügliche Entscheidung oder welchen anderen Theil des Urtheils er anfechten will, so ist er durch einen Gerichtsoffizier oder einen Kriegsgerichtsrath darüber zu vernehmen, weshalb und inwieweit das Urtheil von ihm angefochten wird.

Bei der Vernehmung hat sich der Gerichtsoffizier oder Kriegsgerichtsrath jeder Einwirkung auf die Entschließung des Angeklagten zu enthalten.

Ist die im Absatz 1 vorgeschriebene Vernehmung nicht durchführbar, so gilt im Zweifel der ganze Inhalt[2] des Urtheils als angefochten.

[1] cf. §. 359 R.Str.P.O.

[2] Der ganze Inhalt, soweit derselbe dem Angeklagten ungünstige Feststellungen trifft.

383.[1] Durch rechtzeitige Einlegung der Berufung wird die Rechtskraft des Urtheils, soweit dasselbe angefochten ist,[2] gehemmt.[3]

[1] cf. §. 357 Abs. 1 R.Str.P.O.

[2] cf. §. 394 Abs. 1.

[3] Eine vorläufige Vollstreckung, wie sie im §. 185 der Preuß. Milit.Str.G.O. vorgeschrieben ist, findet nicht statt.

384. Ist Berufung eingelegt, so hat der Gerichts=

herr erster Instanz die Akten dem Gerichtsherrn der Berufungsinstanz vorzulegen.[1]

Gleichzeitig sind, wenn die Berufung vom Gerichtsherrn eingelegt ist, dem Angeklagten die Schriftstücke über Einlegung und Begründung der Berufung zuzustellen.[2]

Der Angeklagte und der Gerichtsherr erster Instanz sind befugt, eine schriftliche Gegenerklärung auf die Begründung der Berufung vor dem Termine zur Hauptverhandlung zu den Akten einzureichen.[3]

[1] Mit Einlegung des Rechtsmittels wird die Zuständigkeit des Gerichtsherrn der Berufungsinstanz begründet. Die Akten müssen deshalb unter allen Umständen und zwar auch dann vorgelegt werden, wenn die Frist nicht gewahrt oder der vorgeschriebene Weg nicht innegehalten ist. Dem Gerichtsherrn erster Instanz ist unbenommen, in den Akten die ihm zweckmäßig erscheinenden Erklärungen niederzulegen, welche für den Fall der Bestellung eines Berufungsgerichts bis zum Termine der Hauptverhandlung ergänzt werden können.

cf. Begr. zu §. 369 d. Entw. S. 162.

[2] Die Zustellung hat auch dann zu erfolgen, wenn die Berufung von dem Gerichtsherrn zu Gunsten des Angeklagten eingelegt ist.

cf. §. 367 Abs. 1.

[3] cf. §. 361 R.Str.P.O.

F. Nr. 47.

F. (Niedere Gerichtsbarkeit) Nr. 33.

385 [1] Der Gerichtsherr[2] der Berufungsinstanz kann das Rechtsmittel als unzulässig zurückweisen, wenn dasselbe nicht innerhalb der gesetzliench Frist

(§. 379) oder nicht auf dem vorgeschriebenen Wege (§. 369) eingelegt ist.

Gegen diese Verfügung findet binnen drei Tagen nach der Zustellung die Rechtsbeschwerde[3] an das Reichsmilitärgericht[4] statt.

[1] cf. §. 363 R.Str.P.O.

[2] cf. §. 97 Abs. 2. Der Militärjustizbeamte hat die Verfügung mitzuzeichnen.

[3] cf. §. 373.

[4] Das Reichsmilitärgericht hat bei begründeter Rechtsbeschwerde nach §. 377 Abs. 3 die in der Sache erforderliche Anordnung zu treffen, welche nicht nur für den Gerichtsherrn, sondern auch für das erkennende Gericht maßgebend ist.

F. Nr. 48.

386. Wird die Berufung zugelassen,[1] so hat der Gerichtsherr der Berufungsinstanz den Zusammentritt des erkennenden Gerichts (§. 62 Nr. 2, §. 65) zu veranlassen. Mit der Vertretung der Anklage in der Hauptverhandlung ist ein Oberkriegsgerichtsrath[2] oder ein Kriegsgerichtsrath[2] zu beauftragen.[3]

[1] Wird die Berufung zugelassen, so erfolgt die Bildung des erkennenden Gerichts nach den für die erste Instanz geltenden Grundsätzen — §§. 261 ff. — und den über die Zusammensetzung des Berufungsgerichts gegebenen Vorschriften — §. 62 Nr. 2 in Verbindung mit §§. 49 ff. und §§. 65 ff. — die Vertretung der Anklage in der Hauptverhandlung wird der Regel nach einem Kriegsgerichtsrath übertragen werden. Es gilt dies auch von den Oberkriegsgerichten, da das Gesetz die Verwendung der beiden Oberkriegsgerichtsräthe als Mitglieder des erkennenden Oberkriegsgerichts voraussetzt. — §. 66. — Hier-

von abgesehen, steht dem Gerichtsherrn die Wahl unter den ihm beigeordneten richterlichen Militärjustizbeamten frei. cf. Begr. zu §. 371 des Entw. S. 168.

[2] Vertretung nach §. 98 zulässig.

[3] Der beauftragte Vertreter der Anklage hat den Weisungen des Gerichtsherrn Folge zu leisten — §. 97 Abs. 1 —.

387. Ist in Sachen der niederen Gerichtsbarkeit der kommandirende General (Admiral) Gerichtsherr der Berufungsinstanz, so kann er mit der Zusammenberufung des erkennenden Kriegsgerichts einen ihm unterstellten Gerichtsherrn beauftragen.[1]

[1] Die Bestimmung des Kriegsgerichtsraths behufs Vertretung der Anklage kann dem beauftragten Gerichtsherrn überlassen werden. Etwaige Weisungen des kommandirenden Generals — Admirals — über die Art der Vertretung, namentlich über die zu stellenden Anträge sind für den Vertreter der Anklage maßgebend.

388.[1] Auf die Vorbereitung der Hauptverhandlung finden die Vorschriften der §§. 261 bis 267, 268 bis 271 mit nachstehenden Maßgaben Anwendung.

Insoweit eine wiederholte Vernehmung der in erster Instanz vernommenen Zeugen und Sachverständigen zur Aufklärung der Sache nicht erforderlich erscheint,[2] kann ihre Gestellung oder Ladung unterbleiben.

Neue Beweismittel sind zulässig.

Bei der Auswahl der Zeugen und Sachverständigen ist auf die zur Rechtfertigung der Berufung benannten Personen Rücksicht zu nehmen.

Dem Angeklagten sind gleichzeitig mit der Bekanntgebung des Termins der Hauptverhandlung[3] die von Amtswegen zu ladenden Zeugen und Sachverständigen namhaft zu machen. Läßt der Gerichtsherr nur einen Theil der in erster Instanz vernommenen Zeugen und Sachverständigen laden, so ist der Angeklagte darauf hinzuweisen, daß, wenn er die wiederholte Vernehmung anderer, in der Hauptverhandlung erster Instanz vernommener Zeugen oder Sachverständigen verlangen wolle, er deren Ladung rechtzeitig beantragen müsse (§. 269 Absatz 4), widrigenfalls die Verlesung des über ihre Aussagen aufgenommenen Protokolls ohne seine Zustimmung zulässig sei.[4]

[1] cf. §. 364 R.Str.P.O.

[2] Hierüber hat zunächst der Gerichtsherr der Berufungsinstanz zu befinden. Das erkennende Gericht ist aber an diese Entscheidung nicht gebunden.

[3] Ein Antrag auf Bestellung eines Vertheidigers ist — sofern er nicht schon in erster Instanz bestellt war — spätestens binnen einer Frist von 3 Tagen nach Bekanntgabe des Termins zu stellen.

cf. §§. 339 Abs. 3, 389 Abs. 3.

[4] cf. §. 392.

389.[1] Ist das Erscheinen des Angeklagten in der Hauptverhandlung nach dem Ermessen des Gerichts besonders erschwert oder befindet sich derselbe nicht auf freiem Fuße, so kann das Gericht mit seiner Zustimmung beschließen, daß in seiner Abwesenheit zu verhandeln sei.[2]

Im Uebrigen ist, wenn bei dem Beginne der Hauptverhandlung weder der nach §. 267 Absatz 1 geladene Angeklagte noch in den Fällen, in welchen solches zulässig, ein Vertreter desselben erschienen und das Ausbleiben nicht genügend entschuldigt ist, ohne Anwesenheit des Angeklagten über die von dem Angeklagten eingelegte Berufung, sowie über die von dem Gerichtsherrn eingelegte Berufung zu verhandeln oder die Vorführung des Angeklagten anzuordnen oder dessen Verhaftung zu veranlassen.[3] Der Angeklagte kann binnen einer Woche nach Zustellung des Urtheils die Wiedereinsetzung in den vorigen Stand unter den in den §§. 147, 148 bezeichneten Voraussetzungen beanspruchen.

Hinsichtlich der Vertheidigung gelten auch für die Vorbereitung der Hauptverhandlung, wie für die Hauptverhandlung die Bestimmungen der §§. 337 ff.

[1] cf. §. 370 R.Str.P.O.

[2] Die Beschränkung des §. 280 Abs. 2 trifft für das Verfahren in der Berufungsinstanz nicht zu.

[3] Eine „sofortige Verwerfung" der von dem ausgebliebenen Angeklagten eingelegten Berufung, wie sie §. 370 R.Str.P.O. vorschreibt, findet im militärgerichtlichen Verfahren nicht statt.

390. Auf die Hauptverhandlung in der Berufungsinstanz finden die §§. 273 bis 279, 282 bis 293, 331 bis 335 entsprechende Anwendung.

F. Nr. 49.

391.[1] Nachdem die Hauptverhandlung nach Vorschrift der §§. 294 bis 296 begonnen hat, erstattet der die Verhandlung führende Kriegsgerichtsrath oder Oberkriegsgerichtsrath in Abwesenheit der Zeugen[2] Bericht über die Ergebnisse des bisherigen Verfahrens. Das Urtheil erster Instanz ist stets zu verlesen.

Sodann folgt die Vernehmung des Angeklagten, falls dieser anwesend ist, und die Beweisaufnahme.

[1] cf. §. 365 R.Str.P.O.

[2] Sachverständige und Dolmetscher dürfen zugegen sein. cf. §. 297 A. 1.

392.[1] Bei der Berichterstattung und der Beweisaufnahme können Schriftstücke[2] verlesen werden. Protokolle über Aussagen der in der Hauptverhandlung erster Instanz vernommenen Zeugen und Sachverständigen dürfen, abgesehen von den Fällen der §§. 305, 307,[3] ohne die Zustimmung des Vertreters der Anklage und des Angeklagten nicht verlesen werden, wenn die Zeugen oder Sachverständigen wiederholt gestellt oder auf wiederholte Ladung erschienen sind oder wenn deren Vorladung von dem Angeklagten rechtzeitig vor der Hauptverhandlung nach Maßgabe des §. 269 Absatz 4 beantragt worden ist. Im Uebrigen gelten bezüglich der Beweisaufnahme die Bestimmungen der §§. 298 bis 311.

[1] cf. §. 366 R.Str.P.O.

[2] Die Beschränkung des §. 306 findet aber auch für die Berufungsinstanz statt.

[3] Unter den Voraussetzungen der §§. 305, 307 ist die Verlesung der Protokolle nicht von der Zustimmung des Vertreters der Anklage und des Angeklagten abhängig.

393.[1] Nach dem Schlusse der Beweisaufnahme werden der Vertreter der Anklage, sowie der Angeklagte und sein Vertheidiger[2] mit ihren Ausführungen und Anträgen — und zwar derjenige Theil, welcher die Berufung eingelegt hat, zuerst — gehört. Dem Angeklagten gebührt das letzte Wort. Die Vorschrift des §. 313 findet Anwendung.

[1] cf. §. 367 R.Str.P.O.

[2] Die Vorschriften der §§. 337 ff., namentlich auch §. 338 finden Anwendung. cf. §. 368 Abs. 3.

394.[1] Der Prüfung des Gerichts unterliegt das Urtheil nur, soweit es angefochten ist.[2]

Im Uebrigen finden die Vorschriften über die Feststellung, Abfassung und Verkündung des Urtheils in erster Instanz (§§. 315 bis 323, §. 324 Absatz 2, §§. 325 bis 327) auf das Verfahren vor dem Berufungsgericht entsprechende Anwendung.

[1] cf. §. 269 R.Str.P.O.

[2] Derjenige Theil des Urtheils, welcher überhaupt nicht von der Beschwerde getroffen wird, geht in Rechtskraft über und bildet nicht den Gegenstand der Prüfung des Berufungsgerichts. Indessen darf die Vorschrift des Abs. 1 nicht so aufgefaßt werden, als ob sich das Berufungsgericht nur mit den Anfechtungsgründen und Anträgen zu befassen habe, welche von dem die Berufung Einlegenden vorgebracht werden. Vielmehr hat das Berufungsgericht alle Theile des Urtheils, welche überhaupt als angefochten anzusehen sind — cf. §. 382 — in völlig

freier und selbständiger Weise, gleich dem in erster Instanz erkennenden Gerichte zu prüfen und zu entscheiden. cf. Begr. zu §. 378 des Entw. S. 165.

395.[1] Insoweit die Berufung für begründet befunden wird, hat das Berufungsgericht unter Aufhebung des Urtheils in der Sache selbst zu erkennen.

Leidet das Urtheil an einem Mangel, welcher die Revision[2] wegen einer Gesetzesverletzung im Verfahren begründen würde, so kann das Berufungsgericht unter Aufhebung des Urtheils die Sache, wenn die Umstände des Falles es erfordern, zur Entscheidung in die erste Instanz zurückverweisen.[3] [4] In diesem Falle hat der Gerichtsherr der ersten Instanz von Neuem ein erkennendes Gericht zu berufen.[5]

Hat das Gericht erster Instanz mit Unrecht seine Zuständigkeit angenommen, so hat das Berufungsgericht unter Aufhebung des Urtheils die Sache der zuständigen Stelle zu überweisen oder, wenn es selbst für diese Sache als Gericht erster Instanz bestellt werden könnte,[6] in der Sache zu erkennen.[7]

[1] cf. §. 369 R.Str.P.O.

[2] cf. §. 399 ff.

[3] Ist die Zurückverweisung nicht erforderlich, so hat das Berufungsgericht materiell zu entscheiden. cf. W. S. 160.

[4] Es muß hiernach derselbe Gerichtsherr, welcher das frühere Gericht I. Instanz berufen hat, von Neuem ein erkennendes Gericht zusammentreten lassen. Die Ueberweisung an einen anderen Gerichtsherrn ist unzulässig.

[5] Gegen das neue Urtheil ist Berufung zulässig. cf. auch §. 128 A. 3.

[6] Oberkriegsgerichte können nie als erste Instanz bestimmt werden. Sie kommen deshalb hier nicht in Frage.

[7] Wird das standgerichtliche Urtheil wegen sachlicher Unzuständigkeit aufgehoben, so erkennt das Kriegsgericht als erste Instanz. Gegen sein Urtheil ist demnach Berufung an das Oberkriegsgericht zulässig. cf. W. S. 161.

**396.**[1] **War das Urtheil nur von dem Angeklagten**[2] **oder zu Gunsten des Angeklagten**[3] **angefochten, so darf eine härtere Strafe**[4] **als die in erster Instanz erkannte nicht verhängt werden. Die einer Gesammtstrafe zu Grunde liegenden Einzelstrafen**[5] **dürfen nicht höher als in dem angefochtenen Urtheile bemessen werden.**

[1] cf. §. 372 R.Str.P.O.

[2] Oder in dessen Auftrage von dem Vertheidiger. cf. §. 369 Abs. 5.

[3] cf. § 367 Abs. 1.

[4] Die Strafe darf weder der Art noch dem Maße nach härter sein. So darf z. B. die Entscheidung des Gerichts I. Instanz, daß die Untersuchungshaft auf die erkannte Strafe in Anrechnung zu bringen sei, von der II. Instanz in den Fällen des §. 396 nicht zu Ungunsten des Angeklagten geändert werden.

cf. Entsch. d. R.G. vom 4. Dezember 1880. Rspr. Bd. II, S. 603.

[5] Daß die Gesammtstrafe nicht höher als in dem ersten Urtheil bemessen werden darf, folgt aus Abs. 1.

## Vierter Abschnitt.[1]

[1] Begr. S. 167 K.B. S. 127—129.

## Revision.

397.[1] Die Revision findet statt gegen die Urtheile der Oberkriegsgerichte.

Insoweit das Urtheil eine der im §. 15[2] bezeichneten strafbaren Handlungen zum Gegenstande hat, ist die Revision ausgeschlossen.

[1] cf. §. 374 R.Str.P.O. §§. 71, 365, 366 M.Str. G.O.

[2] Derjenige Theil des Urtheils, welcher Uebertretungen oder — lediglich mit Arrest bedrohte — militärische Vergehen zum Gegenstande hat, ist der Revision entzogen. F. Nr. 50, 51.

398.[1] Die Revision muß binnen einer Woche nach Verkündung des Urtheils eingelegt[2] und nach Maßgabe der nachfolgenden Bestimmungen gerechtfertigt werden.[3]

Die §§. 379 Absatz 2, 381 finden entsprechende Anwendung.

[1] cf. §. 881 R.Str.P.O.

[2] Die Revision ist bei demjenigen Gerichtsherrn einzulegen, welcher das erkennende Gericht II. Instanz berufen hat. cf. §§. 369. Fristberechnung. cf. §. 146 Abs. 2.

[3] Die Einlegung der Revision ist an diese Nothfrist gebunden. Dagegen knüpft das Gesetz — abweichend von §. 386 Abs. 1 R.Str.P.O. — daran, daß die Begründung der Revision innerhalb der Frist unterlassen ist, nicht den Verlust des Rechtsmittels, sondern be-

stimmt, daß in diesem Falle der Angeklagte in Gemäßheit des §. 404 vernommen wird. cf. §. 407 Abs. 1.

Begr. zu §§. 381—399 des Entw. S. 168.

399.[1] Die Revision kann nur darauf gestützt werden, daß das Urtheil auf einer Gesetzesverletzung beruhe.[2]

Gesetzesverletzung ist vorhanden, wenn eine ausdrückliche Vorschrift der Gesetze oder ein Rechtsgrundsatz oder eine militärische Dienstvorschriftoder ein militärdienstlicher Grundsatz nicht oder nicht richtig angewendet worden ist.

[1] cf. §. 376 R.Str.P.O.

[2] Es muß also zwischen der Gesetzesverletzung und der Entscheidung ein Zusammenhang bestehen. Der Beweis dieses Zusammenhanges ist nicht erforderlich. Es genügt vielmehr die Möglichkeit, daß durch die Gesetzesverletzung das Ergebniß der Verhandlung beeinflußt sein kann, zur Aufhebung des Urtheils.

cf. Entsch. d. R.G. vom 13. April 1892, Bd. XXIII, S. 77.

400.[1] Ein Urtheil ist stets als auf einer Verletzung des Gesetzes beruhend anzusehen:[2]

1. wenn das erkennende Gericht nicht vorschriftsmäßig besetzt war;[3]
2. wenn bei dem Urtheil ein Richter mitgewirkt hat, welcher von der Ausübung des Richteramts kraft des Gesetzes ausgeschlossen war;[4]
3. wenn bei dem Urtheil ein Richter mitgewirkt hat, nachdem derselbe wegen Besorgniß der Befangenheit abgelehnt war, und das Ablehnungs-

gesuch entweder für begründet erklärt war oder mit Unrecht[5] verworfen worden ist;

4. wenn das Gericht seine Zuständigkeit mit Unrecht angenommen hat;
5. wenn die Hauptverhandlung in Abwesenheit einer Person, deren Anwesenheit das Gesetz vorschreibt, stattgefunden hat;[6]
6. wenn das Urtheil auf Grund einer mündlichen Verhandlung ergangen ist, bei welcher die Vorschriften über die Oeffentlichkeit des Verfahrens verletzt sind;[7]
7. wenn das Urtheil keine Entscheidungsgründe enthält;[8]
8. wenn die Vertheidigung in einem für die Entscheidung wesentlichen Punkte durch eine Verfügung des Gerichtsherrn oder einen Beschluß des Gerichts unzulässig beschränkt worden ist;
9. wenn das Urtheil in Beziehung auf die Geltung oder Auslegung einer militärischen Dienstvorschrift oder eines militärdienstlichen Grundsatzes mit einer darüber ergangenen Allerhöchsten Entscheidung nicht im Einklange steht.

[1] cf. §. 377 R.Str.P.O.

[2] Das Revisionsgericht ist aber an die gestellten Revisionsanträge gebunden und darf — insoweit die Revision auf Mängel des Verfahrens gestützt ist — nur diejenigen Thatsachen berücksichtigen, welche bei Anbringung der Revisionsanträge bezeichnet sind. cf. §§. 410 Abs. 1, 404.

[3] cf. §§. 67 ff., 70.

[4] cf. §§. 122, 128.

[5] cf. §§. 124—128.

Das Ablehnungsgesuch unterliegt — sofern es rechtzeitig angebracht war — der freien Beurtheilung des Revisionsgerichts. Das Vorbringen neuer Thatsachen ist unzulässig. Es ist vielmehr nur zu prüfen, ob nach dem vor dem Oberkriegsgericht vorgebrachten Beweismaterial der Ablehnungsantrag mit Unrecht für begründet erklärt bezw. abgelehnt ist.

cf. Entsch. des R.G. vom 6. Juni 1882. — Rspr. Bd. IV, S. 528.

[6] cf. z. B. §§. 273, 346.

[7] cf. §§. 282 ff.

[8] cf. §§. 326, 394.

**401.**[1] **Die Verletzung von Rechtsnormen, welche lediglich**[2] **zu Gunsten des Angeklagten gegeben sind, kann nicht zu dem Zwecke geltend gemacht werden, um eine Aufhebung des Urtheils zum Nachtheile**[3] **des Angeklagten herbeizuführen.**

[1] cf. §. 378 R.Str.P.O.

[2] z. B. §. 400 zu 8, nicht aber §. 400 zu 6.

Der Grundsatz der Oeffentlichkeit des Verfahrens ist ein Fundamentalprinzip der Rechtspflege und bildet nicht nur eine Schutzwehr für den Angeklagten.

cf. Entsch. des R.G. vom 30. Januar 1880. Rspr. Bd. I, S. 298.

[3] Auf die zu Gunsten des Angeklagten von dem Gerichtsherrn eingelegte Revision — cf. §. 367 — bezieht sich die Vorschrift des §. 401 nicht.

cf. Entsch. des R.G. vom 7. Dezember 1881. — Bd. V, S. 221.

Ebenso sind die Bestimmungen der §§. 278, 280 nicht lediglich zu Gunsten des Angeklagten gegeben.

cf. Entsch. des R.G. vom 7. Juli 1896. — Bd. XXIX, S. 48.

402.[1] Der Beurtheilung des Revisionsgerichts unterliegen auch diejenigen Entscheidungen, welche dem Urtheile vorausgegangen sind, sofern dasselbe auf ihnen beruht.[2]

[1] cf. §. 375 R.Str.P.O.

[2] So kann z. B. die ungerechtfertigt vom Gerichte gebilligte Ablehnung eines Sachverständigen in der Revision angefochten werden.

cf. Entsch. des R.G. vom 30. April 1888. Rspr. Bd. X, S. 353 ff.

403.[1] Die Rechtfertigung[2] der Revision muß erkennen lassen, inwieweit das Urtheil angefochten und dessen Aufhebung beantragt werde, und die Anträge[3] (Revisionsanträge) begründen.

Aus der Begründung muß, falls die Verletzung einer gesetzlichen Vorschrift oder eines Rechtsgrundsatzes behauptet wird, hervorgehen, ob die Vorschrift oder der Grundsatz das Verfahren betrifft oder anderer Art ist. Ersterenfalls müssen die den Mangel enthaltenden Thatsachen[4] angegeben werden.

[1] cf §. 384 R.Str.P.O.

[2] cf. §§. 407, 404.

[3] cf. §§. 400 A. 2, 410. Die Anträge erfordern keine bestimmte Formulirung. cf. Entsch. des R.G. vom 9. September 1887. Rspr. Bd. IX, S. 420.

[4] Es ist Angabe ganz bestimmter Thatumstände erforderlich.

cf. Entsch. des R.G. vom 22. Juni 1888. Rspr. Bd. X, S. 450.

F. Nr. 51.

404. Hat der Angeklagte Revision eingelegt, jedoch binnen der im §. 398 bestimmten Frist einen begründeten Revisionsantrag bei dem Gerichtsherrn der Berufungsinstanz nicht eingereicht, so ist er durch einen Kriegsgerichtsrath[1] nach Maßgabe des §. 403 über seine Anträge und deren Begründung zu Protokoll zu vernehmen.

[1] cf. §. 98 bezw. der Vertretung.

Die Beauftragung eines Gerichtsoffiziers ist unzulässig.

405.[1] Durch rechtzeitige Einlegung der Revision wird die Rechtskraft des Urtheils, soweit dasselbe angefochten ist, gehemmt.

[1] cf. §. 383 R.Str.P.O.

406. Der Gerichtsherr der Berufungsinstanz hat die Revisionsanträge mit den Akten an den Präsidenten des Reichsmilitärgerichts einzusenden.

407.[1] Das Reichsmilitärgericht hat das Rechtsmittel durch Beschluß als unzulässig zu verwerfen, wenn dasselbe nicht innerhalb der gesetzlichen Frist (§. 398) oder nicht auf dem vorgeschriebenen Wege (§. 369) eingelegt worden, oder wenn die Revision ungerechtfertigt geblieben ist (§§. 403, 404).

Anderenfalls entscheidet das Reichsmilitärgericht durch Urtheil. Vor der Entscheidung ist die Revisionsrechtfertigung dem anderen Theile zuzustellen.[2] Diesem steht frei, binnen einer Woche eine Gegenerklärung entweder schriftlich einzureichen oder, falls er der Angeklagte ist, einem Kriegsgerichtsrathe zu Protokoll zu erklären.

[1] cf. §§. 386, 389 R.Str.P.O.

Abweichend von diesen Vorschriften der R.Str.P.O. ist im Verfahren der M.Str.G.O. nur das Reichsmilitärgericht zuständig.

cf. auch §. 398 A. 3 M.Str.G.O.

[2] cf. §. 387 R.Str.P.O.

**408.**[1] Der Angeklagte, oder auf dessen Verlangen der Vertheidiger, ist von dem Tage der Hauptverhandlung zu benachrichtigen.[2] Der Angeklagte kann in dieser erscheinen oder[3] sich durch seinen Vertheidiger vertreten lassen.

Der nicht auf freiem Fuße befindliche Angeklagte hat keinen Anspruch auf Anwesenheit.[4]

[1] cf. §. 390 R.Str.P.O.

[2] Die Benachrichtigung ist zuzustellen, da die Verfügung in Abwesenheit des Angeklagten ergeht. cf. §. 137 Abs. 2.

[3] Der Angeklagte kann auch mit einem Vertheidiger erscheinen.

[4] Hieraus ist zu schließen, daß der auf freiem Fuße befindliche Angeschuldigte Anspruch auf Anwesenheit hat.

Die Reise zum Revisionsgericht in eigener Sache ist nicht als Dienstreise anzusehen. cf. K.B. zu §. 392 des Entw. S. 128.

**Ausf.-Best. H. u. M.** Angeklagte, die in der Hauptverhandlung des Reichsmilitärgerichts persönlich erscheinen wollen, können zu diesem Zwecke beurlaubt werden.

Reise- oder Marschgebührnisse werden nicht gewährt.

409.[1] Die Hauptverhandlung beginnt mit dem Vortrag eines Berichterstatters.

Hierauf werden die Militäranwaltschaft, sowie der Angeklagte und sein Vertheidiger mit ihren Ausführungen und Anträgen gehört.

Derjenige, welcher die Revision nachgesucht hat, ist zuerst zu hören; dem Angeklagten gebührt in allen Fällen das letzte Wort.[2]

Auf die Hauptverhandlung finden die Bestimmungen der §. 274, §. 275 Absatz 1, §§. 282 bis 289, §. 290 Absatz 1 bis 4, §§. 291, 320, 321, 322 entsprechende Anwendung.

[1] cf. §. 391 R.Str.P.O.
[2] cf. §. 312 A. 4, 5.

410.[1] Der Prüfung des Revisionsgerichts unterliegen nur die gestellten Revisionsanträge und, insoweit die Revision auf Mängel des Verfahrens gestützt wird, nur diejenigen Thatsachen, welche bei Anbringung der Revisionsanträge bezeichnet worden sind.[2]

Eine weitere Begründung der Revisionsanträge als die im §. 403 Absatz 2 vorgeschriebene ist nicht erforderlich und, wenn sie unrichtig ist, unschädlich.

[1] cf. §. 392 R.Str.P.O.
[2] Hierdurch unterscheidet sich die Revision wesentlich von der Berufung. cf. §. 394 A. 2.

411.[1] Insoweit die Revision für begründet erachtet wird, ist das angefochtene Urtheil aufzuheben.

**Gleichzeitig sind die dem Urtheile zu Grunde liegenden Feststellungen aufzuheben,[2] sofern sie durch die Gesetzesverletzung betroffen werden, wegen deren die Aufhebung des Urtheils erfolgt.**

[1] cf. §. 398 R.Str.P.O.

[2] Feststellungen des angefochtenen Urtheils, welche nicht durch die Gesetzesverletzung betroffen sind, werden von dem Revisionsgericht aufrecht erhalten. Solche aufrecht erhaltene Feststellungen sind von dem Instanzrichter dem neuen Urtheil selbst dann zu Grunde zu legen, wenn er in Folge neuer Beweisaufnahme zu einer anderen thatsächlichen Beurtheilung des Falles gelangt.

cf. Entsch. des R.G. vom 29. September 1881. Rspr. Bd. III, S. 561. Motive zu §. 393 R.Str.P.O. S. 210, 211.

Wird das Urtheil wegen ungenügender Feststellung des Rückfalls aufgehoben, so sind nur die auf den Rückfall bezüglichen Feststellungen aufzuheben. cf. Entsch. d. R.G. vom 28. Oktober 1899. Bd. XXXII. S. 312.

**412.[1] Erfolgt die Aufhebung des Urtheils nur wegen Gesetzesverletzung bei Anwendung des Gesetzes auf die dem Urtheile zu Grunde liegenden Feststellungen,[2] so hat das Reichsmilitärgericht in der Sache selbst zu entscheiden, sofern ohne weitere thatsächliche Erörterungen nur auf Einstellung des Verfahrens oder auf Freisprechung zu erkennen ist.**

**In anderen Fällen ist die Sache zur anderweiten Verhandlung und Entscheidung in die Berufungsinstanz zurückzuverweisen.[3]**

**Der Präsident des Reichsmilitärgerichts hat**

behufs weiterer Veranlassung mit dem zuständigen Gerichtsherrn sich in Verbindung zu setzen.

[1] cf. §. 394 R.Str.P.O.

[2] Die Entscheidung in der Sache selbst steht hiernach dem Reichsmilitärgericht nur dann zu, wenn diese Feststellungen in ihrem ganzen Umfange aufrecht erhalten werden.

[3] Das Berufungsgericht kann in der früheren Besetzung urtheilen. §. 128 verbietet nur die Mitwirkung der Richter, welche an einer angefochtenen Entscheidung theilgenommen haben, in höherer Instanz.

Die Zurückweisung erfolgt an dasjenige Berufungsgericht, welches das aufgehobene Urtheil erlassen hat. cf. §. 395 A. 4. Die Verweisung an ein anderes Gericht ist nicht zulässig. K.B. S. 128. W. S. 164.

cf. K.B. zu §. 396 des Entw. S. 128.

413.[1] Die Verkündung des Urtheils erfolgt durch den Senatspräsidenten nach Vorschrift des §. 327 Absatz 1 und 2 mit der Maßgabe, daß an die Stelle der Frist von drei Tagen eine solche von einer Woche tritt.

[1] cf. §§. 396, 267 R.Str.P.O.

414.[1] Erfolgt zu Gunsten eines Angeklagten[2] die Aufhebung des Urtheils wegen Gesetzesverletzung bei Anwendung des Strafgesetzes,[3] und erstreckt sich das Urtheil, soweit es aufgehoben wird, noch auf andere Angeklagte, welche die Revision nicht oder wegen anderer Beschwerdepunkte eingelegt haben, so ist zu erkennen, als ob sie gleichfalls dieselbe Revisionsbeschwerde eingelegt hätten.

Dasselbe gilt, wenn mehrere Personen bei derselben strafbaren Handlung als Thäter, Theilnehmer, Begünstiger oder Hehler betheiligt und hiervon ein Theil durch vorausgegangene militärgerichtliche Erkenntnisse abgeurtheilt ist.[4]

[1] cf. §. 397 R.Str.P.O.

[2] Es ist bei Anwendung dieser Vorschrift nicht erforderlich, daß die Revision durch einen Angeklagten eingelegt wird. Auch die von dem Gerichtsherrn eingelegte Revision kann die Wirkung haben, daß die Aufhebung des Urtheils zu Gunsten des Angeklagten erfolgt. cf. §. 367 Abs. 2.

Entsch. des R.G. vom 5. Dezember 1887. Rspr. Bd. IX, S. 659.

[3] Es kommen nur Verstöße gegen das materielle Strafrecht in Betracht.

[4] Die Wirkung des §. 414 erstreckt sich also auch auf die früher verurtheilten Mitthäter 2c., welche sich bei dem Urtheile beruhigt haben. cf. K.B. zu §. 398 des Entw. S. 129.

415.[1] Das Gericht, an welches die Sache zur anderweiten Verhandlung und Entscheidung verwiesen ist, hat die rechtliche und militärdienstliche Beurtheilung, welche der Aufhebung des Urtheils zu Grunde gelegt ist, auch seiner Entscheidung[2] zu Grunde zu legen.

War das Urtheil nur von dem Angeklagten oder zu Gunsten desselben angefochten worden, so darf das neue Urtheil eine härtere Strafe als die in dem aufgehobenen erkannte nicht verhängen. Die einer Gesammtstrafe zu Grunde liegenden Einzelstrafen dürfen nicht höher als in dem aufgehobenen Urtheile bemessen werden.[3]

[1] cf. §. 398 R.Str.P.O.

[2] Wird gegen diese Entscheidung abermals Revision eingelegt, so ist das Reichsmilitärgericht an die eigene rechtliche Beurtheilung, welche dem Instanzgerichte als Norm gedient hat, für das weitere Verfahren in derselben Untersuchung gebunden.

cf. Entsch. des R.G. vom 1. April 1882. Rspr. Bd. IV, S. 302.

[3] cf. §. 396 A. 4, 5.

## Vierter Titel.[1]

[1] Begr. S. 170—171 K.B. S. 129, 130.

## Bestätigung der im ordentlichen Verfahren ergangenen Urtheile.

416. Urtheile, die durch ein ordentliches Rechtsmittel nicht mehr anfechtbar sind, werden mit einer Bestätigungsorder[1] versehen.

In der Bestätigungsorder ist zum Ausdrucke zu bringen, daß das Urtheil rechtskräftig geworden und, soweit es auf Verurtheilung lautet, zu vollstrecken ist.[2]

Die Bestätigungsorder ist dem Angeklagten bekannt[3] zu machen.

[1] Im ordentlichen Verfahren finden die Rechtsmitte der Berufung und Revision statt — §. 363 — und ein Urtheil erlangt die Rechtskraft, sobald es durch ein ordentliches Rechtsmittel nicht mehr anfechtbar ist — §§. 383, 405.

Durch ein solches Urtheil ist die Sache endgültig entschieden; es kann sich nur noch um die Ausführung des Urtheils handeln. Die „Bestätigung" im Sinne des vierten Titels läßt daher die militärgerichtliche Entscheidung völlig unberührt. §. 416 bestimmt nur, daß durch die Bestätigungsordre noch zum Ausdruck gebracht werden soll, daß das Urtheil rechtskräftig geworden und — soweit es auf Verurtheilung lautet — zu vollstrecken sei. Eine andere Bedeutung hat die Bestätigungsordre in dem Verfahren vor den Feld- und Bordgerichten. In letzterem Verfahren finden ordentliche Rechtsmittel nicht statt. Die Prüfung der Gesetzlichkeit tritt von Amtswegen ein. Die Anerkennung der Gesetzlichkeit erfolgt durch die Bestätigung, welche hier Rechtskraft und Vollstreckbarkeit des Urtheils bewirkt. — §§. 419 ff.

cf. Begr. zu §§. 400–402 des Entw. S. 170.

[2] cf. §§. 450 ff.

[3] cf. §. 137.

**417.**[1] **Auf Strafverfügungen (§. 349) finden die Bestimmungen des §. 416 keine Anwendung.**

[1] Eine Bestätigungsorder wird nicht erlassen. Die Vollstreckung erfolgt nach Maßgabe des Inhalts der Strafverfügung. cf. §. 450.

**418.** **Von wem die Bestätigungsorder ertheilt wird, bestimmt für die bei der Marine ergehenden Urtheile der Kaiser, im Uebrigen der zuständige Kontingentsherr.**

**Ausf.-Best. H. u. M.**

1. Ich behalte Mir die Ertheilung der Bestätigungsorder vor:
   a) für die Urtheile, durch die auf Todesstrafe, auf lebenslängliche Freiheitsstrafe oder wegen eines militärischen Verbrechens auf eine die

Dauer von zehn Jahren übersteigende Freiheitsstrafe erkannt ist; bei einer Gesammtstrafe kommt nur die höchste wegen eines militärischen Verbrechens festgesetzte Einzelstrafe in Betracht; — Freiheitsstrafe im Sinne dieser Bestimmungen ist auch Zuchthaus (vergleiche §. 16 Militärstrafgesetzbuch) —;

b) für die Urtheile gegen Offiziere, Sanitätsoffiziere (in der Marine auch Ingenieure des Soldatenstandes) und obere Militärbeamte;

c) für die Urtheile, durch die gegen einen Fähnrich auf Degradation erkannt ist

2. Im Uebrigen ertheilen die Bestätigungsorder:

a) der kommandirende General, sowie der Gouverneur von Berlin (in der Marine die Chefs einer selbständigen Kommandobehörde) hinsichtlich der auf Freiheitsstrafe von mehr als einem Jahre lautenden Urtheile in denjenigen Strafsachen, für die sie die Gerichtsherren der Berufungsinstanz sind, sowie in denjenigen Fällen, in denen gegen einen Preußischen Landgendarmen und eine Militärperson ihres Befehlsbereichs durch dasselbe Urtheil erkannt ist;

b) der Chef der Landgendarmerie — von den Fällen zu 2a abgesehen — für alle im kriegsgerichtlichen Verfahren ergangenen Urtheile gegen Landgendarmen;

c) in den sonstigen Fällen der Gerichtsherr derjenigen Instanz, welche das zu bestätigende Urtheil gefällt hat; in den Fällen der §. 412 Absatz 1, §. 447 der Militärstrafgerichtsordnung der Präsident des Reichsmilitärgerichts.

3. Ist durch dasselbe Urtheil gegen mehrere Angeklagte erkannt worden, so steht die Bestätigung hinsichtlich sämmtlicher Angeklagten demjenigen

Befehlshaber zu, dem die höhere Bestätigungsbefugniß, wenn auch nur hinsichtlich eines der Angeklagten, zukommt.

4. Urtheile, deren Bestätigung Ich Mir vorbehalten habe, werden Mir von dem Gerichtsherrn erster Instanz mit den Akten und einem von einem Kriegsgerichtsrath anzufertigenden und zu unterschreibenden Aktenauszuge durch den Präsidenten des Reichsmilitärgerichts eingereicht. Dem vorgesetzten Gerichtsherrn ist Meldung zu erstatten.

Der Aktenauszug hat in gedrängter Kürze die persönlichen und dienstlichen Verhältnisse des Angeklagten, eine aktenmäßige Darstellung des Sachverhalts, die Angabe der in Anwendung gebrachten Gesetze und die Formel des Urtheils zu enthalten.

5. Der zur Bestätigung berechtigte Befehlshaber kann das Urtheil bei der Bestätigung nach Maßgabe nachstehender Bestimmungen mildern:

In den Fällen der §§. 85 bis 87 des Militärstrafgesetzbuchs kann unter der im §. 88 daselbst angegebenen Voraussetzung die Milderung des Urtheils in den im §. 88 dem Gerichte für die Strafbemessung gezogenen Grenzen stattfinden.

Zeitige Freiheitsstrafen können bis auf den Mindestbetrag der gesetzlichen Strafandrohung herabgesetzt werden.

Hierbei ist eine Aenderung der Strafart nur dann zulässig, wenn in den Militärstrafgesetzen die strafbare Handlung wahlweise mit Arrest oder mit Gefängniß oder Festungshaft bedroht ist.

In diesen Fällen kann die erkannte Gefängnißstrafe auf Festungshaft oder die im gegebenen Falle gesetzlich zulässige Arrestart und die erkannte Festungshaft auf Arrest der bezeichneten Art gemildert werden.

Ist ein militärisches Vergehen mit Arrest ohne Bezeichnung der Arrestart bedroht, so kann an die Stelle der erkannten härteren Arrestart eine gelindere treten.

In den Fällen des §. 40 Absatz 2 Nr. 1 und 2 des Militärstrafgesetzbuchs kann die erkannte Degradation und in dem Falle des §. 75 daselbst die erkannte Versetzung in die zweite Klasse des Soldatenstandes erlassen werden.

6. Die Bestätigungsorder hat dahin zu lauten:

„Ich bestätige, daß das Urtheil rechtskräftig geworden ist."

Im Falle der Verurtheilung ist hinzuzusetzen:

„Das Urtheil ist zu vollstrecken."

oder im Falle der Milderung der Strafe (Nr. 5):

„Ich mildere die erkannte Strafe auf . . . . . Die Vollstreckung hat demgemäß zu erfolgen."

7. Die Mir in Gnadenangelegenheiten bisher durch das General-Auditoriat erstatteten Berichte erstattet in Zukunft der Präsident des Reichsmilitärgerichts.

## Fünfter Titel.[1]

[1] Begr. S. 171—174, K.B. —

## Bestätigung und Aufhebung der Urtheile der Feldgerichte und der Bordgerichte.

**419.**[1] Gegen die im Felde oder an Bord ergangenen Urtheile finden die Rechtsmittel der Berufung und der Revision nicht statt.

[1] cf. §. 6 des Einf.-Ges.

Besondere Bestimmungen über Feld- und Bordgerichte: §§. 15 Abs. 3, 16 Nr. 1 und 3, 21, 31, 44, 47,

48, 59, 63, 64, 98, 100, 109 Abs. 2, 149 Abs. 4, 170, 222 Abs. 4, 224 Abs. 3, 239 Abs. 4, 253 Abs. 2, 255 Abs. 3, 256 Abs. 5, 266 Abs. 4 „im Felde" nicht „an Bord", 267 Abs. 3, 348, 365 Abs. 2, 419—435.

420.[1] Die im §. 419 bezeichneten Urtheile erlangen Rechtskraft und Vollstreckbarkeit durch die Bestätigung.

[1] cf. §§. 450, 417 A. 1.

421. Die Bestimmung des §. 420 gilt auch hinsichtlich derjenigen militärgerichtlichen Urtheile, welche zu der Zeit, wo der Angeklagte in ein mobiles Verhältniß tritt, die Rechtskraft noch nicht erlangt haben.[1] [2]

[1] cf. §. 428.

[2] Ein in Untersuchung befindlicher Angehöriger der Kaiserlichen Marine darf nicht an Bord kommandirt werden.

422. Wem das Bestätigungsrecht und das Aufhebungsrecht zusteht, bestimmt der Kaiser.[1]

[1] Die entsprechende A.C.O. ist am 28. Mai 1900 ergangen. cf. Anhang.

423. Vor der Entschließung über die Bestätigung hat der Gerichtsherr den Angeklagten, falls dieser verurtheilt ist, durch einen Kriegsgerichtsrath oder einen Offizier[1] protokollarisch darüber vernehmen zu lassen, ob und welche Beschwerden er gegen das Urtheil vorzubringen habe.

Dieser Vernehmung bedarf es nicht, wenn in den Fällen des §. 421 der Angeklagte bereits ein ordentliches Rechtsmittel eingelegt und begründet hatte.

[1] Es braucht dies nicht der Gerichtsoffizier zu sein.

424. Die Urtheile, deren Bestätigung der Kaiser sich vorbehält, sind demselben durch den Präsidenten des Reichsmilitärgerichts mit einem Gutachten der Militäranwaltschaft vorzulegen.

425. Die Bestätigung anderer Urtheile darf nur auf Grund des schriftlichen Rechtsgutachtens eines richterlichen Militärjustizbeamten oder, in Ermangelung eines solchen, eines zum Richteramte befähigten[1] Beamten oder Offiziers erfolgen, wenn auf Tod, auf Zuchthaus oder auf Gefängniß oder Festungshaft von mehr als einem Jahre[2] erkannt ist

Lautet ein kriegsgerichtliches Urtheil auf Freisprechung oder auf eine geringere als die im ersten Absatze bezeichnete Strafe, so hat der Befehlshaber, dem die Bestätigung zusteht, eine Begutachtung nur dann anzuordnen, wenn die Entscheidung des Kriegsgerichts vom Antrage des Vertreters der Anklage wesentlich abweicht, oder wenn ihm die Entscheidung aus sonstigen Gründen bedenklich erscheint.[3]

[1] cf. §. 98 A. 2.

Die Begutachtung kann hiernach auch durch einen Berufskonsul, durch einen Intendanturbeamten, welcher das Gerichtsassessorexamen abgelegt hat oder durch einen zum Richteramte befähigten Offizier des Beurlaubtenstandes erfolgen.

[2] Die Worte „von mehr als einem Jahr" beziehen sich nur auf Gefängniß und Festungshaft. Ist auf Zuchthaus erkannt, so ist stets die Begutachtung geboten. cf. Begr. zu §. 409 des Entw. S. 173.

[3] In den Fällen des Abs. 2 ist die Einholung eines Gutachtens lediglich in das Ermessen des Gerichtsherrn gestellt.

**426.** Die Begutachtung soll[1] nicht durch einen Beamten oder Offizier geschehen, welcher in der Hauptverhandlung als Richter oder als Vertreter der Anklage oder als Vertheidiger mitgewirkt hat.

[1] Im Nothfall wird von dieser Vorschrift — um erhebliche Verzögerungen zu vermeiden — abgewichen werden können. Wollte der Gesetzgeber dies unbedingt ausschließen, so würde er die Fassung gewählt haben: Die Begutachtung darf nicht 2c.

**427.** Der Befehlshaber, welchem die Bestätigung zusteht, kann eine Vervollständigung der Untersuchung anordnen.

**428.**[1] War das Urtheil in den Fällen des §. 421 durch ein ordnungsmäßig eingelegtes Rechtsmittel bereits angefochten, oder werden in dem Rechtsgutachten (§. 425) gegen die Gesetzlichkeit des Urtheils oder gegen die thatsächliche Feststellung wesentliche Bedenken erhoben,[2] so hat der zur Bestätigung berechtigte Befehlshaber, sofern er nicht selbst über die Aufhebung des Urtheils befinden kann, die Entscheidung des hierfür zuständigen Befehlshabers herbeizuführen.

In derselben Weise ist zu verfahren, wenn der

zur Bestätigung berechtigte Befehlshaber entgegen dem Rechtsgutachten Anstand nimmt, die beantragte Bestätigung zu ertheilen. Die Versagung derselben ist schriftlich zu begründen.

[1] Liegen die Voraussetzungen des §. 428 vor, so muß das Urtheil dem für die Aufhebung des Urtheils zuständigen Befehlshaber vorgelegt werden.

Ist eine Revision eingelegt, aber noch nicht „gerechtfertigt" — §§. 398, 408 — so ist der Angeklagte über seine Anträge und deren Begründung zu vernehmen. cf. §§. 404, 426 Abs. 2.

[2] Der Gerichtsherr hat darüber, ob die Bedenken „wesentlich" sind, pflichtgemäß zu befinden.

[3] Die mit Gründen zu versehende Versagung der Bestätigung ist von dem Gerichtsherrn selbst zu unterzeichnen, nicht — wie §. 368 für die Einlegung und Zurücknahme von Rechtsmitteln vorschreibt — durch den Gerichtsoffizier ꝛc. zu den Akten zu beurkunden.

429. Bei Urtheilen der Feldstandgerichte und der Bordstandgerichte findet eine Begutachtung nicht statt. Glaubt der Gerichtsherr die Bestätigung versagen zu müssen, so hat er unter Begründung der Versagung[1] die Entscheidung des für die Aufhebung zuständigen Befehlshabers herbeizuführen.

[1] cf. §. 428 A. 3.

430. Der zur Aufhebung berechtigte Befehlshaber hat nach Einholung[1] des Gutachtens eines ihm zugeordneten richterlichen Militärjustizbeamten darüber zu entscheiden, ob das Urtheil dem Gerichtsherrn zur Ertheilung der Bestätigung zurückzusenden, oder ob dasselbe aufzuheben sei.[2]

[1] Der Gerichtsherr muß das Gutachten einholen, ist aber nicht an dasselbe gebunden.

[2] Ist der zur Aufhebung berechtigte Befehlshaber zugleich derjenige, welchem das Bestätigungsrecht zusteht, so fallen Versagung der Bestätigung und Aufhebung des Urtheils zusammen; einer doppelten Begutachtung bedarf es in diesem Falle nicht.

cf. Begr. zu §. 414 des Entw. S. 174.

431. Die ertheilte Bestätigung ist auf der Urschrift des Urtheils zu vermerken und dem Angeklagten auf dem in den §§. 256, 257 bezeichneten Wege bekannt zu machen.

432. Im Falle der Aufhebung des Urtheils ist die Berufung eines neuen erkennenden Gerichts zu veranlassen. Soweit es erforderlich oder sachgemäß erscheint, ist mit dieser Berufung ein anderer Gerichtsherr als der zuerst mit der Sache befaßte zu betrauen. Zu dem neu zu berufenden Gerichte dürfen[1] die Personen als Richter nicht zugezogen werden, welche bei der früheren Hauptverhandlung mitgewirkt haben.

Der die Aufhebung aussprechende Befehlshaber kann auch die Erledigung der Sache im ordentlichen Verfahren verfügen,[2] sofern die Erledigung nach Lage des Falles bis zur Beendigung des die Anwendbarkeit dieses Titels begründenden Verhältnisses aufgeschoben werden kann.

[1] Die früheren Richter sind kraft Gesetzes ausgeschlossen. cf. §. 122.

[2] Der Befehlshaber wird von dieser Befugniß dann

Gebrauch machen, wenn die baldige Beendigung der Feld- bez. Bordverhältnisse oder die Ueberweisung des Beschuldigten zu einem immobilen Verbande — §. 433 — in Aussicht steht. Er entscheidet nach freiem Ermessen.

433. Wird im Laufe eines im Felde oder an Bord eingeleiteten Strafverfahrens der Beschuldigte zu einem immobilen militärischen Verbande versetzt oder einem solchen überwiesen, so findet die Ueberleitung in das ordentliche Verfahren statt.

War jedoch ein Urtheil bereits ergangen, so hat über die Bestätigung der bis dahin zuständige Befehlshaber nach Maßgabe dieses Titels zu befinden. Wird die Bestätigung versagt, so ist das Urtheil dem Angeklagten nach dessen Uebertritt in den immobilen Verband bekannt zu machen (§. 137). Gegen das Urtheil ist binnen der gesetzlichen Frist (§. 379) die Berufung zulässig. Die Frist läuft auch für den Gerichtsherrn vom Tage der Bekanntmachung des Urtheils an den Angeklagten. Die gerichtsherrlichen Befugnisse gehen in einem solchen Falle auf den Gerichtsherrn des immobilen Verbandes über.

434. Bei der Marine steht dem Uebertritte zu einem immobilen Verbande (§. 433) die Ablösung von Bord gleich.

**Ausf.-Best. M.** Die Ablösung ist erfolgt, wenn das Ablösungskommando oder das den Angeschuldigten zu dem immobilen Verbande überführende Schiff in die heimischen Gewässer eintritt. Bis dahin gelten die Bordbestimmungen. (§. 6 des E.G.)

435. Mit der Demobilmachung treten die Bestimmungen dieses Titels außer Anwendung. Noch nicht erledigte Strafsachen sind in das ordentliche Verfahren überzuleiten.

Auf die bei Eintritt der Demobilmachung noch nicht bestätigten Urtheile finden die im §. 433 Absatz 2 für den Fall der Versagung der Bestätigung gegebenen Bestimmungen Anwendung.

[1] Für das Bordverfahren hat die Rückkehr des Schiffes in die heimischen Gewässer die gleiche Wirkung. cf. §. 6 Nr. 1 des Einf.-Gesetzes.

### Sechster Titel.[1]

[1] Begr. S. 174—176 K.B. S. 130—132.

## Wiederaufnahme eines durch rechtskräftiges Urtheil geschlossenen Verfahrens.

436.[1] Die Wiederaufnahme[2] eines durch rechtskräftiges Urtheil geschlossenen Verfahrens zu Gunsten des Verurtheilten findet statt:

1. wenn eine in der Hauptverhandlung zu seinen Ungunsten als echt vorgebrachte Urkunde[3] fälschlich[4] angefertigt oder verfälscht war;
2. wenn durch ein zu seinen Ungunsten abgegelegtes Zeugniß oder abgegebenes Gutachten der Zeuge oder Sachverständige sich einer vorsätzlichen oder fahrlässigen Verletzung[5] der

Eidespflicht oder einer wissentlich falschen uneidlichen Aussage[6] schuldig gemacht hat;

3. wenn bei dem Urtheil ein Richter mitgewirkt hat, welcher sich in Beziehung auf die Sache einer Verletzung seiner Amtspflichten schuldig gemacht hat, sofern diese Verletzung mit einer im Wege des gerichtlichen Strafverfahrens zu verhängenden öffentlichen Strafe bedroht und nicht vom Verurtheilten selbst veranlaßt ist;

4. wenn ein civilgerichtliches Urtheil,[7] auf welches das Strafurtheil begründet ist,[8] durch ein anderes rechtskräftig gewordenes Urtheil aufgehoben ist;

5. wenn neue[9] Thatsachen oder Beweismittel beigebracht sind, aus denen allein oder in Verbindung mit den früher erhobenen Beweisen sich die Unschuld des Verurtheilten, sei es bezüglich der ihm zur Last gelegten That überhaupt, sei es bezüglich eines die Anwendung eines härteren Strafgesetzes begründenden Umstandes, ergiebt oder doch dargethan wird, daß ein begründeter Verdacht gegen den Angeklagten nicht mehr vorliegt.

[1] cf. §. 399 R.Str.P.O. §. 24 Nr. 5 E.G.

[2] Die Wiederaufnahme des Verfahrens ist kein ordentliches Rechtsmittel.

cf. §. 363 A. 1.

Der Antrag ist an keine Frist gebunden und kann — falls neue Gründe vorliegen — wiederholt werden.

[3] „Urkunde" ist jeder körperliche Gegenstand, welcher in der Hauptverhandlung als Beweismittel gedient hat. cf. Entsch. d. R.G. vom 28. Januar 1880. — Bd. I, S. 168.

Namentlich die Protokolle fallen unter diesen Begriff. — cf. §§. 331 ff.

[4] Es ist nicht erforderlich, daß die Fälschung der Urkunde sich als strafbare Handlung im Sinne der §§. 267 ff. R.Str.G.B. charakterisirt. So ist z. B. der Antrag auf Wiederaufnahme des Verfahrens auch dann gerechtfertigt, wenn von der in der Hauptverhandlung vorgebrachten Urkunde ohne oder gegen den Willen des Fälschers in gutem Glauben Gebrauch gemacht wird.

[5] Es wird hier der Thatbestand einer nach §§. 154 ff. R.Str.G.B. strafbaren Handlung vorausgesetzt.

Dolmetscher stehen den Sachverständigen gleich. cf. Loewe §. 399 A. 12.

[6] Diese Vorschrift enthält eine durch den Reichstag eingeführte Erweiterung des §. 399 Nr. 2 der R.Str.P.O.

cf. K.B. zu §. 420 d. Entw. S. 180.

[7] D. h. ein in bürgerlichem Rechtsstreit ergangenes Urtheil.

[8] cf. §. 316 Abs. 2.

[9] „Neue" Thatsachen; sie dürfen den Richtern, welche das rechtskräftige Urtheil fällten, nicht vorgelegen haben. Der Umstand, daß der Angeklagte Kenntniß von diesen Thatsachen hatte, ist ohne Bedeutung.

437.[1] Der Antrag auf Wiederaufnahme des Verfahrens wird weder durch die erfolgte Strafvollstreckung, noch durch den Tod des Verurtheilten, noch durch die Beendigung des die Militärstrafgerichtsbarkeit über den Verurtheilten begründenten Verhältnisses[2] ausgeschlossen.

Im Falle des Todes sind der Ehegatte, die Verwandten aufsteigender und absteigender Linie,[3] sowie die Geschwister[4] des Verstorbenen zu dem Antrage befugt.

[1] cf. §. 401 R.Str.P.O.

[2] Dies entspricht dem Grundsatze des §. 10 Abs. 1.

[3] Auch die unehelichen Verwandten. cf. Entsch. d. R.G. vom 21. September 1880. Rspr. Bd. II, S. 228 und §§. 1810 Abs. 1, 1589 des Bürgerl. Ges.-B.

[4] Vollbürtige und halbbürtige Geschwister.

438.[1] Die Wiederaufnahme eines durch rechtskräftiges Urtheil geschlossenen Verfahrens zu Ungunsten[2] des Angeklagten findet statt:

1. wenn eine in der Hauptverhandlung zu seinen Gunsten als echt vorgebrachte Urkunde fälschlich angefertigt oder verfälscht war;[3]
2. wenn durch ein zu seinen Gunsten abgelegtes Zeugniß oder abgegebenes Gutachten der Zeuge oder Sachverständige sich einer vorsätzlichen oder fahrlässigen Verletzung der Eidespflicht oder einer wissentlich falschen uneidlichen Aussage schuldig gemacht hat;
3. wenn bei dem Urtheil ein Richter mitgewirkt hat, welcher sich in Beziehung auf die Sache einer Verletzung seiner Amtspflichten schuldig gemacht hat, sofern diese Verletzung mit einer im Wege des gerichtlichen Strafver-

fahrens zu verhängenden öffentlichen Strafe bedroht ist;

4. wenn von dem Freigesprochenen[5] vor Gericht oder außergerichtlich ein glaubwürdiges Geständniß der strafbaren Handlung abgelegt wird.

[1] cf. §. 402 R.Str.P.O.

[2] Die Wiederaufnahme des Verfahrens zu Ungunsten des Angeklagten charakterisirt sich als Akt der Strafverfolgung und ist deshalb nur innerhalb der Verjährungsfrist zulässig.

cf. §. 66 R.Str.G.B.

[3] cf. §. 436 A. 1—4.

[4] cf. §. 436 A. 5—6.

[5] Vorausgesetzt, daß das Geständniß nach der Freisprechung abgelegt ist.

439.[1] [2] Eine Wiederaufnahme des Verfahrens zum Zwecke der Aenderung der Strafe innerhalb des durch dasselbe[3] Gesetz bestimmten Strafmaßes findet nicht statt.

[1] cf. §. 403 R.Str.P.O.

[2] Diese Vorschrift bezieht sich auf die Fälle der §§. 436 und 438.

[3] Jede Bestimmung, welche einen besonderen die Strafbarkeit ändernden Thatumstand voraussetzt, ist im Vergleich zu der — die nicht qualifizirte That behandelnden — Strafandrohung nicht „dasselbe“ Gesetz.

So sind z. B. in diesem Sinne die §§. 89 Abs. 2, 93, 94, 95 M.Str.G.B. §§. 243, 244 R.Str.G.B. „andere Gesetze“, als §§. 89 Abs. 1, 92 M.Str.G.B. §. 242 R.Str.G.B.

440.[1] Ein Antrag auf Wiederaufnahme des

Verfahrens, welcher auf die Behauptung einer strafbaren Handlung gegründet werden soll, ist nur dann zulässig, wenn wegen dieser Handlung eine rechtskräftige Verurtheilung ergangen ist, oder wenn die Einleitung oder Durchführung eines Strafverfahrens aus anderen Gründen[1] als wegen Mangels an Beweis nicht erfolgen kann.

[1] cf. §. 404 R.Str.P.O.

[2] Z. B. wegen Todes des meineidigen Zeugen oder wegen Verjährung der Strafverfolgung.

441. Die Bestimmungen der §§. 367, 369 Absatz 5 und des §. 370 finden auch bei dem Antrag auf Wiederaufnahme des Verfahrens entsprechende Anwendung.

442.[1] In dem Antrage müssen der gesetzliche Grund[2] der Wiederaufnahme des Verfahrens, sowie die Beweismittel angegeben werden.

Der Antrag ist seitens des Angeklagten oder einer der im §. 437 Absatz 2 bezeichneten Personen bei dem Gerichtsherrn erster Instanz in Gemäßheit des §. 369 Absatz 2 und 3 anzubringen.

[1] cf. §. 406 R.Str.P.O.

[2] cf. §§. 486, 488.

443.[1] Ueber die Zulassung des Antrags entscheidet das Reichsmilitärgericht.

Die Entscheidung erfolgt ohne mündliche Verhandlung nach Anhörung der Militäranwaltschaft.

Das Reichsmilitärgericht kann einen Aufschub,

sowie eine Unterbrechung der Strafvollstreckung anordnen.

[1] cf. §§. 407, 400 R.Str.P.O.

444.[1] Ist der Antrag nicht in der vorgeschriebenen Form[2] angebracht oder ist darin kein gesetzlicher Grund[3] der Wiederaufnahme geltend gemacht oder kein geeignetes Beweismaterial angeführt, so ist der Antrag als unzulässig zu verwerfen.

Anderenfalls ist der Antrag, wenn er von dem Verurtheilten oder im Falle des §. 437 Absatz 2 zu dessen Gunsten gestellt war, der Militäranwaltschaft, wenn er zu Ungunsten des Verurtheilten gestellt war, diesem unter Bestimmung einer Frist zur Erklärung[4] mitzutheilen.

[1] cf. §. 408 R.Str.P.O.
[2] §§. 369 Abs. 2 und 3, 442 Abs. 2.
[3] §§. 436, 438.
[4] Für diese Erklärung ist keine Form vorgeschrieben.

445.[1] Wird der Antrag an sich für zulässig befunden, so veranlaßt[2] das Reichsmilitärgericht die Aufnahme der angetretenen Beweise, soweit diese erforderlich ist, mittelst Ersuchens an einen Gerichtsherrn oder an einen Amtsrichter.

Die Vernehmung der Zeugen und Sachverständigen erfolgt eidlich,[3] soweit die Beeidigung zulässig ist.[4]

Hinsichtlich der Berechtigung der Betheiligten zur Anwesenheit bei der Beweisaufnahme finden die Vorschriften der §§. 165 bis 167 entsprechende Anwendung.

Nach Schluß der Beweisaufnahme sind die Militäranwaltschaft und der Angeklagte[5] unter Bestimmung einer Frist zur ferneren Erklärung aufzufordern.

[1] cf. §. 409 R.Str.P.O.

[2] D. h. nachdem die Erklärung — §. 444 Abs. 2 — eingegangen oder die gestellte Frist abgelaufen ist.

[3] Die Regel des §. 195 Abs. 1 ist hiermit außer Kraft gesetzt.

[4] cf. §§. 187 ff., 208 ff.

[5] Zu diesem Behufe wird dem Angeklagten das Ergebniß der Beweisaufnahme mitzutheilen sein.

446.[1] Das Reichsmilitärgericht entscheidet über den zugelassenen Antrag auf Wiederaufnahme des Verfahrens nach Maßgabe des §. 443 Absatz 2.

Der Antrag wird als unbegründet verworfen, wenn die darin aufgestellten Behauptungen keine genügende Bestätigung gefunden haben, oder wenn in den Fällen des §. 436 Nr. 1 und 2 oder des §. 438 Nr. 1 und 2 nach Lage der Sache die Annahme ausgeschlossen ist, daß die in diesen Bestimmungen bezeichnete Handlung auf die Entscheidung Einfluß gehabt hat.

Anderenfalls verordnet das Reichsmilitärgericht die Wiederaufnahme des Verfahrens, sowie die Erneuerung der Hauptverhandlung[2] unter Bezeichnung des Gerichts, bei welchem die letztere stattfinden soll.

[1] cf. §. 410 R.Str.P.O.

[3] Durch diese Anordnung des Reichsmilitärgerichts verliert das erste Urtheil in jeder Beziehung seine Rechtswirkung; in der erneuten Hauptverhandlung ist das Urtheil vollständig von Neuem, lediglich auf Grund der Ergebnisse dieser erneuten Verhandlung, ohne Rücksicht auf die in der früheren Hauptverhandlung erhobenen Beweise zu finden. Geht aus einem im Wiederaufnahmeverfahren ergangenen, das frühere Urtheil aufrecht erhaltenden Urtheile nicht hervor, daß der ganze Thatbestand, Schuld- und Strafausspruch selbständig geprüft ist, so eignet sich die Entscheidung — auf Revision — zur Aufhebung. Diese selbständige Prüfung kann nicht durch eine Erwägung darüber, ob das frühere Urtheil in wesentlichen Punkten widerlegt sei, ersetzt werden. cf. Entsch. d. R.G. vom 11. Juni 1888. — Rspr. Bd. X, S. 480. In den Fällen des §. 436 ist reformatio in peius ausgeschlossen. cf. §. 448 Abs. 2.

**447.**[1] Ist der Verurtheilte bereits[2] verstorben oder in eine unheilbare Geisteskrankheit verfallen, so findet eine Erneuerung der Hauptverhandlung nicht statt. Das Reichsmilitärgericht hat vielmehr auf Grund der neuen Ermittelungen ohne mündliche Verhandlung auf Freisprechung zu erkennen oder den Antrag auf Wiederaufnahme abzulehnen.[3]

Mit der Freisprechung ist die Aufhebung des früheren Urtheils zu verbinden.[4]

[1] cf. §. 411 R.Str.P.O.

[2] Hierfür ist der Zeitpunkt entscheidend, in welchem das Reichsmilitärgericht über den Antrag befindet.

[3] Durch Urtheil, nicht durch Beschluß.

[4] cf. §. 465 in Verbindung mit §. 1 Abs. 2 und §. 4 des Gesetzes betreffend die Entschädigung der im

Wiederaufnahmeverfahren freigesprochenen Personen. Vom 20. Mai 1898 R.G.Bl. S. 345.

448.[1] In der erneuten Hauptverhandlung ist entweder das frühere Urtheil aufrecht zu erhalten oder unter Aufhebung desselben anderweit in der Sache zu erkennen.[2 3 4]

Ist die Wiederaufnahme des Verfahrens nur von dem Verurtheilten oder zu Gunsten desselben seitens des Gerichtsherrn beantragt worden, so darf das neue Urtheil eine härtere Strafe als die in dem früheren erkannte nicht verhängen.

[1] cf. §. 413 R.Str.P.O.

[2] Gegen das ergangene Urtheil sind die ordentlichen Rechtsmittel zulässig. Auch ein erneuter Antrag auf Wiederaufnahme des Verfahrens ist nicht ausgeschlossen.

[3] cf. §. 465 in Verbindung mit dem Gesetze, betr. die Entschädigung der im Wiederaufnahmeverfahren freigesprochenen Personen vom 20. Mai 1898 R.G.Bl. S. 345.

[4] Die Ausführungen in §. 315 A. 2 treffen auch hier zu. cf. auch §. 446 A. 2.

449.[1] Wird im Wiederaufnahmeverfahren auf Freisprechung erkannt, so ist auf Verlangen des Freigesprochenen, in den Fällen des §. 447 auf Verlangen des Antragstellers, die Aufhebung des früheren Urtheils durch den Deutschen Reichsanzeiger bekannt zu machen.[2] Das Gericht kann anordnen, daß die Bekanntmachung auch durch andere öffentliche Blätter erfolgen soll.[2]

[1] cf. §. 411 Abs. 3 und 4 R.Str.P.O.

[2] Die Veröffentlichung erfolgt auf Kosten der Militärjustizverwaltung. §. 469.

## Siebenter Titel.[1]

[1] Begr. S. 176--179 K.B. S. 132—134.

## Strafvollstreckung.

450.[1] Militärgerichtliche[2] Strafurtheile sind nach Maßgabe der Bestätigungsorder, Strafverfügungen (§. 349) nach Maßgabe ihres Inhalts zu vollstrecken.[3]

[1] cf. §§. 416, 420.

[2] Civilgerichtliche Urtheile — cf. §§. 2—4, 7—9 — sind nach ihrem Inhalte zu vollstrecken. §. 15 Abs. 1 M.Str.G.B.

cf. Begr. zu §. 434 des Entw. S. 176.

[3] Ueber die Vollstreckung ist ein von dem Gerichtsoffizier oder Militärjustizbeamten unterzeichneter Vermerk zu den Akten zu bringen.

**Ausf.-Best. H. u. M.**

1. Jedes rechtskräftige Strafurtheil muß dem Truppentheile (der Dienst- bz. Verwaltungsbehörde) des Angeklagten unter Beifügung der Akten zugehen und ist nach unten bekannt zu geben, soweit es erforderlich erscheint. Der Gerichtsherr bestimmt, welchen vorgesetzten Kommandostellen des Truppentheiles Urtheil und Akten außerdem mitzutheilen sind.
2. War der Antrag auf Untersuchung von einer Civilbehörde ausgegangen, so ist ihr von dem Ausfalle der rechtskräftigen Entscheidung Nachricht zu geben.
3. Im Uebrigen wird auf die Bundesrathsbeschlüsse vom 16. Juni 1882 (Armee Verordnungs-Blatt

Seite 137 ff.) und vom 9. Juli 1896 (Armee-Verordnungs-Blatt Seite 249 ff.), betreffend die Führung von Strafregistern, erwiesen.

In den im §. 2 des Bundesrathsbeschlusses vom 16. Juni 1882 erwähnten Fällen erfolgt die Mittheilung einer militärgerichtlichen Verurtheilung an die Registerbehörde (vgl. kriegsministerielle Verfügungen vom 20. Dezember 1882, Armee-Verordnungs-Blatt Seite 218/219, und vom 11. August 1883, Armee-Verordnungs-Blatt Seite 147) durch die unter Ziffer 1 und 2 der kriegsministeriellen Verfügung vom 31. Juli 1882 (Armee-Verordnungs-Blatt Seite 166) bezeichneten Truppentheile und Militärbehörden, und zwar sobald für den Verurtheilten der Militärgerichtsstand gänzlich aufgehört oder sobald der Verurtheilte in das Beurlaubtenverhältniß übergeführt bz. wieder übergeführt wird (§. 6 des Bundesrathsbeschlusses vom 16. Juni 1882).

Das für diese Mittheilungen erforderliche Material erhalten die Truppentheile u. s. w. durch die Gerichtsherren.

Es ist dafür zu sorgen, daß alles für die Mittheilung an die Registerbehörde Erforderliche schon im Laufe des Verfahrens aktenmäßig festgestellt wird. (Für die Marine cf. M.V.Bl. von 1882 S. 165 ff. von 1896 S. 207 ff.)

4. Die vom Gerichtsherrn und dem Kriegsgerichtsrathe zu fassenden Beschlüsse, durch die ein Abwesender für fahnenflüchtig erklärt oder dessen Vermögen mit Beschlag belegt wird (§. 360), sind in die Strafregister nicht einzutragen.

**451.[1] Die Strafvollstreckung wird durch den Gerichtsherrn angeordnet,[2] welcher die Erhebung der Anklage verfügt hat.**

[1] cf. §. 488 R.Str.P.O.

[2] Die reglementarischen Bestimmungen — namentlich der Militärstraf-Vollstreckungs-Vorschrift — über den eigentlichen Strafvollzug bleiben unberührt. cf. Begr. zu §. 485 des Entw. S. 176.

452.[1] An geisteskranken oder schwangeren Personen darf ein Todesurtheil nicht vollstreckt werden.

[1] cf. §. 485 Abs. 2. R.Str.P.O.

[2] Eine derartige Bestimmung war im Hinblick auf §§. 159, 160, 161 M.Str.G.B. erforderlich.

453.[1] Die Vollstreckung einer durch Erschießen zu vollziehenden Todesstrafe erfolgt durch die Militärbehörde.

[1] cf. §. 14 M.Str.G.B. §§. 1, 2 M.Str.V.B.

454.[1] Die Vollstreckung einer durch Enthauptung zu vollziehenden Todesstrafe erfolgt durch die bürgerlichen Behörden auf Grund einer mit der Bescheinigung der Rechtskraft versehenen beglaubigten Abschrift des Urtheils, welcher eine beglaubigte Abschrift der Bestätigungsorder beizufügen ist. Die Bescheinigung und die Beglaubigungen geschehen durch den Gerichtsherrn (§. 451).

[1] cf. §. 486 R.Str.P.O. §. 13 M.Str.G.B.

455.[1] Die Vollstreckung einer Freiheitsstrafe ist[1] aufzuschieben, wenn der Verurtheilte in Geisteskrankheit verfällt.

Dasselbe gilt bei anderen Krankheiten, wenn von der Vollstreckung eine nahe Lebensgefahr für den Verurtheilten zu besorgen steht.

[1] cf. §. 487 Abs. 1 und 2 R.Str.P.O.

[2] Der Verurtheilte hat hier ein Recht auf Aussetzung der Vollstreckung. Die Aussetzung ist von Amtswegen durch den zuständigen Gerichtsherrn — §. 451 — anzuordnen. cf. §. 464.

456.[1] Auf Antrag eines Verurtheilten, welcher nicht zu den Militärpersonen des aktiven Heeres oder der aktiven Marine gehört, kann die Vollstreckung aufgeschoben werden,[2] sofern durch die sofortige Vollstreckung dem Verurtheilten oder der Familie desselben erhebliche, außerhalb des Strafzwecks liegende Nachtheile erwachsen.

Der Strafaufschub darf den Zeitraum von vier Monaten nicht übersteigen.

Die Bewilligung desselben kann an eine Sicherheitsleistung oder andere Bedingungen geknüpft werden.

[1] cf. §. 488 R.Str.P.O.

[2] Der zuständige Gerichtsherr entscheidet nach freiem Ermessen.

cf. aber §. 464 Abs. 2.

457.[1] Die Vollstreckung von Arreststrafen[2] [3] kann im Interesse des Dienstes auf Anordnung des kommandirenden Generals (Admirals) aufgeschoben werden.

[1] Diese Vorschrift wird namentlich dann Anwendung finden, wenn die Truppentheile ihre Garnison verlassen haben oder wenn der Verurtheilte zu einer Dienstleistung kommandirt ist, deren Unterbrechung unerwünscht erscheint. cf. Begr. zu §. 440 des Entw. S. 177.

[2] Auch gegen Offiziere verhängte Arreststrafen.

[3] Die Aussetzung der Vollstreckung anderer Strafen ist der Allerhöchsten Entscheidung vorbehalten. cf. aber §. 22 M.Str.G.B.

458. Für den in Untersuchungshaft befindlichen Angeklagten, welcher zu einer Freiheitsstrafe verurtheilt wird, ist die zu verbüßende Strafe vom Tage der Rechtskraft[1] des Urtheils zu berechnen. Hat der Angeklagte auf Einlegung eines Rechtsmittels verzichtet,[2] so wird die Strafe[3] bereits vom Tage des Verzichts berechnet. Eine entsprechende Berechnung tritt ein, wenn der Angeklagte das eingelegte Rechtsmittel zurückgenommen oder, ohne eine Erklärung abzugeben, die Einlegungsfrist hat verstreichen lassen.

[1] Ein Urtheil ist rechtskräftig, wenn es nicht mehr durch Berufung und Revision angefochten werden kann. cf. §§. 383, 405.

Die Bestätigungsordre ist für die Berechnung der Strafzeit nur im außerordentlichen Verfahren von Bedeutung. cf. §. 420.

[2] cf. §. 482 R.Str.P.O. §. 371 dieses Ges.

[3] Jeder Tag gilt als verbüßte Strafhaft; §. 21 R.Str.G.B. findet keine Anwendung.

459. Erfolgt in den Fällen des §. 458 die Verhaftung des Angeklagten erst nach den dort bezeichneten Zeitpunkten,[1] so wird die Strafe vom Tage der Verhaftung berechnet.

[1] Also nach Rechtskraft des Urtheils, welcher Verzicht und Zurücknahme des Rechtsmittels sowie der Ablauf der Rechtsmittelfrist gleichstehen.

460.[1] Ist der Verurtheilte nach Beginn der Strafvollstreckung, ohne daß eine Unterbrechung derselben angeordnet wird, wegen Krankheit in eine von der Strafanstalt getrennte Krankenanstalt gebracht worden, so ist die Dauer des Aufenthalts in der Krankenanstalt in die Strafzeit einzurechnen, sofern er nicht mit der Absicht, die Strafvollstreckung zu unterbrechen, die Krankheit herbeigeführt oder verlängert hat.[2]

[1] cf. §. 493 R.Str.P.O.

[2] Hat der Verurtheilte Krankheit simulirt, so wird die Dauer des Aufenthalts in der Krankenanstalt nicht in die Strafhaft eingerechnet. In zweifelhaften Fällen entscheidet das Gericht. §. 464.

461.[1] Ist Jemand durch verschiedene[2] rechtskräftige Urtheile zu Strafen verurtheilt worden, und sind dabei die Vorschriften über die Zuerkennung einer Gesammtstrafe (§. 79 des bürgerlichen Strafgesetzbuchs) außer Betracht geblieben, so sind die erkannten Strafen auf eine Gesammtstrafe zurückzuführen.

Die Entscheidung steht demjenigen Gerichte zu, welches die schwerste Strafart oder bei Strafen gleicher Art die höchste Strafe erkannt hat, falls hiernach aber mehrere Gerichte zuständig sein würden, demjenigen, dessen Urtheil zuletzt ergangen ist. War das hiernach maßgebende Urtheil von einem Gerichte höherer Instanz erlassen, so setzt das Gericht erster Instanz die Gesammtstrafe fest. Sind die Urtheile von Gerichten verschiedener Kontingente erlassen, so ist die Entscheidung von dem Reichsmilitärgerichte zu treffen.

Die Entscheidung erfolgt ohne mündliche Verhandlung; vor der Entscheidung ist dem Vertreter der Anklage und dem Verurtheilten Gelegenheit zu geben, Anträge zu stellen und zu begründen.

Gegen die Entscheidung findet, insofern sie nicht vom Reichsmilitärgericht erlassen ist, die Rechtsbeschwerde[3] an das obere Gericht statt.

[1] cf. §. 492 R.Str.P.O.

[2] Militärgerichtliche und civilgerichtliche Urtheile. cf. §. 378.

462.[1] Die Vollstreckung der auf Geldstrafe lautenden Urtheile und der über eine Vermögensstrafe ergangenen Entscheidungen erfolgt im Wege des Verwaltungszwangsverfahrens nach Maßgabe der dafür geltenden landesherrlichen Bestimmungen.[2]

Die Intendanturen bilden die zur Anordnung und Leitung des Zwangsverfahrens zuständigen Vollstreckungsbehörden.

[1] cf. §. 495 R.Str.P.O.

[2] cf. für Preußen: Verordnung betreffend das Verwaltungszwangsverfahren wegen Beitreibung von Geldbeträgen vom 15. November 1899. G.S. S. 545. — §§. 28—30 M.Str.G.B.

463.[1] Kann eine verhängte Geldstrafe nicht beigetrieben werden, und ist die Festsetzung der für diesen Fall eintretenden Freiheitsstrafe unterlassen worden,[2] so ist die Geldstrafe durch Verfügung des Gerichtsherrn der höheren Gerichtsbarkeit in die entsprechende Freiheitsstrafe umzuwandeln. Die Verfügung ist von einem richterlichen Militärjustizbeamten mit zu unterzeichnen.[3]

[1] cf. §. 491 R.Str.P.O.

[2] Der Regel nach ist die eventuelle Freiheitsstrafe im Urtheile festzusetzen.

[3] cf. §. 97 Abs. 2 und 3.

464.[1] Bestehen über die Auslegung eines Strafurtheils oder über die Berechnung der erkannten Strafe[2] Zweifel, oder sind Einwendungen gegen die Zulässigkeit der Strafvollstreckung erhoben,[3] so ist die Entscheidung des Gerichts, welches erkannt hat,[4] einzuholen.

Dasselbe gilt, wenn nach Maßgabe der §§. 455. 456 Einwendungen gegen die Ablehnung eines Antrags[5] auf Aufschub der Strafvollstreckung erhoben werden.

Der Fortgang der Vollstreckung wird hierdurch nicht gehemmt; der Gerichtsherr kann jedoch den Aufschub oder die Unterbrechung der Vollstreckung anordnen.

Die Bestimmungen des §. 461 Absatz 3 und 4[5] finden entsprechende Anwendung.

[1] cf. §. 490 R.Str.P.O.

[2] cf. §§. 458—460.

[3] Wenn z. B. die für den Unvermögensfall erkannte Freiheitsstrafe vollstreckt werden soll, während nach der

Behauptung des Verurtheilten die prinzipale Geldstrafe bereits erlegt ist.

[4] Das Gericht braucht aber nicht mit denselben Richtern, welche früher geurtheilt haben, besetzt zu sein. cf. K.B. S. 133 zu §. 439 S. 134 zu §. 447.

[5] Der Verurtheilte hat den Antrag auf Aufschub zunächst an den zuständigen Gerichtsherrn zu richten. Wird der Antrag abgelehnt, so kann er unter Erhebung seiner Einwendungen die Entscheidung des Gerichts einholen.

Gegen den ablehnenden Bescheid des letzteren steht ihm die Rechtsbeschwerde an das obere Gericht zu.

## Achter Titel.[1]

[1] Durch den Reichstag eingefügt. K.B. S. 134—136.

## Entschädigung der im Wiederaufnahmeverfahren freigesprochenen Personen.

465. Die Vorschriften des Gesetzes[1] betreffend die Entschädigung der im Wiederaufnahmeverfahren freigesprochenen Personen finden auf die im militärgerichtlichen Verfahren verurtheilten Personen entsprechende Anwendung.

Die Entschädigung wird von der Militärverwaltung desjenigen Kontingents[2] gezahlt, bei dessen Gerichte das Strafverfahren in erster Instanz anhängig war.

[1] **Ausf.B. H. u. M.** — Maßgebend ist das Gesetz vom 20. Mai 1898 (Reichs-Gesetzblatt S. 345):

§. 1. Personen, welche im Wiederaufnahmeverfahren freigesprochen oder in Anwendung eines milderen Strafgesetzes mit einer geringeren Strafe belegt werden, können

Entschädigung aus der Staatskasse verlangen, wenn die früher erkannte Strafe ganz oder theilweise gegen sie vollstreckt worden ist. Das Wiederaufnahmeverfahren muß die Unschuld des Verurtheilten bezüglich der ihm zur Last gelegten That oder bezüglich eines die Anwendung eines schwereren Strafgesetzes begründenden Umstandes ergeben oder doch dargethan haben, daß ein begründeter Verdacht gegen den Angeklagten nicht mehr vorliegt.

Außer dem Verurtheilten haben diejenigen, denen gegenüber er kraft Gesetzes unterhaltspflichtig war, Anspruch auf Entschädigung.

Der Anspruch auf Entschädigung ist ausgeschlossen, wenn der Verurtheilte die frühere Verurtheilung vorsätzlich herbeigeführt oder durch grobe Fahrlässigkeit verschuldet hat.

Die Versäumung der Einlegung eines Rechtsmittels ist nicht als eine Fahrlässigkeit zu erachten.

§. 2. Gegenstand des dem Verurtheilten zu leistenden Ersatzes ist der für ihn durch die Strafvollstreckung entstandene Vermögensschaden.

Unterhaltsberechtigten ist insoweit Ersatz zu leisten, als ihnen durch die Strafvollstreckung der Unterhalt entzogen worden ist.

§. 3. Die Entschädigung wird aus der Kasse desjenigen Bundesstaats gezahlt, bei dessen Gerichte das Strafverfahren in erster Instanz anhängig war.

Bis zum Betrage der geleisteten Entschädigung tritt die Kasse in die Rechte ein, welche dem Entschädigten gegen Dritte um deswillen zustehen, weil durch deren rechtswidrige Handlungen seine Verurtheilung herbeigeführt war.

§. 4. Ueber die Verpflichtung der Staatskasse zur Entschädigung wird durch besonderen Beschluß des im Wiederaufnahmeverfahren erkennenden Gerichts Bestimmung getroffen.

Der Beschluß ist von dem Gerichte gleichzeitig mit

dem Urtheile zu fassen, aber nicht zu verkünden, sondern durch Zustellung bekannt zu machen. Der Beschluß unterliegt nicht der Anfechtung durch Rechtsmittel. Er tritt außer Kraft, wenn das Urtheil aufgehoben wird.

§. 5. Wer auf Grund des die Verpflichtung der Staatskasse zur Entschädigung aussprechenden Beschlusses einen Anspruch geltend macht, hat diesen Anspruch bei Vermeidung des Verlustes binnen drei Monaten nach Zustellung des Beschlusses durch Antrag bei der Staatsanwaltschaft zu verfolgen. Der Antrag ist bei der Staatsanwaltschaft desjenigen Landgerichts zu stellen, in dessen Bezirke das Urtheil ergangen ist.

Ueber den Antrag entscheidet die oberste Behörde der Landesjustizverwaltung. Eine Ausfertigung der Entscheidung ist dem Antragsteller nach den Vorschriften der Civilprozeßordnung zuzustellen.

Gegen die Entscheidung ist die Berufung auf den Rechtsweg zulässig. Die Klage ist binnen einer Ausschlußfrist von drei Monaten nach Zustellung der Entscheidung zu erheben. Für die Ansprüche auf Entschädigung sind die Civilkammern der Landgerichte ohne Rücksicht auf den Werth des Streitgegenstandes ausschließlich zuständig.

Bis zur endgültigen Entscheidung über den Antrag ist der Anspruch weder übertragbar, noch der Pfändung unterworfen.

§. 6. In den zur Zuständigkeit des Reichsgerichts in erster Instanz gehörigen Sachen ist statt der Staatskasse die Reichskasse ersatzpflichtig.

In diesen Fällen tritt an die Stelle der Staatsanwaltschaft des Landgerichts die Staatsanwaltschaft bei dem Reichsgericht, an die Stelle der obersten Behörde der Landesjustizverwaltung der Reichskanzler.

Urkundlich ꝛc.

[2] Beziehungsweise der Marine.

466.[1] Bis zum Betrage der geleisteten Entschädigung tritt die Kontingentsverwaltung in die Rechte ein, welche dem Entschädigten gegen Dritte um deswillen zusteht, weil durch deren rechtswidrige Handlungen seine Verurtheilung herbeigeführt war.[2]

[1] cf. §. 3 Abs. 2 des im §. 465 A. 1 erwähnten Gesetzes.

[2] cf. z. B. §. 486 zu 1—3.

467.[1] Ueber die Verpflichtung der Kontingentsverwaltung[2] zur Entschädigung wird durch das im Wiederaufnahmeverfahren erkennende Urtheil Bestimmung getroffen.[3]

[1] cf. §. 4 des im §. 465 A. 1 erwähnten Gesetzes.

[2] Bezw. Marineverwaltung.

[3] Auch ohne Antrag von Amtswegen.

468.[1] Wer auf Grund des die Verpflichtung einer Kontingentsverwaltung[2] zur Entschädigung aussprechenden Urtheils einen Anspruch geltend macht, hat diesen Anspruch bei Vermeidung des Verlustes binnen drei Monaten nach Zustellung des Urtheils durch Antrag bei dem Gerichtsherrn, auf dessen Befehl im Wiederaufnahmeverfahren das Gericht erster Instanz erkannt hat, in den Fällen des §. 447 bei dem Präsidenten des Reichsmilitärgerichts zu erheben.

Ueber den Antrag entscheidet die oberste Militärjustizverwaltungsbehörde.[3]

[1] cf. §. 5 des im §. 465 A. 1 erwähnten Gesetzes.

[2] Bezw. Marineverwaltung.

[3] cf. §§. 111 ff.

**Ausf.-Best. H. u. M.**

1. Der Gerichtsherr legt den Antrag mit den Akten dem Kriegsministerium (Versorgungs- und Justiz-Departement) vor.

   Er äußert sich dabei darüber:

   a) wann der Anspruch erhoben ist;

   b) ob und in welcher Höhe ein nach §. 465 der Militärstrafgerichtsordnung und nach §. 2 des Gesetzes vom 20. Mai 1898 zu ersetzen Vermögensschaden entstanden ist.

   Vorher ist, soweit erforderlich, die Richtigkeit der Angaben des Antragstellers festzustellen. Werden diese Angaben im Wesentlichen nicht bestätigt, so ist der Antragsteller zu vernehmen.

2. Die Zustellung der Entscheidung veranlaßt der Gerichtsherr (§. 138).

3. Anträge, die bei einer nicht zuständigen Stelle eingehen, sind ohne Verzug an die nach §. 468 Abs. 1 zuständige Stelle abzugeben.

In der Marine geht der Antrag mit den Akten an den Reichskanzler. (R.M.A.)

## Neunter Titel.[1]

[1] Begr. S. 179—180 K.B. S. 136—140.

## Kosten des Verfahrens.

469.[1] Die Kosten des militärgerichtlichen Verfahrens und der durch die Militärbehörden bewirkten Strafvollstreckung fallen der Militärjustizverwaltung zur Last.

Diese Bestimmung findet hinsichtlich der durch

**die Wahl eines Vertheidigers[2] entstandenen Kosten keine Anwendung.**

**Die Kosten der durch die bürgerlichen Behörden bewirkten Strafvollstreckung[3] hat der Verurtheilte zu tragen.**

[1] Im Gegensatz zu §. 497 R.Str.P.O. ist hier das Prinzip der Kostenfreiheit für den Verurtheilten aufgestellt. Auch die baaren Auslagen fallen der Militärjustizverwaltung zur Last.

[2] cf. §§. 337, 343, 347 A. 2.

[3] cf. §. 15 M.Str.G.B.

**Ausf.-Best. H. u. M.**

1. Die in Untersuchungssachen entstehenden, verordnungsmäßig zuständigen Kosten für Reisen und Märsche sind, soweit sie nicht zu den baaren Auslagen im Sinne der Ziffer 2 V der Anlage 8 zur Fr. Bes. V. (in der Marine §. 120 I der Fr. B. V.) zählen, bei den betheiligten Ausgabekapiteln des Militäretats (34 und 25) (in der Marine: K. 58 A. 1 2), zu verrechnen. Der Verrechnungsstelle ist eine Bescheinigung des Gerichtsoffiziers oder eines richterlichen Militärjustizbeamten über Tag und Stunde der Entlassung aus dem Termine mitzutheilen.
2. Die Berechnung der Zeugen- u. s. w. Gebühren wird schon vor der Verhandlung entworfen und vorbereitet; sie wird festgestellt im Ermittelungsverfahren durch den Untersuchungsführer, in der Hauptverhandlung der Standgerichte durch den Gerichtsoffizier, in derjenigen der Kriegs- und Oberkriegsgerichte durch den die Verhandlung führenden Militärjustizbeamten. (An Bord kann auch der als Ersatz des fehlenden Militärjustizbeamten kommandirte Offizier die Gebührenrechnung feststellen.)

Die Gebühren sind möglichst sofort nach der Vernehmung und an Gerichtsstelle zu zahlen; zu diesem Zweck erhält bei dem Gerichtsherrn der höheren Gerichtsbarkeit ein Militärgerichtsschreiber, bei dem Gerichtsherrn der niederen Gerichtsbarkeit der Gerichtsoffizier einen Vorschuß, der bei der vom Gerichtsherrn zu bezeichnenden Kassenverwaltung verrechnet und im Bedarfsfall ergänzt wird.

Der Aufsichtsbehörde ist der Vorschuß auf Verlangen in baar und in Quittungen nachzuweisen.

Im Uebrigen wird auf die Bestimmungen der Anlage 8 Abschnitt V der Fr. Bes. V. verwiesen.

8. Die Verrechnung der Strafvollstreckungskosten erfolgt nach der Militärstrafvollstreckungs-Vorschrift vom 9. Februar 1888. Auch in den Vorschriften der §§. 128, 129, 130, 131, 134 Ziffer 1 und 4, §§. 135 und 137 a. a. O. tritt eine Aenderung nicht ein.

**470.**[1] Sind Strafverfolgungsmaßregeln durch eine wider besseres Wissen gemachte oder auf grober Fahrlässigkeit beruhende Anzeige veranlaßt worden, so kann der Gerichtsherr, nach Beginn der Hauptverhandlung das Gericht dem Anzeigenden, nachdem derselbe gehört worden, die der Militärjustizverwaltung und dem Beschuldigten erwachsenen baaren Auslagen auferlegen.[2]

Binnen vier Wochen nach erfolgter Bekanntmachung[3] findet gegen die Verfügung des Gerichtsherrn die Rechtsbeschwerde[4] an den höheren Gerichtsherrn, gegen die Entscheidung des Gerichts die Rechtsbeschwerde[4] an das obere Gericht statt. Das obere Gericht entscheidet ohne mündliche Verhandlung.

[1] cf. §. 501 R.Str.P.O.

[2] Durch eine mit Gründen versehene Verfügung. cf. §§. 136, 97 Abs. 2.

[3] cf. §§. 187 ff.

[4] cf. §. 378.

471.[1] Erfolgt die Einstellung eines Strafverfahrens wegen Zurücknahme desjenigen Antrags, durch welchen dasselbe bedingt[2] war, so sind[3] dem Antragsteller die der Militärjustizverwaltung und die dem Beschuldigten erwachsenen baaren Auslagen zur Last zu legen.

Wird in dem Falle des §. 249 Absatz 3 auf Freisprechung oder Einstellung des Verfahrens erkannt, so kann das Gericht dem Antragsteller die Kosten der Militärjustizverwaltung und die dem Beschuldigten erwachsenen nothwendigen Auslagen ganz oder theilweise zur Last legen.[4] [5] Vor der Entscheidung ist der Antragsteller zu hören.

Die Bestimmungen des §. 470 Absatz 2 finden Anwendung.

Urkundlich 2c.

Gegeben 2c.

[1] cf. §. 502 R.Str.P.O.

[2] Der Antrag kann zurückgenommen werden in den

Fällen der §§. 102, 103, 104, 194, 263 Abs. 4, 292 Abs. 2, 370 Nr. 5, 6 ꝛc. — R.Str.G.B. cf. §. 64 R.Str.G.B.

[3] Die Auferlegung der baaren Auslagen ist obligatorisch.

[4] cf. §. 504 R.Str.P.O.

[5] Auch dann, wenn der Antragsteller nicht wider besseres Wissen oder grob fahrlässig gehandelt hat.

# Einführungsgesetz zur Militärstrafgerichtsordnung.

(Nr. 2532.) Einführungsgesetz[1] zur Militärstrafgerichtsordnung. Vom 1. Dezember 1898.

[1] Begr. S. 181—189 K.B. S. 140—164.

1. Die Militärstrafgerichtsordnung tritt an einem durch Kaiserliche Verordnung mit Zustimmung des Bundesraths festzusetzenden Tage, spätestens am 1. Januar 1901, in Kraft.

**Ausf.-Best. H. u. M.** Wir Wilhelm, von Gottes Gnaden Deutscher Kaiser, König von Preußen ꝛc. verordnen unter Zustimmung des Bundesraths auf Grund des §. 1 des Einführungsgesetzes zur Militärstrafgerichtsordnung vom 1. Dezember 1898, was folgt:

Einziger Paragraph.

Die Militärstrafgerichtsordnung vom 1. Dezember 1898 (Reichs-Gesetzblatt Seite 1189 ff.) tritt am 1. Oktober 1900 in Kraft.

Urkundlich unter unserer Höchsteigenhändigen Unterschrift und beigedrucktem Kaiserlichen Insiegel.

Gegeben Neues Palais den 28. Dezember 1899.

(L. S.) Wilhelm.

Fürst zu Hohenlohe.

## Dienst- und Geschäftsordnung für die Militärgerichtsstellen der höheren und der niederen Gerichtsbarkeit.[1]

Mit dem Inkrafttreten der Militärstrafgerichtsordnung kommt die

„Dienst- und Geschäftsordnung für die Militärgerichtsstellen der höheren und niederen Gerichtsbarkeit"

zur Anwendung.

Sie wird den betreffenden Dienststellen in der erforderlichen Anzahl von Exemplaren durch die Druckvorschriftenverwaltung zugehen.

## Prozeßformulare und Herausgabe eines Formularbuchs.

Die Militärgerichtsbehörden benutzen bei ihren Dienstgeschäften Formulare, zu denen die Muster in einem Formularbuche gegeben sind, das den betheiligten Dienststellen in der erforderlichen Anzahl durch die Druckvorschriftenverwaltung zugehen wird und im Druckvorschriften-Etat unter Nr. 5 b zu führen ist.

Die Formulare können von der Hofbuchhandlung von E. S. Mittler u. Sohn zu den Preisen des dem Formularbuche beigegebenen Preisverzeichnisses bezogen werden.

Auch für die Marine ist ein entsprechendes, bei Mittler u. Sohn erscheinendes Formularbuch ausgearbeitet.

2. Mit diesem Tage treten für die Strafsachen, deren Entscheidung nach den Bestimmungen der Militärstrafgerichtsordnung zu erfolgen hat, alle im

---

[1] Diese Dienst- und Geschäftsordnung findet mit einigen Aenderungen formeller Natur in der Marine entsprechende Anwendung. Bei Mittler u. Sohn käuflich.

Reichsgebiete geltenden[1] militärstrafprozeßrechtlichen Vorschriften, insbesondere diejenigen über die Bestrafung der Fahnenflüchtigen, im Wege des Ungehorsams-(Kontumazial-)Verfahrens, außer Kraft.

Dasselbe gilt von der Bestimmung im §. 2 Absatz 2 des Einführungsgesetzes zum Militärstrafgesetzbuch, insoweit sich dieselbe auf die Bestrafung der Fahnenflüchtigen bezieht.

Unberührt bleiben die Vorschriften, durch welche die Mitglieder der Landgendarmeriekorps der Militärstrafgerichtsbarkeit unterstellt sind.[2] Insoweit Letztere nach diesen Vorschriften der Militärstrafgerichtsbarkeit unterstehen, gelten sie im Sinne der Militärstrafgerichtsordnung als Personen des Soldatenstandes des aktiven Heeres.

[1] Die prozeßrechtlichen Vorschriften der Reichsgesetze, welche sich nicht ausschließlich auf das militärgerichtliche Verfahren beziehen, bleiben hiernach unberührt. Dies gilt insbesondere von den das Antragsrecht betreffenden Vorschriften des R.Str.G.B. und anderer Gesetze; z. B. der Gesetze über das Urheberrecht, den unlauteren Wettbewerb rc., sowie von den prozeßrechtlichen Vorschriften des Gesetzes über die Presse vom 7. Mai 1874, der Seemannsordnung vom 27. Dezember 1872 rc.

Ebensowenig wird §. 8 des Einf.-Ges. zum M.Str.G.B. berührt.

Die militärstrafprozeßrechtlichen Vorschriften der Landesgesetze werden aufgehoben, soweit sie mit den Bestimmungen der neuen M.Str.G.O. im Widerspruch stehen.

Vorschriften öffentlich rechtlicher Natur, wie §§. 18, 19, 21 G.V.G., bleiben in Geltung.

cf. Begr. zu §. 2 des Entw. S. 181, 182.

[2] In Preußen, Baden, Hessen und Elsaß-Lothringen. Sie gelten in diesen Ländern als Personen des Soldatenstandes, gehören aber nicht zum Heere. cf. W. S. 10.

3. Hinsichtlich der Ausübung der Strafgerichtsbarkeit über Kriegsgefangene[1] und Ausländer[2] in Kriegszeiten und bei kriegerischen Unternehmungen können die Bestimmungen über Bildung der Militärgerichte und das Verfahren durch Kaiserliche Verordnung abgeändert werden.

[1] cf. §§. 158, 159 MS.tr.G.B.

[2] cf. §§. 160, 161 M.Str.G.B.

4. Zuständiger Kontingentsherr im Sinne der Militärstrafgerichtsordnung und dieses Gesetzes ist, soweit nicht Militärkonventionen ein Anderes bestimmen, der Landesherr, dessen Kriegsministerium die Verwaltung hinsichtlich des betreffenden militärischen Verbandes ausübt.

5. Die in der Militärstrafgerichtsordnung für das „Feld"[1] gegebenen Vorschriften gelten:

1. für die Dauer des mobilen Zustandes des Heeres,[2] der Marine[2] oder einzelner Theile des Heeres oder der Marine;
2. für die Besatzung eines festen Platzes, solange derselbe vom Feinde bedroht ist. Der Eintritt, sowie die Beendigung dieses Zustandes ist vom Gouverneur oder Kommandanten dienstlich bekannt zu machen.

[1] cf. §. 419 A. 1.

[2] Die besonderen Vorschriften finden Anwendung bei den mobilen Truppen — cf. auch §. 164 M.Str.G.B. — und zwar für die Dauer der Mobilmachung, deren Umfang, Beginn und Ende jedesmal Allerhöchsten Ortes befohlen werden. Auf die im Kriegsfalle im immobilen Zustande verbleibenden Truppen finden die Sonderbestimmungen nicht Anwendung. Das Letztere gilt auch für die Besatzungstruppen der im Kriegszustande befindlichen Festungen, so lange diese nicht vom Feinde bedroht sind. Erst wenn dieser Zustand eintritt, greifen die Sonderbestimmungen Platz.

Der Ausdruck „im Felde" hat hiernach in der M.Str.G.O. eine engere Bedeutung, als §. 9 M.Str.G.B. cf. Begr. zu §§. 5, 6 des Entw. S. 183.

6. Die in der Militärstrafgerichtsordnung für das Verhältniß „an Bord"[1] gegebenen Vorschriften finden Anwendung:

1. auf die zum Dienste in außerheimischen Gewässern bestimmten Schiffe vom Zeitpunkte des Antritts der Reise bis zur Rückkehr in die heimischen Gewässer;[2]

außerdem

2. auf alle Schiffe, solange sie sich im Kriegszustande befinden.[3]

[1] cf. §. 419 A. 1.

[2] Die Ausnahmebestimmungen für die besonderen Verhältnisse „an Bord" kommen nicht bei kurzem, vorübergehenden Aufenthalte des Schiffes in außerheimischen Gewässern, sondern nur dann zur Anwendung, wenn das Schiff zu längerem Aufenthalte im Auslande bestimmt ist. cf. Begr. zu §. 6 des Entw. S. 184. Ein Gesetz,

welches die Bordbest. für Kiautschou einführt, unterliegt z. Z. der Berathung der gesetzgebenden Faktoren. cf. Anlage.

[3] cf. §§. 9. 164 M.Str.G.B.

**Ausf.-Best. M.** Ob ein Schiff im Sinne des §. 6 des E.G. zum Dienst in außerheimischen Gewässern bestimmt ist, hat der bei der Entsendung dem Schiffskommando vorgesetzte Chef einer selbständigen Kommandobehörde in jedem Falle schriftlich anzuordnen. Chefs einer selbständigen Kommandobehörde im Sinne dieser Bestimmungen sind die mit den gerichtsherrlichen Befugnissen eines kommandirenden Admirals betrauten, dem Kaiser unmittelbar unterstellten Befehlshaber.

7. Anordnungen auf Grund der §§. 28, 37 der Militärstrafgerichtsordnung werden im Kriegsfalle, sowie allgemein für die Marine durch den Kaiser, im Uebrigen von den zuständigen Kontingentsherren[1] erlassen.

Anordnungen auf Grund des §. 65 Absatz 2 der Militärstrafgerichtsordnung erfolgen für die Marine durch den Kaiser, für das Heer durch die zuständigen Kontingentsherren.

[1] cf. §. 4.

8. Die näheren Anordnungen in Gemäßheit des §. 114 der Militärstrafgerichtsordnung erfolgen hinsichtlich des Reichsmilitärgerichts in der Geschäftsordnung desselben, im Uebrigen durch die Militärjustizverwaltungen.

9. Entscheidungen und Verfügungen, welche von dem Gerichtsherrn und einem richterlichen Militärjustizbeamten oder einem Gerichtsoffizier gemeinsam zu unterzeichnen sind (Militärstrafgerichtsordnung §. 97 Absatz 2, §. 102 ꝛc.), ergehen nach außen hin,

je nach dem Befehlsbereiche des Gerichtsherrn, unter der Bezeichnung:

Gericht des . . . Regiments;
Gericht der . . . . . Division;
Kommandantur=(Gouvernements=)Gericht; rc.

**Ausf-Best. H.** Innerhalb der Preußischen Militärjustizverwaltung führen die zur Ausübung der Militärstrafgerichtsbarkeit berufenen Stellen, soweit nicht durch Militärkonventionen besondere Festsetzungen getroffen sind, Dienstsiegel und Stempel mit dem auffliegenden preußischen Adler und der Umschrift:

Königlich Preußisches Gericht des . . . Regiments . . .
oder
Königlich Preußisches Gericht der . . . Division
oder
Königlich Preußisches Kommandantur=(Gouvernements=) gericht . . .
u. s. w.

In Elsaß=Lothringen führen die Gouvernements und Kommandanturen die Bezeichnung „Kaiserlich" und den deutschen Reichsadler.

Kosten für etwaige Neubeschaffung von Gerichtssiegeln und Stempeln sind aus den Büreaugeldern der Gerichtsherrn zu bestreiten.

**Ausf.-Best. M.** Dienstsiegel und Stempel mit dem deutschen Reichsadler und der Umschrift:

Kaiserliche Marine
Gericht der . . . Division
(Abtheilung . . . Seebataillon)
(S. M. S.)
Gericht der . . . Inspektion

(Des Gouvernements Kiautschou . . . Marinestation der . . .)

u. s. w.

Neubeschaffungen sind beim R.M.A. zu beantragen.

**10.** Einer richterlichen Handlung im Sinne des §. 68 des bürgerlichen Strafgesetzbuchs steht gleich jede Handlung,[1] welche von dem Gerichtsherrn, dem untersuchungsführenden und dem die Anklage vertretenden Gerichtsoffizier, Kriegsgerichtsrath oder Oberkriegsgerichtsrathe, sowie in den Fällen des §. 3 des Einführungsgesetzes zum Militärstrafgesetzbuche vom Disziplinarvorgesetzten wegen der begangenen That gegen den Thäter gerichtet wird.[2]

[1] Hiernach wird die Verjährung auch durch Maßnahmen unterbrochen, welche — ohne Befehl des Gerichtsherrn — von dem Gerichtsoffizier ꝛc. selbständig wegen der begangenen That gegen den Thäter gerichtet werden. cf. §. 153 Abs. 3.

[2] §. 10 enthält eine Erweiterung des §. 68 R.Str.-G.B.

**11.**[1] Die zur Ausübung der Militärstrafgerichtsbarkeit berufenen Stellen haben sich gegenseitig Rechtshülfe zu leisten.

Beschwerden über verweigerte Rechtshülfe werden im Aufsichtsweg[2] erledigt.

[1] cf. §. 157 G.V.G.

[2] cf. §. 112 M.Str.G.O.

**Ausf.-Best. H. u. M.** An Bord können Untersuchungshandlungen der höheren Gerichtsbarkeit auch durch einen Gerichtsherrn der niederen Gerichtsbarkeit erledigt werden.

12. Die bürgerlichen Gerichte haben den zur Ausübung der Militärstrafgerichtsbarkeit berufenen Stellen und diese jenen in den zu ihrer Zuständigkeit gehörigen Strafsachen Rechtshülfe zu leisten.

Insoweit die bürgerlichen Gerichte angegangen werden müssen, ist das Gesuch an das Amtsgericht zu richten, in dessen Bezirke die Amtshandlung vorgenommen werden soll.

Das Ersuchen darf nur abgelehnt werden, wenn dem ersuchten Gerichte die örtliche Zuständigkeit mangelt oder die vorzunehmende Handlung nach dem Rechte des ersuchten Gerichts verboten ist.[2] Beschwerden über Ablehnung[3] des Gesuchs sind an das Oberlandesgericht, zu dessen Bezirke das ersuchte Gericht gehört, in letzter Instanz an das Reichsgericht zu richten. Die Entscheidungen erfolgen ohne vorgängige mündliche Verhandlung.

Kosten der Rechtshülfe werden von der ersuchenden Behörde nicht erstattet.

[1] cf. §§. 158—160 G.V.G.

[2] Nur aus diesen beiden Gründen darf das Ersuchen abgelehnt werden.

[3] Eine dem Ersuchen nicht völlig entsprechende Ausführung enthält eine theilweise Ablehnung. cf. Loewe zu §. 160 A. 2 des G.V.G.

**Ausf.-Best. H. u. M.** Militärgerichtliche Untersuchungen sind thunlichst von den hierzu berufenen militärischen Stellen zu erledigen.

Die Hülfe der bürgerlichen Gerichte ist nur ausnahmsweise in Anspruch zu nehmen.

Befindet sich an dem Orte, wo eine militärgerichtliche Untersuchungshandlung vorgenommen werden soll, eine zur Vornahme derselben an sich zuständige militärische Stelle, so ist das Ersuchen um Rechtshülfe in der Regel an diese zu richten.

In den Ersuchungsschreiben um Rechtshülfe sind diejenigen Punkte, um deren Ermittlung oder Aufklärung es sich handelt, genau und bestimmt anzugeben.

13. Die bürgerlichen Gerichtsbehörden haben Ersuchen um Rechtshülfe in den zu ihrer Zuständigkeit gehörigen Strafsachen[1] an die im §. 9 bezeichnete Stelle zu richten.[2] Das Ersuchen darf nur abgelehnt werden, wenn die Erledigung desselben außerhalb des Zuständigkeitsbereichs des ergangenen Gerichtsherrn liegt und eine Abgabe an die zuständige Stelle unthunlich erscheint, oder die vorzunehmende Handlung nach dem Rechte der ersuchten Stelle verboten ist. Beschwerden gegen eine ablehnende Verfügung sind an den höheren Gerichtsherrn, in letzter Instanz an das Reichsmilitärgericht zu richten. Die Entscheidungen erfolgen ohne vorgängige mündliche Verhandlung.

Bei Gewährung der Rechtshülfe findet die Bestimmung des §. 12 Absatz 4 entsprechende Anwendung.

[1] In Civilprozeßsachen findet z. B. keine Rechtshülfe seitens der Militärgerichte statt.

[2] Falls es sich um Vernehmungen handelt, wird der Regel nach dasjenige Militärgericht zu requiriren sein,

dessen Gerichtsherr der unmittelbare Vorgesetzte des zu Vernehmenden ist.

Im Uebrigen ist die ersuchte Stelle, wenn sie selbst nicht zuständig ist, verpflichtet, das Ersuchen, soweit thunlich, an das zuständige Gericht abzugeben.

cf. Begr. zu §. 13 des Entw. S. 185.

14. Hat eine Aburtheilung des Angeklagten sowohl durch ein Militärgericht, wie durch ein bürgerliches Gericht in einer denselben Gegenstand betreffenden Strafsache stattgefunden, so gilt von den ergangenen Urtheilen dasjenige, welches zuerst die Rechtskraft erlangt hat.

Ist in einer bei einem Militärgericht anhängigen Untersuchung durch nicht mehr anfechtbare Entscheidung die Unzuständigkeit der Militärgerichte ausgesprochen worden, weil die Sache zur Zuständigkeit der bürgerlichen Gerichte gehöre, so dürfen die letzteren sich in der Sache nicht mehr deshalb für unzuständig erklären, weil die Militärgerichtsbarkeit Platz greife.

Das Entsprechende gilt für die Militärgerichte wenn seitens bürgerlicher Gerichte durch nicht mehr anfechtbare Entscheidungen die Unzuständigkeit ausgesprochen ist, weil die Sache zur Zuständigkeit der Militärgerichte gehöre.

15.[1] Geht die Vollstreckung einer Freiheitsstrafe gegen eine aktive Militärperson gemäß den gesetzlichen Bestimmungen auf die bürgerlichen Behörden über, so erfolgt die Strafvollstreckung durch die Be-

21*

hörden des Heimathsstaats, wenn entweder die strafbare Handlung außerhalb des Bundesgebiets verübt worden ist, oder der Verurtheilte sich im Gebiete des Heimathsstaats aufhält; in anderen Fällen erfolgt die Strafvollstreckung durch die bürgerlichen Behörden des Bundesstaats, in dessen Gebiete die strafbare Handlung verübt worden ist.

[1] Entspricht dem Beschlusse des Bundesraths vom 19. Februar 1875.

cf. §. 5 der M.Str.V.V. vom 9. Februar 1888. §. 15 Abs. 3 M.Str.G.B.

16. In den Fällen, in welchen nach §. 42 des bürgerlichen Strafgesetzbuchs[1] oder nach anderweiten gesetzlichen Bestimmungen[2] auf Einziehung, Vernichtung oder Unbrauchbarmachung von Gegenständen selbständig erkannt werden kann, finden, wenn im Falle der Verfolgung einer bestimmten Person der Militärgerichtsstand begründet sein würde die Bestimmungen der §§. 477 bis 479 der bürgerlichen Strafprozeßordnung mit der Maßgabe Anwendung, daß der Antrag von dem Gerichtsherrn bei demjenigen Gerichte[3] zu stellen ist, in dessen Bezirke die strafbare Handlung begangen ist oder die Gegenstände sich befinden.

[1] cf. §§. 152, 295, 296a Abs. 2, 335, 360, 367, 369 Nr. 2 R.Str.G.B.

[2] cf. z. B. §§. 21, 22, 25, 26, 43, 45 des Ges., betreffend Urheberrecht an Schriftwerken vom 11. Juni 1870. §. 16 des Ges., betreffend Urheberrecht an Werken der bildenden Künste vom 9. Januar 1876.

[3] Bürgerliche Gerichte.

17. Auf die Berufsthätigkeit der zum Auftreten vor den Militärgerichten zugelassenen Rechtsanwälte (vergl. §. 341 Nr. 5 der Militärstrafgerichtsordnung) finden der §. 150 der bürgerlichen Strafprozeßordnung und die Gebührenordnung für Rechtsanwälte vom 7. Juli 1879 (Reichs-Gesetzbl. S. 176) entsprechende Anwendung.[1]

Im Sinne des §. 63 der Gebührenordnung stehen den Strafkammern die Kriegsgerichte, dem Reichsgerichte das Reichsmilitärgericht gleich.

[1] cf. §. 347 A. 3.

18.[1] [2] Wer die nach §. 286 der Militärstrafgerichtsordnung ihm auferlegte Pflicht der Geheimhaltung durch unbefugte Mittheilung[3] verletzt, wird mit Geldstrafe bis zu eintausend Mark oder mit Haft oder mit Gefängniß bis zu sechs Monaten bestraft. Gegen Personen des Soldatenstandes des aktiven Heeres oder der aktiven Marine tritt Freiheitsstrafe (Militärstrafgesetzbuch §. 16) bis zu sechs Monaten ein; die Ahndung kann in leichteren Fällen im Disziplinarweg erfolgen (§. 3 des Einführungsgesetzes zum Militärstrafgesetzbuche).

Soweit im militärgerichtlichen Verfahren die Oeffentlichkeit der Verhandlung wegen Gefährdung der Staatssicherheit oder der militärdienstlichen Interessen (§. 283 der Militärstrafgerichtsordnung) ausgeschlossen war, dürfen Berichte über die Verhandlung durch die Presse nicht veröffentlicht werden. Das Gleiche gilt auch nach der Beendigung des Verfahrens in Betreff der Veröffentlichung der Anklageschrift oder anderer amtlicher Schriftstücke des Verfahrens. Zuwiderhandlungen unterliegen der im Absatz 1 bestimmten Strafe.

[1] cf. §. 286 A. 1—2.

[2] Die Vorschrift dieses Paragraphen enthält materielles Strafrecht.

[3] Es ist selbstverständlich, daß die Urtheilsformel und die öffentlich verkündeten Urtheilsgründe Dritten mitgetellt werden dürfen.

cf. K.B. zu §. 18 des Entw. S. 143.

19. Die in den Fällen der §§. 345,[1] 355,[1] 374[1] der Civilprozeßordnung und der §§. 50,[1] 69,[1] 77[1] der bürgerlichen Strafprozeßordnung den Militärgerichten zugewiesene Festsetzung der Strafe erfolgt durch den Gerichtsherrn nach Maßgabe des §. 97 Absatz 2 ff.[2] der Militärstrafgerichtsordnung; die den Militärgerichten zugewiesene Vollstreckung der Strafe erfolgt auf Anordnung des Gerichtsherrn.

[1] Es handelt sich hier um eine Zuständigkeitsvorschrift für diejenigen Fälle, in welchen sich eine Militärperson als Zeuge oder Sachverständiger vor bürgerlichen Gerichten

a) durch Ausbleiben nach ordnungsmäßiger Ladung. §. 345 R.C.P.O. §. 50 R.Str.P.O.;

b) durch unrechtmäßige Verweigerung des Zeugnisses oder der Eidesleistung §. 355 R.C.P.O. §. 69 R.Str.P.O.;

c) durch Nichterscheinen nach ordnungsmäßiger Ladung

oder durch Verweigerung des Gutachtens, §. 374 R.C.-P.O. §. 77 R.Str.P.O., strafbar gemacht hat.

[2] Die Straffestsetzung erfolgt also durch Verfügung des Gerichtsherrn unter Mitzeichnung eines Militärjustizbeamten.

**20.** Soweit reichs- oder landesrechtlich den Auditeuren außerhalb des Bereichs der Militärstrafrechtspflege Handlungen der streitigen oder freiwilligen Gerichtsbarkeit, Verrichtungen der Staatsanwaltschaft oder andere juristische Geschäfte zugewiesen sind, treten an die Stelle der Auditeure die Kriegsgerichtsräthe oder Oberkriegsgerichtsräthe.[1]

[1] cf. z. B. §. 44 des R.M.G. vom 2. Mai 1874. Art. 44 des E.G. zum Bürgerl. G.B. R.G. über die Angelegenheiten der freiwilligen Gerichtsbarkeit vom 17. Mai 1898. §. 184.

Preuß. Ges. vom 8. Juni 1860, betr. Aufnahme von Akten der freiwilligen Gerichtsbarkeit.

**21.** Außerhalb des Gebiets der Militärstrafrechtspflege können im Verwaltungswege den Kriegsgerichtsräthen oder Oberkriegsgerichtsräthen dienstliche Verrichtungen insoweit übertragen werden, als es sich um Geschäfte der freiwilligen Gerichtsbarkeit oder andere juristische Geschäfte im Bereiche der Militärverwaltung handelt.[1]

[1] Hiernach ist es auch fernerhin zulässig, den genannten Beamten die Justitiariatsgeschäfte bei den Intendanturen, Werften, Fortifikationen 2c. zu übertragen.

**Ausf.-Best. H.** Richterliche Militärjustizbeamte bedürfen zur Uebernahme nebenamtlicher oder anderer fremder Geschäfte der Genehmigung des Kriegsministeriums

Die Anträge sind durch Vermittlung des Gerichtsherrn auf dem Dienstweg einzureichen. Soweit die Genehmigung zur Zeit des Inkrafttretens der Militärstrafgerichtsordnung bereits ertheilt war, bedarf es einer Erneuerung nicht.

**Ausf.-Best. M.** Für die Marine besteht eine entsprechende Vorschrift. Die „Genehmigung" ertheilt der Reichskanzler (Reichs-Marine-Amt).

22. Das Geschäftsjahr ist das Kalenderjahr.[1] Tritt die Militärstrafgerichtsordnung nicht mit Beginn des Kalenderjahrs in Kraft, so gilt das angefangene Kalenderjahr als erstes Geschäftsjahr.

[1] Für die R.Str.P.O. ist das Geschäftsjahr reichsgesetzlich nicht bestimmt. Dagegen ist landesrechtlich in allen Bundesstaaten das Kalenderjahr als Geschäftsjahr eingeführt.

23. Die am Tage des Inkrafttretens der Militärstrafgerichtsordnung bei den bürgerlichen Gerichten anhängigen Strafsachen, für welche nach den Vorschriften der Militärstrafgerichtsordnung in Zukunft die Militärgerichte zuständig sein würden, gehen an die letzteren nur dann über, wenn das Hauptverfahren noch nicht eröffnet worden war.

24.[1] Für die am Tage des Inkrafttretens der Militärstrafgerichtsordnung anhängigen militärgerichtlichen Strafsachen gilt Folgendes:

1. Die Erledigung einer anhängigen Strafsache erfolgt nach den Vorschriften der Militärstrafgerichtsordnung.
2. War vor dem Tage des Inkrafttretens der Militärstrafgerichtsordnung ein Endurtheil

erster Instanz ergangen, so finden auf die Erledigung der Sache bis zur rechtskräftigen Entscheidung die bisherigen Prozeßgesetze Anwendung.

3. Wird ein vor dem Tage des Inkrafttretens der Militärstrafgerichtsordnung ergangenes Endurtheil erster Instanz aufgehoben und die Sache zur nochmaligen Entscheidung verwiesen,[2] so regelt sich das weitere Verfahren nach den Vorschriften der Militärstrafgerichtsordnung.

4. War das vor dem Tage des Inkrafttretens der Militärstrafgerichtsordnung ergangene Urtheil ein die Bestrafung eines Fahnenflüchtigen betreffendes Ungehorsams-(Kontumazial-)Urtheil, so regelt sich das nach der Rückkehr des Verurtheilten einzuleitende gewöhnliche Verfahren nach den Vorschriften der Militärstrafgerichtsordnung. In dem ergehenden neuen Urtheil ist das frühere Ungehorsams-(Kontumazial-)Urtheil aufzuheben. Hinsichtlich einer bereits eingezogenen Geldstrafe finden die bisherigen Bestimmungen Anwendung.[3]

5. Für die Wiederaufnahme[4] eines durch rechtskräftiges Urtheil geschlossenen Verfahrens sind die Vorschriften der Militärstrafgerichtsordnung auch dann maßgebend, wenn das Urtheil vor dem Tage des Inkrafttretens der

Militärstrafgerichtsordnung erlassen oder rechtskräftig geworden war.

6. Auf die Strafvollstreckung[5] finden die Vorschriften der Militärstrafgerichtsordnung Anwendung, auch wenn die Strafe nach den bisherigen Vorschriften über das Verfahren erkannt ist.

[1] cf. §§. 8 ff. des Einf.-Ges. zur R.Str.P.O.

[2] Es ist selbstverständlich vorausgesetzt, daß diese „nochmalige Entscheidung" am Tage des Inkrafttretens der M.Str.G.O. noch nicht ergangen ist. Anderenfalls würde nach Abs. 2 zu verfahren sein.

[3] Die eingezogenen Gelder werden also nicht herausgegeben. cf. §. 258 der Preuß. M.Str.G.O vom 3. April 1845.

[4] cf. §§. 436 ff.

[5] cf. §§. 450 ff.

25. Ueber die Aufhebung der bestehenden Militärgerichte und staatsanwaltschaftlichen Behörden bei denselben, sowie darüber, ob und inwieweit solche mit Rücksicht auf die Vorschrift des §. 24 Nr. 2 einstweilen fortbestehen, oder welche Beamte im Falle der Aufhebung an die Stelle der bisherigen Militärjustizbeamten treten sollen, wird für die Marine durch Kaiserliche Verordnung, im Uebrigen durch Verordnung des betreffenden Kontingentsherrn Bestimmung getroffen.

Für die Fälle des §. 24 Nr. 2 können die Befugnisse der obersten Militärgerichte durch Kaiserliche Verordnung auf Antrag der Kontingentsherrn dem Reichsmilitärgericht übertragen werden.

**Ausf.-Best. H.** Uebertragung der Befugnisse des Preußischen General-Auditoriats auf das Reichsmilitärgericht.

Ich übertrage hiermit auf Grund des §. 25 Absatz 2 des Einführungsgesetzes zur Militärstrafgerichtsordnung für die im §. 24 Nr. 2 daselbst bezeichneten Fälle die Befugnisse des Preußischen General-Auditoriats dem ersten Senate des Reichsmilitärgerichts.

Sie haben hiernach das Weitere zu veranlassen.

Gegeben Neues Palais den 28. Dezember 1899.

**Wilhelm.**

An den Reichskanzler.

Fürst zu Hohenlohe.

Nach einer authentischen Erklärung des Kaisers bezieht sich vorstehende A.C.O. auch auf die dem Preußischen General-Auditoriate unter der Amtsbezeichnung „General-Auditoriat der Kaiserlichen Marine" zustehenden Befugnisse in Marinestrafsachen.

26.[1] Die bei den aufgehobenen Behörden etatsmäßig angestellten Beamten müssen[2] sich ihre anderweite Verwendung nach Maßgabe der in den §§. 27 bis 31 enthaltenen Bestimmungen gefallen lassen.

[1] cf §. 95 des Preuß. Ausführungsgesetzes zum G.V.G. vom 24. April 1878.

[2] Mit ihrer Zustimmung können sie selbstverständlich auch in anderen Stellen verwendet werden.

27.[1] Die richterlichen Militärjustizbeamten, die Beamten der Militärstaatsanwaltschaft und die rechtskundigen Sekretäre bei den Militärgerichten sind als Militärrichter im Sinne der Militärstrafgerichtsordnung, oder als Beamte der Militäranwaltschaft beim Reichsmilitärgericht anzustellen.

Sie dürfen in ihrem Range und in ihrem Diensteinkommen nicht verkürzt werden. Als eine Verkürzung des Diensteinkommens ist es nicht anzusehen, wenn die Gelegenheit zur Verwaltung von Nebenämtern entzogen wird oder die Beziehung der für die Dienstunkosten besonders ausgesetzten Einnahmen mit diesen Unkosten selbst fortfällt. Servis und Wohnungsgeldzuschuß werden nach dem Orte der neuen Anstellung gewährt.

Im Uebrigen erfolgt die Berechnung des Diensteinkommens nach den für den Fall der Pensionirung maßgebenden Grundsätzen.

[1] cf. §. 98 des Ausführungsgesetzes z. G.V.G.

28.[1] Sofern diese Beamten nicht anderweit angestellt oder in den Ruhestand versetzt werden, bleiben sie während eines Zeitraums von drei Jahren zur Verfügung der Militärjustizverwaltung und werden auf einem besonderen Etat geführt.

Beamte, welche das 65. Lebensjahr vollendet haben, können ihre Versetzung in den Ruhestand beanspruchen.

[1] cf. §. 99 des Ausführungsgesetzes zum G.V.G. vom 24. April 1878. G.S. Nr. 12 S. 230—252.

29.[1] Die zur Verfügung der Militärjustizverwaltung verbleibenden Beamten haben sich nach Anordnung derselben der zeitweiligen Wahrnehmung solcher Aemter zu unterziehen, zu deren dauernder Uebernahme sie verpflichtet sein würden.

Erfolgt die Beschäftigung außerhalb des Ortes ihrer letzten Anstellung, so erhalten sie die gesetzmäßigen Reisegebührnisse.

Diejenigen, welche während des dreijährigen Zeitraums eine etatsmäßige Stellung nicht erhalten, treten nach Ablauf desselben in den Ruhestand.

[1] cf. §. 100 des Pr. Ausf.-Ges. z. G.V.G.

30. Auf Beamte, welche in Gemäßheit der Bestimmungen dieses Gesetzes in den Ruhestand treten oder zur Verfügung der Militärjustizverwaltung verbleiben, auf letztere auch dann, wenn sie während des im §. 28 bezeichneten Zeitraums dienstunfähig werden, finden die Vorschriften des §. 27 mit der Maßgabe Anwendung, daß den in den Ruhestand tretenden Beamten Servis und Wohnungsgeldzuschuß nach den für den Fall der Pensionirung geltenden Durchschnittssätzen, den zur Verfügung der Militärjustizverwaltung stehenden Beamten der Wohnungsgeldzuschuß und Servis während des dreijährigen Zeitraums in dem vollen Betrage zu gewähren ist.

[1] Also auch die Bestimmung, daß die Beamten ihr volles Diensteinkommen — mit der Modifikation bezüglich des Servises und Wohnungsgeldzuschusses — behalten.

cf. Struckmann und Koch: Die Preußischen Ausführungsgesetze. Kommentar: Preuß. Ausführungsgesetz zum G.V.G. §. 102 A.

31.[1] Die nicht im höheren Militärjustizdienst

angestellten Beamten sind ihren bisherigen Verhältnissen, ihren Fähigkeiten und ihrem Dienstalter thunlichst entsprechend anzustellen.[2]

Auf die von neuem angestellten Beamten finden die Vorschriften des §. 27 entsprechende Anwendung.

Beamte, welche nicht wieder angestellt werden, treten einstweilen in den Ruhestand.[3] Denselben ist, vorbehaltlich weitergehender wohlerworbener Rechte, ein nach §. 26 des Reichsbeamtengesetzes vom 31. März 1873 zu bemessendes Wartegeld zu gewähren. Die Berechnung des dem Wartegelde zu Grunde zu legenden Diensteinkommens erfolgt nach den für den Fall der Pensionirung maßgebenden Grundsätzen.[4] Servis und Wohnungsgeldzuschuß werden mit dem für die Pensionirung geltenden Durchschnittssatze dem übrigen Diensteinkommen hinzugerechnet.

Diese Beamten haben sich nach Anordnung der Militärjustizverwaltung der zeitweiligen Wahrnehmung solcher Aemter zu unterziehen, welche ihren Fähigkeiten und ihren bisherigen Verhältnissen entsprechen. Während der Dauer dieser Beschäftigung erhalten sie ihr früheres Diensteinkommen unverkürzt und, sofern die Beschäftigung außerhalb des Ortes ihrer letzten Anstellung erfolgt, die gesetzmäßigen Reisegebührnisse und eine von der Militärjustizverwaltung nach dem erforderlichen Mehraufwande, festzusetzende Entschädigung.

[1] cf. §§. 103, 104 des Pr. Ausf.Ges. zu G.V.G.

[2] Es ist nicht erforderlich, daß diese Anstellung im Bereiche der Militärjustizverwaltung erfolgt.

[3] Es entspricht dies dem im §. 24 des R.B.G. enthaltenen Grundsatze.

[4] cf. §§. 34 ff. R.B.G.

32. Die Bestimmungen der Militärstrafgerichtsordnung im §. 80 Satz 2, §. 94 Absatz 1, §. 106 Absatz 2 finden auf richterliche und staatsanwaltschaftliche Militärjustizbeamte, welche vor dem Inkrafttreten der Militärstrafgerichtsordnung bereits angestellt sind, keine Anwendung.

33. Die Militärstrafgerichtsordnung und dieses Gesetz kommen in Bayern nach näherer Bestimmung des Bündnißvertrags vom 23. November 1870, in Württemberg nach näherer Bestimmung der Militärkonvention vom 21./25. November 1870 zur Anwendung.

Die Einrichtung der obersten militärgerichtlichen Instanz mit Rücksicht auf die Verhältnisse Bayerns wird anderweit gesetzlich geregelt.[1]

Urkundlich rc.

Gegeben rc.

[1] Gesetz, betreffend die Einrichtung eines besonderen Senats für das bayerische Heer bei dem Reichsmilitärgericht in Berlin. Vom 9. März 1899. R.G.Bl. S. 185:

§. 1. Für das bayerische Heer wird bei dem Reichsmilitärgericht in Berlin ein besonderer Senat gebildet.

Der König von Bayern ernennt den Präsidenten und die Räthe des bayerischen Senats sowie einen Militäranwalt für denselben; er bestimmt überdies die militärischen Mitglieder dieses Senats.

§. 2. Der bayerische Senat ist für alle dem Reichsmilitärgerichte zugewiesenen Entscheidungen und Geschäfte zuständig, welche das Urtheil oder die Entscheidung eines bayerischen Militärgerichts oder die Entscheidung oder Verfügung eines bayerischen Gerichtsherrn zum Gegenstande haben.

Betrifft eine Sache zugleich Angehörige des bayerischen Heeres und eines anderen Kontingents oder der Marine, oder sind in den Fällen des §. 461 der Militärstrafgerichtsordnung die verschiedenen Urtheile theils von einem bayerischen, theils von einem anderen Militärgericht erlassen, so treten der bayerische und ein von dem Präsidenten des Reichsmilitärgerichts zu bestimmender anderer Senat zu gemeinsamer Verhandlung und Entscheidung zusammen. In diesem Falle finden die Bestimmungen des §. 86 Abs. 2 bis 4 der Militärstrafgerichtsordnung entsprechende Anwendung. Die außerhalb der Hauptverhandlung nothwendigen Verfügungen erläßt derjenige Senatspräsident, welchem die Leitung der Hauptverhandlung zusteht.

Die Bestimmungen des Abs. 2 finden auch dann Anwendung, wenn es sich um eine Entscheidung darüber handelt, ob ein bayerisches Militärgericht oder ein anderes Militärgericht, ein bayerischer Gerichtsherr oder ein anderer Gerichtsherr für zuständig zu erklären ist.

§. 3. Der §. 88 des Disziplinargesetzes für richterliche Militärjustizbeamte vom 1. Dezember 1898 gilt auch für den Präsidenten und die Räthe des bayerischen Senats. Diese bleiben bei der Bildung des allgemeinen Disziplinarhofs unberücksichtigt, sofern für sie sowie für die bayerischen richterlichen Militärjustizbeamten ein besonderer Disziplinarhof errichtet wird. Wird ein solcher nur für die letzteren errichtet, so werden der Präsident und die Räthe des bayerischen Senats bei der Bildung des allgemeinen Disziplinarhofs nur dann berücksichtigt, wenn es sich um ein Mitglied des Reichsmilitärgerichts handelt.

§. 4. Soweit sich nicht aus vorstehenden Bestimmungen Abweichungen ergeben, gelten die Vorschriften der Militärstrafgerichtsordnung vom 1. Dezember 1898 auch für den bayerischen Senat.

Anhang.

# Gesetz,

betreffend

die Dienstvergehen der richterlichen Militärjustiz-beamten und die unfreiwillige Versetzung derselben in eine andere Stelle oder in den Ruhestand.

Vom 1. Dezember 1898.

---

## Allgemeine Bestimmungen über Dienstvergehen und deren Bestrafung.

1. Ein richterlicher Militärjustizbeamter, welcher die Pflichten verletzt, die ihm sein Amt auferlegt, oder in oder außer dem Amte sich ein seiner amtlichen Stellung nicht würdiges Verhalten zu Schulden kommen läßt (Reichsbeamtengesetz vom 31. März 1873 §. 10), macht sich eines Dienstvergehens schuldig.

2. Wegen geringer Dienstvergehen können im Aufsichtswege Mahnungen ertheilt werden. Bei dem Reichsmilitärgericht erfolgen sie durch den Präsidenten desselben im Einverständnisse mit dem Vorsitzenden des Disziplinarhofs, im Uebrigen durch die oberste Behörde der Militärjustizverwaltung (vergl. Militärstrafgerichtsordnung §§. 111, 112).

Erscheint eine Mahnung nicht ausreichend, so tritt Disziplinarbestrafung nach Maßgabe der Bestimmungen dieses Gesetzes ein.

Die Vorschriften der Disziplinarstrafordnungen für das Heer und die Marine, betreffend die Disziplinarstrafgewalt der Militärbefehlshaber über Militärbeamte, bleiben unberührt.

3. Disziplinarstrafen sind:

1. Warnung,
2. Verweis,
3. Geldstrafe,
4. Strafversetzung,
5. Dienstentlassung.

Die Geldstrafe darf den Betrag des einmonatlichen Diensteinkommens nicht übersteigen. Neben einem Verweis und neben der Strafversetzung kann auf Geldstrafe erkannt werden.

Gegen Mitglieder des Reichsmilitärgerichts kann auf Strafversetzung nicht erkannt werden.

Die Strafversetzung erfolgt in ein anderes Amt von gleichem Range ohne Verminderung des Diensteinkommens und wird durch die oberste Behörde der Militärjustizverwaltung in Ausführung gebracht.

Die Dienstentlassung hat den Verlust des Titels und des Pensionsanspruchs von Rechtswegen zur Folge.

Lassen besondere Umstände eine mildere Beurtheilung zu, so ist das Disziplinargericht berechtigt, in seiner Entscheidung zugleich festzusetzen, daß dem Beschuldigten ein Theil des gesetzlichen Pensionsbetrags auf Lebenszeit oder auf gewisse Jahre zu belassen sei.

4. Welche der im §. 3 bestimmten Strafen anzuwenden sei, ist nach der größeren oder geringeren Erheblichkeit des Dienstvergehens mit besonderer

Rücksicht auf die gesammte Führung des Beschuldigten zu ermessen.

5. Im Laufe einer gerichtlichen Untersuchung darf gegen den Beschuldigten ein Disziplinarverfahren wegen der nämlichen Thatsachen nicht eingeleitet werden.

Ist im Laufe eines Disziplinarverfahrens wegen der nämlichen Thatsachen eine gerichtliche Untersuchung gegen den Beschuldigten eröffnet, so ist das Disziplinarverfahren bis zur Beendigung des gerichtlichen Verfahrens auszusetzen.

6. Ist strafgerichtlich auf Freisprechung erkannt, so findet wegen derjenigen Thatsachen, welche den Gegenstand der Untersuchung gebildet haben, ein Disziplinarverfahren nur noch insofern statt, als dieselben an sich und ohne ihre Beziehung zu dem gesetzlichen Thatbestande der strafbaren Handlung, auf welche die Untersuchung sich erstreckte, ein Dienstvergehen enthalten.

Ist in einer gerichtlichen Untersuchung eine Verurtheilung erfolgt, welche den Verlust des Amtes nicht zur Folge gehabt hat, so bleibt der zuständigen Stelle (vergl. §§. 15, 21) die Entscheidung darüber vorbehalten, ob außerdem ein Disziplinarverfahren einzuleiten oder fortzusetzen sei.

### Verfassung und Zuständigkeit der Disziplinargerichte.

7. Disziplinargerichte sind:

in erster Instanz die Disziplinarkammern,

**in zweiter Instanz der Disziplinarhof.**

**Für die juristischen Mitglieder des Reichsmilitärgerichts bildet der Disziplinarhof die erste und letzte Instanz.**

**Ausf.-Best. H. u. M.** Geschäftsordnung für die Disziplinarkammern im Bereiche der Preußischen Militärjustizverwaltung (Marinejustizverwaltung).

In Ausführung des §. 12 Abs. 2 des Gesetzes vom 1. Dezember 1898, betreffend die Dienstvergehen der richterlichen Militärjustizbeamten und die unfreiwillige Versetzung derselben in eine andere Stelle oder in den Ruhestand, wird hierdurch die nachfolgende Geschäftsordnung für die Disziplinarkammern der Militärjustizverwaltung erlassen.

§. 1. Die Geschäfte werden (vorbehaltlich der im §. 5 bestimmten Ausnahmen) durch Beschlüsse der Disziplinarkammer erledigt. Die Erledigung erfolgt in Sitzungen, die nach Bedürfniß von dem Vorsitzenden bestimmt werden. Soweit nicht mündlich verhandelt wird, ist die Oeffentlichkeit für die Sitzungen ausgeschlossen.

§. 8. Bei Entscheidungen und Beschlüssen, die auf Grund einer mündlichen Verhandlung erlassen werden, dürfen nur Mitglieder mitwirken, vor denen die mündliche Verhandlung stattgefunden hat.

§. 2. Ein Mitglied, welches zu einer Sitzung, in der eine mündliche Verhandlung stattfinden soll oder zu einer anderen Sitzung unter der Verpflichtung zur Theilnahme einberufen ist, hat im Falle der Verhinderung diese zeitig vor der Sitzung dem Vorsitzenden anzuzeigen.

§. 4. Der Vorsitzende leitet die Berathung, stellt die Fragen und sammelt die Stimmen.

Im Falle einer Meinungsverschiedenheit über die Stellung der Fragen oder über das Ergebniß der Abstimmung entscheidet die Disziplinarkammer.

Für die Abstimmung bei Entscheidungen finden die

Vorschriften der §§. 822, 823, 824 der Militärstrafgerichtsordnung entsprechende Anwendung.

§. 5. Verfügungen, die eine sachliche Entscheidung nicht enthalten, insbesondere diejenigen, die nur die Leitung eines anhängigen Disziplinarverfahrens betreffen, werden ohne Vortrag in der Disziplinarkammer von dem Vorsitzenden oder unter dessen Zustimmung von demjenigen Mitgliede erlassen, dem die Bearbeitung der Sachen von dem Vorsitzenden übertragen ist. Im Falle einer Meinungsverschiedenheit zwischen dem Vorsitzenden und dem gedachten Mitgliede, oder wenn über den gegen eine Verfügung erhobenen Widerspruch eines Betheiligten zu entscheiden ist, muß der Beschluß der Disziplinarkammer eingeholt werden. Dasselbe gilt, wenn der Vorsitzende den Vortrag in der Sitzung angeordnet hat.

§. 6. In schleunigen Fällen kann, sofern nicht die Entscheidung eine mündliche Verhandlung erfordert, der Vorsitzende eine schriftliche Abstimmung anordnen. Ergiebt sich hierbei eine Meinungsverschiedenheit, so muß die Entscheidung in einer Sitzung erfolgen.

§. 7. In jeder einen Beschluß der Disziplinarkammer erfordernden Sache wird von dem Vorsitzenden ein Berichterstatter ernannt.

Der Vortrag in der Sitzung wird unbeschadet der Bestimmung des §. 15 Ziffer 3 mündlich erstattet.

§. 8. Die Disziplinarkammern erlassen alle Entscheidungen, Beschlüsse, Verfügungen, Berichte u. s. w. unter dem Namen:

„Disziplinarkammer in N. für richterliche Militärjustizbeamte des . . . Armeekorps."

(Disziplinarkammer in Kiel für . . . der Marine.)

§. 9. In den Endentscheidungen sind die Mitglieder namentlich aufzuführen, die an der Entscheidung theilgenommen haben. Auch ist darin der Tag der Sitzung zu bezeichnen, in der die Entscheidung erfolgt ist. Die Ausfertigungen der Endentscheidungen sind mit der Ueberschrift zu versehen: „Im Namen des Königs." (In der Marine: des Kaisers.)

§. 10. Die Disziplinarkammern führen ein Siegel mit der Umschrift:

„Disziplinarkammer in N. für richterliche Militärjustizbeamte"

und den auffliegenden preußischen Adler (resp. deutschen Reichsadler).

§. 11. Die Disziplinarsachen gelten in Ansehung der portofreien Beförderung als Reichs-Dienstangelegenheiten.

§. 12. Dem Vorsitzenden liegt die Leitung und Beaufsichtigung des ganzen Geschäftsgangs ob. Er öffnet die eingehenden Sendungen, versieht dieselben mit dem Tage des Eingangs, vertheilt die Geschäfte, ernennt den Berichterstatter (§. 7), bestimmt die Sitzungen (§. 1) und veranlaßt die Zustellungen an den Vertreter der Staatsanwaltschaft (§. 26 des Gesetzes vom 1. Dezember 1898) und die Einladung der Mitglieder zu den Sitzungen, leitet die Berathungen und Abstimmungen (§. 4), zeichnet die Entwürfe aller Verfügungen u. s. w., vollzieht alle Reinschriften und trifft in Bezug auf die Führung der Geschäftskontrolen die erforderlichen Anordnungen. Er verfügt ferner in allen die Disziplinarkammer als solche betreffenden Angelegenheiten.

§. 13. Das Geschäftsjahr ist das Kalenderjahr. Am Schlusse des Jahres überreicht der Vorsitzende, sofern Disziplinarsachen anhängig geworden sind, dem Kriegsministerium (Versorgungs- und Justizdepartement) eine Nachweisung, aus der sich die einzelnen Disziplinarsachen und die in denselben erlassenen Entscheidungen ergeben.

§. 14. In Betreff der Fonds, aus denen die baaren Auslagen, insbesondere die Zeugengebühren zu bestreiten sind, sowie hinsichtlich der Einziehung der in Disziplinarsachen dem Beschuldigten etwa zur Last gelegten baaren

Auslagen (§. 29 Absatz 2 des Gesetzes vom 1. Dezember 1898) wird das Kriegsministerium (Versorgungs- und Justizdepartement) im einzelnen Falle das Erforderliche anordnen.

§. 15. Für das mündliche Verfahren sind im Anschluß an den §. 24 des Gesetzes vom 1. Dezember 1898 nachstehende Vorschriften zu befolgen:

1. Zu §§. 101 und 102 des Reichsbeamtengesetzes vom 31. März 1878.

Die Sitzung ist dergestalt zu bestimmen, daß dem Beschuldigten vom Tage der Zustellung der Vorladung an eine Frist von mindestens einer Woche frei bleibt.

In der Vorladung ist die zur Verhandlung der Sache bestimmte Stunde anzugeben, sowie dem Beschuldigten bekannt zu machen, daß er sich des Beistandes eines Rechtsanwalts als Vertheidigers bedienen oder durch einen solchen sich vertreten lassen könne, und daß auch im Falle seines Ausbleibens die Verhandlung der Sache und die Entscheidung erfolgen werde.

Ist das persönliche Erscheinen des Beschuldigten beschlossen, so muß die Vorladung unter der Verwarnung erfolgen, daß im Falle des Ausbleibens ein Vertheidiger zur Vertretung nicht zugelassen werde.

2. Zu §. 103.

Die Verhandlung über den Ausschluß oder die Beschränkung der Oeffentlichkeit erfolgt in nicht öffentlicher Sitzung. Der Beschluß, der die Oeffentlichkeit ausschließt oder beschränkt, muß öffentlich verkündet werden.

Die Befolgung dieser Vorschrift muß aus dem Sitzungsprotokolle sich ergeben.

2. Zu §§. 104 bis 107.

Die mündliche Verhandlung erfolgt in Gegenwart des Vertreters der Staatsanwaltschaft und eines Militärgerichtsschreibers (vgl. §. 13 des Gesetzes vom 1. Dezember 1898).

Der Berichterstatter wird von dem Vorsitzenden bei Bestimmung der Sitzung ernannt.

Der Berichterstatter hat eine schriftliche Darstellung abzufassen und dieselbe dem Vorsitzenden vor der Sitzung vorzulegen.

In der Sitzung wird der Bericht durch Verlesung der Darstellung oder nach Wahl des Berichterstatters mündlich an der Hand der schriftlichen Darstellung erstattet.

Die Leitung der Verhandlung, die Vernehmung des Beschuldigten, die etwaige Aufnahme des Beweises und die Handhabung der Ordnung liegt dem Vorsitzenden ob. Er kann jeden, der Störungen verursacht, aus der Sitzung entfernen lassen.

Der Vorsitzende kann die Vernehmung des Beschuldigten und die Beweisaufnahme einem anderen Mitgliede übertragen.

Für das Beweisverfahren sind im Uebrigen die Vorschriften der Militärstrafgerichtsordnung maßgebend (vgl. §. 25 des Gesetzes vom 1. Dezember 1898).

4. Zu §. 108.

Mit der Entscheidung sind zugleich die Gründe zu verkünden.

Es genügt jedoch die mündliche Mittheilung des wesentlichen Inhalts der Gründe. Die Verkündung erfolgt durch den Vorsitzenden.

Die schriftlichen Entscheidungsgründe werden mittels Verlesung in der Sitzung oder auf dem Wege des schriftlichen Umlaufs festgestellt und im Entwurfe von sämmtlichen Mitgliedern, die an der Entscheidung theilgenommen haben, unterschrieben.

5. Zu §. 109.

Das Sitzungsprotokoll muß insbesondere auch die verkündete Entscheidung erhalten.

6. Zu §. 116.

Die Akten sind vor der Einsendung an den

Disziplinarhof mit einem Inhaltsverzeichnisse zu versehen.

7. Zu §. 124.

Die Kosten, die der Beschuldigte zu erstatten hat, sind, wenn thunlich, in der verurtheilenden Entscheidung selbst dem Betrage nach festzustellen.

8. Für den Bereich eines oder mehrerer Armeekorps, sowie für die Marine wird je eine Disziplinarkammer gebildet, die ihren Sitz am Orte eines der betheiligten Generalkommandos, bei der Marine am Sitze des Oberkommandos derselben hat.

Die Disziplinarkammer besteht aus fünf Mitgliedern, und zwar aus den in ihrem Bereich angestellten Oberkriegsgerichtsräthen und der erforderlichen Zahl von Kriegsgerichtsräthen.

Sind in dem Bereiche der Disziplinarkammer mehr als fünf Oberkriegsgerichtsräthe vorhanden, so bilden die fünf dienstältesten und bei gleichem Dienstalter die der Geburt nach älteren die Disziplinarkammer. Die übrigen Oberkriegsgerichtsräthe treten bei Verhinderung von Mitgliedern der Disziplinarkammer in gleicher Reihenfolge als Stellvertreter ein.

Soweit die vorhandenen Oberkriegsgerichtsräthe zur Bildung der Disziplinarkammer nicht ausreichen, werden von der obersten Behörde der Militärjustizverwaltung Kriegsgerichtsräthe für die Dauer ihres Hauptamts zu Mitgliedern der Disziplinarkammer und zu Stellvertretern ernannt.

Wird eine Disziplinarkammer durch Ausscheiden

ausgeschlossener oder abgelehnter Mitglieder und deren Stellvertreter (vergl. §. 14) oder aus einem anderen Grunde beschlußunfähig, so können die fehlenden Mitglieder durch Mitglieder einer anderen richterlichen Disziplinarkammer ersetzt werden. Die Anordnung erfolgt im Verwaltungswege.

Den Vorsitz in der Disziplinarkammer führt der dem Dienstalter beziehungsweise der Geburt nach älteste Oberkriegsgerichtsrath, in Ermangelung eines Oberkriegsgerichtsraths der älteste Kriegsgerichtsrath.

**Ausf.-Best. H.** Es werden gebildet:
- Eine Disziplinarkammer für den Bereich des Gardekorps, III., IV., VI. Armeekorps mit dem Sitze in Berlin,
- eine Disziplinarkammer für den Bereich des I., II., V., XVII. Armeekorps mit dem Sitze in Danzig,
- eine Disziplinarkammer für den Bereich des VII., IX., X., XI. Armeekorps mit dem Sitze in Hannover,
- eine Disziplinarkammer für den Bereich des VIII., XIV., XV., XVI., XVIII. Armeekorps mit dem Sitze in Karlsruhe.

**Ausf.-Best. M.** Für den Bereich der Marine ist eine Disziplinarkammer mit dem Sitze in Kiel gebildet.

9. Zuständig ist diejenige Disziplinarkammer, in deren Bezirke der Beschuldigte zur Zeit der Eröffnung des Disziplinarverfahrens seinen dienstlichen Wohnsitz hat.

Die Disziplinarkammer der Marine ist zuständig für alle richterlichen Militärjustizbeamten der Marine.

10. Der Disziplinarhof kann auf Antrag des Vertreters der Staatsanwaltschaft oder des Beschuldigten die Verweisung der Sache an eine andere Disziplinarkammer beschließen, wenn Gründe vorliegen, welche die Unbefangenheit der zuständigen Disziplinarkammer zweifelhaft erscheinen lassen.

11. Der Disziplinarhof wird bei dem Reichsmilitärgericht aus den juristischen Mitgliedern dieses Gerichts gebildet. Zur Beschlußfähigkeit gehört die Anwesenheit von mindestens sieben derselben, einschließlich des Vorsitzenden.

Den Vorsitz führt derjenige Senatspräsident, welcher dem Dienstalter und bei gleichem Dienstalter der Geburt nach der älteste ist.

Im Behinderungsfalle gehen die Geschäfte des Vorsitzenden auf den nächstältesten Senatspräsidenten und in Ermangelung eines solchen auf den ältesten Rath des Reichsmilitärgerichts über.

12. Der Geschäftsgang bei dem Disziplinarhofe wird durch eine Geschäftsordnung geregelt, welche von diesem auszuarbeiten und durch den Präsidenten des Reichsmilitärgerichts dem Kaiser zur Bestätigung vorzulegen ist.

Die Geschäftsordnung der Disziplinarkammern ist von der obersten Behörde der Militärjustizverwaltung zu erlassen.

13. Die Verrichtungen der Staatsanwaltschaft werden bei den Disziplinarkammern von einem durch

die oberste Behörde der Militärjustizverwaltung für jeden einzelnen Fall besonders zu benennenden Kriegsgerichtsrath, bei dem Disziplinarhofe von dem Obermilitäranwalte wahrgenommen.

Den Dienst des Gerichtsschreibers versieht bei den Disziplinarkammern der Gerichtsschreiber eines der betreffenden Oberkriegsgerichte, bei dem Disziplinarhofe ein Gerichtsschreiber des Reichsmilitärgerichts.

**14.** Die Bestimmungen der Militärstrafgerichtsordnung über Ausschließung und Ablehnung der Gerichtspersonen (§§. 122 bis 134) finden auf die Mitglieder der Disziplinargerichte entsprechende Anwendung.

Im Verfahren vor dem Disziplinarhofe steht das Ablehnungsrecht auch dem Obermilitäranwalte zu.

Ueber die Ausschließung oder Ablehnung entscheidet das Disziplinargericht, welchem der abgelehnte Richter angehört.

Ablehnungsgesuche wegen Besorgniß der Befangenheit sind bei Vermeidung des Ausschlusses spätestens vor Beginn der Hauptverhandlung bei demjenigen Disziplinargericht anzubringen, welchem die abzulehnenden Mitglieder angehören.

Die Entscheidungen sind endgültig.

### Verfahren bei den Disziplinargerichten.

**15.** Der Verhängung einer Disziplinarstrafe muß ein förmliches Disziplinarverfahren vorhergehen. Die Einleitung desselben wird hinsichtlich der Mitglieder des Reichsmilitärgerichts durch den Präsidenten desselben im Einverständnisse mit dem Vorsitzenden des Disziplinarhofs, hinsichtlich der übrigen richterlichen Militärjustizbeamten durch die oberste Behörde der Militärjustizverwaltung verfügt.

**16.** Das Disziplinarverfahren besteht in einem schriftlichen Ermittelungsverfahren und in einer mündlichen Verhandlung.

**17.** Mit der Vornahme der Ermittelungen wird von dem Vorsitzenden des Disziplinargerichts ein Mitglied des letzteren beauftragt.

Das Ermittelungsverfahren hat den Zweck, den Sachverhalt soweit aufzuklären, daß eine Entscheidung darüber getroffen werden kann, ob das Verfahren einzustellen, oder die Sache zur Hauptverhandlung zu verweisen sei.

Der Beschuldigte wird unter Mittheilung der Beschuldigungspunkte vorgeladen und der Vertreter der Staatsanwaltschaft zugezogen. Sie werden, wenn sie erscheinen, mit ihren Erklärungen und Anträgen gehört.

Die Zeugen werden, nach Befinden eidlich, vernommen und die sonstigen Beweise erhoben.

Den Vernehmungen der Zeugen darf weder der Vertreter der Staatsanwaltschaft, noch der Beschuldigte beiwohnen.

Die Verhaftung, vorläufige Festnahme oder Vorführung des Beschuldigten ist unzulässig.

18. Ueber jede Untersuchungshandlung ist ein Protokoll unter Beobachtung der im §. 163 der Militärstrafgerichtsordnung enthaltenen Vorschriften aufzunehmen.

19. Erachtet der mit Vornahme der Ermittelungen beauftragte Richter die Untersuchung für geschlossen, so legt er die Akten dem Vertreter der Staatsanwaltschaft vor.

Beantragt dieser eine Ergänzung der Ermittelungen, so hat der Untersuchungsführer, wenn er dem Antrage nicht stattgeben will, die Entscheidung des Disziplinargerichts einzuholen.

20. Nach geschlossenem Ermittelungsverfahren ist dem Beschuldigten der Inhalt der erhobenen Beweismittel mitzutheilen. Darauf werden die Akten dem Vertreter der Staatsanwaltschaft zur Stellung seiner Anträge vorgelegt.

21. Auf Grund der Ergebnisse des Ermittelungsverfahrens hat hinsichtlich der Mitglieder des Reichsmilitärgerichts der Präsident desselben im Einverständnisse mit dem Vorsitzenden des Disziplinarhofs, im Uebrigen die oberste Behörde der Militärjustizverwaltung darüber zu befinden, ob der Beschuldigte außer Verfolgung zu setzen und das Verfahren

einzustellen, oder ob die Sache zur Hauptverhandlung zu verweisen sei.

22. Einstellung des Verfahrens hat auch dann zu erfolgen, wenn der Beschuldigte seine Entlassung aus dem Dienste mit Verzicht auf Titel, Gehalt und Pensionsanspruch nachsucht, vorausgesetzt, daß er seine amtlichen Geschäfte bereits erledigt hat.

Die Kosten des eingestellten Verfahrens fallen dem Beschuldigten zur Last.

23. Wegen der nämlichen Anschuldigungspunkte ist die Wiederaufnahme eines eingestellten Disziplinarverfahrens nur auf Grund neuer Beweise und nur während eines Zeitraums von fünf Jahren, vom Tage des Einstellungsbeschlusses ab, zulässig.

24. Wird die Sache zur Hauptverhandlung verwiesen, so finden im Weiteren die Bestimmungen der §§. 101 bis 118 des Reichsbeamtengesetzes vom 31. März 1873 entsprechende Anwendung.

25. Die Bestimmungen der Militärstrafgerichtsordnung, betreffend die Berechnung der Fristen (§. 146), die Wiedereinsetzung in den vorigen Stand (§§. 147, 148, 149 Absatz 1 bis 3), die Vernehmung von Zeugen (§§. 185 ff.) und die Zuziehung von Sachverständigen (§§. 208 ff.), finden mit der Maßgabe entsprechende Anwendung, daß gegen Entscheidungen des Disziplinarhofs eine Rechtsbeschwerde nicht stattfindet, und daß über Rechtsbeschwerden

gegen Entscheidungen und Verfügungen der Disziplinarkammern der Disziplinarhof entscheidet.

26. Die im Disziplinarverfahren an den Vertreter der Staatsanwaltschaft nöthig werdenden Zustellungen erfolgen durch Vorlegung der Urschrift des zuzustellenden Schriftstücks. Beginnt mit der Zustellung der Lauf einer Frist, so ist der Tag der Vorlegung auf der Urschrift zu vermerken.

Die sonstigen Zustellungen erfolgen nach Maßgabe der §§. 136 bis 145 der Militärstrafgerichtsordnung.

27. Die im Disziplinarverfahren ergehenden Entscheidungen sind mit Gründen zu versehen.

28. Für die Abstimmung finden bei den Disziplinargerichten die Vorschriften der §§. 322, 324 der Militärstrafgerichtsordnung mit der Maßgabe entsprechende Anwendung, daß im Disziplinarhofe bei Stimmengleichheit die Stimme des Vorsitzenden den Ausschlag giebt.

29. Für das Disziplinarverfahren werden weder Gebühren noch Stempel, sondern nur baare Auslagen in Ansatz gebracht.

Wird der Beschuldigte verurtheilt, so hat er die baaren Auslagen des Verfahrens ganz oder theilweise zu erstatten. Ueber die Erstattungspflicht entscheidet das Disziplinarerkenntniß.

### Vorläufige Dienstenthebung.

30. Die Bestimmungen der §§. 125 bis 130 Absatz 1, §. 131 des Reichsbeamtengesetzes vom 31. März 1873 finden mit der Maßgabe entsprechende Anwendung, daß an die Stelle der obersten Reichsbehörde diejenige Behörde tritt, welcher die Einleitung des Disziplinarverfahrens zusteht (§. 15).

31. Für die Verhältnisse im Felde und an Bord kann durch Kaiserliche Verordnung den höheren Befehlshabern die Befugniß eingeräumt werden, einen richterlichen Militärjustizbeamten, der nach ihrer pflichtmäßigen Ueberzeugung seine Bestimmung nicht erfüllt, aus seiner Feldstelle (Bordstelle) zu entlassen.

### Unfreiwillige Versetzung in eine andere Stelle.

32. Die unfreiwillige Versetzung eines Mitglieds des Reichsmilitärgerichts findet nicht statt.

Die unfreiwillige Versetzung eines Oberkriegsgerichtsraths oder Kriegsgerichtsraths kann, abgesehen von den Fällen der §§. 95, 96 der Militärstrafgerichtsordnung und von dem Falle einer Strafversetzung, nur erfolgen, wenn sie durch das Interesse der Militärrechtspflege dringend geboten ist.

Die Versetzung darf in diesem Falle nur in eine andere Militärrichterstelle von gleichem Range ohne Verminderung des Diensteinkommens erfolgen.

33. Die Anerkennung der Nothwendigkeit der

unfreiwilligen Versetzung in eine andere Stelle erfolgt auf Antrag der obersten Behörde der Militärjustizverwaltung durch den Disziplinarhof. Die Ausführung geschieht durch die genannte Verwaltungsbehörde.

### Unfreiwillige Versetzung in den Ruhestand.

34. Die zwangsweise Versetzung eines richterlichen Militärjustizbeamten in den Ruhestand tritt ein, wenn er durch ein körperliches Gebrechen oder wegen Schwäche seiner körperlichen oder geistigen Kräfte zur Erfüllung seiner Amtspflichten dauernd unfähig geworden ist.

35. Sucht der Beamte die Versetzung in den Ruhestand nicht nach, obgleich die Voraussetzungen derselben vorliegen, so ist unter Angabe der Gründe und unter Bezeichnung des zu gewährenden Pensionsbetrags die Aufforderung an ihn zu erlassen, binnen einer bestimmten Frist den Antrag auf Versetzung in den Ruhestand zu stellen. Die Aufforderung ergeht an einen Oberkriegsgerichtsrath oder Kriegsgerichtsrath durch die oberste Behörde der Militärjustizverwaltung, an ein Mitglied des Reichsmilitärgerichts durch den Präsidenten dieses Gerichts. Wird der Aufforderung innerhalb der festgesetzten Frist nicht Folge geleistet, so hat der Disziplinarhof über die Zulässigkeit der Versetzung in den Ruhestand zu entscheiden.

## Schluß- und Uebergangsbestimmungen.

36. Die Gebührenordnung für die Rechtsanwälte vom 7. Juli 1879 findet auf die Berufsthätigkeit des Rechtsanwalts im Disziplinarverfahren gegen richterliche Militärjustizbeamte mit der Maßgabe entsprechende Anwendung, daß den Strafkammern die Disziplinarkammern, dem Reichsgerichte der Disziplinarhof gleichzustellen sind.

37. Dieses Gesetz tritt zugleich mit der Militärstrafgerichtsordnung in Kraft.

Mit diesem Zeitpunkte treten alle entgegenstehenden Bestimmungen, soweit sie auf die richterlichen Militärjustizbeamten Bezug haben, außer Kraft.

Hinsichtlich der beim Inkrafttreten dieses Gesetzes anhängigen Disziplinarsachen sind für das weitere Verfahren die Vorschriften dieses Gesetzes maßgebend.

38. Dieses Gesetz kommt in Bayern nach näherer Bestimmung des Bündnißvertrags vom 23. November 1870 zur Anwendung; die Errichtung eines Disziplinarhofs für die bayerischen richterlichen Militärjustizbeamten bleibt der Landesgesetzgebung vorbehalten.[1])

Urkundlich ꝛc.

Gegeben ꝛc.

---

[1]) cf. 33. E.G. z. M.Str.G.O.

# Anhang.

## Ausführungsbestimmungen für die Marine.

M.V.Bl. vom 26. März 1900.

### Militärstrafgerichtsordnung vom 1. Dezember 1898, Einführungsgesetz zur Militärstrafgerichtsordnung und Richterdisziplinargesetz von demselben Tage.

I.

a. **Inkrafttreten der Militärstrafgerichtsordnung.**

Wir Wilhelm, von Gottes Gnaden Deutscher Kaiser, König von Preußen ꝛc. verordnen unter Zustimmung des Bundesraths auf Grund des §. 1 des Einführungsgesetzes zur Militärstrafgerichtsordnung vom 1. Dezember 1898, was folgt:

Einziger Paragraph.

Die Militärstrafgerichtsordnung vom 1. Dezember 1898 (Reichsgesetzblatt Seite 1189 ff.) tritt am 1. Oktober 1900 in Kraft.

Urkundlich unter Unserer Höchsteigenhändigen Unterschrift und beigedrucktem Kaiserlichen Insiegel.

Gegeben Neues Palais, den 28. Dezember 1899.

(L. S.) **Wilhelm.**

Fürst zu Hohenlohe.

b. **Übertragung der Befugnisse des Preußischen Generalauditoriats auf das Reichsmilitärgericht.**

Ich übertrage hiermit auf Grund des §. 25 Absatz 2 des Einführungsgesetzes zur Militärstrafgerichtsordnung für die im §. 24 Nr. 2 daselbst bezeichneten Fälle die Befugnisse des Preußischen Generalauditoriats dem ersten Senate des Reichsmilitärgerichts.

Sie haben hiernach das Weitere zu veranlassen.

Gegeben Neues Palais, den 28. Dezember 1899.

**Wilhelm.**

Fürst zu Hohenlohe.

An den Reichskanzler.

Berlin, den 26. März 1900.

Vorstehende Kaiserliche Verordnungen werden hierdurch zur Kenntniß der Marine gebracht.

Der Staatssekretär des Reichs-Marine-Amts.

Tirpitz.

## II.

## Allerhöchste Befehle und Bestimmungen zu einzelnen Paragraphen der vorangeführten Gesetze.

Ich befehle:

I. zum Einführungsgesetze zur Militärstrafgerichtsordnung vom 1. Dezember 1898;

II. zur Militärstrafgerichtsordnung;

III. zum Gesetze, betreffend die Dienstvergehen der richterlichen Militärjustizbeamten und die unfreiwillige Versetzung derselben in eine andere Stelle oder in den Ruhestand hierdurch Folgendes:

## I. Bestimmungen zum Einführungsgesetze zur Militärstrafgerichtsordnung.

### Zu §. 6.

Ob ein Schiff im Sinne des §. 6 des Einführungsgesetzes zur Militärstrafgerichtsordnung zum Dienste in außerheimischen Gewässern bestimmt ist, hat der bei der Entsendung dem Schiffskommando vorgesetzte Chef einer selbständigen Kommandobehörde in jedem Falle schriftlich anzuordnen. Chef einer selbständigen Kommandobehörde im Sinne dieser Bestimmung sind die mit den gerichtsherrlichen Befugnissen eines Kommandirenden Admirals betrauten, Mir unmittelbar unterstellten Befehlshaber.

### Zu §. 9.

Innerhalb der Militärjustizverwaltung Meiner Marine führen die zur Ausübung der Militärstrafgerichtsbarkeit berufenen Stellen Dienstsiegel und -Stempel mit dem Deutschen Reichsadler und der Umschrift:

Kaiserliche Marine.
Gericht der . . . . . Division.
(Abtheilung . . . Seebataillon.)
(S. M. S. . . . . )
oder Kaiserliche Marine.
Gericht der . . . . Inspektion.
(des Gouvernements Kiautschou)
( . . . . Marinestation der . . . . ) u. s. w.

Zu §. 11.

An Bord können Untersuchungshandlungen der höheren Gerichtsbarkeit auch durch einen Gerichtsherrn der niederen Gerichtsbarkeit erledigt werden.

Zu §. 21.

Richterliche Militärjustizbeamte bedürfen zur Übernahme nebenamtlicher oder anderer fremder Geschäfte der Genehmigung des Reichskanzlers (Reichs-Marine-Amts). Die Anträge sind durch Vermittelung des Gerichtsherrn auf dem Dienstweg einzureichen. Soweit die Genehmigung zur Zeit des Inkrafttretens der Militärstrafgerichtsordnung bereits ertheilt war, bedarf es einer Erneuerung nicht.

## II. Bestimmungen zur Militärstrafgerichtsordnung.

Zu §. 2.

Für den Vollzug der an die Stelle der Geldstrafe tretenden Freiheitsstrafe ist, wenn es sich um eine Freiheitsstrafe bis zu sechs Wochen handelt (vergleiche §. 16 der Militärstrafgerichtsordnung), der Gerichtsherr der niederen, sonst der der höheren Gerichtsbarkeit zuständig.

Zu §. 9.

Die in den Fällen des §. 9 Absatz 1 erforderliche Zustimmung der Militärbehörde zur Verhängung der Untersuchungshaft bleibt dem zuständigen

Gerichtsherrn der höheren Gerichtsbarkeit vorbehalten.

Im Falle der Zustimmung ist die Entlassung des zu Verhaftenden aus dem aktiven Dienste herbeizuführen.

Zu §. 28.

Erfolgt in Friedenszeiten eine Detachirung, welche eine Übertragung der gerichtsherrlichen Befugnisse wünschenswerth macht, so hat der Chef der selbständigen Kommandobehörde durch den Reichskanzler (Reichs-Marine-Amt) Meine Entscheidung herbeizuführen.

Zu §. 29.

Gehören der Beschuldigte und der militärische Verband, dem er überwiesen ist, verschiedenen selbständigen Kontingenten an, so hat der Gerichtsherr vor Verfügung der Anklage oder vor Erlaß einer Strafverfügung bei der Stelle, welche die Überweisung verfügt hat, die Entscheidung über Fortdauer oder Zurücknahme der Überweisung (vergleiche §. 259) herbeizuführen.

Diese Bestimmung findet auf die Angehörigen der Marine sinngemäße Anwendung.

Zu §. 30.

Der „Bezirk des Divisionskommandeurs“ umfaßt die Aushebungsbezirke der ihm unterstellten Brigaden.

Zu den §§. 108, 142.

Die Bestimmungen über Anstellung der Militärgerichtsschreiber und Militärgerichtsboten erläßt der Reichskanzler (Reichs-Marine-Amt).

Die Militärgerichtsschreiber und die Militärgerichtsboten stehen in einem doppelten Unterordnungsverhältnisse Der Gerichtsherr ist der Militärvorgesetzte; der Dienstälteste unter den diesem zugeordneten richterlichen Militärjustizbeamten ist der Verwaltungsvorgesetzte.

Zu §. 113.

Im „Bordverfahren" erfolgt die Durchsicht der standgerichtlichen Erkenntnisse und Akten bei dem vorgesetzten, mit höherer Gerichtsbarkeit versehenen Befehlshaber.

Zu §. 151 Absatz 1.

Offiziere, Sanitätsoffiziere und Ingenieure des Soldatenstandes haben Anzeigen strafbarer Handlungen, sowie Anträge auf Strafverfolgung gegen Personen, die der Militärstrafgerichtsbarkeit unterstehen, bei dem Gerichtsherrn oder einem mit Disziplinarstrafgewalt versehenen Vorgesetzten des Beschuldigten mündlich oder schriftlich anzubringen.

Die Personen des Soldatenstandes vom Deckoffizier u. s. w. abwärts haben solche Anzeigen oder Anträge ihrem Kompagnie- u. s. w. Chef, an Bord dem I. Offizier, unmittelbar und mündlich vorzutragen.

Ein mündlich vorgebrachter Antrag auf Strafverfolgung ist zu Protokoll zu nehmen.

Zu §. 153.

Der Thatbericht ist in der Regel von dem nächsten

Disziplinarvorgesetzten aufzustellen und unmittelbar an den ihm zunächst vorgesetzten Gerichtsherrn einzureichen. Der bei Einreichung des Thatberichts übergangenen Dienststelle ist Meldung zu erstatten.

Zu §. 158 Absatz 1.

In den Bericht ist zutreffenden Falles aufzunehmen, daß die im Absatz 2 vorgeschriebene Anzeige an den Reichskanzler erstattet ist.

Zu den §§. 181, 184.

Unter „Militärbehörde" ist hier der Marinetheil, das Bezirkskommando beziehungsweise die militärische Wache zu verstehen.

Das bezüglich einer der Wache zugeführten Person zu beobachtende Verfahren regelt sich nach den Vorschriften der Wachinstruktion.

Zu §. 183 Absatz 2.

In den hier bezeichneten Fällen sind außer dem Gerichtsherrn zur Erlassung von Steckbriefen befugt: die Militärvorgesetzten vom selbständigen Abtheilungs-, Bataillons- und Bezirkskommandeur ab aufwärts, beziehungsweise die mit den Befugnissen dieser Befehlshaber ausgestatteten Militärvorgesetzten, sowie bei Entweichungen aus Gefangenanstalten oder Arbeiterabtheilungen die Gouverneure, Kommandanten und Garnisonältesten. Die gleiche Befugniß haben die Kommandanten Meiner Schiffe.

Zu §. 218 Absatz 3.

Bedarf es bei Verbrechen des Landesverraths oder des Verraths militärischer Geheimnisse zur

Feststellung des Thatbestandes des Gutachtens einer Militärbehörde, so ist dasselbe stets durch Vermittelung des Reichs-Marine-Amts einzuholen.

Zu §. 223.

Die eine Selbstentleibung betreffenden Verhandlungen sind nach Abschluß der Ermittelungen dem Chef der selbständigen Kommandobehörde und von diesem, nachdem er das im Interesse der Disziplin etwa noch Erforderliche veranlaßt hat, dem Reichs-Marine-Amt einzusenden.

Gleiches gilt in den übrigen Fällen des §. 223.

Zu §. 231.

Für den Bereich der Marineverwaltung ist der Reichskanzler (Reichs-Marine-Amt) die „oberste Dienstbehörde“.

Zu §. 250.

Wird der Beschuldigte in Untersuchungshaft genommen oder die Anklage gegen ihn verfügt, so hat der Gerichtsherr,

wenn der Beschuldigte Offizier, Sanitätsoffizier oder Ingenieur des Soldatenstandes ist,

dem höchsten der diesem vorgesetzten Militärbefehlshaber im Dienstweg Anzeige zu erstatten,

wenn der Beschuldigte Sanitätsoffizier ist,

außerdem den Generalstabsarzt der Marine zu benachrichtigen,

wenn der Beschuldigte Militärbeamter ist,

die diesem vorgesetzte Verwaltungsstelle, und, falls

der Militärbeamte im doppelten Unterordnungsverhältnisse steht, auch den nächsten vorgesetzten Militärbefehlshaber zu benachrichtigen.

In gleicher Weise ist zu verfahren, wenn ein Offizier, Sanitätsoffizier oder Ingenieur des Soldatenstandes aus Anlaß des eingeleiteten gerichtlichen Verfahrens einstweilen des militärischen Dienstes enthoben wird (vergleiche auch §§. 174, 175).

Zu §. 252.

Von dem Berichte, der wegen eines gegen den Kaiser oder das Reich gerichteten Hochverraths oder Landesverraths oder wegen eines als Verbrechen oder Vergehen sich darstellenden Verraths militärischer Geheimnisse an den Reichskanzler zu erstatten ist, ist dem Staatssekretär des Reichs-Marine-Amts auf dem Dienstwege Abschrift einzureichen.

Zu §. 283.

Müssen in Ermangelung sonstiger geeigneter Räume die Hauptverhandlungen in Kasernen, Arrestanstalten oder ähnlichen, auch zu anderen als militärgerichtlichen Zwecken dienenden militärischen Dienstgebäuden oder an Bord stattfinden, so erfolgt die Zulassung der Zuhörer nach Maßgabe des verfügbaren Raumes gegen Karten, die auf Anordnung des Gerichtsherrn am Tage der Hauptverhandlung ausgegeben werden.

Bei Ausgabe der Karten sind, sofern nicht besondere Bedenken entgegenstehen, die nächsten Verwandten und Verschwägerte des Angeklagten thunlichst zu berücksichtigen.

Zu §. 341 Absatz 3.

Die Chefs einer selbständigen Kommandobehörde (Ausführungsbestimmungen zu §. 6 des Einführungsgesetzes) haben nach Feststellung des für ihren Bereich bestehenden Bedürfnisses sich mit den Vorständen der Anwaltskammern (§§. 41 ff. der Rechtsanwaltsordnung vom 1. Juli 1878, Reichsgesetzblatt Seite 177 ff.) in Verbindung zu setzen, um diejenigen Rechtsanwälte zu ermitteln, welche geeignet und bereit sind, zu Vertheidigern ernannt zu werden.

Das Ergebniß der Ermittelungen ist unter Beifügung der Verhandlungen und der eigenen Vorschläge dem Reichskanzler (Reichs-Marine-Amt) vorzulegen.

Beim Abgang eines von der Militärjustizverwaltung ernannten Rechtsanwalts ist in gleicher Weise zu verfahren.

Zu §. 418.

1. Ich behalte Mir die Ertheilung der Bestätigungsorder vor:

a) für die Urtheile, durch die auf Todesstrafe, auf lebenslängliche Freiheitsstrafe oder wegen eines militärischen Verbrechens auf eine die Dauer von zehn Jahren übersteigende Freiheitsstrafe erkannt ist; bei einer Gesammtstrafe kommt nur die höchste wegen eines militärischen

Verbrechens festgesetzte Einzelstrafe in Betracht; — Freiheitsstrafe im Sinne dieser Bestimmungen ist auch Zuchthaus (vergleiche §. 16 Militärstrafgesetzbuchs) —;

b) für die Urtheile gegen Offiziere, Sanitätsoffiziere, Ingenieure des Soldatenstandes und obere Militärbeamte;

c) für die Urtheile, durch die gegen einen Fähnrich zur See auf Degradation erkannt ist.

2. Im Übrigen ertheilen die Bestätigungsorder:

a) der Chef einer selbständigen Kommandobehörde hinsichtlich der auf Freiheitsstrafe von mehr als einem Jahre lautenden Urtheile in denjenigen Strafsachen, für die sie die Gerichtsherren der Berufungsinstanz sind;

b) in den sonstigen Fällen der Gerichtsherr derjenigen Instanz, welche das zu bestätigende Urtheil gefällt hat; in den Fällen der §. 412 Absatz 1, §. 447 der Militärstrafgerichtsordnung der Präsident des Reichsmilitärgerichts.

3. Ist durch dasselbe Urtheil gegen mehrere Angeklagte erkannt worden, so steht die Bestätigung hinsichtlich sämmtlicher Angeklagten demjenigen Befehlshaber zu, dem die höhere Bestätigungsbefugniß, wenn auch nur hinsichtlich eines der Angeklagten, zukommt.

4. Urtheile, deren Bestätigung Ich Mir vorbehalten habe, werden Mir von dem Gerichtsherrn erster

Instanz mit den Akten und einem von einem Kriegsgerichtsrath anzufertigenden und zu unterschreibenden Aktenauszuge durch den Präsidenten des Reichsmilitärgerichts eingereicht. Dem vorgesetzten Gerichtsherrn ist Meldung zu erstatten.

Der Aktenauszug hat in gedrängter Kürze die persönlichen und dienstlichen Verhältnisse des Angeklagten, eine aktenmäßige Darstellung des Sachverhalts, die Angabe der in Anwendung gebrachten Gesetze und die Formel des Urtheils zu enthalten.

5. Der zur Bestätigung berechtigte Befehlshaber kann das Urtheil bei der Bestätigung nach Maßgabe nachstehender Bestimmungen mildern:

In den Fällen der §§. 85 bis 87 des Militärstrafgesetzbuchs kann unter der im §. 88 daselbst angegebenen Voraussetzung die Milderung des Urtheils in den im §. 88 dem Gerichte für die Strafbemessung gezogenen Grenzen stattfinden.

Zeitige Freiheitsstrafen können bis auf den Mindestbetrag der gesetzlichen Strafandrohung herabgesetzt werden.

Hierbei ist eine Aenderung der Strafart nur dann zulässig, wenn in den Militärstrafgesetzen die strafbare Handlung wahlweise mit Arrest oder mit Gefängniß oder Festungshaft bedroht ist.

In diesen Fällen kann die erkannte Gefängnißstrafe auf Festungshaft oder die im gegebenen

Falle gesetzlich zulässige Arrestart und die erkannte Festungshaft auf Arrest der bezeichneten Art gemildert werden.

Ist ein militärisches Vergehen mit Arrest ohne Bezeichnung der Arrestart bedroht, so kann an die Stelle der erkannten härteren Arrestart eine gelindere treten.

In den Fällen des §. 40 Absatz 2 Nr. 1 und 2 des Militärstrafgesetzbuchs kann die erkannte Degradation und in dem Falle des §. 75 daselbst die erkannte Versetzung in die zweite Klasse des Soldatenstandes erlassen werden.

6. Die Bestätigungsorder hat dahin zu lauten:

„Ich bestätige, daß das Urtheil rechtskräftig geworden ist."

Im Falle der Verurtheilung ist hinzuzusetzen:

„Das Urtheil ist zu vollstrecken."

oder im Falle der Milderung der Strafe (Nr. 5):

„Ich mildere die erkannte Strafe auf . . . . Die Vollstreckung hat demgemäß zu erfolgen."

7. Die Mir in Gnadenangelegenheiten bisher durch das Generalauditoriat erstatteten Berichte erstattet in Zukunft der Präsident des Reichsmilitärgerichts.

Zu §. 434.

Die Ablösung ist erfolgt, wenn das Ablösungskommando, oder das den Angeschuldigten zu dem immobilen Verbande überführende Schiff in die heimischen Gewässer eintritt. Bis dahin gelten die Bordbestimmungen.

(§. 6 des Einführungsgesetzes zur Militärstrafgerichtsordnung.)

### III. Bestimmung zum Gesetze, betreffend die Dienstvergehen der richterlichen Militärjustizbeamten und die unfreiwillige Versetzung derselben in eine andere Stelle oder in den Ruhestand.

Zu §. 8.

Für den Bereich der Marine wird eine Disziplinarkammer gebildet mit dem Sitze in Kiel.

Sie haben hiernach das Weitere zu veranlassen.

Berlin, Schloß, den 26. März 1900.

**Wilhelm.**

An den Reichskanzler (Reichs-Marine-Amt).

---

Berlin, den 26. März 1900.

Vorstehende Allerhöchste Order wird mit Folgendem zur Kenntniß der Marine gebracht.

### I. Bestimmungen zum Einführungsgesetze zur Militärstrafgerichtsordnung.

Zu §. 9.

Etwaige Neubeschaffungen von Gerichtssiegeln

und -Stempeln sind bei dem Staatssekretär des Reichs-Marine-Amts zu beantragen.

Zu §. 12.

Militärgerichtliche Untersuchungen sind thunlichst von den hierzu berufenen militärischen Stellen zu erledigen.

Die Hülfe der bürgerlichen Gerichte ist nur ausnahmsweise in Anspruch zu nehmen.

Befindet sich an dem Orte, wo eine militärgerichtliche Untersuchungshandlung vorgenommen werden soll, eine zur Vornahme derselben an sich zuständige militärische Stelle, so ist das Ersuchen um Rechtshülfe in der Regel an diese zu richten.

In den Ersuchungsschreiben um Rechtshülfe sind diejenigen Punkte, um deren Ermittelung oder Aufklärung es sich handelt, genau und bestimmt anzugeben.

## II. Bestimmungen zur Militärstrafgerichtsordnung.

Zu §. 3 Absatz 2.

In den Fällen des §. 3 Absatz 2 hat der Gerichtsherr, der die Vollstreckung der Freiheitsstrafe anordnet (§. 451) den Zeitpunkt des Strafantritts der zunächst vorgesetzten Civilbehörde des Bestraften ungesäumt mitzutheilen.

Zu §. 68.

Die Oberkriegsgerichte treten der Regel nach

am Sitze der selbständigen Kommandobehörde (Ausführungsbestimmungen zu §. 6 des Einführungsgesetzes) zusammen.

In einzelnen Fällen wird es aber aus praktischen Gründen geboten sein, sie an einem anderen Orte zur Hauptverhandlung zusammentreten zu lassen; dies wird namentlich bei den zur Zuständigkeit des 1. Geschwaders gehörenden Straffällen zu geschehen haben.

Zu §. 116.

1. Zu Dolmetschern sind in erster Linie Militärpersonen zu wählen, die die Sprache des zu Vernehmenden sprechen und, wo möglich, auch schreiben.

Kann der Dienst des Dolmetschers dem Militärgerichtsschreiber (§. 120) nicht übertragen werden, so sind dazu aus den Marinetheilen u. s. w. zuverlässige Militärpersonen auszuwählen.

Unteroffiziere und Gemeine erhalten für jeden Termin, bei dem sie Dolmetscherdienste leisten, 25 Pfennig für jede angefangene halbe Stunde der Dauer ihrer Dienstleistung. Die Zahlung erfolgt auf Grund der nach dem Formular Nr. 4 für die höhere Gerichtsbarkeit und nach dem Formular Nr. 5 für die niedere Gerichtsbarkeit aufzustellenden Nachweisung durch den Marinetheil, von dem der Dolmetscher gestellt worden ist. Die gezahlten Beträge fallen dem Ausgabekapital 49 Titel 3 zur Last. (Siehe §. 12a Fr. B. V.)

2. Müssen in Ermangelung geeigneter Militärpersonen Dolmetscher aus dem Civilstande verwendet werden, so sind für die Auswahl die landesrechtlichen Vorschriften maßgebend.

Sie beziehen Gebühren nach der Gebührenordnung für Zeugen und Sachverständige vom 30. Juni 1878 (Reichsgesetzblatt Seite 173 ff.) in der Fassung der Bekanntmachung vom 20. Mai 1898 (Reichsgesetzblatt Seite 369, 689 ff.).

Die Berechnung erfolgt nach dem Formular Nr. 5 für die höhere Gerichtsbarkeit und nach dem Formular Nr. 6 für die niedere Gerichtsbarkeit.

Zu §§. 119, 120.

Soweit die Beeidigung des Dolmetschers erforderlich ist, erfolgt sie vor dem Beginne der Übertragung, und zwar im Ermittelungsverfahren durch den Untersuchungsführer, in der Hauptverhandlung der Standgerichte durch den Vorsitzenden, in derjenigen der Kriegs- und Oberkriegsgerichte durch den die Verhandlung führenden Militärjustizbeamten — unter Beobachtung der in den §§. 208, 197 für Sachverständige vorgeschriebenen Formen.

Über die Beeidigung im Ermittelungsverfahren ist ein Protokoll aufzunehmen; erfolgt die Beeidigung in der Hauptverhandlung, so ist in das Protokoll über diese (§. 332) ein bezüglicher Vermerk aufzunehmen.

Zu §. 139.

Die Beglaubigung geschieht in folgender Form: „Die Richtigkeit der Abschrift beglaubigt.

.................................................................

leutnant und Gerichtsoffizier — (Kriegsgerichtsrath u. s. w.)"

Zu §. 142 Absatz 1.

Zustellungen an Personen, die nicht aktive Militärpersonen sind, sich aber an dem Orte befinden, wo die Untersuchung geführt wird, erfolgen in der Regel

a) durch hierzu bestellte Militärpersonen (Ordonnanzen), sofern es sich um eine standgerichtliche Untersuchung handelt,

b) durch Militärgerichtsboten (vergleiche Abschnitt IV Ziffer 8f der „Dienst- und Geschäftsordnung"), sofern es sich um eine Untersuchung der höheren Gerichtsbarkeit handelt.

Zu §. 144.

Der unmittelbare Verkehr mit den Gerichtsbehörden der deutschen Schutzgebiete ist zugelassen.

Zu §. 154 Absatz 2.

Die schriftliche Genehmigung zur Beerdigung des Leichnams einer Militärperson in den Fällen des Absatz 1 dieses Paragraphen wird in der Regel von dem zuständigen richterlichen Militärjustizbeamten ertheilt (vergleiche §§. 223 ff.).

Zu §. 155 Absatz 4.

Ist oder erscheint an dem Tode einer aktiven Militärperson eine unter der bürgerlichen Strafgerichtsbarkeit stehende Person in strafbarer Weise betheiligt, so hat die Militärbehörde sofort der zuständigen Staatsanwaltschaft Anzeige zu machen.

Zu §. 171 Absatz 1, §. 185 Absatz 1, §. 266 Absatz 1.

Bei der Vernehmung als Beschuldigte, Angeklagte, Zeugen oder Sachverständige erscheinen Offiziere, Sanitätsoffiziere, Ingenieure des Soldatenstandes oder Deckoffizere im Dienstanzuge (vergleiche Bekleidungsbestimmungen); Personen des Soldatenstandes vom Feldwebel u. s. w. abwärts erscheinen im Ordonnanzanzuge; sofern sie verhaftet sind, in Mütze ohne Seitengewehr.

Auf Beamte der Militärverwaltung, denen eine Dienstuniform verliehen ist, findet diese Bestimmung sinngemäße Anwendung.

Zu §. 180.

Vorläufig festgenommene Personen werden in derselben Art wie die in Untersuchungshaft genommenen (§. 178) behandelt.

Zu §. 185 Absatz 2.

Die Ladung von Reichs- oder Staatsbeamten ist der vorgesetzten Dienstbehörde derselben mitzutheilen.

Zu §. 196.

Der Hinweis auf die Bedeutung und die Heiligkeit des Eides darf nicht als eine formularmäßige Vorhaltung behandelt werden; vielmehr muß dieser Hinweis in einer das religiöse Bewußtsein anregenden Weise erfolgen und im einzelnen Falle dem Bildungsstand und der Persönlichkeit des Schwurpflichtigen angepaßt werden.

Soweit es erforderlich erscheint, sind die strafrechtlichen Folgen des Falscheides besonders hervorzuheben.

Es ist ferner darauf zu halten, daß bei der Eidesabnahme die gebührende Feierlichkeit gewahrt werde, und namentlich sämmtliche Anwesende vor der Eidesabnahme sich von ihren Sitzen erheben und während der Eidesleistung eine der Heiligkeit der Handlung entsprechende Haltung beobachten.

Zu §§. 205, 208.

Für die Gebührenansprüche der nicht zu den aktiven Militärpersonen gehörenden Zeugen und Sachverständigen ist die Gebührenordnung für Zeugen und Sachverständige vom 30. Juni 1878 (Reichsgesetzblatt Seite 173 ff.) in der Fassung der Bekanntmachung vom 20. Mai 1898 (Reichsgesetzblatt Seite 369, 689 ff.) maßgebend.

Hinsichtlich der aktiven Militärpersonen als Zeugen oder Sachverständigen zustehenden Reisegebühren wird auf die „Reiseordnung für die Personen des Soldatenstandes“ und auf §. 120 der Besoldungsvorschrift für die Kaiserliche Marine im

Frieden verwiesen (vergleiche auch Gesetz vom 11. Juni 1890, Reichsgesetzblatt Seite 73).

## Zu §§. 209, 299.

### A. Im Allgemeinen.

Die Auswahl der Sachverständigen ist, soweit nicht die Militärstrafgerichtsordnung ausdrückliche Vorschriften enthält, in das Ermessen des Gerichtsherrn, in dringlichen Fällen des Untersuchungsführers, gestellt.

Bei gerichtlich-medizinischen Fragen dürften indeß aus militärischen Rücksichten nachstehende Gesichtspunkte zu beobachten sein:

1. Stabs- und Oberstabsärzte erscheinen für solche Fragen in militärgerichtlichen Untersuchungen als die zunächst gegebenen Sachverständigen.
2. Bedarf es noch eines Obergutachtens, so wird es sich in der Regel empfehlen, dessen Erstattung einer Kommission, bestehend aus dem Stationsarzt (oder Geschwaderarzt) und zwei Stabs- oder Oberstabsärzten, zu übertragen.
3. Bestehen auch nach diesem Obergutachten noch Zweifel, so kann ein Gutachten des Generalstabsarztes der Marine erfordert werden. Zur Erstattung dieses Gutachtens wird der Generalstabsarzt der Marine eine Kommission, bestehend aus hervorragenden Fachmännern, heranziehen; andererseits werden etwaige Anträge der zuständigen militärischen Stelle Berücksichtigung

finden. Dieses Gutachten wird in der Regel den Abschluß der Begutachtung bilden können.

4. Die technische Kontrole über die bei Leichenöffnungen und Gemüthszustandsuntersuchungen in militärgerichtlichen Untersuchungen abgegebenen Gutachten der Militär- oder nicht beamteten Civilärzte liegt den Stationsärzten oder Geschwaderärzten ob, die Gutachten und Verhandlungen sind den Sanitätsämtern einzusenden.

### B. Bei besonderen Strafhandlungen.

### Bei Körperverletzungen.

1. Bei Körperverletzungen, bei denen eine der im §. 224 des Bürgerlichen Strafgesetzbuchs vorgesehenen Folgen eingetreten ist oder möglicherweise noch eintreten kann, ist die ärztliche Untersuchung von zwei Ärzten, und zwar in der Regel von zwei Sanitätsoffizieren, vorzunehmen. Jedenfalls soll einer der Ärzte ein Sanitätsoffizier mindestens vom Range eines Stabsarztes oder ein Gerichtsarzt sein. An Bord genügt die Zuziehung eines Arztes.

   Wird angeordnet, daß das abzugebende Gutachten schriftlich erstattet werde, so ist es von den Sachverständigen gemeinschaftlich, wenn sie aber verschiedener Meinung sind, von einem jeden besonders auszustellen.

   Bei leichten Körperverletzungen wird zur Feststellung des Thatbestandes in der Regel die

Aussage des Verletzten genügen. Hat ein gerichtlicher Augenschein stattgefunden, so ist dessen Ergebniß in das Protokoll aufzunehmen.

2. Ist bei verletzten Frauenspersonen die Besichtigung der Geburtstheile nothwendig, so kann sie auch einer beeidigten Hebamme übertragen werden. Sind jedoch die Geburtstheile so verletzt, daß eine ärztliche Behandlung nothwendig ist, so ist nach den ersten beiden Absätzen der Ziffer B 1 zu verfahren. Bei derartigen Untersuchungen soll regelmäßig der Untersuchungsführer nicht zugegen sein, wie überhaupt das Schamgefühl auch bei männlichen Personen möglichst zu schonen ist.

Der (die) Sachverständige ist über die Verletzung, ihre Entstehung und die möglichen Folgen ausführlich zu Protokoll zu vernehmen; die Einreichung eines schriftlichen Gutachtens, dessen Richtigkeit eidlich zu bestätigen bleibt, ist zulässig.

Zu §. 219.

Falsche Münzen sind an die Münzdirektion in Berlin behufs Begutachtung oder Prüfung einzusenden, wobei jedesmal die Untersuchungssache oder, falls noch keine Untersuchung eingeleitet worden, die verdächtigen Personen sowie der letzte Besitzer der falschen Münze näher zu bezeichnen sind.

Nach Beendigung der Untersuchung sind die

falschen Münzen und Überführungsstücke an die Münzdirektion mit Hinweis auf deren Gutachten abzuliefern.

Zu §. 222 Absatz 2. §. 269 Absatz 4.

Die Entschädigungen an Reisekosten u. s. w. für die auf Antrag des Beschuldigten zu ladenden Zeugen oder Sachverständigen sind bei der zu §. 469 Absatz 1 unter Nr. 2 bezeichneten Kassenverwaltung zu hinterlegen.

Zu §. 223.

1. Die Leichenschau darf nicht durch einen Gerichtsoffizier bewirkt werden.

   Als der „zunächst erreichbare" Amtsrichter ist der örtlich zuständige Amtsrichter anzusehen (vergleiche §. 167 des Gerichtsverfassungsgesetzes). In dem Ersuchungsschreiben ist zugleich um Einsendung der über den Fall aufgenommenen Verhandlungen zu ersuchen.

2. Die Militärbehörden haben darauf zu achten, daß gegebenen Falles ohne Zeitverlust die zur Rettung des vielleicht Scheintodten erforderlichen Maßnahmen ergriffen werden, auch stets Vorsorge für geeignete Aufbewahrung des Leichnams zu treffen.

3. Insofern bei einem Selbstmorde hinsichtlich der Beweggründe Zweifel oder Umstände obwalten, die eine nähere Ermittelung nöthig machen, muß der Gerichtsherr sie verfügen. Dies gilt

namentlich dann, wenn der Verdacht besteht, daß der Verstorbene durch strafbare Handlungen eines Dritten zum Selbstmorde getrieben worden ist.

In den Akten, betreffend die Todesermittelung einer Militärperson, ist zu vermerken, ob die nach Vorschrift des §. 58 Absatz 2 des Gesetzes vom 6. Februar 1875 über die Beurkundung des Personenstandes u. s. w. (Reichsgesetzblatt Seite 23 ff.) erforderliche Anzeige des Todesfalles beim Standesamt erfolgt ist.

Zu §. 224 Absatz 2.

Die Heranziehung zweier Sanitätsoffiziere soll die Regel bilden.

Zu §. 225.

Von der beabsichtigten Ausgrabung einer Leiche ist die Ortspolizeibehörde zu benachrichtigen.

Zu §. 227.

Die Leichenöffnung ist nach den im bürgerlichen Strafverfahren geltenden Vorschriften vorzunehmen.

Zu §. 341.

Als Vertheidiger erscheinen in der Hauptverhandlung

die in Nr. 1 bis 4 bezeichneten Personen in der Dienstuniform,

Rechtsanwälte in der Amtstracht oder, wenn sie zugleich Offiziere des Beurlaubtenstandes sind, nach Wahl in der militärischen Dienstuniform,

Beamte, denen eine Dienstuniform nicht verliehen ist, im schwarzen Anzuge.

Zu §. 368.

Die auf die Einlegung oder die Zurücknahme von Rechtsmitteln bezüglichen Beurkundungen der Gerichtsoffiziere und der richterlichen Militärjustizbeamten (vergleiche §§. 380, 398) müssen auch die Angaben enthalten, an welchem Tage der Gerichtsherr die betreffende Erklärung abgegeben hat. Ist dieselbe schriftlich oder auf telegraphischem Wege erfolgt, so ist das Schriftstück oder Telegramm der Beurkundung beizufügen.

Zu §. 408.

Angeklagte, die in der Hauptverhandlung des Reichsmilitärgerichts persönlich erscheinen wollen, können zu diesem Zwecke beurlaubt werden.

Reise- oder Marschgebührnisse werden nicht gewährt.

Zu §. 450.

1. Jedes rechtskräftige Strafurtheil muß dem Marinetheile (der Dienst- bezw. Verwaltungsbehörde) des Angeklagten — an Bord dem Kommando desjenigen Schiffes, zu welchem der Angeklagte gehört — unter Beifügung der Akten zugehen und ist nach unten bekannt zu geben, soweit es erforderlich erscheint. Der Gerichtsherr bestimmt, welchen vorgesetzten Kommandostellen des Marinetheils Urtheil und Akten außerdem mitzutheilen sind.

2. War der Antrag auf Untersuchung von einer Civilbehörde ausgegangen, so ist ihr von dem Ausfalle der rechtskräftigen Entscheidung Nachricht zu geben.
3. Im Uebrigen wird auf die Bundesrathsbeschlüsse vom 16. Juni 1882 (Marineverordnungsblatt Seite 165 ff.) und vom 9. Juli 1896 (Marineverordnungsblatt Seite 207 ff.), betreffend die Führung von Strafregistern, verwiesen.

In den im §. 2 des Bundesrathsbeschlusses vom 16. Juni 1882 erwähnten Fällen erfolgt die Mittheilung einer militärgerichtlichen Verurtheilung an die Registerbehörde (vergleiche Verfügungen vom 24. November und 28. Dezember 1882, Marineverordnungsblatt Seite 220 und 246) durch die Marinetheile am Lande, und zwar sobald für den Verurtheilten der Militärgerichtsstand gänzlich aufhört oder sobald der Verurtheilte in das Beurlaubtenverhältniß übergeführt bezw. wieder übergeführt wird (§. 6 des Bundesrathsbeschlusses vom 16. Juni 1882).

Das für diese Mittheilungen erforderliche Material erhalten die Marinetheile u. s. w. durch die Gerichtsherren.

Es ist dafür zu sorgen, daß alles für die Mittheilung an die Registerbehörde Erforderliche schon im Laufe des Verfahrens aktenmäßig festgestellt wird.

4. Die vom Gerichtsherrn und dem Kriegsgerichtsrathe zu fassenden Beschlüsse, durch die ein Abwesender für fahnenflüchtig erklärt oder dessen Vermögen mit Beschlag belegt wird (§. 360), sind in die Strafregister nicht einzutragen.

Zu §. 465.

Maßgebend ist das Gesetz vom 20. Mai 1898 (Reichsgesetzblatt Seite 345 ff.).

Zu §. 468.

1. Der Gerichtsherr legt den Antrag mit den Akten dem Reichskanzler (Reichs-Marine-Amt) vor.

Er äußert sich dabei darüber:

a) wann der Anspruch erhoben ist;

b) ob und in welcher Höhe ein nach §. 465 der Militärstrafgerichtsordnung und nach §. 2 des Gesetzes vom 20. Mai 1898 zu ersetzender Vermögensschaden entstanden ist.

Vorher ist, soweit erforderlich, die Richtigkeit der Angaben des Antragstellers festzustellen. Werden diese Angaben im Wesentlichen nicht bestätigt, so ist der Antragsteller zu vernehmen.

2. Die Zustellung der Entscheidung veranlaßt der Gerichtsherr (§. 138).

3. Anträge, die bei einer nicht zuständigen Stelle eingehen, sind ohne Verzug an die nach §. 468 Absatz 1 zuständige Stelle abzugeben.

Zu §. 469 Absatz 1.

1. Die in Untersuchungssachen entstehenden verordnungsmäßig zuständigen Kosten für Reisen und Märsche sind, soweit sie nicht zu den baaren Auslagen im Sinne des §. 120,$_{1,2}$ der Fr. V. V. gehören, bei Ausgabekapitel 58 Titel 1 und 2 zu verrechnen. Der Verrechnungsstelle ist eine Bescheinigung des Gerichtsoffiziers oder eines richterlichen Militärjustizbeamten über Tag und Stunde der Entlassung aus dem Termine mitzutheilen.

2. Die Berechnung der Zeugen- u. s. w. Gebühren wird schon vor der Verhandlung entworfen und vorbereitet; sie wird festgestellt im Ermittelungsverfahren durch den Untersuchungsführer, in der Hauptverhandlung der Standgerichte durch den Gerichtsoffizier, in derjenigen der Kriegs- und Oberkriegsgerichte durch den die Verhandlung führenden Militärjustizbeamten. An Bord kann auch der als Ersatz des fehlenden Militärjustizbeamten kommandirte Offizier die Gebührenrechnung feststellen. (§. 98 M.-St.-G.-O.)

Die Gebühren sind möglichst sofort nach der Vernehmung und an Gerichtsstelle zu zahlen; zu diesem Zweck erhält bei dem Gerichtsherrn der höheren Gerichtsbarkeit ein Militärgerichtsschreiber, bei dem Gerichtsherrn der niederen Gerichtsbarkeit der Gerichtsoffizier einen Vorschuß, der bei der vom Gerichtsherrn zu bezeichnenden Kassenverwaltung verrechnet und im Bedarfsfall ergänzt wird.

Der Aufsichtsbehörde ist der Vorschuß auf Verlangen in baar oder in Quittungen nachzuweisen.

3. Die Verrechnung der Strafvollstreckungskosten erfolgt nach der Militärstrafvollstreckungsvorschrift vom 9. Februar 1888. Auch in den Vorschriften der §§. 128, 129, 130, 131, 134 Ziffer 1 und 4, §§. 135, 137 a. a. O. tritt eine Aenderung nicht ein.

## III.

## Geschäftsordnung für die Disziplinarkammer im Bereiche der Militärjustizverwaltung der Marine.

In Ausführung des §. 12 Absatz 2 des Gesetzes vom 1. Dezember 1898, betreffend die Dienstvergehen der richterlichen Militärjustizbeamten und die unfreiwillige Versetzung derselben in eine andere Stelle oder in den Ruhestand, wird hierdurch die nachfolgende Geschäftsordnung für die Disziplinarkammer der Militärjustizverwaltung der Marine erlassen.

§. 1. Die Geschäfte werden (vorbehaltlich der im §. 5 bestimmten Ausnahmen) durch Beschlüsse der Disziplinarkammer erledigt. Die Erledigung erfolgt in Sitzungen, die nach Bedürfniß von dem Vorsitzenden bestimmt werden. Soweit nicht mündlich verhandelt wird, ist die Oeffentlichkeit für die Sitzungen ausgeschlossen.

§. 2. Bei Entscheidungen und Beschlüssen, die auf Grund einer mündlichen Verhandlung erlassen werden, dürfen nur Mitglieder mitwirken, vor denen die mündliche Verhandlung stattgefunden hat.

§. 3. Ein Mitglied, welches zu einer Sitzung, in der eine mündliche Verhandlung stattfinden soll, oder zu einer anderen Sitzung unter der Verpflichtung zur Theilnahme einberufen ist, hat im Falle der Verhinderung diese zeitig vor der Sitzung dem Vorsitzenden anzuzeigen.

§. 4. Der Vorsitzende leitet die Berathung, stellt die Fragen und sammelt die Stimmen.

Im Falle einer Meinungsverschiedenheit über die Stellung der Fragen oder über das Ergebniß der Abstimmung entscheidet die Disziplinarkammer.

Für die Abstimmung bei Entscheidungen finden die Vorschriften der §§. 322, 323, 324 der Militärstrafgerichtsordnung entsprechende Anwendung.

§. 5. Verfügungen, die eine sachliche Entscheidung nicht enthalten, insbesondere diejenigen, die nur die Leitung eines anhängigen Disziplinarverfahrens betreffen, werden ohne Vortrag in der Disziplinarkammer von dem Vorsitzenden oder unter dessen Zustimmung von demjenigen Mitgliede erlassen, dem die Bearbeitung der Sachen von dem Vorsitzenden übertragen ist. Im Falle einer Meinungsverschiedenheit zwischen dem Vorsitzenden und dem gedachten Mitgliede, oder wenn über den gegen eine Verfügung erhobenen Widerspruch eines Betheiligten zu entscheiden ist, muß der Beschluß der Disziplinarkammer eingeholt werden. Dasselbe gilt, wenn der Vorsitzende den Vortrag in der Sitzung angeordnet hat.

§. 6. In schleunigen Fällen kann, sofern nicht die Entscheidung eine mündliche Verhandlung erfordert, der Vorsitzende eine schriftliche Abstimmung anordnen. Ergiebt sich hierbei eine Meinungsverschiedenheit, so muß die Entscheidung in einer Sitzung erfolgen.

§. 7. In jeder einen Beschluß der Disziplinarkammer erfordernden Sache wird von dem Vorsitzenden ein Berichterstatter ernannt.

Der Vortrag in der Sitzung wird unbeschadet der Bestimmung des §. 15 Ziffer 3 mündlich erstattet.

§. 8. Die Disziplinarkammer erläßt alle Entscheidungen, Beschlüsse, Verfügungen, Berichte u. s. w. unter dem Namen:

„Disziplinarkammer in Kiel für richterliche Militärjustizbeamte der Marine."

§. 9. In den Endentscheidungen sind die Mitglieder namentlich aufzuführen, die an der Entscheidung theilgenommen haben. Auch ist darin der Tag der Sitzung zu bezeichnen, in der die Entscheidung erfolgt ist. Die Ausfertigungen der Endentscheidungen sind mit der Überschrift zu versehen: „Im Namen des Kaisers."

§. 10. Die Disziplinarkammer führt ein Siegel mit der Umschrift:

„Kaiserliche Marine
Disziplinarkammer in Kiel für richterliche
Militärjustizbeamte"

und dem Deutschen Reichsadler.

§. 11. Die Disziplinarangelegenheiten gelten in Ansehung der portofreien Beförderung als Marinesachen.

§. 12. Dem Vorsitzenden liegt die Leitung und Beaufsichtigung des ganzen Geschäftsgangs ob. Er öffnet die eingehenden Sendungen, versieht dieselben mit dem Tage des Eingangs, vertheilt die Geschäfte, ernennt den Berichterstatter (§. 7), bestimmt die Sitzungen (§. 1) und veranlaßt die Zustellungen an den Vertreter der Staatsanwaltschaft (§. 26 des Gesetzes vom 1. Dezember 1898) und die Einladung der Mitglieder zu den Sitzungen, leitet die Berathungen und Abstimmungen (§. 4), zeichnet die Entwürfe aller Verfügungen u. s. w., vollzieht alle Reinschriften und trifft in Bezug auf die Führung der Geschäftskontrolen die erforderlichen Anordnungen. Er verfügt ferner in allen die Disziplinarkammer als solche betreffenden Angelegenheiten.

§. 13. Das Geschäftsjahr ist das Kalenderjahr.

Am Schlusse des Jahres überreicht der Vorsitzende, sofern Disziplinarsachen anhängig geworden sind, dem Reichskanzler (Reichs-Marine-Amt) eine Nachweisung, aus der sich die einzelnen Disziplinarsachen und die in denselben erlassenen Entscheidungen ergeben.

§. 14. In Betreff der Fonds, aus denen die baaren Auslagen, insbesondere die Zeugengebühren, zu bestreiten sind, sowie hinsichtlich der Einziehung der in Disziplinarsachen dem Beschuldigten etwa zur Last gelegten baaren Auslagen (§. 29 Absatz 2 des Gesetzes vom 1. Dezember 1898) wird das Reichs-Marine-Amt im einzelnen Falle das Erforderliche anordnen.

§. 15. Für das mündliche Verfahren sind im Anschluß an den §. 24 des Gesetzes vom 1. Dezember 1898 nachstehende Vorschriften zu befolgen:

1. Zu §§. 101 und 102 des Reichsbeamtengesetzes vom 31. März 1873.

Die Sitzung ist dergestalt zu bestimmen, daß dem Beschuldigten vom Tage der Zustellung der Vorladung an eine Frist von mindestens einer Woche frei bleibt.

In der Vorladung ist die zur Verhandlung der Sache bestimmte Stunde anzugeben, sowie dem Beschuldigten bekannt zu machen, daß er sich des Beistandes eines Rechtsanwalts als Vertheidigers bedienen oder durch einen solchen sich vertreten lassen könne, und daß auch im Falle seines Ausbleibens die Verhandlung der Sache und die Entscheidung erfolgen werde.

Ist das persönliche Erscheinen des Beschuldigten beschlossen, so muß die Vorladung unter der Verwarnung erfolgen, daß im Falle des Ausbleibens ein Vertheidiger zur Vertretung nicht zugelassen werde.

2. Zu §. 103.

Die Verhandlung über den Ausschluß oder die Beschränkung der Öffentlichkeit erfolgt in nicht öffentlicher Sitzung. Der Beschluß, der die Öffentlichkeit ausschließt oder beschränkt, muß öffentlich verkündet werden.

Die Befolgung dieser Vorschrift muß aus dem Sitzungsprotokolle sich ergeben.

3. Zu §§. 104 bis 107.

Die mündliche Verhandlung erfolgt in Gegenwart des Vertreters der Staatsanwaltschaft und eines Militärgerichtsschreibers (vergleiche §. 13 des Gesetzes vom 1. Dezember 1898).

Der Berichterstatter wird von dem Vorsitzenden bei Bestimmung der Sitzung ernannt.

Der Berichterstatter hat eine schriftliche Darstellung abzufassen und dieselbe dem Vorsitzenden vor der Sitzung vorzulegen.

In der Sitzung wird der Bericht durch Vorlesung der Darstellung oder nach Wahl des Berichterstatters mündlich an der Hand der schriftlichen Darstellung erstattet.

Die Leitung der Verhandlung, die Vernehmung des Beschuldigten, die etwaige Aufnahme des Beweises und die Handhabung der Ordnung liegt dem Vorsitzenden ob. Er kann jeden, der Störungen verursacht, aus der Sitzung entfernen lassen.

Der Vorsitzende kann die Vernehmung des Beschuldigten und die Beweisaufnahme einem anderen Mitgliede übertragen.

Für das Beweisverfahren sind im Übrigen die Vorschriften der Militärstrafgerichtsordnung maßgebend (vergleiche §. 25 des Gesetzes vom 1. Dezember 1898).

4. Zu §. 108.

Mit der Entscheidung sind zugleich die Gründe zu verkünden.

Es genügt jedoch die mündliche Mittheilung des wesentlichen Inhalts der Gründe. Die Verkündung erfolgt durch den Vorsitzenden.

Die schriftlichen Entscheidungsgründe werden mittels Verlesung in der Sitzung oder auf dem Wege des schriftlichen Umlaufs festgestellt und im Entwurfe von sämmtlichen Mitgliedern, die an der Entscheidung theilgenommen haben, unterschrieben.

5. Zu §. 109.

Das Sitzungsprotokoll muß insbesondere auch die verkündete Entscheidung enthalten.

6. Zu §. 116.

Die Akten sind vor der Einsendung an den Disziplinarhof mit einem Inhaltsverzeichnisse zu versehen.

7. Zu §. 124.

Die Kosten, die der Beschuldigte zu erstatten hat, sind, wenn thunlich, in der verurtheilenden Entscheidung selbst dem Betrage nach festzustellen.

## IV.

## Dienst- und Geschäftsordnung für die Militärgerichtsstellen der höheren und der niederen Gerichtsbarkeit.

Mit dem Inkrafttreten der Militärstrafgerichtsordnung kommt die

„Dienst- und Geschäftsordnung für die Militärgerichtsstellen der höheren und der niederen Gerichtsbarkeit"

zur Anwendung.

## V.

## Prozeßformulare und Herausgabe eines Formularbuches.

Die Militärgerichtsbehörden benutzen bei ihren Dienstgeschäften Formulare, zu denen die Muster in einem Formularbuche gegeben sind, das den betheiligten Dienststellen in der erforderlichen Anzahl zugehen wird.

Die Formulare können von der Königlichen Hofbuchhandlung E. S. Mittler & Sohn zu den Preisen des dem Formularbuche beigegebenen Preisverzeichnisses bezogen werden.

Der Staatssekretär des Reichs-Marine-Amts.

Tirpitz.

## Gerichtsherrliche Befugnisse der Befehlshaber der Marine.

### Allerhöchster Befehl zu den §§. 37, 65, 422 der Militärstrafgerichtsordnung vom 1. Dezember 1898.

A. Zu §§. 37, 65.

1. Ich verleihe die gerichtsherrlichen Befugnisse des Kommandirenden Admirals:
   a) dem Chef der Marinestation der Ostsee,
   b) dem Chef der Marinestation der Nordsee,
   c) dem Inspekteur des Bildungswesens Meiner Marine,
   d) dem Chef des I. Geschwaders.
   e) dem Chef des Kreuzergeschwaders,
   f) dem Gouverneur des Kiautschougebiets.
2. Ich verleihe die höhere Gerichtsbarkeit:
   a) dem Inspekteur der I. Marineinspektion über alle zum Befehlsbereiche der Marinestation der Ostsee gehörenden Personen,
   b) dem Inspekteur der II. Marineinspektion über alle zum Befehlsbereiche der Marinestation der Nordsee gehörenden Personen,
   c) dem Direktor der Marineakademie über alle zum Befehlsbereiche der Inspektion des Bildungswesens der Marine gehörenden Personen,
   d) dem rangältesten dem Chef des I. Ge-

schwaders unterstellten Befehlshaber über alle zum Befehlsbereiche des I. Geschwaders gehörenden Personen.

Werden Personen beschuldigt, welche einen höheren Rang oder — bei gleichem Range — ein höheres Dienstalter als der hiernach zuständige Gerichtsherr besitzen, so ist durch Vermittelung der obersten Militärjustizverwaltung Meine Entscheidung einzuholen.

3. Ich verleihe die gesetzlich — §. 19 der Militärstrafgerichtsordnung — den Kommandeuren:
   a) einer Matrosendivision,
   b) einer Werftdivision,
   c) einer Matrosenartillerieabtheilung,
   d) einer Torpedoabtheilung,
   e) eines Seebataillons

   zustehenden gerichtsherrlichen Befugnisse:

   dem Direktor der Marineschule,

   ferner — vorbehaltlich der Bestimmung des §. 31 der Militärstrafgerichtsordnung —

   den Befehlshabern von Schiffen, Flottillen und Divisionen, soweit diese Befehlshaber mindestens den Rang eines Korvettenkapitäns haben oder nach dem Besatzungsetat haben können,

   ferner — unabhängig von der Rangstellung — in den außerheimischen Gewässern:

   den Kommandanten sämmtlicher Schiffe,

welche selbständige Segelordre haben,
endlich
dem Kommandanten von Helgoland.

B. Zu §. 422.

1. Bezüglich der Bestätigung von bordgerichtlichen Urtheilen finden die von Mir durch Meine Ordre vom 26. März 1900 zu §. 418 der Militärstrafgerichtsordnung erlassenen Ausführungsbestimmungen entsprechende Anwendung.

Urtheile, deren Bestätigung Ich Mir hiernach vorbehalten habe, sind Mir von dem Gerichtsherrn mit den Akten und einem von einem Kriegsgerichtsrathe anzufertigenden und zu unterschreibenden Aktenauszuge durch den Präsidenten des Reichsmilitärgerichts einzureichen.

2. Die Bestätigung bordgerichtlicher Urtheile hat zu lauten:

„Ich bestätige das Urtheil lediglich."

Im Falle der Milderung der Strafe hat die Bestätigungsordre zu lauten:

„Ich bestätige das Urtheil unter Milderung der erkannten Strafe auf . . . . . .
. . . . . . . . . . . . . . . ."

3. Das Recht der Aufhebung gerichtlicher Urtheile steht bezüglich der bordstandgerichtlichen Erkenntnisse

a) dem Chef des Kreuzergeschwaders,
b) dem Gouverneur des Kiautschougebiets

zu.

Ich behalte Mir im Übrigen das Recht der Aufhebung gerichtlicher Urtheile vor.

4. Die Urtheile, bezüglich deren Ich Mir das Aufhebungsrecht vorbehalten habe, werden Mir von dem Gerichtsherrn mit den Akten und einem von einem Kriegsgerichtsrathe — in bordstandgerichtlichen Fällen von dem Gerichtsoffizier — zu fertigenden und zu unterschreibenden Aktenauszuge vorgelegt.

Die Vorlegung erfolgt unter Anschluß eines Gutachtens des Obermilitäranwaltes durch den Präsidenten des Reichsmilitärgerichtes.

Sie haben hiernach das Weitere zu veranlassen.

Berlin, Schloß, den 28. Mai 1900.

**Wilhelm.**

An den Reichskanzler (Reichs-Marine-Amt.)

Berlin, den 28. Mai 1900.

Vorstehenden Allerhöchsten Befehl bringe ich zur Kenntniß der Marine.

Der Staatssekretär des Reichs-Marine-Amts.

**Tirpitz.**

## Gesetz, betreffend die militärische Strafrechtspflege im Kiautschou-Gebiete.

Vom 25. Juni 1900.

Wir Wilhelm, von Gottes Gnaden Deutscher Kaiser, König von Preußen 2c. verordnen im Namen des Reichs, nach erfolgter Zustimmung des Bundesraths und des Reichstags, was folgt:

§. 1. Auf die zum Kaiserlichen Gouvernement Kiautschou gehörigen Militärpersonen finden die in der Militärstrafgerichtsordnung vom 1. Dezember 1898 für das Verhältniß „an Bord" gegebenen Vorschriften Anwendung.

§. 2. Dieses Gesetz tritt zugleich mit der Militärstrafgerichtsordnung vom 1. Dezember 1898 in Kraft und hat bis zum 1. Januar 1906 Gültigkeit.

---

# Sachregister.

Die Zahlen bezeichnen die Paragraphen.
E. vor der Zahl = Einführungsgesetz zur Militär-St.G.O.
G. vor der Zahl = Gesetz betr. die Dienstvergehen der richterlichen Militärjustizbeamten 2c.

A = Anmerkung.

## H.

## S.

## T.

## U.

---

Druck von A. W. Hayns Erben Berlin und Potsdam.

# Anhang.

## Verordnung, betreffend das strafgerichtliche Verfahren gegen Militärpersonen der Kaiserlichen Schutztruppen.

(„Reichs-Anzeiger“ Nr. 191 vom 13. August 1900.)

Wir Wilhelm, von Gottes Gnaden Deutscher Kaiser, König von Preußen ꝛc., verordnen auf Grund des Artikels II §. 4 des Gesetzes vom 7. Juli 1896 wegen Abänderung des Gesetzes vom 22. März 1891 (R.-G.-Bl. S. 53), betreffend die Kaiserliche Schutztruppe für Deutsch-Ostafrika, und des Gesetzes vom 9. Juni 1895 (R.-G.-Bl. S. 258), betreffend die Kaiserlichen Schutztruppen für Südwestafrika und für Kamerun, im Namen des Reichs, was folgt:

§. 1.

Das strafgerichtliche Verfahren gegen die Angehörigen der Schutztruppen (§. 3 der Schutztruppen-Ordnung) regelt sich nach den Vorschriften der Militärstrafgerichtsordnung für das Deutsche Reich vom 1. Dezember 1898 und des Einführungsgesetzes hierzu von demselben Tage, soweit nicht im Nachstehenden abweichende oder ergänzende Bestimmungen erlassen sind.

§. 2.

Für Angehörige der Schutztruppen gelten während ihres Aufenthalts außerhalb Europas die für das Verhältniß an Bord (außerordentliches Verfahren) gegebenen gesetzlichen Vorschriften (§. 6 des Einführungsgesetzes zur Militärstrafgerichtsordnung). Im Uebrigen greift das ordentliche Verfahren Platz.

§. 3.

Gerichtsherren der niederen Gerichtsbarkeit sind die Befehlshaber einer selbständigen Abtheilung. Der Gouverneur bestimmt, welche Abtheilungen als selbständig anzusehen sind. Treten mehrere Abtheilungen örtlich unter gemeinsamen Befehl, so übt der rangälteste Offizier die gerichtsherrlichen Befugnisse aus (§. 19 M.-St.-G.-O.)

§. 4.

Gerichtsherren der höheren Gerichtsbarkeit sind:

a) der kommandirende General des Gardekorps mit den Gerichtsherrlichen Befugnissen eines kommandirenden Generals über alle militärischen Angehörigen der Schutztruppen, und zwar im ordentlichen Verfahren als unmittelbarer Befehlshaber im Sinne des §. 31 M.-St.-G.-O.;

b) in jedem Schutzgebiet der dort angestellte rangälteste Offizier, und zwar mit den Befugnissen eines Divisionskommandeurs.

§. 5.

1. Ich behalte Mir die Ertheilung der Bestätigungsordre vor:

a) für die Urtheile, durch die auf Todesstrafe, auf lebenslängliche Freiheitsstrafe, oder wegen eines militärischen Verbrechens auf eine die Dauer von zehn Jahren übersteigende Freiheitsstrafe erkannt ist; bei einer Gesammtstrafe kommt nur die höchste, wegen eines militärischen Verbrechens festgesetzte Einzelstrafe in Betracht. Freiheitsstrafe im Sinne dieser Bestimmung ist auch Zuchthaus (vergl. §. 16 M.-St.-G.-B.);

b) für die Urtheile gegen Offiziere, Sanitätsoffiziere, Ingenieure des Soldatenstandes und obere Militärbeamte.

2. Im Uebrigen ertheilen die Bestätigungsordre:

a) der im §. 4a bezeichnete Befehlshaber hinsichtlich der auf Freiheitsstrafe von mehr als einem Jahre lautenden Urtheile;

b) in den sonstigen Fällen der Gerichtsherr desjenigen Gerichts, welches das zu bestätigende Urtheil gefällt hat; in den Fällen der §§. 412 Abs. 1, 447 der Militärstrafgerichtsordnung der Präsident des Reichsmilitärgerichts.

c) Ist durch dasselbe Urtheil gegen mehrere Angeklagte erkannt worden, so steht die Bestätigung hinsichtlich sämmtlicher Angeklagten demjenigen Befehlshaber zu, dem die höhere Bestätigungsbefugniß, wenn auch nur hinsichtlich eines der Angeklagten, zukommt.

d) Urtheile, deren Bestätigung Ich Mir vorbehalten habe, werden Mir von dem Gerichtsherrn erster Instanz beziehungsweise von dem mit Bordgerichtsbarkeit versehenen höheren Gerichtsherrn mit den Akten und einem von einem Kriegsgerichtsrath angefertigten und zu unterzeichnenden Aktenauszuge durch den Präsidenten des Reichsmilitärgerichts eingereicht. Dem vorgesetzten Gerichtsherrn ist Meldung zu erstatten.

Der Aktenauszug hat in gedrängter Kürze die persönlichen und dienstlichen Verhältnisse des Angeklagten, eine aktenmäßige Darstellung des Sachverhalts, die Angabe der in Anwendung gebrachten Gesetze und die Formel des Urtheils zu enthalten.

e) Der zur Bestätigung berechtigte Befehlshaber kann das Urtheil bei der Bestätigung nach Maßgabe nachstehender Bestimmungen mildern:

In den Fällen der §§. 85 bis 87 des Militärstrafgesetzbuches kann unter der im §. 88 daselbst angegebenen Voraussetzung die Milderung des Urtheils in den im §. 88 dem Gerichte für die Strafbemessung gezogenen Grenzen stattfinden.

Zeitige Freiheitsstrafen können bis auf den Mindestbetrag der gesetzlichen Strafandrohung herabgesetzt werden. Hierbei ist eine Aenderung der Strafart nur dann zulässig, wenn in den Militärstrafgesetzen die strafbare Handlung wahlweise mit Arrest oder mit Gefängniß oder Festungshaft bedroht ist. In diesen Fällen kann die erkannte Gefängnißstrafe auf Festungshaft oder die im gegebenen Falle gesetzlich zulässige Arrestart und die erkannte Festungshaft auf Arrest der bezeichneten Art gemildert werden.

Ist ein militärisches Vergehen mit Arrest ohne

Bezeichnung der Arrestart bedroht, so kann an die Stelle der erkannten härteren Arrestart eine gelindere treten.

In den Fällen des §. 40 Abs. 2 Nr. 1 und 2 des Militärstrafgesetzbuches kann die erkannte Degradation, und in dem Falle des §. 75 daselbst die erkannte Versetzung in die zweite Klasse des Soldatenstandes erlassen werden.

f) Die Bestätigungsordre im ordentlichen Verfahren hat dahin zu lauten:

„Ich bestätige, daß das Urtheil rechtskräftig geworden ist."

Im Falle der Verurtheilung ist hinzuzusetzen:

„Das Urtheil ist zu vollstrecken."

Oder im Falle der Milderung der Strafe:

„Ich mildere die erkannte Strafe auf ....,
die Vollstreckung hat demgemäß zu erfolgen."

Die Bestätigung im außerordentlichen (Bord-) Verfahren hat dahin zu lauten:

„Ich bestätige das Urtheil lediglich."

Oder im Falle der Milderung der Strafe:

„Ich bestätige das Urtheil unter Milderung der Strafe auf ......"

g) Die Mir in Gnadenangelegenheiten bisher durch das General-Auditoriat erstatteten Berichte erstattet in Zukunft der Präsident des Reichsmilitärgerichts (§§. 418, 422 M.-St.-G.-O.).

§. 6.

Ich behalte Mir hinsichtlich der im außerordentlichen Verfahren ergangenen kriegsgerichtlichen Urtheile das Aufhebungsrecht vor. Zur Aufhebung der im außerordentlichen Verfahren ergangenen standgerichtlichen Urtheile ist innerhalb seines Befehlsbereichs der Gerichtsherr der höheren Gerichtsbarkeit befugt (§. 422 M.=St.=G.=O. und §. 4b dieser Verordnung).

§. 7.

Hinsichtlich des Kommandeurs einer Schutztruppe behalte ich Mir die Bestimmung des Befehlshabers, welcher die gerichtsherrlichen Befugnisse auszuüben hat, vor (§. 21 M.=St.=G.=O.).

§. 8.

Im außerordentlichen Verfahren können die aktiven Offiziere und die Militärbeamten — einschließlich der Kriegsgerichtsräthe — als Richter im Bedarfsfalle auch durch Sanitätsoffiziere, Offiziere des Beurlaubtenstandes oder durch Ingenieure des Soldatenstandes, bei Aburtheilung von Mannschaften auch durch andere geeignete Militärpersonen ersetzt werden.

§. 9.

Die Gerichte des Heeres, der Marine und der Schutztruppen haben einander Rechtshülfe zu leisten. Dem gegenseitigen Ersuchen um Führung des Ermittelungsverfahrens, Zuweisung einzelner Richter und Aburtheilung einzelner Sachen ist thunlichst Folge zu geben.

§. 10.

Erfolgt im außerordentlichen Verfahren die Aufhebung eines Urtheils, so können — soweit dies nicht zu vermeiden — zu dem neu erkennenden Gerichte die Richter des erst erkennenden Gerichts wieder zugezogen werden. Das neu erkennende Gericht hat die rechtliche und militärdienstliche Beurtheilung, welche der Aufhebung des

Urtheils zu Grunde gelegt ist, auch seiner Entscheidung zu Grunde zu legen.

§. 11.

Die Vollstreckung einer im außerordentlichen Verfahren erkannten Freiheitsstrafe bis zu einem Jahre einschließlich erfolgt, soweit dies angängig, an Ort und Stelle. Der Gerichtsherr, welchem die Anordnung der Strafvollstreckung obliegt, ist dann befugt, eine gegen Offiziere, Sanitätsoffiziere oder Ingenieure des Soldatenstandes erkannte Gefängnißstrafe oder Festungshaft in Stubenarrest von gleicher Dauer umzuwandeln, soweit es sich um Festungshaft oder Gefängnißstrafe von weniger als sechs Wochen handelt.

Die Vollstreckung einer Freiheitsstrafe von längerer Dauer als einem Jahre erfolgt in der Heimath und ist vom Gerichtsherrn in Gemäßheit der Militärstrafvollstreckungsvorschrift für das Heer zu veranlassen.

§. 12.

Die Militärjustizverwaltung wird von dem Reichskanzler ausgeübt (§. 111 M.-St.-G.-O.).

§. 13.

Die Durchsicht der im außerordentlichen Verfahren ergangenen, standgerichtlichen Urtheile erfolgt bei dem im §. 4b bezeichneten Gerichtsherrn. Die Nachprüfung der dabei gemachten Ausstellungen sowie die Durchsicht der kriegsgerichtlichen Urtheile geschieht bei dem im §. 4a bezeichneten Befehlshaber (§. 118 M.-St.-G.-O.).

§. 14.

Der jedesmalige Chef des Stabes bei dem Oberkommando der Schutztruppen ist Mir gemäß §. 79 Abs. 2 M.-St.-G.-O. behufs Ernennung zum außeretatsmäßigen militärischen Mitgliede des Reichsmilitärgerichts in Vorschlag zu bringen. Er ist bei der Bearbeitung aller Schutztruppen-Angelegenheiten zuzuziehen.

§. 15.

Innerhalb der Militärjustizverwaltung der Schutztruppen führen die zur Ausübung der Militärstrafgerichtsbarkeit berufenen Stellen Dienstsiegel und Stempel mit dem deutschen Reichsadler und der Umschrift:

Kaiserliche Schutztruppe von Ost- ꝛc. Afrika, Kamerun.
Gouvernements-Gericht.
Abtheilungs-Gericht.
Kaiserliche Schutztruppe. Gericht beim Gardekorps.
(§. 9 des Einführungsgesetzes der M.-St.-G.-O.)

§. 16.

Untersuchungshandlungen der höheren Gerichtsbarkeit können auf Ersuchen auch von einem Gerichtsherrn der niederen Gerichtsbarkeit erledigt werden (§. 11 des Einführungsgesetzes zur M.-St.-G.-O.).

§. 17.

Für den Vollzug der an die Stelle der Geldstrafe tretenden Freiheitsstrafe ist in den Fällen des §. 2 der M.-St.-G.-O., wenn es sich um eine Freiheitsstrafe bis zu sechs Wochen handelt, der Gerichtsherr der niederen, sonst der höheren Gerichtsbarkeit zuständig.

§. 18.

Die in den Fällen des §. 9 Abs. 1 der M.-St.-G.-O. erforderliche Zustimmung der Militärbehörde zur Verhängung der Untersuchungshaft bleibt dem zuständigen Gerichtsherrn der höheren Gerichtsbarkeit vorbehalten. Im Falle der Zustimmung ist die Entlassung des zu Verhaftenden aus dem aktiven Dienste herbeizuführen.

§. 19.

Offiziere, Sanitätsoffiziere und Ingenieure des

Soldatenstandes haben Anzeigen strafbarer Handlungen sowie Anträge auf Strafverfolgung gegen Personen, die der Militärstrafgerichtsbarkeit unterstehen, bei dem Gerichtsherrn oder einem mit Disziplinarstrafgewalt versehenen Vorgesetzten des Beschuldigten mündlich oder schriftlich anzubringen.

Die Personen des Soldatenstandes vom Deckoffizier ꝛc. abwärts haben solche Anträge oder Anzeigen ihrem Kompagniechef unmittelbar und mündlich vorzutragen. Ein mündlich vorgebrachter Antrag auf Strafverfolgung ist zu Protokoll zu nehmen (§. 151 Abs. 1 M.-St.-G.-O.).

§. 20.

Der Thatbericht ist in der Regel von dem nächsten Disziplinarvorgesetzten aufzustellen und unmittelbar an den ihm zunächst vorgesetzten Gerichtsherrn einzureichen. Der bei Einreichung des Thatberichts etwa übergangenen Dienststelle ist Meldung zu erstatten (§. 153 M.-St.-G.-O.).

§. 21.

In den Bericht, welcher in Gemäßheit des §. 158 Abs. 1 der M.-St.-G.-O. zu erstatten ist, ist zutreffendenfalls aufzunehmen, daß die im Abs. 2 vorgeschriebene Anzeige an den Reichskanzler erfolgt ist.

§. 22.

In den Fällen der §§. 181 und 184 der M.-St.-G.-O. ist unter „Militärbehörde" der Truppentheil beziehungsweise die nächste militärische Wache zu verstehen. Das Verfahren gegen die einer solchen Wache zugeführten Personen regelt sich nach den Vorschriften der Wachinstruktion.

§. 23.

Zur Erlassung von Steckbriefen sind außer den Gerichtsherren befugt: die Befehlshaber selbständiger Abtheilungen beziehungsweise die mit den Befugnissen eines Solchen von Seiten des Gouverneurs ausgestatteten Befehlshaber sowie bei Entweichungen aus Gefangenen-Anstalten oder Arbeiter-Abtheilungen die Gouverneure, Kommandanten und Garnison-Aeltesten. In Deutschland soll jeder Militärbefehlshaber vom Hauptmann aufwärts zum Erlaß von Steckbriefen befugt sein (§. 183 Abs. 2 M.-St.-G.-O.).

§. 24.

Bedarf es bei Verbrechen des Landesverraths oder des Verraths militärischer Geheimnisse zur Feststellung des Thatbestandes des Gutachtens einer Militärbehörde, so ist dasselbe stets durch Vermittelung des Oberkommandos der Schutztruppen einzuholen (§. 218 Abs. 3 M.-St.-G.-O.).

§. 25.

Die eine Selbstentleibung betreffenden Verhandlungen (§. 223 M.-St.-G.-O.) sind nach Abschluß der Ermittelungen dem höheren Gerichtsherrn und von diesem, nachdem er das im Interesse der Disziplin etwa Erforderliche veranlaßt hat, dem Reichskanzler einzusenden.

Gleiches gilt in den übrigen Fällen des §. 223.

Die Leichenschau darf in den Schutzgebieten auch durch einen Gerichtsoffizier bewirkt werden.

§. 26.

Für den Bereich der Kaiserlichen Schutztruppen ist der Reichskanzler die „oberste Dienstbehörde“ (§. 231 M.-St.-G.-O.).

§. 27.

Wird der Beschuldigte in Untersuchungshaft genommen oder die Anklage gegen ihn verfügt, so hat der Gerichtsherr,

wenn der Beschuldigte Offizier, Sanitätsoffizier oder Ingenieur des Soldatenstandes ist:

dem höchsten der diesem vorgesetzten Militärbefehlshaber im Dienstwege Anzeige zu erstatten;

wenn der Beschuldigte Militärbeamter ist:

die diesem vorgesetzte Verwaltungsstelle und, falls der Militärbeamte im doppelten Unterordnungsverhältnisse steht, auch den nächsten vorgesetzten Militärbefehlshaber zu benachrichtigen.

In gleicher Weise ist zu verfahren, wenn ein Offizier, Sanitätsoffizier, Ingenieur des Soldatenstandes oder Militärbeamter aus Anlaß des eingeleiteten gerichtlichen Verfahrens einstweilen des militärischen Dienstes enthoben wird (§§. 174, 175, 250 M.-St.-G.-O.).

In allen diesen Fällen ist zu gleicher Zeit dem Reichskanzler Meldung zu erstatten.

§. 28.

Von dem Berichte, welcher nach §. 252 M.-St.-G.-O. wegen eines gegen den Kaiser oder das Reich gerichteten Hochverraths oder Landesverraths oder wegen eines als Verbrechen oder Vergehen sich darstellenden Verraths militärischer Geheimnisse an den Reichskanzler zu erstatten ist, ist dem Oberkommando der Schutztruppen auf dem Dienstwege Abschrift einzureichen.

§. 29.

Müssen in Ermangelung sonstiger geeigneter Räume die Hauptverhandlungen in Kasernen, Arrestanstalten oder ähnlichen auch zu anderen als militärgerichtlichen Zwecken dienenden militärischen Dienstgebäuden stattfinden, so erfolgt die Zulassung der Zuhörer nach Maßgabe des verfügbaren Raumes gegen Karten, die auf Anordnung des Gerichtsherrn am Tage der Hauptverhandlung ausgegeben werden. Bei Ausgabe der Karten sind, sofern nicht besondere Bedenken entgegenstehen, die nächsten Verwandten und Verschwägerten des Angeklagten thunlichst zu berücksichtigen (§. 283 M.-St.-G.-O.).

§. 30.

Rechtsanwälte können als Vertheidiger auftreten, sofern sie bei einem Kriegsgerichte oder Oberkriegsgerichte der Armee oder Marine ernannt sind. §. 341 letzter Absatz M.-St.-G.-O. findet Anwendung.

§. 31.

Die Zuziehung eines gewählten Vertheidigers kann abgelehnt werden, wenn durch sie eine Verzögerung des Verfahrens herbeigeführt werden würde.

§. 32.

Ich übertrage auf Grund des §. 25 Abs. 2 des Einführungsgesetzes zur Militärstrafgerichtsordnung für die im §. 24 Nr. 2 daselbst bezeichneten Fälle die Befugnisse des preußischen Generalauditoriats dem zweiten Senate des Reichsmilitärgerichts.

§. 33.

Die Verordnung des Bundesraths vom 16. Juni 1882 und 9. Juli 1896, betreffend die Einrichtung von Strafregistern und die wechselseitige Mittheilung der Strafurtheile (Centr.-Bl. f. d. D. R., S. 309), findet, soweit im Folgenden nicht ein Anderes bestimmt wird, auf die Angehörigen der Kaiserlichen Schutztruppen sinngemäße Anwendung.

I. In die Register sind nicht aufzunehmen: Die von dem Gerichtsherrn und dem Kriegsgerichtsrathe gemäß §. 360 M.-St.-G.-O. zu erlassenden Beschlüsse, durch die das im Reiche befindliche Vermögen eines Abwesenden mit Beschlag belegt oder der Abwesende für fahnenflüchtig erklärt wird.

II. Von den bei den Schutztruppengerichten erfolgten Verurtheilungen hat die Mittheilung durch das Oberkommando zu erfolgen, wenn und sobald der Verurtheilte aus dem Verbande der Schutztruppe ausscheidet, ohne in das Heer oder in die Kaiserliche Marine überzutreten.

Tritt der Verurtheilte in das Heer oder die Kaiserliche Marine über, so hat die Mittheilung nach Maßgabe des §. 5 Abs. 4 der Bundesraths-Verordnung zu erfolgen.

III. Die die Vollstreckung veranlassenden Gerichtsherren haben nach Eintritt der Rechtskraft des Urtheils dem Oberkommando eine Strafnachricht gemäß §§. 7 ff. der Bundesraths-Verordnung zu übersenden.

§. 34.

Vorstehende Verordnung tritt am 1. Oktober 1900 in Kraft.

Urkundlich unter Unserer Höchsteigenhändigen Unterschrift und beigedrucktem Kaiserlichen Insiegel.

Gegeben Drontheim, an Bord Meiner Yacht „Hohenzollern", den 18. Juli 1900.

(L. S.) (gez.) **Wilhelm I. R.**

(ggez.) Fürst zu Hohenlohe.

---

Vorstehende Allerhöchste Verordnung wird mit Folgendem zur Kenntniß der Schutztruppen gebracht:

### 1. Bestimmung zu §. 4b dieser Verordnung.

Dem Gouverneur ist — falls er nicht selbst die gerichtsherrlichen Befugnisse ausübt — von jeder Einleitung und Einstellung eines Ermittelungsverfahrens sofortige Meldung zu erstatten, auch jedes rechtskräftige Urtheil zur Kenntnißnahme vorzulegen.

## II. Bestimmungen zum Einführungsgesetze zur Militärstrafgerichtsordnung.

### Zu §. 12.

Militärgerichtliche Untersuchungen sind thunlichst von den hierzu berufenen militärischen Stellen zu erledigen. Die Hülfe der bürgerlichen Gerichte ist nur ausnahmsweise in Anspruch zu nehmen.

Befindet sich an dem Orte, wo eine militärgerichtliche Untersuchungshandlung vorgenommen werden soll, eine zur Vornahme derselben an sich zuständige militärische Stelle, so ist das Ersuchen um Rechtshülfe in der Regel an diese zu richten.

In den Ersuchungsschreiben um Rechtshülfe sind diejenigen Punkte, um deren Ermittelung oder Aufklärung es sich handelt, genau und bestimmt anzugeben.

## III. Bestimmungen zur Militärstrafgerichtsordnung.

### Zu §. 8 Abs. 2.

In den Fällen des §. 8 Abs. 2 hat der Gerichtsherr, der die Vollstreckung der Freiheitsstrafe anordnet (§. 451), den Zeitpunkt des Strafantrittes der zunächst vorgesetzten Civilbehörde des Bestraften ungesäumt mitzutheilen.

### Zu §. 116.

1. Zu Dolmetschern sind in erster Linie Militärpersonen zu wählen, die die Sprache des zu Vernehmenden sprechen und womöglich auch schreiben.

Kann der Dienst des Dolmetschers dem Militärgerichtsschreiber (§. 120) nicht übertragen werden, so sind dazu zuverlässige Militärpersonen auszuwählen. Auch können, soweit sie vorhanden, die ständigen Dolmetscher herangezogen werden.

2. Müssen in Ermangelung geeigneter Militärpersonen Dolmetscher aus dem Civilstande verwendet werden, so sind für die Auswahl die landesrechtlichen Vorschriften

maßgebend. Sie beziehen Gebühren nach der Gebührenordnung für Zeugen und Sachverständige vom 30. Juni 1878 (R.-G.-Bl. S. 173 ff.) in der Fassung der Bekanntmachung vom 20. Mai 1898 (R.-G.-Bl. S. 369, 689 ff.).

Zu §§. 119, 120.

Soweit die Beeidigung des Dolmetschers erforderlich ist, erfolgt sie vor dem Beginne der Uebertragung, und zwar im Ermittelungsverfahren durch den Untersuchungsführer, in der Hauptverhandlung der Standgerichte durch den Vorsitzenden, in derjenigen der Kriegs- und Oberkriegsgerichte durch den die Verhandlung führenden Militärjustizbeamten — unter Beobachtung der in den §§. 208, 197 für Sachverständige vorgeschriebenen Formen.

Ueber die Beeidigung im Ermittelungsverfahren ist ein Protokoll aufzunehmen; erfolgt die Beeidigung in der Hauptverhandlung, so ist in das Protokoll über diese (§. 332) ein bezüglicher Vermerk aufzunehmen.

Zu §. 139.

Die Beglaubigung geschieht in folgender Form:

„Die Richtigkeit der Abschrift beglaubigt

. . . . . . . . . . . . . . . . . . .

. . . . . . leutnant und Gerichtsoffizier
(Kriegsgerichtsrath 2c.).“

Zu §. 142 Abs. 1.

Zustellungen an Personen, die nicht aktive Militärpersonen sind, sich aber an dem Orte befinden, wo die Untersuchung geführt wird, erfolgen in der Regel

a) durch hierzu bestellte Militärpersonen (Ordonnanzen), sofern es sich um eine standgerichtliche Untersuchung im außerordentlichen Verfahren handelt,
b) durch Militärgerichtsboten (vergl. Abschnitt IV Ziffer 8 f der „Dienst- und Geschäftsordnung“),

sofern es sich um eine Untersuchung der höheren Gerichtsbarkeit im ordentlichen Verfahren handelt.

Zu §. 144.

Der unmittelbare Verkehr mit den Gerichtsbehörden der deutschen Schutzgebiete ist zugelassen.

Zu §. 154 Abs. 2.

Die schriftliche Genehmigung zur Beerdigung des Leichnams einer Militärperson in den Fällen des Abs. 1 dieses Paragraphen wird in der Regel von dem zuständigen richterlichen Militärjustizbeamten ertheilt (vgl. §§. 223 ff.).

In den Schutzgebieten kann die Genehmigung durch jeden Offizier erfolgen; sobald mehrere Offiziere zur Stelle sind, hat der dienstälteste Offizier über die Genehmigung zu befinden.

Zu §. 155 Abs. 4.

Ist oder erscheint an dem Tode einer aktiven Militärperson eine unter der bürgerlichen Strafgerichtsbarkeit stehende Person in strafbarer Weise betheiligt, so hat die Militärbehörde sofort der zuständigen Staatsanwaltschaft Anzeige zu machen.

Zu §. 171 Abs. 1, §. 185 Abs. 1, §. 266 Abs. 1.

Bei der Vernehmung als Beschuldigte, Angeklagte, Zeugen oder Sachverständige erscheinen Offiziere oder Sanitätsoffiziere im Dienstanzuge (vergl. Anzugs-Bestimmungen III der Anlage 10 der Schutztruppenordnung); Personen des Soldatenstandes vom Deckoffizier rc. abwärts erscheinen im Ordonnanzanzuge; sofern sie verhaftet sind, in Mütze ohne Seitengewehr.

Auf Militärbeamte, denen eine Dienstuniform verliehen ist, findet diese Bestimmung sinngemäße Anwendung.

Zu §. 180.

Vorläufig festgenommene Personen werden in derselben

Art, wie die in Untersuchungshaft genommenen (§. 178) behandelt.

Zu §. 185 Abs. 2.

Die Ladung von Reichs- oder Staatsbeamten ist der vorgesetzten Dienstbehörde derselben mitzutheilen.

Zu §. 196.

Der Hinweis auf die Bedeutung und die Heiligkeit des Eides darf nicht als eine formularmäßige Verhaltung behandelt werden; vielmehr muß dieser Hinweis in einer das religiöse Bewußtsein anregenden Weise erfolgen und im einzelnen Falle dem Bildungsstand und der Persönlichkeit des Schwurpflichtigen angepaßt werden.

Soweit es erforderlich erscheint, sind die strafrechtlichen Folgen des Falscheides besonders hervorzuheben.

Es ist ferner darauf zu halten, daß bei der Eidesabnahme die gebührende Feierlichkeit gewahrt werde und namentlich sämmtliche Anwesenden vor der Eidesabnahme sich von ihren Sitzen erheben und während der Eidesleistung eine der Heiligkeit der Handlung entsprechende Haltung beobachten.

Zu §§. 205, 208.

Für die Gebührenansprüche der nicht zu den aktiven Militärpersonen gehörenden Zeugen und Sachverständigen ist die Gebührenordnung für Zeugen und Sachverständige vom 30. Juni 1878 (R.-G.-Bl. S. 173 ff.) in der Fassung der Bekanntmachung vom 20. Mai 1898 (R.-G.-Bl. S. 369, 689 ff.) maßgebend.

Zu §§. 209, 299.

A. Im Allgemeinen.

Die Auswahl der Sachverständigen ist, soweit nicht die Militärstrafgerichtsordnung ausdrückliche Vorschriften enthält, in das Ermessen des Gerichtsherrn, in dringlichen Fällen des Untersuchungsführers, gestellt.

Bei gerichtlich medizinischen Fragen dürften indeß aus militärischen Rücksichten nachstehende Gesichtspunkte zu beobachten sein.

1. Stabs- und Oberstabsärzte erscheinen für solche Fragen in militärgerichtlichen Untersuchungen als die zunächst gegebenen Sachverständigen.

2. Bedarf es noch eines Obergutachtens, so wird es sich in der Regel empfehlen, dessen Erstattung einer Kommission zu übertragen.

3. Bestehen auch nach diesem Obergutachten noch Zweifel, so kann ein Gutachten des rangältesten Sanitätsoffiziers bei dem Oberkommando der Schutztruppen erfordert werden. Zur Erstattung dieses Gutachtens wird der genannte Sanitätsoffizier eine Kommission, bestehend aus hervorragenden Fachmännern heranziehen; andererseits werden etwaige Anträge der zuständigen militärischen Stelle Berücksichtigung finden. Dieses Gutachten wird in der Regel den Abschluß der Begutachtung bilden können.

4. Die technische Kontrole über die bei Leichenöffnungen und Gemüthszustands-Untersuchungen in militärgerichtlichen Untersuchungen abgegebenen Gutachten der Militär- oder nicht beamteten Civilärzte liegt dem rangältesten Sanitätsoffizier bei dem Oberkommando der Schutztruppen ob.

## B. Bei besonderen Strafhandlungen.

### Bei Körperverletzungen.

1. Bei Körperverletzungen, bei denen eine der in §. 224 des Bürgerlichen Strafgesetzbuches vorgesehenen Folgen eingetreten ist oder möglicherweise noch eintreten kann, ist die ärztliche Untersuchung von zwei Aerzten, und zwar in der Regel von zwei Sanitätsoffizieren, vorzunehmen. Jedenfalls soll einer der Aerzte ein Sanitätsoffizier mindestens vom Range eines Stabsarztes oder

ein Gerichtsarzt sein. In den Schutzgebieten genügt die Zuziehung eines Arztes.

Wird angeordnet, daß das abzugebende Gutachten schriftlich erstattet werde, so ist es von den Sachverständigen gemeinschaftlich, wenn sie aber verschiedener Meinung sind, von einem jeden besonders auszustellen.

Bei leichten Körperverletzungen wird zur Feststellung des Thatbestandes in der Regel die Aussage des Verletzten genügen. Hat ein gerichtlicher Augenschein stattgefunden, so ist dessen Ergebniß in das Protokoll aufzunehmen.

2. Ist bei verletzten Frauenspersonen die Besichtigung der Geburtstheile nothwendig, so kann sie auch einer beeidigten Hebamme übertragen werden. Sind jedoch die Geburtstheile so verletzt, daß eine ärztliche Behandlung nothwendig ist, so ist nach den ersten beiden Absätzen der Ziffer B 1 zu verfahren. Bei derartigen Untersuchungen soll regelmäßig der Untersuchungsführer nicht zugegen sein, wie überhaupt das Schamgefühl auch bei männlichen Personen möglichst zu schonen ist.

Der (die) Sachverständige ist über die Verletzung, ihre Entstehung und die möglichen Folgen ausführlich zu Protokoll zu vernehmen; die Einreichung eines schriftlichen Gutachtens, dessen Richtigkeit eidlich zu bestätigen bleibt, ist zulässig.

Zu §. 219.

Falsche Münzen sind an die Münzdirektion in Berlin behufs Begutachtung oder Prüfung einzusenden, wobei jedesmal die Untersuchungssache oder, falls noch keine Untersuchung eingeleitet worden, die verdächtigen Personen sowie der letzte Besitzer der falschen Münze näher zu bezeichnen sind.

Nach Beendigung der Untersuchung sind die falschen Münzen und Ueberführungsstücke an die Münzdirektion mit dem Hinweis auf deren Gutachten abzuliefern.

Zu §. 223.

1. Die Leichenschau darf in den Fällen des ordentlichen Verfahrens nicht durch einen Gerichtsoffizier bewirkt werden.

Als der „zunächst erreichbare" Amtsrichter ist der örtlich zuständige Amtsrichter anzusehen (vergl. §. 167 des Gerichtsverfassungsgesetzes). In den Ersuchungsschreiben ist zugleich um Einsendung der über den Fall aufgenommenen Verhandlungen zu ersuchen.

2. Die Militärbehörden haben darauf zu achten, daß gegebenen Falls ohne Zeitverlust die zur Rettung des vielleicht Scheintodten erforderlichen Maßnahmen ergriffen werden, auch stets Vorsorge für geeignete Aufbewahrung des Leichnams zu treffen.

3. Insofern bei einem Selbstmorde hinsichtlich der Beweggründe Zweifel oder Umstände obwalten, die eine nähere Ermittelung nöthig machen, muß der Gerichtsherr sie verfügen. Dies gilt namentlich dann, wenn der Verdacht besteht, daß der Verstorbene durch strafbare Handlungen eines Dritten zum Selbstmorde getrieben worden ist.

In den Akten, betreffend die Todesermittelung einer Militärperson, ist zu vermerken, ob die erforderliche Anzeige des Todesfalles beim Standesamt erfolgt ist.

Zu §. 224 Abs. 2.

Die Heranziehung zweier Sanitätsoffiziere soll die Regel bilden.

Zu §. 225.

Von der beabsichtigten Ausgrabung einer Leiche ist die Ortspolizeibehörde zu benachrichtigen.

Zu §. 227.

Die Leichenöffnung ist nach den im bürgerlichen Strafverfahren geltenden Vorschriften vorzunehmen.

Zu §. 341.

Als Vertheidiger erscheinen in der Hauptverhandlung die in Nr. 1 bis 4 bezeichneten Personen in der Dienstuniform, Rechtsanwälte in der Amtstracht, oder wenn sie zugleich Offiziere des Beurlaubtenstandes sind, nach Wahl in der militärischen Dienstuniform.

Beamte, denen eine Dienstuniform nicht verliehen ist, im schwarzen Anzuge.

Zu §. 368.

Die auf die Einlegung oder die Zurücknahme von Rechtsmitteln bezüglichen Beurkundungen der Gerichtsoffiziere und der richterlichen Militärjustizbeamten (vergl. §§. 380, 398) müssen auch die Angaben enthalten, an welchem Tage der Gerichtsherr die betreffende Erklärung abgegeben hat. Ist dieselbe schriftlich oder auf telegraphischem Wege erfolgt, so ist das Schriftstück oder Telegramm der Beurkundung beizufügen.

Zu §. 408.

Angeklagte, die in der Hauptverhandlung des Reichsmilitärgerichtes persönlich erscheinen wollen, können zu diesem Zwecke beurlaubt werden.

Reise- und Marschgebührnisse werden nicht gewährt.

Zu §. 450.

1. Jedes rechtskräftige Strafurtheil muß dem zuständigen Schutztruppenkommando (der Dienst- bezw. Verwaltungsbehörde) des Angeklagten unter Beifügung der Akten zugehen und ist nach unten bekannt zu geben, soweit es erforderlich erscheint.

2. War der Antrag auf Untersuchung von einer Civilbehörde ausgegangen, so ist ihr von dem Ausfalle der rechtskräftigen Entscheidung Nachricht zu geben.

Zu §. 465.

Maßgebend ist das Gesetz vom 20. Mai 1898 (R.-G.-Bl. S. 345 ff.).

Zu §. 468.

1. Der Gerichtsherr legt den Antrag mit den Akten dem Reichskanzler vor.

Er äußert sich dabei darüber:

a) wann der Anspruch erhoben ist;

b) ob und in welcher Höhe ein nach §. 465 der Militärstrafgerichtsordnung und nach §. 2 des Gesetzes vom 20. Mai 1898 zu ersetzender Vermögensschaden entstanden ist.

Vorher ist, soweit erforderlich, die Richtigkeit der Angaben des Antragstellers festzustellen. Werden diese Angaben im Wesentlichen nicht bestätigt, so ist der Antragsteller zu vernehmen.

2. Die Zustellung der Entscheidung veranlaßt der Gerichtsherr (§. 138).

3. Anträge, die bei einer nicht zuständigen Stelle eingehen, sind ohne Verzug an die nach §. 468 Abs. 1 zuständige Stelle abzugeben.

Zu §. 469 Abs. 1.

1. Die in Untersuchungssachen entstehenden, verordnungsgemäß zuständigen Kosten für Reise und Märsche sind bei den im Etat der Schutztruppen ausgebrachten Reisekosten- 2c. Fonds zu verrechnen. Der Verrechnungsstelle ist eine Bescheinigung des Gerichtsoffiziers oder eines richterlichen Militärjustizbeamten über Tag und Stunde der Entlassung aus dem Termine mitzutheilen.

2. Die Berechnung der Zeugen- 2c. Gebühren wird schon vor der Verhandlung entworfen und vorbereitet; sie wird festgestellt im Ermittelungsverfahren durch den Untersuchungsführer, in der Hauptverhandlung der Standgerichte durch den Gerichtsoffizier, in derjenigen der Kriegs- und Oberkriegsgerichte durch den die Verhandlung führenden Militärjustizbeamten.

In den Schutzgebieten kann auch der als Ersatz des

fehlenden Militärjustizbeamten kommandirte Offizier die Gebührenrechnung feststellen (§. 98 M.-St.-G.-O.).

Die Gebühren sind möglichst sofort nach der Vernehmung und an Gerichtsstelle zu zahlen; zu diesem Zweck erhält bei dem Gerichtsherrn der höheren Gerichtsbarkeit ein Militärgerichtsschreiber, bei dem Gerichtsherrn der niederen Gerichtsbarkeit der Gerichtsoffizier einen Vorschuß, der bei der vom Gerichtsherrn zu bezeichnenden Kassenverwaltung verrechnet und im Bedarfsfalle ergänzt wird.

Der Aufsichtsbehörde ist der Vorschuß auf Verlangen in baar oder in Quittungen nachzuweisen.

8. Die Verrechnung der Strafvollstreckungskosten erfolgt nach der Militärstrafvollstreckungsvorschrift vom 9. Februar 1888. Auch in den Vorschriften der §§. 128, 129, 130, 131, 134 Ziff. 1 und 4, 135, 137 a. a. O. tritt eine Aenderung nicht ein.

Berlin, den 23. Juli 1900.

Der Reichskanzler.
(gez.) Fürst zu Hohenlohe.

Verzeichniß

der

# Guttentag'schen Sammlung

## Deutscher Reichsgesetze

und

## Preußischer Gesetze.

**Text-Ausgaben mit Anmerkungen und Sachregister.**

Taschenformat.

Berlin.
J. Guttentag, Verlagsbuchhandlung,
G. m. b. H.

Guttentag'sche Sammlung

# Deutscher Reichsgesetze.

Text-Ausgaben mit Anmerkungen. Taschenformat.

---

1. **Verfassung** des Deutschen Reichs. Gegeben Berlin, den 16. April 1871. Von Dr. **L. von Rönne.** Achte neubearbeitete Auflage von **Paul von Rönne,** Landrath. 1 M. 60 Pf.

2. **Strafgesetzbuch** für das Deutsche Reich. Nebst den gebräuchlichsten Reichs-Strafgesetzen (Presse, Personenstand, Nahrungsmittel, Kranken-, Unfall-, Invalidenversicherung, Gewerbeordnung, unlauterer Wettbewerb, Depot- und Börsengesetz u. s. w.). In der vom 1. Januar 1900 ab geltenden Fassung. Von Dr. **H. Rüdorff.** Neunzehnte Auflage von Dr. **H. Appelius,** Staatsanwaltschaftsrath. Geb. in ganz Leinen 1 M. 20 Pf.

3. **Militärstrafgerichtsordnung** nebst Einführungsgesetz und Gesetz, betr. die Dienstvergehen der richterlichen Militärjustizbeamten und die unfreiwillige Versetzung derselben in eine andere Stelle oder in den Ruhestand. Von Dr. **P. Herz,** Geh. Admiralitätsrath. Zweite Auflage. Geb. in ganz Leinen 3 M.

44. **Handelsgesetzbuch vom 10. Mai 1897** unter Ausschluß des Seerechts. Mit den ergänzenden Vorschriften des Bürgerlichen Gesetzbuchs und Erläuterungen herausgegeben von **F. Litthauer,** Justizrath. Elfte unveränderte Auflage. 2 M. 25 Pf.

45. Allgemeine Deutsche **Wechselordnung.** Siebente Auflage von Dr. **E. Ball,** Rechtsanwalt, und das Reichsgesetz über die **Wechselstempelsteuer.** Sechste Auflage von Reg.-Assessor **P. Loeck.** 1897. 2 M.

46. **Reichs-Gewerbe-Ordnung** nebst Ausführungsbestimmungen. Von **T. Ph. Berger.** Unter besonderer Berücksichtigung der Bestimmungen über den Arbeiterschutz, die Organisation des Handwerks und das Lehrlingswesen fortgeführt von Dr. **Wilhelmi,** Geh. Ober-Regierungsrath. Fünfzehnte vermehrte Auflage. 2 M. 80 Pf.

47. Die deutsche **Post- und Telegraphen-Gesetzgebung.** Nebst dem Weltpostvertrag und dem internationalen Telegraphenvertrag. Von Dr. **P. D. Fischer,** Unterstaatssekretär im Reichs-Postamt. Vierte Auflage. 1895. 2 M. 60 Pf.

48. Die Reichsgesetze über den **Unterstützungswohnsitz** in der Fassung der Novelle vom 12. März 1894 die **Freizügigkeit,** den **Erwerb** und **Verlust** der

**Bundes- und Staatsangehörigkeit,** nebst allen landesgesetzlichen Bestimmungen. Von Geheimrath Dr. **J. Krech,** Mitglied des Bundesamtes für das Heimathwesen. Vierte Auflage. 2 M. 25 Pf.

9a. Sammlung **kleinerer privatrechtlicher Reichsgesetze.** Von **F. Vierhaus,** Geh. Ober-Justizrath. Zweite Auflage in Vorbereitung.

9b. Sammlung **kleinerer strafrechtlicher Reichsgesetze.** Von **M. Werner,** Geh. Ober-Regierungsrath. Zweite Auflage im Druck.

10. Das **Reichsbeamtengesetz** vom 31. März 1873 und seine Ergänzungen. Erläutert von **J. Pieper,** Geh. Ober-Regierungsrath. 3 M. 30 Pf.

11. **Civilprozeßordnung mit Einführungsgesetzen,** Nebengesetzen und Ergänzungen. In der Fassung des Gesetzes vom 17. Mai 1898. Unter besonderer Berücksichtigung der Entscheidungen des Reichsgerichts herausgegeben mit Anmerkungen von **R. Sydow,** Direktor im Reichs-Postamt und **L. Busch,** Kammergerichtsrath. Achte Auflage. 8°. Geb. in ganz Leinen 4 M.

**Dieser Band ist in größerem Format erschienen!**

122. **Strafprozeßordnung und Gerichtsverfassungsgesetz** in der vom 1. Januar 1900 ab geltenden Fassung, nebst dem **Gesetz, betreffend die Entschädigung der im Wiederaufnahmeverfahren freigesprochenen Personen.** Von **A. Hellweg**, Reichsgerichtsrath. Zehnte Auflage. Geb. in ganz Leinen 2 M.

133. **Konkursordnung und Anfechtungsgesetz** mit Einführungs- und Nebengesetzen. In der Fassung der Gesetze vom 17. Mai 1898. Unter besonderer Berücksichtigung der Entscheidungen des Reichsgerichts herausgegeben mit Anmerkungen von **R. Sydow**, Direktor im Reichs-Postamt und **L. Busch**, Kammergerichtsrath. Achte Auflage. Geb. in ganz Leinen 1 M. 80 Pf.

144. **Gerichtsverfassungsgesetz** mit Einführungsgesetz, Nebengesetzen und Ergänzungen. In der Fassung des Gesetzes vom 17. Mai 1898. Unter Berücksichtigung der Entscheidungen des Reichsgerichts herausgegeben von **R. Sydow**, Direktor im Reichs-Postamt und **L. Busch**, Kammergerichtsrath. Achte Auflage. 1 M. 20 Pf.

155. **Das deutsche Gerichtskostengesetz nebst den Gebührenordnungen für Gerichtsvollzieher, Zeugen und Sachverständige.** In der Fassung vom 20. Mai 1898. Unter besonderer Berücksichtigung der Entscheidungen

des Reichsgerichtes herausgegeben mit Anmerkungen und Kostentabellen von **R. Sydow**, Direktor im Reichspostamt und **L. Busch**, Kammergerichtsrath. Sechste vermehrte Auflage. Geb. in ganz Leinen 1 M. 50 Pf.

16. **Rechtsanwaltsordnung.** Von **R. Sydow**, Direktor im Reichspostamt. Vierte, völlig umgearbeitete Auflage von Dr. **E. Mosler**, Gerichtsassessor. Geb. in ganz Leinen ca. 1 M.

17. **Die Deutsche Gebührenordnung für Rechtsanwälte und das Preußische Gebührengesetz** vom 27. September/6. Oktober 1899. Von **R. Sydow**, Direktor im Reichspostamt und **L. Busch**, Kammergerichtsrath. Sechste Auflage. Geb. in ganz Leinen 1 M. 50 Pf.

18. **Reichsstempelgesetz (Börsensteuergesetz)** mit allen Ausführungsvorschriften, vielen Tabellen, den Entscheidungen der Verwaltungsbehörden und des Reichsgerichts. Von **Gaupp**, Geh. Regierungsrath. Achte Auflage von **P. Loeck**, Regierungs-Assessor. Im Druck.

19. **Die Seegesetzgebung** des Deutschen Reiches. Nebst den Entscheidungen des Reichsoberhandelsgerichts, des Reichsgerichts und der Seeämter. Von Dr. **W. E. Knitschky**, Landgerichtsrath. Zweite Auflage. 3 M. 80 Pf.

20. **Krankenversicherungsgesetz** vom 15. Juni 1883 in der Fassung der Novelle vom 10. April 1892. Von Dr. **E. von Woedtke,** Direktor im Reichsamt des Innern. Siebente Auflage. 2 M.

21. **Die Konsulargesetzgebung** des Deutschen Reiches. Von Professor Dr. **Ph. Zorn.** Vergriffen.

22a. **Patentgesetz. Gesetz, betreffend den Schutz von Gebrauchsmustern. Gesetz, betreffend das Urheberrecht an Mustern und Modellen.** Nebst Ausführungsbestimmungen unter eingehender Berücksichtigung der Rechtsprechung des Reichsgerichts und der Praxis des Patentamts. Erläutert von Dr. **R. Stephan,** Regierungsrath, Mitglied des Kaiserlichen Patentamts. Fünfte vermehrte Auflage. Geb. in ganz Leinen 2 M.

22b. **Gesetz zum Schutz der Waarenbezeichnungen.** Nebst Ausführungsbestimmungen. Von Dr. **R. Stephan,** Regierungsrath, Mitglied des Kaiserlichen Patentamts. Vierte vermehrte Auflage. 1 M.

23. **Gewerbe-Unfallversicherungsgesetz** und Gesetz, betr. die Abänderung der Unfallversicherungsgesetze vom 30. Juni 1900 in der Fassung der Bekanntmachung vom 5. Juli 1900 nebst Ausführungsverordnungen. Von Dr. **E. v. Woedtke,** Direktor im Reichsamt des Innern. Sechste umgearbeitete Auflage. Geb. in ganz Leinen ca. 2 M. 50 Pf.

24. **Aktiengesellschaft und Kommanditgesellschaften auf Aktien.** (Handelsgesetzbuch, II. Buch, Abschnitt 3 und 4.) Mit erläuternden Anmerkungen von **H. Keyssner,** Kammergerichtsrath und Dr. **H. Veit Simon,** Rechtsanwalt. Fünfte Auflage. Bearbeitet von Dr. **Hugo Keyssner** u. **L. Keyssner.** Geb. in ganz Leinen 2 M. 25 Pf.

25. **Reichsgesetz wegen Erhebung der Brausteuer** vom 31. Mai 1872 mit Ausführungsvorschriften. Von **E. Bertho,** Regierungsrath. 1885. 1 M. 60 Pf.

26. **Die Reichsgesetzgebung über Münz- und Notenbankwesen,** Papiergeld, Prämienpapiere und Reichsanleihen. Von Dr. jur. **R. Koch,** Präsident des Reichsbankdirektoriums. Dritte Auflage. 2 M. 80 Pf.

27. Die Gesetzgebung, betr. das **Gesundheitswesen** im Deutschen Reich für Behörden, Aerzte &c. Von Dr. jur. **C. Goesch** und Dr. med. **J. Karsten.** 1888. 1 M. 60 Pf.

28. **Bauunfallversicherungsgesetz.** In der Fassung der Bekanntmachung vom 5. Juli 1900. Unter Berücksichtigung der Rechtsprechung des Reichs-Versicherungsamts. Von **R. Chrzescinski,** Kaiserl. Regierungsrath. Dritte Auflage. Geb. in ganz Leinen ca. 2 M.

229. **Reichsgesetz, betr. die Erwerbs- und Wirthschaftsgenossenschaften.** In der vom 1. Januar 1900 ab geltenden Fassung. Von **L. Parisius** und **Dr. H. Crüger.** Achte Auflage. Geb. in ganz Leinen. 1 M. 50 Pf.

310. **Invalidenversicherungsgesetz** vom 13. Juli 1899, in der Fassung der Bekanntmachung vom 19. Juli 1899. Von **Dr. E. v. Woedtke,** Director im Reichsamt des Innern. Siebente erweiterte Auflage. Geb. in ganz Leinen 2 M. 50 Pf.

311. **Reichsgesetz, betr. die Gewerbegerichte.** Von **L. Mugdan.** Vierte Auflage. Bearbeitet von **Cuno,** Stadtrath und stellvertretender Vorsitzender des Gewerbegerichts zu Königsberg i. Pr. 1 M. 80 Pf.

312. **Reichsgesetz, betr. die Gesellschaften mit beschränkter Haftung.** In der vom 1. Januar 1900 ab geltenden Fassung. Von **L. Parisius** und **Dr. H. Crüger.** Vierte vermehrte und verbesserte Auflage. 1 M.

313. **Das Vereins- und Versammlungsrecht in Deutschland.** Von **Dr. E. Ball,** Rechtsanwalt. 2 M. 25 Pf.

314. **Reichsgesetz, betreffend die Abzahlungsgeschäfte.** Vom 16. Mai 1894. Von **J. Hoffmann,** Geheimer Regierungsrath. 95 Pf.

35. **Die Reichs-Eisenbahngesetzgebung.** Von **W. Coermann,** Kaiserl. Amtsrichter. 1895. 2 M. 25 Pf.

36. **Gesetze, betr. die privatrechtlichen Verhältnisse der Binnenschiffahrt und der Flößerei.** Nach den Materialien erläutert von **H. Makower.** Unter Berücksichtigung der am 1. Januar 1900 in Kraft tretenden Reichsgesetze bearbeitet von **E. Löwe,** Landgerichtsrath. Zweite veränderte Auflage. 2 M.

37. **Gesetz zur Bekämpfung des unlauteren Wettbewerbes.** Vom 27. Mai 1896. Von **Dr. R. Stephan,** Regierungsrath. Zweite Auflage. 80 Pf.

38/39. **Bürgerliches Gesetzbuch nebst Einführungsgesetz.** In Verbindung mit Professor Dr. **André,** Amtsgerichtsrath **Greiff,** Amtsrichter **Ritgen,** Landgerichtsrath Dr. **Unzner,** s. Z. Schriftführer bei der Kommission für die zweite Lesung des Entwurfs eines Bürgerlichen Gesetzbuchs, herausgegeben von Reichsgerichtsrath Dr. **A. Achilles,** s. Z. Kommissar des Reichs-Justizamts bei derselben Kommission. Zweite vermehrte Auflage. 8°. Geb. in ganz Leinen. 5 M. 50 Pf.

**Dieser Band ist in größerem Format erschienen!**

40. **Gesetz, betr. die Pflichten der Kaufleute bei Aufbewahrung fremder Werthpapiere (Depotgesetz).**

Vom 5. Juli 1896. Mit Erläuterungen, Einleitung und Sachregister. Von F. **Lusensky**, Geh. Regierungsrath. 90 Pf.

441. **Börsengesetz.** Vom 22. Juni 1896. Nebst den dazu erlassenen Ausführungsbestimmungen. Unter Mitwirkung des Geh. Ober-Regierungsrathes A. **Wermuth** bearbeitet von H. **Brendel**, Gerichts-Assessor, Hilfsarbeiter im Reichsamt des Innern. 1 M. 50 Pf.

442. **Grundbuchordnung** für das Deutsche Reich nebst den preußischen Ausführungsbestimmungen. Mit Einleitung von Professor Dr. O. **Fischer**. Zweite Auflage. Geb. in ganz Leinen 1 M. 80 Pf.

443. Die Gesetzgebung, betr. die **Zwangsvollstreckung in das unbewegliche Vermögen** im Reiche und in Preußen. Text-Ausgabe mit Einleitung, Anmerkungen, Kosten- und Gebührentabellen und Sachregister. Von Dr. J. **Krech**, Kaiserl. Geh. Regierungsrath und Professor Dr. O. **Fischer**. Dritte Auflage. Geb. in ganz Leinen 2 M.

444. Das Reichsgesetz über das **Auswanderungswesen** von 9. Juni 1897 nebst Ausführungsverordnungen und Anlagen. Nach den Materialien und unter Benutzung amtlicher Quellen erläutert von Professor Dr. **Felix Stoerk**. 2 M. 25 Pf.

45. **Das Entmündigungsrecht** unter Berücksichtigung der für Preußen geltenden Vorschriften nebst der preußischen Justiz-Ministerial-Verfügung vom 28. November 1899. Text der civil- und prozeßrechtlichen Bestimmungen mit Erläuterungen von Landgerichtsrath Dr. **P. Koll** in Cöln. Geb. in ganz Leinen 1 M. 50 Pf.

46. Die Gesetze des Reiches und Preußens über die **freiwillige Gerichtsbarkeit.** Mit Einleitung von **Herm. Jastrow,** Amtsgerichtsrath. Zweite, erweiterte Auflage. Geb. in ganz Leinen 2 M. 80 Pf.

47. Das **deutsche Vormundschaftsrecht** und das preuß. Gesetz, betr. die Unterbringung verwahrloster Kinder, vom 13. März 1878 nebst den dazu gehörigen preußischen Nebengesetzen und allgemeinen Verfügungen. Mit Einleitung und Erläuterungen von **Max Schultzenstein,** Oberverwaltungsgerichtsrath und Amtsgerichtsrath Dr. **Paul Köhne.** 2 M. 80 Pf.

48. Gesetze und Verordnungen, betreffend den **Drogen-, Gift- und Farbenhandel** außerhalb der Apotheken, unter besonderer Berücksichtigung des Königreichs Preußen. Von Dr. **Broh,** Rechtsanwalt. 1 M. 25 Pf.

49. Die **Kolonialgesetzgebung.** Von Prof. Dr. **Philipp Zorn.** Im Druck.

50. **Der Viehkauf** (Viehgewährschaft) nach dem Bürgerlichen Gesetzbuche. Mit Erläuterungen und Sachregister von Dr. **Hans Stölzle**, Rechtsanwalt in Kempten (Bayern). Nebst einem Anhang: Verordnung, betreffend die Hauptmängel und Gewährsfristen beim Viehhandel. Vom 27. März 1899. Erläutert von **Heinrich Weiskopf**, Königl. Kreisthierarzt in Augsburg. Zweite Auflage. Geb. in ganz Leinen 2 M.

51. **Hypothekenbankgesetz** vom 13. Juli 1899. Von Dr. **H. Göppert**, Gerichts-Assessor. Geb. in ganz Leinen 1 M. 80 Pf.

52. Gesetz, betreffend die gemeinsamen **Rechte der Besitzer von Schuldverschreibungen.** Vom 4. Dezember 1899. Von Dr. **Heinrich Göppert**, Gerichts-Assessor. Geb. in ganz Leinen 2 M.

53. **Reichspreßgesetz** vom 7. Mai 1874 nebst den einschlägigen Bestimmungen des Reichsstrafgesetzbuchs, der Gewerbeordnung u. s. w. Kommentar von **A. Born**, Polizeiassessor. Geb. in ganz Leinen 1 M. 50 Pf.

54. Die Reichsgesetzgebung über den Verkehr mit **Nahrungsmitteln, Genußmitteln** und **Gebrauchsgegenständen.** Von Dr. **Lebbin**, Nahrungsmittelchemiker. Geb. in ganz Leinen 2 M. 25 Pf.

55. **Das Recht der Beschlagnahme von Lohn- und Gehaltsforderungen.** Auf Grundlage der Reichsgesetze vom 21. Juni 1869 u. 29. März 1897 und der Civilprozeßordnung. Von Rechtsanwalt **Georg Meyer.** Geb. in ganz Leinen 1 M. 50 Pf.

56. **Gesetz,** betr. die **Bekämpfung gemeingefährlicher Krankheiten.** Vom 30. Juni 1900. Von Geh. Regierungsrath Dr. **Burkhardt.** Geb. in ganz Leinen. Im Druck.

## Guttentag'sche Sammlung
# Preußischer Gesetze.
Text-Ausgaben mit Anmerkungen. Taschenformat.

1. **Die Verfassungs-Urkunde für den Preußischen Staat** nebst Ergänzungs- und Ausführungs-Gesetzen. Mit Einleitung und vollständigem Kommentar von Prof. Dr. **Adolf Arndt.** Vierte, gänzlich umgearbeitete und verbesserte Auflage. Geb. in ganz Leinen ca. 2 M. 50 Pf.

2. **Preußische Beamten-Gesetzgebung.** Enthaltend die wichtigsten Beamtengesetze in Preußen. Von **C. Pfafferoth.** Dritte Auflage. 1 M. 50 Pf.

3.3. **Die Preuß.** Gesetzgebung, betr. die **Zwangsvollstreckung in das unbewegliche Vermögen.** Von Dr. **J. Krech,** Kais. Geh. Regierungs-Rath und Prof. Dr. **O. Fischer.** Dritte Auflage. Vergriffen.

Siehe: Reichsgesetze Nr. 43.

4.4. **Gebührenordnung für Notare** vom 25. Juni 1895 in der Fassung der Bekanntmachung vom 6. Oktober 1899 nebst den einschlägigen Vorschriften des Preußischen Gerichtskostengesetzes. Von **R. Sydow,** Direktor im Reichspostamt. Zweite Auflage bearbeitet von Dr. **E. Mosler,** Gerichtsassessor. Geb. in ganz Leinen. 1 M. 50 Pf.

5.5. **Gesetz vom 24. April 1854 (betr. die außereheliche Schwängerung)** und die daneben geltenden Bestimmungen des Allgemeinen Landrechts nebst nebst dazu ergangenen Präjudikaten. Von Dr. **Schulze.** 75 Pf.

6.6. Die Preußischen **Ausführungsgesetze und Verordnungen zu den Reichs-Justizgesetzen.** Von **R. Sydow.** Dritte vermehrte Auflage. 2 M. 40 Pf.

7.7. **Allg. Gerichtsordnung** vom 6. Juli 1793 und **Preuß. Konkursordnung** vom 8. Mai 1885. Von **F. Vierhaus,** Geh. Ober-Justizrath. **Vergriffen.**

8. **Vormundschaftsordnung** vom 5. Juli 1875, nebst allen Nebengesetzen und den dazu erlassenen Allgemeinen Verfügungen. Von Oberverwaltungsgerichtsrath **Schultzenstein.** Dritte Auflage. 1 M. 50 Pf. Siehe: Reichsgesetze Nr. 47

9. Die Preußische **Grundbuchgesetzgebung.** Mit Einleitung, Formularen, Kosten- und Stempeltabellen. Von Prof. Dr. **Fischer.** Dritte Auflage. Vergriffen. Siehe: Reichsgesetze Nr. 42

10. **Einkommensteuergesetz.** Vom 24. Juni 1891. Von Geheimrath **Meitzen.** Vierte vermehrte Auflage von **A. Fernow,** Ober-Regierungsrath. 1 M. 50 Pf.

11. **Gewerbesteuergesetz.** Vom 24. Juni 1891. Von **A. Fernow,** Ober-Regierungsrath. Dritte vermehrte Auflage. 1 M. 25 Pf.

12. **Allgemeines Berggesetz** für die preußischen Staaten. Vom 24. Juni 1865, und die auf dasselbe bezüglichen Gesetze und Verordnungen. Von **E. Engels,** Ober-Bergrath. Zweite Auflage. 1 M. 60 Pf.

13. **Ergänzungssteuergesetz** (Vermögenssteuergesetz). Vom 14. Juli 1893. Von **A. Fernow,** Ober-Regierungsrath. Zweite vermehrte Auflage. 1 M.

14. **Kommunalabgabengesetz.** Vom 14. Juli 1893 und Gesetz wegen Aufhebung direkter Staatssteuern. Vom 14. Juli 1893. Von **F. Adickes,** Oberbürgermeister. Zweite Auflage. 1 M. 25 Pf.

15. **Die Kreisordnungen** für den Preußischen Staat. Von **O. Kolisch,** Landgerichtsrath. 1894. 4 M.

16. Preuß. Ausführungs-Anweisung zu §§. 16 u. ff. der Reichs-Gewerbe-Ordnung, betr. **Genehmigung gewerblicher Anlagen.** Von Dr. **von Rüdiger,** Regierungs- und Gewerberath. 1895. 1 M. 50 Pf.

17. Preußisches **Gerichtskostengesetz.** Vom 25. Juni 1895. In der Fassung der Bekanntmachung vom 6. Oktober 1899. Mit Kostentabellen. Von Dr. **P. Siméon,** Landrichter. Dritte Auflage. Geb. in ganz Leinen 1 M. 80 Pf.

18. Preußisches **Stempelsteuergesetz.** Vom 31. Juli 1895. Nebst den Entscheidungen des Reichsgerichts und Erlassen der Verwaltungsbehörden und ausführlichen Tabellen. Von **B. Gaupp,** Geh Regierungsrath und Regierungsassessor **P. Loeck.** Vierte Auflage. 3 M. 30 Pf.

19. **Das Jagdscheingesetz** vom 31. Juli 1895. Mit ausführlichen Erläuterungen nebst der Ausführungsverfügung vom 2. August 1898 und den Gesetzgebungsmaterialien. Von **F. Kunze,** Wirklichem Geh. Ober-Regierungsrath. Zweite Auflage. Geb. in ganz Leinen 2 M.

20. Gesetz, betr. die **Erbschaftssteuer.** Vom 19./24. Mai 1891 unter Berücksichtigung der Novelle vom 31. Juli 1895. Mit ausführlichen Erläuterungen von **P. Loeck,** Regierungsassessor. 1 M. 80 Pf.

21. Gesetz über die **Handelskammern.** Vom 19. August 1897. Mit Erläuterungen, geschichtlicher Einleitung sowie einer Uebersicht des Bestandes der kaufmännischen Vertretungen. Von **F. Lusensky,** Geh. Regierungsrath und vortragender Rath im Ministerium für Handel und Gewerbe. 3 M.

22. Gesetz, betr. **Anstellung und Versorgung der Kommunalbeamten.** Vom 30. Juli 1899. Mit einem Anhang, enthaltend die preußische Ausführungsanweisung. Von Dr. **W. Ledermann,** Magistratsassessor zu Berlin. 1 M. 25 Pf.

23. **Ausführungsgesetz zum Bürgerlichen Gesetzbuche** vom 20. September 1899. Von Landrichter Dr. **P. Siméon.** Geb. in ganz Leinen 1 M. 60 Pf.

24. Die **Hinterlegungsordnung** vom 14. März 1879 in der Fassung des preußischen Ausführungsgesetzes zum Bürgerlichen Gesetzbuch vom 20. September 1899. Nebst Ausführungsbestimmungen. Unter Benutzung der amtlichen Entscheidungen und Erlasse des Finanzministers. Von Regierungsassessor Dr. **Georg Bartels.** Geb. in ganz Leinen 1 M. 50 Pf.

25. **Preußisches Kommunalbeamtenrecht,** enthaltend die wichtigsten Bestimmungen über die Rechtsverhältnisse der Beamten der preußischen Landgemeinden, Landbürgermeistereien, Aemter, Amtsbezirke, Städte, Kreise, Bezirksverbände, Provinzen sowie der Gemeindeforstbeamten mit Ausschluß der Kommunalbeamten der Hohenzollernschen Lande. Text-Ausgabe mit kurzen Anmerkungen, einem chronologischen Verzeichniß der abgedruckten Gesetze, Verordnungen und sonstigen Bestimmungen. Von Magistratsassessor Dr. jur. **Krempski.** Im Druck.

26. Die **Preußischen Gesetze** über das **Diensteinkommen der Lehrer und Lehrerinnen, ihren Ruhegehalt und die Fürsorge für ihre Hinterbliebenen** nebst den zugehörigen Ausführungsbestimmungen, sonstigen Ministerialerlassen und den wichtigsten einschlägigen Gesetzen sowie einer Tabelle zur Berechnung der Ruhegehalts-, Wittwen- und Waisenbezüge. Text-Ausgabe mit Einleitung, Anmerkungen und Sachregister von Dr. **Ed. Cremer,** Beigeordneter. Geb. in ganz Leinen. Im Druck.

27. Gesetz, betreffend die **Waarenhaussteuer.** Vom 18. Juli 1900. Von Geh. Ober-Finanzrath Dr. **G. Strutz.** Geb. in ganz Leinen 1 M. 20 Pf.

Guttentag'sche Sammlung von
Text-Ausgaben mit Sachregister ohne Anmerkungen.
Taschenformat, elegant in Leinen gebunden.

# Reichs-Justizgesetze:

## Gerichtsverfassungsgesetz.
## Civilprozeßordnung. Konkursordnung.
## Strafprozeßordnung.

In einem Bande gebunden 3 M. 80 Pf.

---

**Civilprozeßordnung** mit Gerichtsverfassungsgesetz und Einführungsgesetzen. In der Fassung der auf Grund des Gesetzes vom 17. Mai 1898 erfolgten Bekanntmachung vom 20. Mai 1898. 2 M.

**Konkursordnung** mit Einführungsgesetz. Im der Fassung der Bekanntmachung v. 20. Mai 1898. 880 Pf.

**Strafprozeßordnung** für das Deutsche Reich nebst Einführungsgesetz. 1 M. 20 Pf.

**Guttentag'sche Sammlung von Text-Ausgaben mit Sachregister ohne Anmerkungen.**

---

**Bürgerliches Gesetzbuch** nebst **Einführungsgesetz.** Vom 18. August 1896. Nebst ausführlichem Wort- und Sachregister bearbeitet von Oberamtsrichter **Jatzow.** 2 M. 50 Pf.

**Handelsgesetzbuch** nebst **Einführungsgesetz.** Vom 10. Mai 1897. 1 M. 80 Pf.

Gesetz, betr. die **Abänderung der Gewerbeordnung** (Neues Handwerkergesetz). Vom 26. Juli 1897. 90 Pf.

**Militärstrafgerichtsordnung** für das Deutsche Reich, nebst **Einführungsgesetz** und Gesetz, betr. die Dienstvergehen der richterlichen Militärjustizbeamten und die unfreiwillige Versetzung derselben in eine andere Stelle oder in den Ruhestand. Vom 1. Dezember 1898. 1 M. 50 Pf.

**Die Preußischen Ausführungsgesetze zum Bürgerlichen Gesetzbuche,** zum Gesetz, betr. Aenderung der Civilprozeßordnung vom 17. Mai 1898, zum Gesetz über die Zwangsversteigerung und die Zwangsverwaltung, zur Grundbuchordnung und zum Handelsgesetzbuch. Preuß. Gesetz über die freiwillige Gerichtsbarkeit und Gesetz, enthaltend die landesgesetzlichen Vorschriften über die Gebühren der Rechtsanwälte und der Gerichtsvollzieher. Fünfte Auflage. 1 M. 80 Pf.

**Reichsstempelgesetz** (Börsensteuergesetz) in der Fassung der Bekanntmachung vom 14. Juni 1900. Mit Ausführungsbestimmungen, einem Anhang, enthaltend Tabellen zur Berechnung der Reichsstempelabgaben und Sachregister. 1 M. 50 Pf.

J. Guttentag, Verlagsbuchhandlung, G. m. b. H. in Berlin W 35.

# Bürgerliches Gesetzbuch

nebst

## Einführungsgesetz.

Für Preußen zusammengestellt unter Einfügung der sämmtlichen preußischen Ausführungsbestimmungen.

Text-Ausgabe mit ausführlichem Sachregister
bearbeitet von

**Dr. Paul Winter,**
Landrichter.

8°. In Leinen geb. Preis 5 M.

---

# Die Preußischen Ausführungsgesetze

zum

Bürgerlichen Gesetzbuche
und den anderen Reichs-Justizgesetzen
nebst den zugehörigen
Verordnungen, Ministerialerlassen und Geschäftsordnungen.

Text-Ausgabe mit ausführlichem Sachregister
nach Materien geordnet unter Anleitung von

**L. Busch,**
Kammergerichtsrath.

8°. In Leinen geb. Preis ca. 6 M.

# Preußische Gesetzsammlung.

## Vollständige Sammlung der noch geltenden Preußischen Landesgesetze privatrechtlichen Inhalts.

Herausgegeben
von

**O. Fischer**, Gerichtsassessor und **Dr. F. Schröder**, Gerichtsassessor.

8°. 2 Bände. Geb. in ganz Leinen. Preis ca. 15 Mark.

Das Buch will ein Handbuch für den preußischen Praktiker sein, und eine Ergänzung zu den gebräuchlichen Handausgaben des B.G.B. bilden. Es bringt das Allgemeine Landrecht in seiner jetzt geltenden Gestalt vollständig, ferner in chronologischer Reihenfolge sämmtliche noch geltenden Landesgesetze privatrechtlichen Inhalts für das Gebiet des Allgemeinen Landrechts und für die übrigen Landestheile seit ihrer Zugehörigkeit zu Preußen. Um den Ueberblick über eine Materie zu erleichtern, wird dem Buch eine Nachweisung der durch die einzelnen Vorbehalte des E.G. zum B.G.B. erhaltenen Gesetze beigegeben und in Anmerkungen bei jedem einzelnen Gesetz auf die übrigen Gesetze derselben Materie verwiesen. Bei jeder gesetzlichen Bestimmung wird angegeben, weshalb sie als aufrecht erhalten zu gelten hat.

---

**Das Werk wird in 2 Bänden zur Ausgabe gelangen, von denen der erste das „Allgemeine Landrecht" umfassen und im Laufe des Sommers erscheinen wird.**

**Adickes, F.,** Oberbürgermeister in Frankfurt a. M. Das Kommunalabgabengesetz vom 14. Juli 1893. Für den praktischen Gebrauch mit einer geschichtlichen Einleitung und Erläuterungen versehen, sowie mit einem die Ausführungsanweisung berücksichtigenden Nachtrag. 8°. Kartonnirt 6 M.

**Arndt, Dr. Adolf,** Oberbergrath und Prof. Verfassung des Deutschen Reichs. Mit Einleitung und Kommentar. 8°. Kartonnirt 3 M.

**Friedrichs, R.,** Oberverwaltungsgerichtsrath. Das Gesetz betreffend die Anlegung und Veränderung von Straßen und Plätzen in Städten und ländlichen Ortschaften vom 2. Juli 1875. Nach dem Tode des Verfassers in vierter Auflage bearbeitet von Dr. jur. **Hugo von Strauß-Tornen,** Oberverwaltungsgerichtsrath. 8°. Geb. 4 M. 50 Pf.

**Genzmer, St.,** Landrath. Das Reichs-Haftpflicht-Gesetz betreffend die Verbindlichkeit zum Schadenersatz für die bei dem Betriebe von Eisenbahnen, Bergwerken, Steinbrüchen, Gräbereien und Fabriken herbeigeführten Tödtungen und Körperverletzungen vom 7. Juni 1871 aus der Rechtslehre und Rechtsprechung erläutert. 1882. 8°. Kart. 2 M. 80 Pf.

**Hauß, C.,** Geh. Ober-Reg.-Rath. Das Gesetz zur Bekämpfung des unlauteren Wettbewerbes. Vom 27. Mai 1896. Für die gerichtliche und gewerbliche Praxis erläutert. 8°. Geb. in Leinen 3 M.

**Holtgreven, Dr. A.,** Geh. Ober-Justizrath und vortragender Rath im Justizministerium. Das Wildschadengesetz vom 11. Juli 1891. Kommentar. Dritte Auflage. 8°. Kartonnirt 3 M.

**Jerusalem, Herm.**, Landgerichtsrath, Mitglied des Hauses der Abgeordneten. Das Gesetz über Kleinbahnen und Privatanschlußbahnen vom 28. Juli 1892 nebst der Ausführungsanweisung zu diesem Gesetze vom 22. August 1892. gr. 8°. 2 M.

**Kamptz, B. v.**, Verwaltungsgerichtsdirektor. Das Gesetz, betreffend die Vertheilung der öffentlichen Lasten bei Grundstückstheilungen und die Gründung neuer Ansiedelungen in den Provinzen Preußen, Brandenburg, Pommern, Posen, Schlesien, Sachsen und Westfalen vom 25. August 1876. Aus den Materialien und der Rechtsprechung des Königlichen Oberverwaltungsgerichts erläutert. 8°. Kartonnirt 2 M. 50 Pf.

**Koch, Georg**, Hauptmann a. D. Gesetz, betreffend die Prüfung der Läufe und Verschlüsse der Handfeuerwaffen vom 19. Mai 1891 nebst den Ausführungsbestimmungen des Bundesrathes vom 22. Juni 1892. Text-Ausgabe mit historischer Einleitung und Anmerkungen unter vergleichender Berücksichtigung der bezüglichen Gesetzgebung von England, Belgien, Frankreich und Oesterreich. 8°. Kartonnirt 1 M. 50 Pf.

**Königе, H.**, Landgerichtsrath, Vorsitzender der Kammer I für Handelssachen am Landgericht Mannheim. Handelsgesetzbuch vom 10. Mai 1897 nebst Abdruck des Gesetzes über die Angelegenheiten der freiwilligen Gerichtsbarkeit und Gerichtsverfassungsgesetz (Titel 7, Kammern für Handelssachen). Verglichen mit dem Allgemeinen Deutschen Handelsgesetzbuch, dem Bürgerlichen Gesetzbuch und der Rechtsprechung des Reichsgerichts und Reichs-Oberhandelsgerichts. Zu praktischem Gebrauch dargestellt. 8°. Geb. in ganz Leinen 4 M. 50 Pf.

**Marquardsen, Dr. H.,** o. Professor der Rechte in Erlangen, Mitglied des Reichstages. Das Reichs-Preß-Gesetz vom 7. Mai 1874. Mit Einleitung und Kommentar. 1875. 8°. Kartonnirt 5 M.

**Ottermann, Carl,** Stadtrath in Dortmund. Das Fluchtliniengesetz vom 2. Juli 1875. Erläuternde Abhandlung zu den Hauptbestimmungen desselben. 8°. 1 M. 25 Pf.

**Pfafferoth, Carl,** Geh. Kanzleirath. Die gesammten Organisationsgesetze für die innere Verwaltung des Preußischen Staates. Text-Ausgabe mit Anmerkungen, einem die einschlägigen sonstigen Gesetze, Verordnungen, Regulative und Zirkulare enthaltenden Anhang und einem ausführlichen Sachregister. Zweite neubearbeitete Auflage. 8°. 6 M., geb. 6 M. 50 Pf.

**Telegraphenwege-Gesetz** vom 18. Dezember 1899 nebst den vom Reichskanzler erlassenen Ausführungsbestimmungen vom 26. Januar 1900 und den Erläuterungen und Ausführungsanweisungen des Reichs-Postamts. Amtliche Ausgabe. 8°. Geb. in Leinen 1 M.

**Turnau, W.,** Reichsgerichtsrath. Die Schiedsmanns-Ordnung vom 29. März 1879, mit Ergänzungen und Erläuterungen. 8°. Geb. in Leinen 3 M. 60 Pf.

**Wittenberg, Dr. M.,** Dozent an der Humboldt-Akademie. Wegweiser durch das Aktienrecht, nach dem Wortlaut der seit dem 1. Januar 1900 gültigen Reichsgesetze. Taschenformat. Geb. in Leinen 1 M.

# Schlagwort-Register.

R. = Nummer der Sammlung Deutscher **Reichs**gesetze.
P. = Nummer der Sammlung **Preußischer** Gesetze.
S. = Seite.

Die nach Drucklegung des Handbuchs erlassenen Ausführungsbestimmungen für die Kaiserlichen Schutztruppen (Verordnung, betreffend das strafgerichtliche Verfahren gegen Militärpersonen der Kaiserlichen Schutztruppen) befinden sich hinter dem Register auf Seite 439.

Kolibri 360 GmbH
Ferdinand-Jühlke-Straße 7
99095 Erfurt, Deutschland
produktsicherheit@kolibri360.de